社会福祉三つのモデル
福祉原理論の探究

LSE名誉教授　ロバート・ピンカー 著
星野政明・牛津信忠 訳

黎明書房

The Idea of Welfare
by
Robert Pinker

Copyright © 1979 by Robert Pinker
Japanese translation rights arranged with Robert Pinker
through Japan UNI Agency, Inc.

REIMEI SHOBO

Robert Pinker

日本語改訳版への序

　The Idea of Welfare（福祉の理念）[1]は，1979年に英語で最初に出版されたのであるが，こうして新しい日本語訳が出されることに，私は光栄と喜びを感じている。この序文を書くことは，20年以上も前に私が書き記したことを思い返し，社会政策(ソーシャルポリシィ)に関する私の見解がその間に変化している状況を改めて把握するよい機会となった。*The Idea of Welfare* で私が展開させた政策概念と理論の多くは，1971年に出版された私の最初の著作 *Social Theory and Social Policy*（社会理論と社会政策）[2]に起点を持っている。したがって，私がこの回顧的エッセイにおいて両方の書物に注意を払うことは，読者が理解を深めるのに役立つであろう。

　Social Theory and Social Policy において，私は，「提供者」と「受け手」の間の交換関係システムとして一つの社会福祉モデルを設定した。その時私は，社会サービスを組織し配分し，ニーズに対応するさまざまな方法が，人々によるそれらのサービス利用を促進するか阻害するかの実態の解明に興味を持っていた。その著作を執筆するにあたり，私は市民資格（citizenship）の地位および社会サービス提供に依拠する立場に関するサービス配分の二つの形態——普遍主義（universalism）と選別主義（selectivism）——の影響にとくに注意を払った。思い返してみると，私の社会福祉のモデル展開にあたり，社会サービス組織の二つの主要な形態—— 一元主義（unitarism）と多元主義（pluralism）——にさらなる注目をすべきであったと思われる。もし私が，*Social Theory and Social Policy* で該当する章の修正をするとすれば，私は，両者の間の知的継続性がより明瞭になるように，次のような多元主義の方向性に沿って，論考の再構築をしたことであろう。

　社会福祉の一元モデルにおいては，家族や隣人関係に基礎づけられた相互

扶助のインフォーマルネットワークから補助的支援を受けながらも，国家がフォーマルな社会サービスの主要な提供者としての位置を保持している。多元主義あるいは福祉の混合経済においては，フォーマルセクターを形作る公的（statutory），民間非営利（voluntary），私的（private，民間営利），および職業的提供者間の協働や競争のためのいっそう広い範囲が存在している。これらの諸サービスは，さらに相互支援のインフォーマルネットワークによって提供されたケアや支援によって補足されている。

普遍主義的社会サービスは，高齢者や児童のように，フォーマルに定義されたカテゴリーに類別される人すべてに提供される。それはニード証明を基礎に提供され，資産および所得についての選別的調査は参照しない。選別的サービスは，ニード証明および資産，所得調査に従って提供される。実際には，これら二つのサービス配分モデルは，しばしば重複する。

社会福祉の一元モデルは，単一のサービス提供者〔を前提とするため〕，公的，民間非営利，私的セクターのいずれであれ，人間の願望やニーズの多様性に時に応じた適切な対応ができないという問題を持つ。将来的にもその傾向は変わることがないであろう。そして，最も重要なのは，社会サービスや支援の提供者が単一である場合には，全面的依存が最大になる危険があるということである。

それとは対照的に，福祉の多元主義システムは，一元主義システムに比べるとスティグマが発生したり，市民資格の確保を害したりすることが少ない。それは普遍主義と選別主義間の関係性とはかかわりがない。すべての普遍主義サービスが市民資格の地位を強化するわけではなく，すべての選別的サービスがそれを低下させるわけでもない。あまりにも大幅な普遍主義の導入は，残余的資産調査を受ける少数派を深くスティグマで覆ってしまうことになる。またあまりの選別性は，福祉国家を全面的に残余的にしてしまう。理想的な妥協策は，国家が直接的提供者でもあり，同時にインフォーマルな社会サービスの購入者でもあり，また広範な普遍主義的構造内で選別主義が機能するような多元主義モデルであろう。

人生において依存は，時として逃れえない事実であるが，しかし部分的依

存が全面的依存より望ましい。ほとんどの人にとって、完全な独立ということはありえず、魅力的でもない。完全な依存についても同様なことがいえる。不運なことに、少数派のなかの少数の人々が、依存的な状況内で彼らの人生のかなりの期間、あるいは少なくとも最後の数年を過ごすことがあるが、しかし社会福祉の中心的諸価値やエトスが、そうした例外的悲劇的諸条件によって決定されるべき正当な理由は存在しない。

　したがって、よき社会政策は相互依存や互酬の質を補強し高めるようにデザインされるべきである。そこには、ほとんどの人々が、それによって彼らの諸社会関係を整序していこうとする理想が存在している。福祉多元主義は、相互依存のための最適な機会をもたらし、全面的依存の危険を減少させる。スティグマの最大の危機は、依存が全面的であり、単一の福祉機関——公的あるいは私的、フォーマルあるいはインフォーマル——が、サービス提供の独占あるいは独占に近い状態にある時に生じる。福祉の多元主義、混合経済においては、サービスの多様性が存在し、全面的依存の危機が大幅に減少する。

　深さ（度合い）、時間、距離という変数は、スティグマ化した依存の危険や経験を和らげ、しばしば取り除いてくれる。人が感じる依存の度合いは、我々が受けたサービスが、何らかの過去の不公正、過去の障害に対する賠償、あるいは将来の経済的社会的独立を強化する準備になると感じられる時に和らげられる。与え手と受け手の距離は、通常、一方的な交換関係に固有なスティグマを緩和してくれる。短期的な依存は、通常、長期的依存よりも好ましい。スティグマ化したあるいは屈辱的な特性を持つ依存は、その個人が、多くの提供者から部分的な性格を持つ支援を受ける場合に、最大限避けることができる[3]。実際、家族や隣人のケアというインフォーマルネットワークへの全面的な依存は、フォーマルな福祉機関への依存よりも潜在的なさらなるスティグマ化を進める。我々は親類や友人からのケアというフォーマルないし法的な権利を保有していないからである。たとえ、我々がそうした権利を保有したとしても、その権利を主張するまさにそのことは、みんなにとって最も屈辱的なものとなることだろう。

したがって，人間的価値や願望の多様性を前提とするならば，市民資格の概念を構成する権利と義務の構成体は，それと類似する社会制度や個人的経験，感情の同様の多様性に基礎づけられることを必要とする。福祉の一元モデルは，イデオロギー的に個人主義的市場価値によってあるいは集合主義的福祉価値のいずれによって操作されようとも，多様性を無視し，全面的依存の危機を増大させ，それによって市民資格の地位を低下させる。

The Idea of Welfare の第Ⅰ部および終章で要約した理論モデルは，すべて社会政策分析の多元主義的伝統に基礎づけられ展開された[4]。福祉制度の道徳的ダイナミズムを探究するためのサービス配分，依存および市民資格の地位に関する諸モード間の関係，より明確にいうと権利認定（entitlement）と援助責務（obligation）の概念を形作るに際しての利己主義（egoism）や利他主義（altruism）のそれぞれの役割に私は関心があった。適切な実証の基礎のもとで，私は，利己主義や利他主義へ向かう性向の間に明確な線引きをするようなモデルを拒絶した。もし人々が顕著に利他的であるならば，社会サービスの強制的な形態は不要となるであろう。反対に，もし人々が排他的な利己的傾向を持つとするならば，そうした強制は不可能となることであろう。

利己主義は，しばしば自己利益（self-interest）と一致する。しかし，それはまた，自助や，より自己本位な性格の抑制を受け入れる意欲，他の人々への配慮を示すなど積極的な性質とも関連している。我々は，経験による体得や教訓を通して，家族生活のコンテキスト内における道徳的な存在となる。家族内利他主義は，そのなかで他の人々の福祉に対する我々の関心を表現する第一義的で最も自然な方法である。個人的な責任についての我々の感覚は，我々が近親者に対して抱く愛や行為から成長する。しかしそれはまた義務の自覚や社会の期待によっても支えられる。

家族内利他主義は，利他主義の限定的な形態であり，それは我々が知り愛している人々に限定されている。しかし，それは他の人々の福祉に対する我々の道徳的関心が流出する源泉でもある。我々が成熟し，より広範囲なコミュニティの市民となるにつれて，一連の援助責務と権利認定の概念は，より広範に成長し社会的権利義務というフォーマルな性格を有するようにな

る。

　さらに，我々の認識領域のこうした拡大は，利己主義的および利他主義的な諸々の動機の結合によって推進される。我々は，この不安定な世の中において，家族内利他主義だけでは福祉を保証できないということを個人的経験から学んできた。我々は，社会的方策の集合主義的形態――公的および民間的――は，リスクをプールし，ニードに応じた相互援助をする賢明なやり方であることを学んだ。我々自身より幸運でない人々に対し，我々が感じている同情も重要な要素であるが，しかし私が Social Theory and Social Policy で指摘したように，その社会の福祉制度は，「同情と無関心，利他主義と自己利益の間にある不安定な妥協」[5] という見地から最もよく理解できる。

　しかしながら，すべての政党の政治家たちには，社会制度としての家族の力や長所を過大評価する傾向がある。家族構成員が相互に助け合おうとしているところでは，彼らはしばしば献身的な行き届いたケアをなすが，その援助責務の境界は，個人的関係に基礎づけられているために，深い感性をともなう範囲に狭く限定される傾向がたしかにある。それにもかかわらず，まさに血のつながりによるケアのインフォーマルシステムは，個人的資質によって支配されるために，長期的に見ると，あまり長続きせず，また確実性に欠けるところがある。さらには家族構成員の仲違い，離別や死亡が生じたり，また家族のいない人々がいることも考慮されるべきである。

　家族内利他主義（familial altruism）の持続は，公的社会政策のフォーマルな再分配という目的を一方では補足し，他方ではそれと相克する。我々は，自発的な貯蓄を通じて，我々が知り愛している人々に豊かさを具体的に残していく。また，再分配課税のプロセスを通じて，我々は，自助の手段を有しないすべての見知らぬ人々の福祉のために手段を提供する。

　利害や忠誠についての葛藤は，納税者が政府は家族の福祉ニーズを充足できない所得や富の状況に彼らを放置していると不平をいい始める時に生じることになる。それにもかかわらず，民主的に選挙によって選ばれた政府は，一般公衆の側におけるある程度の自発的同意なしに集合的ニーズのための増税をしようとするならば，政権維持が困難となるであろう。すべての政府

は，家族内利他主義と集合主義的利他主義（collective altruism）の要求の相克間で，正当なバランスを形作るという困難な作業をつづけていかなければならない。

しかしながら，我々が集合主義的利他主義と呼ぶ内容には，ある程度の自己利益――それは家族内利他主義に主たる源泉がある故に驚くこともないが――が含まれるということを認識しておくとよい。政府は，社会福祉の境界を拡大するための法案を通過させ，社会制度としての家族を守ることができる。彼らは，その法に従うよう市民に強要できるが，しかし市民に道徳的であることを強要はできない。なぜなら義務的行為は自発的になされてのみ道徳的であるからである。

福祉社会――福祉国家とは異なり――は，人々が彼ら自身の福祉や家族の福利の実質的な責任を負っている社会である。思いやりと社会的ケアのためのこうしたインフォーマルネットワークは，公的および民間非営利の社会サービスというフォーマルな関係が展開する道徳的文化的基盤を提供する。総合的に見ると，これらの相互作用的ネットワークや構造が，福祉多元主義の制度的要素を構成している。しばしば利害の葛藤がこれら制度的諸要素間に生じるが，究極的にそれらは依存し合っている。もし公的社会サービスが姿を消すとすれば，多くの個々人や家族の福祉は，危険にさらされるだろう。反対に，もし家族内利他主義の構造が機能しないとすれば，公的社会サービスは，それに代わる十分な体制を形作ることはできないだろう。

私が，*The Idea of Welfare* を執筆した時期には，社会政策の目的と手段についての議論は，イデオロギー的に今日におけるよりも両極化する傾向にあった。政治的右派においては，自由市場尊重の自由主義者が，競争市場の利己主義的諸価値を支持し，また公的セクターによるサービスの役割を最小限にまで減少させた多元主義的福祉モデルを擁護した。それに対し左派では，集合主義者や社会主義者らが，公的セクターによるサービスの利他主義的諸価値の道徳的優越性を強調し，政府が主要なサービス提供者である一元的福祉モデルを擁護した。

今日，福祉国家の将来についての議論の特質は，少なくとも英国において

日本語改訳版への序

は，基本的に変わってきている。その政治的イデオロギーの中心は，右傾化しているといえる。英国労働党政府および両野党とも，社会福祉の多元モデルに全体的に移行している。しかし，彼らは，公的，私的，民間非営利セクターの混合による好ましいバランスや，福祉国家が富める人々から貧しい人々への再分配機関として機能するその程度のような重要事項については一致していない。この見解の相違は，主要政党間のみならず，各政党内部においても同様に見られる。

過去20年にわたり，工業生産や貿易のグローバリゼーションは，国民福祉国家の将来的発展について多くの思惑や不安を呼び起こしている。このグローバリゼーションのプロセスは，独立した国民国家の経済主権，市民の福祉への期待およびそうした期待が充たされる相互依存や互酬性の制度的枠組みをしだいに損ない始めている。

ジョン・グレイ（John Grey）は，経済的グローバリゼーションを，「資本の規約なき流動性と束縛なき自由貿易によって促進される工業生産や新しい科学技術の世界的規模の拡大」と定義づけている。グローバリゼーションについての分析のなかで，グレイは，工業生産の現実の経済と，証券や株式の国際的投機や取引からなる「仮想現実の金融経済」との間に線引きをしている。現実の経済のなかでは，グローバリゼーションの中心的機関は，現在「世界の産出の約3分の1，世界貿易の3分の2を占める大規模な国際的企業である」[6]。仮想現実的金融経済におけるグローバリゼーションは，固定交換比率の終焉以来，投資者が保有株式を多様化させつづけている資本取引の量的増大に左右されている。

グローバリゼーションのこれら二局面間の関係は，大部分が無規制状態である。その結果，国民国家の政府は，自国の投資政策をコントロールできなくなりつつあり，また「すべての国の利子率は，その国の状況あるいは諸政策によってではなく世界規模の条件によって決定されるようになっている」[7]。多国籍企業は，労働および社会的費用が最も低く，課税および市場規制システムが最も有利である条件を求めて国から国へと活動を移動させて効率や利潤の最大化を目指している。

ジョージ（George, Vic）も指摘するように，グローバリゼーションのこのプロセスは，資本の移動を国際化させてきているが，労働の移動についてはそうはいえない。労働や社会的費用が低い新興工業国家との競争の高まりにともない，先進産業社会は，よりいっそう，自らの労働市場の規制を取り外したり，社会サービスの予算を切りつめたりするようになっている。要約すると，これらの展開の労働機会や福祉権に対するインパクトは，世界の先進工業国家全体の市民資格のたしかな地位をしだいに損ない始めている[8]。経済的グローバリゼーションと国際通貨投機とが結びついて，その影響力は，世界の至るところで雇用や福祉の見通しに大きな不安を生起させている。

　こうした全地球的世界において諸政府が直面している真の挑戦は，彼らが，市民に労働の権利を保障できなくなっているということである。政府が，完全雇用あるいはそれに近い雇用を確保するという方法で市場経済を規制できるというベヴァリッジが確信した仮定は，もはや妥当性を持たなくなってきた。結果的に政府は，市民に働くことを求め，その責任を課することができるのみである。市民の側では，本気で仕事を求めていることを示し，失業していれば提供された仕事を受け入れることが義務とされる。市民資格に付随する諸権利や資格付与よりも市民資格の責務を強調するというこの傾向は，経済的グローバリゼーションの進行により弾みをつけられている。

　市民資格の地位を具体化する諸権利や義務は，政治経済の道徳的政治的次元を示すが，多くの点で，それは地球の成層圏にかき消えつつあるように思える。主権国民国家が，彼ら自身の経済・社会政策の制御力を失う時，その市民は結果的に市民的諸権利を失っていくことになる。そして国際的諸機関が，グローバルな市場の力の自由な動きを規制できない時には，我々は，市民資格を構成する公民的政治的社会的な諸権利の漸進的発展が停止し逆走する地点に達することになる。その結果，市民は，彼らの政府にも彼ら自身にも統御できない経済の力の囚人として生きることになるだろう。

　The Idea of Welfare のなかで，私はグローバルな市場の力の自由な動きと独立国民国家の諸利益との間になぜこの種の抗争が生じがちであるのかという

ことの理由のいくつかを論じた。ケインズおよびベヴァリッジの著作に依拠して，私は社会福祉の「新重商主義モデル」を提起した。その前提は，富の創造という至上命令と社会的保護との間の効果的な和解をもたらす方途の採用で，自由市場的個人主義と統制経済的集合主義というイデオロギー的両極の間の多元主義的な中道を採用することが可能であるということであった[9]。

しかしながら，同時に私は，こうした「新重商主義的」諸政策は，個別の国民国家のコンテキスト内で最もよく開発されるとした[10]。この考え方を展開させるにあたり，私は愛国主義や国家主義の内向きで他を排除していこうとする形態と，外向きで包括的な形態を注意深く区別した[11]。もし私が*The Idea of Welfare*におけるこれに関する章を書き換えるとするならば，私はグローバル経済の諸制度が1979年の状況よりはるかに発展し，複雑化し，すべてに関連を持ってきているという事実に配慮しなければならないであろう。

これからの数年間で，もし我々が国民主権のある要素はすすんで犠牲にし，より外向きになりまた諸社会福祉政策の目的と手段についてはより包括的な考え方を採用しないならば，競争市場的資本主義の不可避性と社会的保護を和解させるのは不可能である。我々が国民福祉国家の創造において立ち向かった過去の挑戦のすべてと，我々が到達した和解案に対して，我々はグローバル経済のコンテキスト内で再び立ち向かい，解決を図ってゆかねばならない。

我々は，競争と協調という両極の間に新しい種類のグローバルな中道を見出さねばならない。それというのも，「我々は市民社会を共に維持している微妙な相互依存の糸のからまりを解きほぐすことなしに市場個人主義という＜賢者の石＞を追求することはできないからである。しかしまた我々は，平等，友愛，協調の集合主義イデオロギーを無条件に支持することはできない。もし我々が，富の創造という至上命令を無視するならば，我々は，平等に貧困を分け持つことを目指すことになろう。物質的商品やサービスと同様に，イデオロギーも収穫逓減の法則に従っている。物質的商品やサービスと同じように，個人主義や集合主義の教条においても〔その法則が〕作用する。単一の政治的イデオロギーでは，自由社会の諸制度として表現される人間的諸原

理や願望の多様性を包含し調和させることはできない」[12]。

　もし我々が国際水準のこれらの争点の解決に失敗するならば、我々は、今まで、国民国家レベルの経済政策と社会政策が長期にわたり構築してきた民主的市民資格や社会的保護という制度的枠組みを打ち壊すことになるだろう。もし我々が成功すれば、グローバルな未来は「我々の」グローバルな未来として形成され始めることになるであろう。我々は、グローバル経済をあたかもそれが非個人的で無責任な市場の力によって操られる現象であるかのように捉えることをやめるであろう。国民経済であれあるいはその国際的代替物であれ、すべての他の政治的社会的願望がそのやり方に従属しなければならないほどに重要で普遍的な超制度的実態とはいえないのである。

　コミュニズムの崩壊は、規制されない自由市場資本主義の有効性の証明として解釈されるべきではない。近年の歴史的経験から学ぶべきこうしたイデオロギー体系の両方が、極端な形態としては意味をなさないようになったということである。もし我々が、新しいグローバル経済を制御することに失敗すれば、コミュニズムの方が資本主義よりもまずは魅力的で好ましい選択であると見えることだろう。〔そこでは〕政治的不安定性、市場の不確実性、極端な社会的不平等などの同じ状態を結果的に再生産していくことになろう。もし、欠陥を露呈した二つのイデオロギーが、お互いに他の失敗を不当に利用して、色あせた信任状を更新するという悪循環を再生産するならば、それは悲劇という他はないだろう。

　福祉支出や他の社会費用が、富の創造にとって障害とはならないということの強調もまた必要であろう。社会的保護のこうした形態は、19世紀末以来、競争市場の富の継続的創造を可能とする政治秩序や連帯の構造内における基本的要素であった。競争的市場と社会的保護との間に積極的に関連性を持たせるという方途が、多くの国民的主権国家のコンテキストで大きく20世紀を通じて発展し、維持されてきた。21世紀において我々が直面している挑戦は、グローバル経済のコンテキスト内で、市民資格の地位やそれに関連する社会福祉への正当な要求を傷つけることなく、勤労と福祉の混合経済をより効果的に機能させていくことにある。

最後に、星野政明教授と牛津信忠教授に対し、この新しい翻訳の完成における、そのすべての学識と困難な作業に心からの謝意を表したい。私はこの訳業に関して全面的に両教授に依拠している。

2002年7月15日

ロンドン・スクール・オブ・エコノミックス（LSE）
名誉教授　ロバート・ピンカー（社会運営論）

［注］

[1] Pinker, Robert, *The Idea of Welfare*, Heinemann Educational Books, London, 1979.（初訳版、磯辺実監修、星野政明訳『社会福祉三つのモデル』黎明書房、1980年。改訳版、星野政明・牛津信忠訳『社会福祉三つのモデル－福祉原理論の探究－』黎明書房、2003年。）

[2] Pinker, Robert, *Social Theory and Social Policy*, Heinemann Educational Books, London, 1971.（岡田藤太郎・柏野健三訳『社会福祉学原論』黎明書房、1985年。）

[3] *Social Theory and Social Policy*, 1971, p.160.

[4] *The Idea of Welfare*, 1979, pp.3-71 and pp.232-256.

[5] *Social Theory and Socal Policy*, 1971, p.211.

[6] Gray, John, *False Dawn, The Delusions of Market Institutions*, Granta Books, London, 1998, pp.6-7.

[7] *False Dawn*, 1998, p.62.

[8] George, Vic, 'Political Ideology, Globalization and the Welfare Future of Europe' in *Journal of Social Policy*, Vol.27, Part1, January 1998.

[9] *The Idea of Welfare*, 1979, p.240.

[10] *The Idea of Welfare*, 1979, p.253.

[11] *The Idea of Welfare*, 1979, p.216.

[12] Pinker, Robert, 'Golden Ages and Welfare Alchemists' in *Social Policy and Administration*, Vol.29, No.2, June 1995, p.83.

原著者序

　本書は、執筆することがむずかしい本であったので、何回もその完成が延期されてしまった。その理由の一部は、大学研究生活における学問性が急速に低下してきたためである。——これはすべての大学の教師たちによって、ある程度まで共有されている問題である。さらなる理由は、私の比較研究がすすむにつれて、社会政策[ソーシャルポリシィ]と社会福祉に関する私の見解が変化してきたことや、またこの研究企画の性質が、私を、一つの社会科学の分野にとどめず、もっと多くの知的境界に向かわせたことに起因する。ここで私は、たとえば経済思想史や、ロシアおよびアメリカ合衆国の社会史の領域におけるこれまでの業績を、どのように特有な専門業績であろうと、決定的に否定することにした。これらの主題にあえて冒険的な取り組みをしてきた私の唯一の弁明の事由は、比較研究と総合化研究との二つを両立させていく作業においては、それが不可避な仕方であったということである。

　私としては、もっと断言的なほど楽観主義的な内容の本を書きたかった。なぜなら、社会政策や社会福祉を学ぶほとんどの学生は、現実の世界をもっと暮らしやすい場に作りかえようという希望を持ち、それらの学科目を受講しているからである。しかし、そうした未来に対する私の期待も、現在では、本書の執筆に着手した当時にくらべ、はるかに、芳しくないものとなってしまった。この研究において使用した比較の資料は、その大部分が過去にさかのぼる回顧的なものであり、また実際にその比較を論じた章節のなかで、私は、福祉の増進が可能とされてきたような社会的、政治的条件について

の検討もしてみた。しかし残念なことに，私の見解によれば，これらの諸条件は——少なくとも英国においては——もはや見かけられないものとなっている。

　ピーター・ヴァンスィッタート（Vansittart, Peter）は，紀元3世紀の英国を舞台にした彼の最近の小説『ラーンスロット（Lancelot）』のなかで，当時のローマ帝国の状態を，次のように叙述している。……それは，「過度に肥大した官僚組織，負債に苦しんでいる農民層，過重労働と不安定な専門職階級，慢性的に増大するインフレーション，マラリアや偶発するペスト，減少する出生率〔および〕国家の補助金や税収への依存が過度になりすぎたことによって弱化された一般人の自主性……」として特徴づけられている状態である。この場合，その疾病や社会的階級のタイプを，ほんの少しばかり新しく当世風に書きかえてみれば，その他の点についての記述は，そのまま今日の英国の状態に当てはまるであろう。

　しかしながら，今日一般に広がっている内向的批判の風潮に，たとえ部分的にせよ，肩入れするようなことは，私の欲するところでもないし，そのような批判は社会の衰退や没落を押しとどめる上で，何の役に立つものでもない。一般の市民が，自己の過去に対する尊敬と愛着の念を喪失しないかぎり，またすべての共通価値や共通目的を放棄せぬかぎり，かの衰退が回復不能なものであるという証拠は，どこにもない。英国の社会史をひもといていくなかで，私は，自己利益と利他主義との諸要求を調和する私たちの国民性的能力が，現在でもなお，未来に対する基礎として回復され，また採用されうるものであるという希望について，最上に得心のゆく根拠があることに気づいた。

　結論として，私は，これらの比較研究法が，楽観主義を支持する豊富な証拠をつくり出すよりも，むしろ楽観主義を控え目な期待のもとに条件づけるということを発見した。しかし，それにもかかわらず，ジョンソン博士が，人の死後に死者の亡霊が現れたような事

例があったかどうかについて，彼の意見を提示した時に明言しているように，「一切の論証はその事実に反対している。しかし一切の信念はそれを認めようとしている」とでも，いえようか。

 1979年1月

ロンドン，ブラックヒース
ロバート・ピンカー

謝　　辞

　本書は，私が1972年にエディンバラ大学で行う栄誉を受けたジェームズ・セェス記念講義に端を発している。私はその講義のなかで——それはそのすぐ後に『福祉国家—— 一つの比較的展望』と題して出版され，しかも現に本書の第11章の大部分を成すものだが——それまでの授業や研究において探究してきた質疑の主要テーマを総括的に述べておいた。私は本書を執筆している間にも，なお20近くもの諸大学で，多様な主題についての講義やセミナーをしてきたが，それらの主題は，私が現に研究しているものや，またそれらの機会に，教師や学生たちとの討論からその多くを得たものである。私は，同じようにして，私自身の大学の同僚や学生たちにも負うところが大きい。

　私はまた，キャサリン・ベル教授，ヒラリー・ランド，サンドラ・ミリガン，ロイ・パーカー教授，アンジェロ・サポリティ，イワン・セワンドノ，マイク・ウィンウッドの諸氏に対し，いく度も援助や助言をくださったことに感謝する。

　ジェイ・デマラス教授，モーリス・コーガン教授，ドナルド・マックラエ教授，デラ・ネヴィッツ教授たちが，最終草稿に対して綿密なコメントをくださったことに負うところも大きく，さらにロード・マックグレゴールには特別の恩義を感じている。彼の激励と関心と学識が，この執筆計画の全般を通じて私のために与えられた。

　シャイアリー・ホワイトの秘書としての仕事の助けが得られたことは格別に幸運なことであり，その申し分のない効率のよさと絶えざる熱心さをもって本書のいくつかの草稿をタイプしてもらった。

スーザン・テスターは，非常な迅速さと完璧性をもって索引をこしらえてくれた。最後に，私の感謝を妻のジェニファーにささげるが，彼女は多様な草稿と引照文を点検し，形のととのった一貫性のあるものとしてくれた。なお学問上の過ちやその他の欠陥が残されているとすれば，それは独り私が負うべき責任である。

　すでに独自の思慮と相対的な独立性を持つ年齢に達している私の娘たちも，現在では，学究生活という家内工業によって家族に課されてくる諸要求にも堪えうるようになってはいる。しかし，それにしても私は，このような負担が，ややもすれば家族内利他主義よりも，むしろもっと快楽主義でいくべきはずの日常生活を，ひどく侵害するものではないことを，はっきり証明してくれた娘たちに対しても，感謝の念をささげておく。

目　次

日本語改訳版への序　1
原著者序　12
謝　辞　15

I　社会福祉の制度的枠組み

第1章　利己主義と利他主義
　　　——その相違についての一つの批判—— ———— 22

第2章　家族とコミュニティ ———————————— 35

第3章　ナショナリズムと国際主義 ————————— 48

第4章　社会変動と社会福祉 ———————————— 65

第5章　社会福祉における交換の諸パターン ————— 75
　1　経済的交換と社会的交換　75
　2　国民資格（nationhood）と市民資格（citizenship）　83
　3　英国とアメリカ——一つの特別交換関係　93

II　資本主義，社会主義および集合主義

第6章　福祉と自由市場 —————————————— 108
　1　重商主義と自由放任主義　108
　2　アダム・スミスとカール・マルクス　115
　3　植民地改良主義者と自由貿易　121

17

第7章　集合主義的反動 —————————————— 134
1　帝国主義と社会改良　134
2　ケインズとベヴァリッジ　152

第8章　ボルシェビキ革命以前の
ロシアにおける社会変動と社会政策 —————— 163
1　序　　論　163
2　政治的および法律的諸制度　164
3　社会的階層　167
4　家族とコミューン　168
5　改良主義者たちと革命主義者たち　173
6　農奴制の廃止　176
7　地方政府の改革と民間の努力　179
8　人民の状態　184
9　経済改革の開始　187
10　立憲的改革のためのキャンペーン　192
11　諸政党の改革プログラム　194
12　ストルイピン改革の諸成果　199
13　革命期における社会諸政策　205
14　結　　論　211

第9章　第一次世界大戦前のアメリカにおける
コミュニティと社会福祉 —————————— 218
1　政治的および法律的諸制度　218
2　自由企業と福祉の追求　221
3　開拓地コミュニティにおける自助と相互扶助　225
4　一つの都市的文脈における自助と相互扶助　239
5　結　　論　253

目　次

第10章　定住，移住と福祉の探求 ——————————— 257

第11章　社会福祉の比較類型学 ———————————— 273

第12章　社会福祉の三つのモデル ——————————— 283
  1　社会福祉における規範的選択　283
  2　危険，節減，改良　300

初訳版「監修者解説」　磯辺　実　313
ロバート・ピンカーの社会福祉学　岡田藤太郎　321
訳者あとがき　329
引照文献　333
参考文献　353
訳語対照表　362
事項索引　363
人名索引　373

凡　例

（1）　本書は，Robert Pinker, *The Idea of Welfare*, Heinemann London, 1979の翻訳である。
（2）　人名・地名等を除き，イニシャルが大文字の単語は，「　　」で示した。ただし，ひんぱんなものは，原則として最初のみとした。
（3）　原文でのイタリック体は，単語の場合は原則として「　　」で，単語以外は傍点・・・で示した。
（4）　文中，訳者注および訳者の理解に基づく表現は，〔　　〕内の小活字で補注しておいた。ただし，本文と同活字のものは，原著者記載の分である。
（5）　（　）は，原文のままである。
（6）　「　」内の引用および特記される用語については，＜　　＞で示した。
（7）　原注の番号は，（1）（2）（3）とし，巻末に各章ごとに一括して，引照文献としてあげた。

I

社会福祉の制度的枠組み

第1章

利己主義と利他主義
――その相違についての一つの批判――

　どのような著作者でも，自己の主要テーマとして，福祉の場における援助責務(オブリゲーション)とその権利認定(エンタイトルメント)の限界の問題を取りあげる人であれば，きっと，その境界線を無限のかなたに押し広げることにつとめたジェリビィ夫人のような考え方に直面するであろう。この種の無拘束的な熱望の感情には，ある種の危険がつきまとっているけれども，もちろん，私たちが同情の境界線を広げるようにつとめることは，本来的に何ら馬鹿げたことではない。それは，ちょうど研究者たちが，自己の持つ手段の限界をこえてその思考を展開することがあるように，博愛主義者たちが自己の資産の限界をこえてまで，広く他人の世話をしようとする，そうした事態の発生と同様である。

　『荒涼館（Bleak House）』（Dickens, Charles, *Bleak House* の原題訳については，青木雄造・小池滋訳，世界文学大系29，筑摩書房版に従った。また引用箇所の訳についても，同書を参考にしている）の読者なら知っているように，そこに出てくるジェリビィ夫人という人物も，ディケンズが「望遠鏡的博愛」として記述している実践に自己の召命を感じているような多数の紳士淑女たちの1人であった。この概念も社会福祉の一つの法則を表示しており，その法則に基づく実践的戦術は，今日でもなお，ある一定のサークル活動のなかにその実例を見ることができる。一般的なことばでいえば，望遠鏡的博愛の法則とは，私たちの同情の対象が，私たちから遠くに離れていればいるほど，それだけその対象が呼び起こす関心や責務の感情が強化される，と断定するものである。ジェリビィ夫人のケースに，私たちは，「広範な種類の公共問題への取り組みに献身した」1人の夫人の好例を見るが，それもとりわけアフ

リカの問題とボリオボーラー・ガー王国[1]におけるコーヒー栽培植民たちのコロニーの開設に関する問題であった。これらの諸目的を追求するなかで，ジェリビィ夫人は，自分自身の子どもたちの福祉や家庭生活の管理をなおざりにし，また，夫を孤独な憂鬱状態に追いやっている自分自身の姿に気づいた。このジェリビィ夫人のような人は，もしも彼女が現在生存しているならば，疑いもなくガーディアン紙上で，人類に対する奉仕活動のゆえに表彰されるであろう。と同時に，その同じ朝に，「全国児童虐待防止協会」から喚問を受けることにもなるであろう。

　ジェリビィ夫人の娘のキャディは，彼女の母親の生き方に反発し，ダンス教師のクェール氏に好意を感じて結婚する道を選択したが，もう1人の求婚者は，頭髪がその根もとから「ほとんど飛び出してしまうほどになっても，博愛主義とは宥和しがたい人物であった」[2]と語られている。そうした娘の結婚を非難してジェリビィ夫人は，「もしお前に，人類に対する何らかの同情心があったなら，そんなつまらぬ結婚観よりも高貴な何かに心を向けられただろうにね。だがお前には，そんな高貴な考えはなかった。キャディ，私が何度もお前に話してきたのに，お前はちっともそんな感情を持っていなかったんだね」と，決めつけている。この決めつけに対して，あわれなキャディは，悲しそうに，だが決然として，ただ「いいえ，お母さん，そりゃアフリカのことについてなら，私はそんな同情なんて持ってませんわ」[3]と答えるだけであった。

　私自身の共感は，むしろ利他主義の控え目な態度を実践している『荒涼館』でのキャディやその他の人物の上にそそがれてゆく。たとえばそのヒロインとなっているエステル・サムマーソンがいるが，彼女はむしろ故意に平凡な実際的な活動のなかに有益な奉仕という天職を見出している。エステルは，──悲しみにつけ喜びにつけ──衝動的に涙もろい人柄であると同時に，いくらか道徳屋ぶった性格でもあったが，しかし彼女の求愛者で，救貧法相談員となっていたアラン・ウッドカートと同じように，彼女も無数の善行を通じて自己の人生を充足するように振る舞っていたものの，それらの善行が狭い行動範囲のなかでなされたというだけの理由で価値がとぼしいというわけ

ではなかった。

　エステル自身が彼女の後見人について述べているように,「私たちはこう思いますの……たぶんそれは家庭の責任を果たすことから努力してゆくのが正しいでしょうね, おじさま。それにたぶん, もしもその第一義的な責任が見落とされ, なおざりにされているのでは, たとえ他のどのような義務を果たしてみたところで, それに代えることはできないでしょうね」[(4)]——と。彼女の議論は, 街路掃除夫の少年ジョーが死に瀕し, 困窮の状態で発見された時に, 痛切に急所をついたものとなっている。ジョーの場合の最大の問題点は,「少年ジョーが, ジェリビィ夫人が問題にしているような子羊たちの1匹ではなかったこと, ボリオボーラー・ガー王国とはまったく何の関連をも持っておらず, 少年ジョーは, 彼が遠隔の地や見知らぬ状態に置かれていたから同情を受けなかったのでもなく, ……また彼が純粋に異邦育ちの野蛮人ではなく, まさしく彼はありふれた国内で性格形成された人であった」[(5)]ために, なおざりにされていたという点にある。

　本書は, 広く異なった時代や場所について論及するが, それは福祉の理念とその命ずるところが私たちを導いていくところには, どこへでも従っていくためである。だがそれとは対照的に, 私は自分の概念を現実の出来事や制度に対して関係づけて見るように試みてはみたものの, 利他主義の術語を使ってそれについての論議をすることに, あえて情熱を燃やしたわけではない。したがって, この研究の第Ⅰ部は, 社会政策（ソーシャルポリシィ）やその他の形態での相互扶助がその内部で実行されてきた道徳的な枠組みや, 制度的な枠組みについての概観から始められる。

　社会科学者が, 没価値ないし価値自由というような命題内容に関心を持ちつづけているにもかかわらず, 実践的関心と社会福祉と社会正義の諸問題を研究している哲学者たちのそれとの間には, なお深刻なギャップが残されている。西洋哲学における, 西欧における大部分の道徳的理論構成にとって, その道徳的実践がその内部から生起してくる社会的文脈に対しては, 無関心であるか, あるいは無関係の立場をとっており, 同じように, 社会福祉理論の大半についてもまた, 普通の一般市民の道徳信念やその実践的行動を十分

第1章　利己主義と利他主義

に検証することもなく定式化されている。社会福祉の主題を社会政策(ソーシャルポリシィ)および社会運営論(アドミニストレーション)の問題として定義してきたこれまでの英国的傾向にもかかわらず，私たちは現在，大半の他の西欧産業社会と歩調を合わせ，コミュニティの政治的事項に対する関心の再興と，福祉資源の調達や相互扶助の実践のなかで，一般市民たちを大量に巻き込んでいく新たな経験をしつつあるのである。この傾向は，一部には多様な解放主義者や民主主義のイデオロギーにより，さらに一部では，より実践的な配慮によって活性化されてきたものである。そうした傾向は，これまで有効に利用されていなかった善意や市民の専門学識が，公共の利益のためにより多く動員されうるものであること，また私たちの福祉問題の規模や複雑性のゆえに，これらの人的諸資源が動員されていくべきことが，経済的にも運営論的にも，いまや不可欠の事態となっている。また伝統的な限界や自助の形態を乗りこえ，福祉政策の内部で市民参加をおしすすめることが，道徳的にも正当であることを認識しようとする大きな意欲を内包している。しかしながら，こうした大衆参加の増大にいたるいかなる展開も，政策対象に対する共通の目的についての新しい意義ないし合意を発見すると同時に，それはまさに派閥的な利害——これまでは見過ごされてきた事柄を含めて——の鮮明な分裂を招来する結果に陥りやすい。ただしこの件について，私たちは，一般市民の福祉信念やその実践についてほとんど知るところがないので，ただそのように思考をめぐらせてみるにとどめる。

　だから，もしも私たちが，これらの諸研究を比較文脈のなかで追求しないとすれば，社会政策における持続性や変動性の形質を説明しようとする私たちの企図は失敗に帰するであろうし，社会福祉における利他主義の可能な範囲とその限界の両面についてのできるだけ完全な探究をすすめることにも，同じく失敗するであろう。社会福祉についての国際主義的理想の主張は，私たちが広く「全般的部外者（universal stranger）」をいかに援助していくべきであるかを教示はしてくれるが，しかしまた，それ以上に，私たちがわが家の隣人をいかに援助するか，またこれら二つの目的をどのように調和させていけるかを発見することが大切なのである。

社会福祉研究において私たちが直面している任務は，ただ単に現代の社会福祉体系の持つ変則性や逆説性についての判定を下すだけではなく，むしろ社会福祉の範囲とその諸限界をできうるかぎり鮮明に記述し，かつ私たちが記述する現象について説明を加えることにある。この点について，私たちは，ギンスバーグ（Ginsberg, Morris）が合理的倫理学のなかの中心課題とする「公平と公正に向けての人類の手さぐりの努力に潜在している行為の理想や原理」の摘出と解明を試みるつもりである[6]。我々は，現実の状況や出来事を説明するばかりでなくイデオロギー的立場のモデルを構成する。しかも，単に記述的であるかに見えるが，実際には高度の価値が付加されているようなモデル構成以上の段階へすすんでいかなくてはならない。社会福祉の制度的モデルと残余的モデルとは，社会福祉の教育の場できわめて広範に使用されている概念ではあるが，両者ともに，一定の価値を内包しており，それを私たちの探究の一つのよい出発点とすることができる。

　社会福祉の制度的モデルは，社会政策という形での集合的介入を政治的行為の最も望ましい最終成果とする。そこではニードの基準に準拠して優先順位が決められ，諸資源が配分されるが，その基準は一定の社会市場の福祉倫理に端を発しており，そうした社会市場のなかでは善良な市民資格（citizenship）の極印となるのは，1人の人またはグループから他の人またはグループへの一方的な移転である。この一方的移転が社会的利他主義（アルトルーイズム）の凝縮形態であるといえる。

　これとは対照的に，社会福祉の残余的モデルは，個人主義（インディビデュアリズム）的な自助の形態を道徳的にも賞賛すべき行為であるとみなす立場である。ここでは価格の基準に従って，優先順位が決められ，諸資源が配分され，さらに有効需要の適否はその経済市場での勤労倫理の如何によって適正化されるが，その経済市場のなかでの善良な市民資格の特異な形と質は，互酬性と相互移転による交換関係である。この種の交換関係は，経済的に動機づけられている市民の間に生起する。そうした市民は利他主義よりもむしろ自己利益の動機――その方が，すすんだ立場だといえるかもしれない――から行動を開始している。

　たとえ社会科学の研究者でも，いまだ集合主義（コレクティビズム）的思考にさらされたことが

第1章　利己主義と利他主義

なければ、一般にこの種の二項並列的な比較を追究する分析の過程で、何ゆえに社会福祉の残余主義者はいつでも世論の場では悪評を買って損をし、何ゆえにその社会福祉の制度主義者はいつでも、少なくとも道徳的勝利を得るのかという疑問について考えることをやめてしまうであろう。そこで生じていると思われる事態は、その議論がほとんどそれと気づかれぬ間に、中立的な記述の立場から、倫理的な告発の立場へとすりかえられていることである。容赦なく、残余主義者は個人主義的であると同時に利己主義的であるとされる。——あるいは、むしろそのためにさらし者にされるのに対し、他面、制度主義者は自明なものとして利他主義の優越性から霊感を与えられ、心の燃えている者であるかのようにみなされる。

しかしながら、社会福祉についての私たちの道徳論化された見方の大部分は、最初の使用術語上の混乱に基づいていると主張することが可能である。この種の混乱の発生はカール・ポッパー（Popper, Karl）卿によって30年も前にその著『開かれた社会とその敵（The Open Society and Its Enemies）』のなかで(他の目的のためではあったが) 指摘されていた[7]。ポッパーは私たちが社会分析の場で利他主義の性質について論争する際に、慣習的に使いなれている術語について説明している。「個人主義」は対照法によって二つの仕方で定義される。第一に、それは「集合主義」に対応する意味を持たされ、それから、第二にそれは「利他主義」に対応する意味を持っている。だからこの二通りの行動様式についての説明は、最初からそれらおのおの〔集合主義と利他主義〕についての価値判断にリンクされているのである。集合主義は利他主義的であるとみなされるが、これに反し個人主義は、連想上の錯誤を通じ、利己主義やわがままと同義のことばとして放置される。この用語自体が吟味されずに放置されているかぎり、この粗雑な比較が分析的断罪の尺度となっていく。それはポッパーによって、次のように設定されている。

（a）＜個人主義（インディビデュアリズム）＞は、（a'）＜集合主義（コレクティビズム）＞と対立する
（b）＜利己主義（エゴイズム）＞は、（b'）＜利他主義（アルトルーイズム）＞と対立する

そして私たちの目的のため、私はさらに二つの比較式を追加してみることにする。

（c）＜残余主義＞は，（c'）＜制度主義＞と対立する
　　　　レズィデュアリズム　　　　　インスティテューショナリズム
　（d）＜選別主義＞は，（d'）＜普遍主義＞と対立する
　　　　セレクティビズム　　　　　ユニバーサリズム

　しかしながら，ポッパーは，私たちにこれらの術語のいずれもが，「他の系列にならんでいる二つの術語のいずれにも結合され」[8]うるものであることに気づかせてくれる。実際には，たとえば，集合主義にしても，それが高度に派閥的利益を表すこともありうるが，たとえば労働組合，専門職者協会，消費者団体およびすべての社会階級などの各集合体の利益を代表するものとなる。こうした文脈においてそれを「集団利己主義」という術語で表すことは不適当ではなかろうし，同様に個人主義者にとっても，他者のために多大の犠牲をはらい，利他主義的な方法で行為できることを示唆している。行動様式を記述するのに使われることばと同様に行動様式のこの混乱についてのポッパーの批判は，実をいえば，正義の本性と，個人と国家との間の関係についての非常に一般的な論争の一部を成すにすぎない。だがそれにもかかわらず，ポッパーが述べている事柄は，社会政策上の特定の論題について，私たちが現に行っている検証にとって，大きな相関性を持つものである。学術的または政治的な論争の境界領域外において，人が，個人主義と集合主義あるいは利己主義と利他主義というような妥協できない在り方について，そのいずれか一つを選択せねばならぬ対決の場面に遭遇するようなことは，ほとんどないといってよい。いずれにせよ，我々は，日常生活の福祉実践を彩る限定された利己主義あるいは利他主義の多様な形態を探究してみることによって，より多くのものを発見することになるであろう。

　トーマス・ウィルソン（Wilson, Thomas）は，経済的実践の道徳性に対するアダム・スミス（Smith, Adam）の見解に関する論議のなかで，ポッパーのそれに近似した議論の展開をはかっている。ウィルソンは，競争的な市場経済の道徳的基礎なるものが，多くの社会科学者たちによって，いかにはなはだしく誤解されつづけてきたものであるかを指摘している[9]。第一に，ウィルソンは，個人主義者たちは利己主義によると同様に，同情によっても動機づけられていること，さらにその「個人的利益の追求」についても，それは社会的に見て有益な結果をもたらすこともあるから，「それ自体が先天的に

28

第1章　利己主義と利他主義

「非道徳的なもの」ではないという事実を指摘している。第二に，ウィルソンは，フィリップ・ウィックスティード（Wicksteed, Philip）の経済関係についての定義を発展させ，その経済関係とは，すなわち「私の心のなかから私以外のあらゆる人を排除する関係ではなく，それは潜在的に汝以外のあらゆる人を包含する関係である」[10]としている。ウィックスティードの結論は，「経済関係なるものの特殊性格は，その＜利己主義＞にあるのではなく，その＜二人称否定主義＞にある」[11]ということになる。全面的な計画経済の内部にあってすら，ウィルソンは，個別的な政府部門が他の政府部門のそれに対抗して余剰資源の割増し要求を押しつけていることについて私たちに注意をうながしている。「公共」の利益と「私人」の利益との間に引かれている伝統的な区別についても，ミルトン・フリードマン（Friedman, Milton）によって同様の指摘がなされている。実際に，政府官僚たちは，政府の利益と同様に各部門および私的な各々の利益に奉仕し，さらに彼ら官僚たちは，有権者の間で，何が多くの場合，高度な派閥的利益になるかについて，敏感にならざるをえない状態に置かれている政治過程を通じて奉仕する[12]。くりかえしていえば，現実生活についての打算が，信念と実践についての尖鋭な信条的相異によって特徴づけられている道徳的絶対の世界から私たちを引きはなすのである。競争的な経済市場の道徳性は，たとえそれが条件つきの，または制限されたタイプのものであるにせよ，ある程度明確に利他主義の性質を開示しているが，他方計画経済の道徳性は，集合主義者たちが信じ込んでしまっているよりも利他主義的ではないのである。

　社会福祉の道徳的構成要素を分類するこれまでの伝統的な諸方法は，その他のいくつかの点で欠陥があるといってもよい。その第一番目の点で，「制度的」と「残余的」というこの両概念とも，不完全な包括的術語といえよう。なぜなら，それらは福祉の単に法制上の，ないしは公式的政策の局面を示しているのにすぎないからである。それらの術語はとりわけ運営者が用いることばである。彼らがその術語を選びとった状況のもとでは，制度的とはたとえそれがどのようなものであろうと，完璧性や成熟性の含蓄があるものであり，これに対して，残余的とはそれが何であろうと，末端部で衰退し，発展

せず，しおれていくものを示唆する。

　第二番目には，「利他主義」と「利己主義」に関連する観念で，すでに社会学や哲学の領域で先例的に使用されている諸概念が，それ自身に関して一方が呼びおこす称賛および他方が招く非難に対して，それぞれ補足的な歴史的確約を与えている。たとえばデュルケーム（Durkheim, E.）は，「もっぱら個人的であるような情緒や表現によって決定」[13]される行為の形式をもって「利己主義的なもの」と定義している。『社会分業論』においてデュルケームは，道徳的生活の本質的要素をスペンサー（Spencer, H.）の競争的個人主義の見解に比較して，挑戦的に，「それは，社会がその成員に行使する影響力を緩和し，生存競争と淘汰の残虐な行為をやわらげ中和するものである。だから諸社会が存在するところではどこにでも，利他主義が存在する。なぜならそこには連帯性が存在しているからである」[14]としている。

　スペンサー社会学に対するデュルケームの反応は，産業社会における人類連帯の性格に関する広範な論争の一部をなすものであった。この論争のもう一つの欠落面は，ハックスレー（Huxley, T. H.）の随筆『生存競争（The Struggle for Existence）』[15]に対するクロポトキン（Kropotkin, P.）の批判的対応に見られる。クロポトキンは，その相互扶助の研究において，ハックスレーはダーウィン理論をひどくゆがめたと考えざるをえないと批評している。この論争の一つの重要な特徴は，スペンサーとハックスレー両者がともに論点をドラマ化し，あたかも問題の論点が個別的な市民と国家との間の紛争にあるかのようにみなすことによって，実は彼らが，真の社会進歩を破壊するものと考えていた集合主義的社会政策にその主要な役割を押しつけていることである。そこで彼らは2人とも，制度的なものと残余的なものとの分裂を予見し，また彼らの分析は両者とも引用語の点でも合致したものとなっている。

　それとは対照的に，デュルケームにしても，クロポトキンにしても，集合主義的社会政策に対してはほとんど関心をはらっておらず，両者の間に程度の差はあるが，しかし両者とも国家介入の利点については慎重な留保を付している。クロポトキンは，いかなる種類の国家介入にせよ，たとえばそれが市場勢力の自由な活動を守るためであれ，あるいは，その最悪の結果を緩和

第1章　利己主義と利他主義

するためのものであろうと，いずれにしても，それは本来的に見て社会福祉を破壊するものと考えたのである。この2人の著者は，非公式的でかつ自発的な相互扶助の実践に信頼を置き，その実践のなかに，利他的であろうとする人間的性向の必然的かつ自覚的な明証があるとみなすのである。この点において，デュルケームとクロポトキンの各著書は，スペンサーやハックスレーの著書よりも，あるいはウェッブ的な社会運営論(ソーシャルアドミニストレーション)の伝統的な陣営内部から刊行されてくる著書よりも，市民参加や地域社会開発に関する今日的な議論に対して，より大きな相通性を持つものといってよい。

　社会福祉を説明するための概念や理論の展開が妨げられてきたのは，次のような事実による。それはサービス組織体の形態を定義する諸概念がしばしば価値判断を示す術語として使用され，しかもそれらの価値判断の内容にしても，正しく吟味されてこなかったためである。だから「利他主義」という術語をどれか一組の政策または実践に限定使用するような接近努力にしても，単にそれに関連した道徳的な論題として早計な判断がなされてきたのである。たとえば，仮に私たちが，だれが自己自身を利己主義者であると定義するであろうかと質問し，また仮にその答えとして，利己主義者とは「どんな仕方でも，称賛されえない人」というような答えがなされたとすれば，そこで私たちは，おそらく利己主義という術語は本来的に軽蔑を示すことばであると結論づけるであろう。たとえば，ロールズは，利己主義者とは「自己利益やその場逃れの場合を除いては，正義が要求するようには」[(16)]絶対に行為しないような人を指していうと説明している。ロールズの見解によれば，利己主義はいかなる道徳的な理論または行為に対してもその根拠を供与しうるものではなく，公正(フェアーネス)としての社会的正義の概念と相容れないものであるという。

　私が主張したいのは，「利己主義」および「利他主義」という術語は両者とも，それが意味限定されないかぎり，社会福祉の研究にとってきわめて無縁のものとなってしまうということである。なぜなら，それら二つの術語はほとんどの社会的行動の特徴的な形態を示すことばとしては使用できないからである。さしあたり，利己主義者とは友情関係を成立させえないような人を

指し，利他主義者とは，すべての「友人」ないしは他人が，利他主義でないような場合は，他に利用されてしまうような人を指しているように思われる。だから，利己主義者にとって社会生活は無意味であり，これに対し利他主義者にとって社会生活は不可能なものとなる。利己主義者なるものは，その周辺にむらがり寄るあらゆるものを飲み干してしまうような社会的宇宙におけるブラック・ホールにもたとえられるし，これに対し利他主義者は，暗黒で果てしない宇宙を照らし出し，温めようとして虚しい努力をつづける明るく燃える星に比較されるかもしれない。

　親族関係や地方コミュニティのようなより家庭的な周辺状況のなかで，利己主義と利他主義との間に，明確な区別をする一線を画することは等しく困難である。一つの社会集団の主張が他の社会集団の主張を抑えこむような自明の理は存在していない。最大多数のための最大幸福を求めるというごとき，お粗末な功利主義の原理を放棄してきたのであれば，その結果として，「快楽（または「幸福」）の最大化」[17]よりも，むしろ「苦痛の最小化」とする方が，なぜ，社会〔福祉〕政策の目的のよりよい定義になるのかということについての，いくつかのよき理由が存在する。

　つい最近まで，集合主義者たちは，前者の種類の功利主義的仮定に基づいて立論する傾向があった。したがって，親族や地域コミュニティ諸集団の福祉要求は，議論の余地なく，より広域社会の福祉要求に従属するものとして処理されてきた。しかしながら，相対的に狭い限界の内部において，諸家族は相互扶助の形態を保持しており，それはたとえ一定の条件のもとでそうであるにせよ，やはり利他的として記述されうる。自己利益と利己主義についての討議の場で，人は，あまりにも多くの場合，その討議の主題が，自己自身の利益のために排他的に振る舞っている単独の個人の上に置かれすぎてきた，という印象を受けている。しかしながら，日常生活において，勤労市民の大多数は，自分たちの扶養者や，自分たちと同じようにそれほど愛してもいない親族のためにさえその最上の利益のために働いていこうとしているものである。だから，仮にこのような家族内利他主義を利己主義のカテゴリーの下に位置づけることを可能とする理論モデルがあるとすると，それは決定

第1章　利己主義と利他主義

的に不完全なモデルとなる。また，家族内福祉実践を利他主義のカテゴリーの下に分類することも，同じく誤りのもとになる。要するに，利己主義と利他主義を二者択一的な選択肢として取り扱う分析は，人々の援助責務と権利認定の概念を特徴づけている忠誠心の微妙なやりとりの実態を適切に説明することができない。

　ここで，私たちはとりあえず，義務の要請の範囲内で行われる道徳的行為と，普通の市民の通常の期待をこえるような道徳的行為との間の，ウルムソンによってなされた区別に注目しておくことが有意義であろう[18]。バーナード・ウィリアムズ (Williams, Bernard) もまた，私たちに次のような注意をうながしている。彼は「私たちの品位のある行為のあるものは，すべての人を愛するというキリスト教徒の誤伝を動機として生じているのではなく，むしろまさに私たちがだれかを愛するということから生じているのである」[19]という。家族内利他主義として記述されうる行為の大部分は，第二の行為範疇に属する。

　利他主義の位階的モデルを表明するものとして，宗教的道徳性と同様に世俗的道徳性がある。マルクス主義者たちは，これらの論点を階級利益と階級闘争という見地からながめ，経済的不平等と社会制度としての家族との間の連関性を重視する。しかしながら，この種の諸分析はただ盾の一面であるにすぎない。利他主義の家族内形態と家族外的形態との間に生じてくる葛藤は，社会政策と社会正義についての関心にとって根本的な意味を持つものである。なぜなら，それらの葛藤は，階級構造の変動のなかで，いつもそれを超越し，生き残りつづけることが知られているからである。家族は，プライバシーと排他的忠誠の非常に明確な意識を育成するものであるが，より大きいコミュニティに帰属する代価として，そのような意識をすすんで放棄するような市民はほとんどいないといってよい。この家族内利他主義と家族外利他主義との間の区別は重要である。なぜならそれは私たちに，道徳的選択のジレンマと，私たちが正しい意思決定と確信を持っていえることはほとんどなかった，という事実を指摘してくれるからである。

　多くの社会運営論者らは，社会福祉の追究に際し，家族の重要性と両親の

責任の重要性を強調するが，同時に両親による選択の範囲と両親による優先順位の指示には，きびしい制限が課さるべきであると主張する。社会運営論は，この基礎的な倫理問題を，政治的または運営的行為の方法を処方することによって解決しようとする。しかしこのような処方のあるものに対しては抵抗が存続し，またその社会的および倫理的な根拠にしても，受けるに値する注目を受けたことはほとんどない。ここで私たちが疑問を呈したいのは，いかなる倫理的根拠に基づき，またいかなる発展段階に際し，これらの家族内の自己利益と利他主義の形態は，本来的に見て福祉実践の劣等類型として消去さるべきものであるのか，ということである。いかなる倫理的根拠によって，私たちはそれらを修正する道を探し出すべきであるのか。社会市場の背景の内部においてすら，相対的貧困の概念が，少数派集団の不公平を改善するための方策でなくなる位置と，その概念を原理として，不平不満を持つ市民らが青ざめた発作的な嫉妬の光によって自らをとりかこむ暗黒を照らし出す位置との間に，一線を画することは困難である。

およそすべての実践的な目的にとって大切なことは，いかにして，かつどの範囲まで，家族内利他主義の要求が，地域社会的・国民的・国際的な諸利益とのつながりを持つ利他主義的な家族外からの要求と調和できるかである。これらの論題を探究する前に，私たちは，社会福祉の研究のための適切な制度的枠組みを構成しなくてはならないが，その枠組みは，これらの家族内忠誠と家族外忠誠の相互の作用や，多様な交換関係のなかでの，これらの援助責務と権利認定のネットワークの表出形態といえるものであり，それを我々は社会生活の適切な制度的形態として認めるものである。

第2章

家族とコミュニティ

　すでに見てきたように，相互扶助は多様な制度的脈絡のなかで実践される。これらの福祉実践の本質理解の探究において，私たちは，家族内社会制度と家族外社会制度との間で，できうるかぎり両者の区別をすることと，それぞれの分離した制度的脈絡の内部における関係性の特質とに対して，特別な注意をはらう必要がある。利他主義の家族内形態とその非家族形態との間の協同と紛争にとっての潜在的領域は，リトウァク（Litwak, E.）の論文「産業社会における拡大された親族関係」[1]において例示されている。リトウァクは，分担機能と制度的均衡について一つの理論を提出している。彼は家族構造を四つのタイプ――伝統的拡大家族，修正拡大家族，孤立的核家族，崩壊的核家族――に区分し，それら〔家族〕の福祉機能を他の福祉組織体の形態機能に関係づけている。リトウァクは，家族は独特な性格を持つニードを処理するには，他の諸集団よりもはるかに適した集団である。なぜなら，「それがスモールサイズであるので」，福祉官僚体制の実務者たちが，一定の常軌化されているニードを処理するのにより必要な特殊な技能や知識で十分に装備されているのに対し，家族は「何が価値のあるものであるかを，より多く独自に決定し」かつ，敏速さと柔軟さをもって対応することができるものであるから，と論じている[2]。交換の最も一般に選好される形態は，交換の場においてニードを持つ個人が，家族内扶助形態や非家族扶助形態のいずれに対しても全面的依存を避けられるような交換形態であり，しかもこのような状況は，修正拡大家族の成員の場合に，最も好ましい形で生起してくるといえよう。リトウァクが提示しているように，「供与者が全般的サービスを提供

する地位にないようなところでは，同時にその供与者が完全な追従を要求する地位にあることもないわけである」[3]。

　他のすべての社会制度と同様に，家族もまた協同に向かうとともに紛争にも向かう強い傾向を有している。家族は，多くの私たちの親密な期待感をともない結束しており，そのことがまた不可避的に多くの深刻な失望感の原因ともなるのである。離婚件数は，家族内不調和の多くの指標のなかのただ一つの事例であるにすぎない。家族内部には，相互依存と依存そのものとの複合的なつながりがあるが，この回路は日常生活の諸要素に多くの影響を与えている各世代や男女両性の各相互間および内部関係における権力の行使を包含するものである。これらの網状のつながりが一定の枠組みを提供し，その枠組みの内部で最も重要な相互扶助の形態が生起するのである。たとえばロッサー（Rosser, C.）とハリス（Harris, J.），ウィルモット（Willmott, P.）とヤング（Young, M.），およびタウンゼンド（Townsend, P.）によって実施されてきた諸研究は，これらの関係性の微妙な性質や，それが可能である時にはいつでも互酬性の規範を維持していくことの重要性を例証している[4]。個人的サービスを提供することに加えて，家族は主要な制度として存続さるべきであり，この制度によって富と各種の便益が世代から世代へと受け継がれていくのである。

　社会福祉研究は，家族生活の形態と社会政策(ソーシャルポリシィ)の効果との関係について，慎重かつ持続的な注意をはらってきたが，しかしその注意をはらうべき優先順位は，さまざまのストレスや，危険な状態にある家族成員に対してと同様に，各種の便益や富を家族の各成員へ移転する際に行使される家族の力関係を統御する問題にも置かれるようになってきた。近年では，「解体しつつある」核家族が経験している社会的不利益状態に対して多大な注意がはらわれているが，それは問題のある成員をかかえていたり，あるいは全体的な崩壊寸前の状態の家族である[5]。

　しかしながら，家族福祉の一般的向上に積極的な寄与をすべく設計されてきた集合主義的社会政策の展開も，実際には，しばしば強烈な政治的抵抗に見まわれてきた。利他主義の家族内形態と家族外形態との間の区別も，社会

第2章　家族とコミュニティ

改良が扶養家族に対する両親の「責任」を肩代わりすべきであると考えられた当時にくらべ，それほどかたくなな主張がなされなくなっている。ヒラリー・ランドは，「家族責任の現行のパターンを阻止し，それによって夫に対する妻の，また両親に対する子どもの従属性を削減するであろうと思われる」[6]ような種類の政策の「正当性」を確立する。〔また〕その継続的な企画としての家族手当の実現のために，久しく繰り広げられてきたキャンペーンについての説明をしている。家族手当は，集団的賃金交渉の過程を掘り崩すものであるとする労働組合側の危惧は，同じくその手当制度が労働意欲におよぼす影響についての保守党側の懸念によっても補強されてきた[7]。しかしこれらのリスクにしても，インフレーションの危険や減少傾向にある出生率ほどには重大ではないとみなされたことによって，最終的には実現の勝利がもたらされてきた。いま一つの重要な因子は，ジョン・メイナード・ケインズ（Keynes, John Maynard）の影響であるが，彼は政府の経済顧問として，経済的理由および社会的理由の両面から家族手当を支持した。

　家族を保護する必要と同時に，その家族の自律性を尊重すべきであるとする点に関しての，政府政策と世論との反対感情の併存性が，単親家族，それもとくに婚姻関係なくしてまたは破婚によって作り出されたそれら家族の処遇に際して，最も劇的な形で露呈されてきた。ファイナー（Finer）やマックグレゴール（McGregor, O.R.）〔ファイナー・レポート〕は，扶養責務についての歴史を綿密に調査した結果，「結論は次のごとくである。単親家族に対して政府が提供する援助についての原則は，ベヴァリッジ報告以後も，まったくそれ以前に行われていたとおりに履行されているということである。未亡人は割増補給金つきの年金を救貧法ないし公的扶助から，そして1948年以後は国民扶助から受けていた。しかし離婚した妻や夫に放置されている，あるいは別居している妻，それに未婚の母は，夫から何らの扶助が得られない場合は，たえず救貧法あるいはその代替法に依存していた。他方，彼女たちの子どもは，1924年にエリーナー・ラスボーン（Rathbone, Eleanor）が設立を求めていた家族手当（1945年導入）により給付を受けた」[8]と見ている。

　ファイナーやマックグレゴールは，被扶養者を扶養する責任のある親族の

責務についての伝統的見解——17世紀に端を発する——に対する付託が，1966年に行われた「国民扶助局」から「補足給付金委員会」への権限の移譲においても生かされていたと結論している。彼らは「一つの主要な新機軸」を明記しているが，それはつまり「救済を受ける者の上に恥辱のスティグマ（烙印，stigma）を課すことが救貧法の明白な意図であったが，国民扶助法の明白な意図は，社会保障法の省庁の意図と同じように，扶助局や委員会は給付金の受領者たちにスティグマを課すべきではない」ということであった。〔基本姿勢は〕そのまま保たれており，生活保障のない妻または母親は，両者とも扶養を受ける法的権利を保有することになり，そうした権利を，婦人たちは裁判所の指示を通じて行使することを求めうるし，またその市民資格において，恥辱のスティグマをともなわずに，社会保障当局からの支援を受ける権利を享受する状況にある。しかしながら，ファイナーやマックグレゴールは，「多数の市民たちの心のなかで，古いスティグマがいまなお福祉国家の社会的諸給付の上に押しつけられている」(9)ことを示唆している。

　多数の単親家族の家計上の困難な状況は，この変則的状況が変えられるまでは，効果的に救済されることがないであろう。総体的に見て離婚後再婚しない離婚者の数が増加しているように，英国における離婚件数が上昇しつづけるに従って，問題は着実に増大しているといってよい。おおまかに見て，〔1979年時点において〕英国においては10家族のうちの1家族が単親家族である。しかしながら，これらの傾向から，家族はすでに私たちの考えるような意味での福祉の援助責務や権利認定の第一義的な場所であることを終止しつつある，と推論することは，誤解をまねくもとになる。一方または両方の配偶者が，苦境において相互に扶養し合う責務を放棄することは，現在ではなお例外的なことであり，また双方の配偶者が自分たちの子どもを見捨てるようなことも，それ以上に例外的なことである。だがこのような扶養の放棄をともなう悲痛な事件は，家族内利他主義についての道徳的信念の上に，何らかの一般的変化が起こったことを示唆するものではない。その悲痛さは，むしろこのような信念の耐久力の程度や，それらの道徳的な問題状況によって呼び起こされる恐怖や遺恨を表面化させる役目を持つのである。より以上に，

第2章　家族とコミュニティ

　これらの信念は，法律や社会政策における変化を制止するため，いまだに世論のなかに十分に強力な表現を持ちつづけているのであるが，したがって増大しつつあるが少数派の単親家族が，なお深刻な家計上の危機のなかに止め置かれることにもなるのである。

　これらの社会的文化的変化の諸過程が，私たちに，家族生活に関して現行政策が立脚する伝統的ないくつかの仮定の見直しや，また家族構造や両性関係についての私たちの類型論の訂正をせまるようなこともありうる。税法と所得維持サービスについて，新しい女性権利拡張に関するイデオロギーは，すでに政府に影響をおよぼし，政府の家族政策およびこれら政策が習慣的に立脚する女性の地位についての仮定の抜本的な見直しを迫っているところである。所得維持サービスに関して，これらの傾向が観察されうる一方，個人的ケアの性格を持つサービスについては，その展開の逆のパターンが現れている。そうした傾向の根底に伏在する仮定は以下のごときものであると思われる。すなわち，安定した家族構造が危機に瀕した時には支援すべきであり，また仮に崩壊に直面した時でも可能なかぎり回復させるべきであること，さらには，大多数の市民たちがこの目的を共有するということが，社会政策の好ましい到達地点でもある。この仮定に反対のラディカルな諸見解にもかかわらず，なおそれは多分に正しい見方である。たとえばコミュニティケア政策の原則と実践は，このような仮定に基づくものであるが，それらの諸仮定は単に現存の家族構造の恒久性だけでなく，同時に家族内部での性と仕事の役割の不変性までをも承認する立場をとるものであるように思われる。

　シーボーム報告のような主要政策文書は，コミュニティケアのためのキャンペーンに対しては非常に大きな推進力を与えたが，家族またはコミュニティのいずれかについて，したがってそれら両者の相互関係の性質についての定義をする点では，ほとんど，あるいは何の助けをも，私たちに供与してはいないのである。ある点で，コミュニティケア政策は，制度的不確実性と理論的忘却のなかへ飛び込んでいくような趣を呈しつつある。何をもって家族とみなすかについての実際上の定義は，諸社会の間で大いに異なっているだけでなく，その諸社会の内部においてもまた時間の推移に従って異なって

いる。家族に関する文献のなかで，モーガン（Morgan, D. H. J.）が「血族的宇宙」と呼んだものの境界について，私たちが識別しうる唯一の確実性ある内容は，すなわち「この家族的関係をかこむ外側の暗雲がいかに茫漠とし，かつ動揺していようとも，その内部の両親と子どもたちから成る核心部分は，それよりもずっと確定的なものとみなされるであろう」[10]ということである。モーガンは，いかに各個別家族のすべてが，彼ら自身で「主体的に理解」し，さまざまな現実を構築するかを記述しているが，そうした現実とは社会的および財政的な諸政策を含め，多様な外的勢力によって影響されているものである。

対人（パーソナル）社会サービスやソーシャルワークの急速な発展にもかかわらず，家族生活におけるこれら個々の異質的な偏差の一切に対して社会政策上のきめこまやかな適用を達成するという目標は，表面上は達成不能なままに止め置かれているといってよい。一つの困難性は，私たちがいまだ，自助に対する家族成員の力量や，外部からの援助を受容すること，あるいは他の者に対して援助を提供することに対する彼らの傾向などに関し，リトウァク（Litwak, E.）のいう意味で，家族成員によって，何が最も「独自に」価値あるものとされているかについて知ることがほとんどないということにある。精神障害者親族の介護をしつつある54家族についての近年の研究で，ベイリー（Beyley, M.）は血縁関係者の間に生じてくる相互扶助の微妙な相互作用形態に注意を向けている。彼はこれらの関係性を「対処（コーピング）」と「生存（リビング）」のための「構造」として特徴づけているが，それは家族成員の機能的および表出的ニードの両者に備えるものである。ベイリーは，これら支援パターンのくりかえされる二つの状況に注意をうながした。彼はそうした支援パターンが，社会福祉施設で活用される支持の外部的形態に対しても，ある範囲まで相当程度の影響を与えてきたものと考えている。第一に，そこには見も知らぬ他人から外部的援助を受けるニードを認めることに対する一般的躊躇があり，かつまたこの躊躇の裏には，それへの依存者となる結果として恥辱のスティグマを受けることについての恐れがあることをベイリーは明記している。第二に，普通の市民の側には，他人の家族の事柄に侵入することや，ま

たは外部の人の興味の的になるようなことへの躊躇がある。ベイリーがサンプルとしているたいていの諸家族も，プライバシーの価値と権利を強調している。このような態度は，おそらく地方行政庁のソーシャルワーカーたちのサービスを彼らが受ける際，どんな有益な寄与をする上でもワーカーの明白な失敗によって強化されるものである[11]。

　ステイシー（Stacey, Margaret）も同様に，彼女のバンベリイ（Banbury）におけるコミュニティの研究のなかで，援助事業のネットワークの複合性を観察した結果，家族成員が社会的関係性の一つの特質としての非公式性になじんでいくこと，彼らの地方主義的な親密感や，部外者からの援助供与の受容についての警戒心などが重要な問題点を形成しているという印象を受けている[12]。家族外部のフォーマルな福祉施設から受ける援助の相対的な限界については，イーダ・トップリス（Topliss, Eda）によっても，彼女の研究『障害者に対する方策』[13]においてさらに強調されている。彼女は結論として，「対人社会サービスの拡大は……私的な世帯のなかで生活している何らかの障害を持つ個人によって所望されてはいるものの，しかし大多数の障害者とその家族の特異なニードに対応するものではないであろう」[14]と述べている。障害のある市民は，その家族的および地域的な交際関係や社会活動のなかで，主として「できるかぎり多くの救助」を求めているが，しかし彼らが求めていくなかで直面することになる大きな障害は，金銭の不足である。対人社会サービスが必要である際に，もしそれらのサービスが正規の基礎の上に提供されるものであり，またそのサービスに対して代償を支払うか，または返済をする機会があり，さらにそのサービスが地域に根ざしたものであるならば，それらのサービスは受け手によって躊躇なく，最も好ましい形で受容されるように思われる。

　この種の経験的研究は，分析的かつ政策上の目的のために，ただ単に家族の定義をする問題だけでなく，同時にまた，それ以上に曖昧なコミュニティの概念から，家族を概念的に分離する問題を提示する。事実，機能的な拡大家族結合の範囲が十分に広がっているような社会では，この種の区別もほとんど無意味となる。なぜならその一方の概念が他方の概念によって包含され

てしまうからである。

　私たちが，社会政策上の目的のため，家族の定義を探究する途上で遭遇する問題が何であろうと，それは私たちがコミュニティの定義を試みるなかで直面する問題にくらべてみれば，小さな意味しか持たぬであろう。ロバート・ニスベット（Nisbet, Robert）は，コミュニティを定義して，「高度な個人的親密度，情緒的深味，道徳的遵守，社会的団結および時間的持続性などによって特徴づけられた関係の形態である。コミュニティとは，人間が一定の社会秩序のなかで保有する分離された役割のあれこれではなく，むしろ人間がその心にいだく人間の全体性に基礎づけられるものである」(15)としている。しかしこのような定義についての問題は，それらがあまりに漠然としており，かつ一般的でありすぎて，分析の目的にとってほとんど役に立たないものである。プラント（Plant, R.）は，1955年の著作のなかで，コミュニティについての約94の定義を収集しているその道の権威に関して引照しているが，その定義のすべてが「人々のことを取り扱っている」かぎりにおいて共通の要素を分有しているが，「これ以外の点で，一致するものはない」(16)とされている。コミュニティ研究の文献を概観して，マーガレット・ステイシーは，その概念が「有用な抽象を指示する」(17)ものであるかどうかを疑い，そこでむしろコミュニティということばに替えて「地方社会システム（local social system）」という用語を選び用いて，それは「家族的，宗教的，司法的等々の社会生活のすべての局面をカバーする，相互関連的な社会諸制度の一つのセットおよび」「一つの地理的に限定された場所」の内部で生起してくる「各個の関連し合う信条の体系」(18)であると記述している。

　ステイシーは，地方的社会体系の概念は「構造」と「過程」を含むものであることを強調しつづけている。彼女は，このようなシステムの発展は「地方人口の大多数」が「一定の期間その地方区域（ローカリティ）で一緒に暮らして」きたかどうかによって左右されるものであることを示唆している。かかる発展は，「人口の大多数がその地方区域のなかで生まれ，かつ育てられてきた」場合に，「おそらく高い率で」生起するが，しかしこのようなケースを除いてみれば，「かならずしも一定期間にわたる公衆の居住が，ただちに地方的社会体

系の発生を導き出すわけではないのである」[19]。一つの地方社会への移住が一定の臨界段階に到達した時——その段階は「移民の数，ないしはそのタイプの在来の戸主人口に対する関係によって決定される」——，最終的にはその社会体系の性格が変わり，そして，もしもその人口流入が継続すれば，次なる臨界段階に到達し，そこでシステムはまったく破壊されてしまうことにもなる。ステイシーによると，一定の経験的条件の下で，このような過程が生起するのであろうが，その条件について私たちの正確な知識が欠如していることが力説される。

　ステイシーは，ついで地方的社会体系の特徴的な役割関係の輪郭を描いていく。私たちは，「システムが関係している一定人口中のあるもの，ないしすべての行為者が相互に複合的な役割を演じ」，しかもその事態が発生する機会は，システム中に現存する制度の数に関係して増加するものであると教示されている。これら現存制度の数と同様にそのタイプもまた——たとえば地方的権力の刈込場またはサブ・システムが現在するかまたは欠落しているかによって——そのシステムの性質に大きな影響を与えるのである[20]。

　地方社会の信念の体系についてもまた言及されている。このようなシステムが存在するところでは，信念の体系は「地方社会の人口の複合的な役割遂行集団や重複集団の諸成員を通じて」共有されるものとなる。ステイシーは，地方的信念の体系の存在を根本的な重要事項として取り扱っているように見える。彼女は，「人口の大多数が相当範囲にまで，共通の集団・制度・信条および期待を共有していない」ようなケースでは，「その地方社会にとって固有の地方的社会体系はありえない」と主張する。だが，ステイシーは「＜大多数＞や＜相当範囲＞ということの経験的意味は現在のところ少しも明確には知られていない」[21]と，くりかえし力説している。

　ステイシーは彼女の論文の最後の章で，私たちに以下のことを再考させている。それは英国において地方的社会体系は決して社会的に自己閉塞的なものではないということである。住民たちは，彼らの地方社会の外部にも親戚を持っており，地方的な政治・経済・宗教体系は国家的体系につながりを持っている。さらにその上，長い間物理的に接近していたからといって，それ

でただちに地方的社会関係が発展するという保障はないのである。ある住民たちは、これらの関係の内部に積極的に組み込まれていくことはせず、地方社会の内部で「他のシステムの要素」が出現した時、それに同調していくような事実のあることが、「地方的社会体系が、これら社会体系のまさに外部に生じてくる変化に対して敏感である」ことの保障ともなるのである。ステイシーはまた、諸地方社会の内部で、社会関係は「協力と同様に紛争の関係を含むものである」[22]という点を力説している。また同時に、「社会関係の一つの総計が、ある地方社会の内部で集約的に見出されるようなことはありえない」けれども、しかし、このことは「地方社会研究の未来を疑惑のなかに」置くものではないことを私たちに指摘している。このような結論から導き出される教訓は、地方的社会体系はそれが一部を成している広域社会との関係のなかで研究されていくべきであり、しかもまた、こうした研究は、経験的であるとともに理論的な根拠に基づくものでなくてはならないということである。ステイシーの論文は、10年前に出版されたものであるけれども、私見によれば、それはなお学問的有効性を保持する最高の概念業績といえよう。その明確性や慎重性という明白な長所の他に、そこには数多くの重要な命題の検証をなしうる内容設定がなされている。

　コミュニティの概念は、したがって、地域社会参加の多様なイデオロギーやコミュニティケア政策などと明別しにくい。結果的には、この概念は、政治的論争と社会的探究の両方の道具として役立っている。それはもちろん常に一般的な性質の一定のイデオロギー的な含蓄を持つ。コミュニティワーク教育についての研究グループ（私もそれのメンバーの一員であったが）は、これらの含蓄が近年どのように変化してきたものであるかに注目し、次のような観察結果を出している。

　　「コミュニティの理念――それは歴史的には社会福祉のより保守的な表現の一つであった――が、社会的革新論者や変動の媒介者にとって非常に魅力のあるものとなってきた。そのことは、私たちの時代の一つのパラドックスであるといえよう。私たちは、現段階では、何ゆえにコミュニティ概念が登場してきたかを、ただ推理してみることしかできないのである。コミュ

第 2 章　家族とコミュニティ

ニティの概念やコミュニティワークの実践は，現在，高度産業社会の内部にあって，民主主義の原則を訂正・是正し，これら原則と社会改革の活力にみちた諸政策との連鎖を再確認するための，最適な文脈を提供することを可能にしている。富裕な産業社会においては，過酷に搾取された者たちの要求が，あまりにも安易に，残余的少数派の周辺的な要求として処理されがちとなっている。活動の最初の焦点を地方的文脈にしぼると，コミュニティワーカーは，地方的な民主的過程に対する手続を通し，さらには一般的な民主主義諸原則に訴えることによって，社会正義の要求に対して一つの新しい確信と権威の質を付与していくことを望むのである」[23]。

　地方化された社会活動に対するこの新しい取り組みと福祉実践のインフォーマルな形態の育成の動きは，しばしば中央および地方の各政府双方の行政管理的気風に対向すべく，何らかの敵対心とむすびついてきた。そうした動きはただ単に関心の対象という点で高度に地方化されていただけでなく，その着想と外見においては人民主義的（populist）な集合主義的伝統の再生を代表するものであるといってよい。対照して見れば，20世紀英国における社会改良の歴史は，集合主義的価値観によって鼓舞されてきたが，しかし実際にはその歴史も，選出された代議員や有給の専門家たちによって指向された政策や運営過程に身をゆだねてきたにすぎない。この運営論的伝統の大使徒となったのは，ウェッブ夫妻（Webb, Sidney and Beatrice）であり，その伝統の上に福祉国家の基礎が築かれたのであるが，しかしウェッブ夫妻は「庶民的感覚（the average sensual man）」についての概して貧弱な意見しか持っておらず，しかも教養を積んだ運営者こそが，何が一般民衆の最上の関心を構成しているかについての最も信頼すべき解釈者であると信じ込んでいたきらいがある。類似の見解がベヴァリッジ（Beveridge, W.）によっても保持されていた。彼はハリスが示しているように，「社会の，より＜社会主義的＞な組織なるものは，労働者階級の圧力を通してではなく，むしろ教養があり，官僚的で，民衆的活力をもたらすエリートを通じて達成されるであろう，ということを心に描いていた」[24]。しかし，自発的努力の重要性をきわめて重く見ようとする信念も，等しくベヴァリッジの福祉哲学の重要な要素であった。彼の福

祉社会の観念は，社会保障と税収による財源をもとにした国家の主要事業が，とくに「非典型的な困窮状態にある少数派の特別なニード」[25]に対してさし向けられる豊富で多様な自主的(ボランタリー)な努力によって補強されていくような社会を意味していた。

　ベヴァリッジは，自主的(ボランタリー)な努力は市民的責任の一つの表現であり，それは，単に福祉の向上だけでなく，民主主義自体の存続を活性化するものと信じていた。このような見解は，最終的には著作『ボランタリー・アクション』[26]において展開されているが，それはビクトリア朝とエドワード朝時代のイギリスにおけるボランタリズムの伝統と，私たちの現代のコミュニティ開発の強調点との間をつなぐ一つの知的かつ規範的な架橋を提供するものである。とはいえ，ベヴァリッジのコミュニティ理念が持つ概念的な重要性は，自主的(ボランタリー)な活動なるものは彼の福祉理念総体のなかでの，ただ一つの要素であるにすぎぬという事実に由来する。ベヴァリッジはその最後の分析で，彼のいう善き社会（good society）なるものの理想は，一つのコンセンサス・モデルの上に建てられたものであるが，その合意において，すべての部分的な関心や忠誠心が国民的利益を指向する包括的プランという起点に立って調和されていくのである。さらにまたベヴァリッジは，英国民なるものの意義を，共通の民族的自己同一性と明確なアングロ・サクソン種族と文化の永続性という術語をもって概念化している。ベヴァリッジは，彼の社会保険計画のなかで婦人たちの処遇についての提案を弁護し，次のように主張している。彼は，「次の30年間に，母親としての主婦は，英国の民族性と世界におけるイギリス的理想との好適な持続を確保するため活力のある働きをしていかなくてはならない」[27]という。

　愛国主義はベヴァリッジのグランドデザインにおける感性(センティメント)であり彼の報告に対して政治的合理的根拠を提供し，かつ家族の福祉，地方コミュニティ，国家，国際的再建などに対する彼の関心を一つの枠組みに結びつけているのである。時代と変動が彼の社会政策(ソーシャルポリシィ)に対する処方を色あせたものとしてはいるが，国民的運命の意識や，彼の未来展望を鼓舞している原則の確実性は，なるほど自己に対する冷笑や猜疑心によって引きさかれている世代

の人にとっては，異質のよそ者のように思われるかもしれない。しかしそれはなお現在でも妥当性を失ってはいないといえよう。

第3章

ナショナリズムと国際主義

　ベヴァリッジの愛国心は，諸国民の内部に紛争を生み出す多様なセクト的な忠誠心と，諸国民の相互間に紛争を生み出す忠誠心の両者を鋭く認識する点に，特色を見出すことができる。その報告書のなかで，ベヴァリッジは次のように論じている。「ただ単に物質的欠乏に対してだけではなく，これらすべての諸悪（欠乏^{ウォント}，疾病^{ディジーズ}，無知^{イグノランス}，不潔^{スクアラー}，無為^{アイドルネス}）に対しての保障を求める際に，またその保障が，自分自身の生活に対する個々の自由や企画や責任と結合さるべきものであることを明示するに際し，英国的コミュニティと，他国において英国の伝統を継承してきたコミュニティは，人類の進歩に役立つきわめて重要な役割を持っているのである」[1]。すなわち，ベヴァリッジは，集合的福祉の要求と個人的福祉の要求は，それらが相互に依存し合うものであるがゆえに，調停可能なものと信じていたのである。彼は「英国的コミュニティ」を彼の再分配についての文脈でとらえていたが，彼は同じように国民的福祉の要求と国際的福祉の要求もまた調停可能なものと確信していた。彼は英国における福祉国家の創立を，「大西洋憲章」のより広い目標の部分的な履行であると見ていた。彼の報告のなかでの提案は，「一つの国民が，共通の理想^{コーズ}のために仲間の戦闘者を代償にしてその市民の利益を獲得するような企てではなく，その共通の理想に対する一つの献身」[2]であることを示している。ベヴァリッジは，排他的というよりもむしろ包摂的であるような公共的ならびに愛国的な忠誠の感情を強調している。そしてそれは将来の世界的規模の連合国家的コミュニティにおいて体現される国際的福祉の理想に達するにつれて枝を広げていく。

第3章　ナショナリズムと国際主義

　この社会福祉の哲学を現実に実現していく企てのなかで起こる問題は，私たちの忠誠心や利害関心に向けられる各個の制度的要求が，潜在的に包摂的であると同時に，排他的であるという事実から生じてくるのである。1人の人の自国に対する愛は，その人の地方コミュニティに対する愛と同じように，外部凝視的かつ内部凝視的であり，またこのことは彼らの通俗的表現と知性的表現についても等しく当てはまる。たとえば，愛国心は，一つの民族的感情であるが，しかしそれが国家主義イデオロギーの基礎にされるならば，それは国民的自決や社会改良の諸理論と連結するものとなる。ごく最近では，一般の人々が彼らの地方コミュニティに対して感じている忠誠心が，地域社会参加やその活動の諸理論のなかに組み入れられている。昔のある時期には，「ナショナリズム」という用語は，「地方社会体系」という概念と同様に，特別な教育を受けていない俗耳には不自然で聞きなれないことばと思われたにちがいない。プラメナッツ（Plamenatz, J.）は，ナショナリズムを定義して，「ある国民的ないし文化的な自己同一性が脅威にさらされた時，それを保持し，または増強する願望，あるいはその自己同一性が不適当であるか，または欠如していると感じられるところで，それを変形するか，ないしはそれを創り出していこうとする願望」[3]であるとしている。ギンスバーグ（Ginsberg, M.）は，私たちに国民についての最高に洗練された定義の一つを提供している。それは「共通の歴史の進路のなかで獲得され，かつ継承されてきた感情，思想および意欲的傾向の蓄積を共有し，政治的に独立しようとしているか，あるいはしてきた……ないし，少なくとも文化的領域におけるある程度の自律性を保有しており，現実に一定の領域に住みついていないとしても，それと結びついている人たちの一団」[4]であるという。

　家族，コミュニティ，国家およびそれをこえたものに対するこれらの愛着は，私たちが感知する対象や権利認定の境界を規定するものである。それらは，「自己に対する，事物に対する，人物に対する愛着という」エリオットが私たちの日常の生活に意味を与えるものとして選び出した「三つの条件」の一部である[5]が，それらはすべて変動の衝撃の下では，変移するものである。
　ヨーロッパおよびアメリカの社会思想の伝統においては，工業化，官僚制

化および増大する社会的，地理的移動性が，どの程度にまで権力の大量集中と各個人およびその家族とそれが構成する広域社会との間の疎隔を招来したかについて，たえず関心が持たれてきた。デュルケームの関心事の一つは，近代の市民たちが明確に規定された集合的な理想に対する関与をどの程度まで欠いていたかという問題であった。デュルケームは，男性も女性も，彼らの経済的諸活動の自己本位性の行き過ぎに対して逆のバランスをとる利他主義的な目的に対して，何らかの愛着をみずから見出す必要を論じている。この逆のバランスがなければ，産業社会における生活は，ただ新しい経験と充足を求める間断なき利己主義的模索によって特徴づけられるだけのものとなり，そうした生活は我慢のできないような道徳的不確実性や困惑につきまとわれるものとなる。この社会的，または反社会的な状態をデュルケームは「アノミー〔無秩序〕」として説明したのである。

デュルケームは，「もしもアソシエーションの精神が少数の教育を受けた人々のサークルだけではなく，人々の重層的な大衆的集団のなかで盛んにならなければ」，「中間的〔媒介〕集団の根本的消滅」[6]が，公衆の道徳性を弱化することを恐れたのである。50年以上前〔1979年時点で〕に，テンニース(Tönnies, F.)は，いかにして「進歩すなわち独立した諸人格の発展のために──しかし常に民族と彼らの豊かな……共同生活を犠牲にして──国家が奉仕した」かについての観察をした時[7]，この種の予測しにくい問題について類似の関心を示している。社会福祉が「コミュニティのなかに定着することを中止した」時，「……それは貧困層を堕落させ，富裕層を自己満足に安住させる」[8]というのが彼の見解であった。同じ関心が，コミュニティ研究やコミュニティ活動の現在のリバイバルを先取りし，またそれを示唆しているのである。ただし私は，このリバイバルにおいて表出されている変動と改革への関与活動は，ニスベット（Nisbet, R.）のような著者の，社会秩序と「個人と，社会……のより大きな価値や過程とを媒介するために介在する有効な集団や連合体」[9]の育成に関連する関心とは，異なったものであることを，強調してきたのである。

近年，ダーレンドルフ（Dahrendorf, Ralf）は，コミュニティのイデオロギー

第3章 ナショナリズムと国際主義

は，真に多元論的に自由な社会の内部で，同等の権利や機会の上に基礎づけられている，いかなる市民資格（citizenship）の観念とも，本質的に相容れないものである，と論じている。ダーレンドルフはテンニースの「共同社会〔ゲマインシャフト〕」と「利益社会〔ゲゼルシャフト〕」との区別を，「そのなかにドイツ的思考の豊かさがあるとはいえ，不幸な二分割法の一例」であり，しかもそれは「歴史的には方向を誤まり，社会学的には無知というに近く，政治的には非自由主義的」[10]考え方であると記述している。ダーレンドルフのコミュニティ批判は，ドイツナショナリズムの一面に対する攻撃の一部を成している。彼は，テンニースのモデルの根本的な偏狭さは，そのモデルがコミュニティと国家との間の基本的な調和と自己同一的内容を含んでいると思われるにもかかわらず，なおこのような合意が本質的に革新，紛争，個人的自由を抑圧するものであることを表している事実に由来していると，主張している。そこでダーレンドルフは，「社会の内面的統一のイデオロギーは，一般的には，国家的非常事態の状態を示す他のイデオロギーとして現れてくるものである。なぜなら国民というものは敵に取りかこまれているものであるから，それは内側でその隊列を密着させ，＜偽誓コミュニティ（forsworn community）＞を形成せねばならないのである。……このようにして社会とその階級は，国民とその人々の虚構的なコミュニティの背後に消えさっていく」[11]と結論づけている。ナチズムの専制に対してイデオロギー的な支持を提供したのは，このタイプのテンニースの解釈であったことは疑いがない。しかしながらテンニースについて，人はもっと公平に見つめ，テンニースが同等の情熱をもってボルシェビキやナチのコミュニティ組織化プログラムに反対し，それらは強制によって「民族共同体」を創出したものとして論難している事実にも目を向けなくてはならない[12]。テンニースは，「精神的に，より成熟しかつ強烈になりつつある過程にある民族は，くりかえしそれ自身の主人になろうと欲するであろう。それは，＜国家＞なるもののなかにそれ自身の自己同一性を認識し，またそれ自身が＜国家＞となることを欲しているのである。それはくりかえし，より小さな集団のなかでの自己統治を欲しているのである」[13]と信じていた。

　デュルケームのコミュニティと国民との間の関係観は，より積極的であ

り，また明らかに発展的なものであった。それは，利己主義と利他主義との両者の境界は妥協と現実主義によって支配されねばならぬという信念に基づいていた[14]。彼は，家族，国民，人類は道徳的目標の位階秩序を反映するものとして，そのなかでとくに家族は，他の二者よりも「より個人に密着したものであるが，……他のものより身近な目標を提供する」[15]と説明している。彼は，国民はその道徳的価値を，「現在の時点では実際に実現されておらず，また，たぶん実現されもしないが，しかしなお，私たちがたえずそれに向けて努力している限界状況ないし理想的限界である人類の社会」[16]に対して密接に近づくことから引き出すものであることを示唆している。

　デュルケームが，利他主義的実践に対する関心の現実的な限界を規定することを試みているのは，まさしくこの点においてである。彼は「人類の全体を包みこむような＜国家＞が出現するようなことは絶対にありえないとする予想を正当化するものは何もない。……〔しかし〕現在の時点でそのような省察をめぐらす理由もない。実際に存在し，現に生きている実体である一つの集団を，いまだ生まれてもおらず，おそらく単に知的構想物以外の何ものでもありえないものに従属させ，かつそれに犠牲をささげることは不可能と思われる……私たちがすでに言明してきたことに従っていえば，行為なるものは，それ自体の構造と性格を所有している社会を行為の目的として持つ時にのみ道徳的となる，ということである。人類は構成化された一つの集団ではないから，どのようにすれば人類はこのような性格を所有し，このような役割を果たしていけるのだろうか」[17]と問いかけている。

　それゆえデュルケームの分析では，国際主義の要求は，けなされることはないとしても，格下げされた位置づけとなっている。人の，自分自身の生国が，道徳的忠節に対する優先権を持つのである。ギンスバーグ（Ginsberg, M.）は，デュルケームの倫理説を検討するなかで，デュルケームが，もしも「それぞれの国家が利己的な目的の追求を断念し」，しかもすべての国家が「隣国の犠牲による拡張政策」を放棄し，「自国の支配領土の内部で正義の実現を目的とする」[18]ならば，「世界主義と愛国主義」との間の対抗性を調停する上で問題はないと見ている事実を指摘している。

第3章　ナショナリズムと国際主義

　デュルケームの道徳教育理論は，その中心的な役割を愛国主義的感情に帰属させており，その感情が福祉の地方的形態と国際的形態との間の自然な架橋の役目を果たす。社会的義務の履行は，集合的努力を必要とするが，そのために児童はそれに適合するように教育されなければならない。児童は，その家族，学校，地方的コミュニティの相互扶助的実践に直接にかかわることにより，「偉大な集合的目的を追求する」ことに参与する準備をすることができる。また「愛国主義的対象に対する献身の精神が，この必要な目的を与えるのである」[19]。しかしながらデュルケームは，無批判または無反省な愛国主義を勧奨しているわけではなく，「私たちの人生の行路上で必然的に不完全なものを時折提示することを恐れる必要はない」と結論づけている。自国への愛が他の国民への配慮と両立しがたいものであるということはない。なぜなら，「仮に，人が自国を，あるいは一般的には人類を愛するとすれば，その人は自ら苦悩することなく，結果的に，人を救おうとする衝動なくして同胞――より一般的に人間存在の苦難を見過ごすことはできない」[20]。

　デュルケームの理論は，1人の人の，その家族や地方的コミュニティ団体に対する愛着から，自国に対する啓発的で包みこむ愛に至るまでに，自然でかつ望ましい進歩があることを示唆している。「愛国主義」ということばが使用される時，リベラルな知識人たちが，おだやかでないものを感じとる理由は理解できる。なぜならそれがしばしば民族中心主義や，偏見やその他の好ましくない感情を含んでいるからであるが，しかし愛国主義は，本来何らこの種のものを含む必要のないものである。トックビル(Tocquevill, Alexis)は，本能的愛国主義と合理的愛国主義とを区別している。彼は前者を，「人間の心情をその人が生まれた場所に結びつけている，説明の仕様のない，熟慮を欠いた感情である」と説明している。それに対し，後者は，「より寛大でもなく，たぶん，より情熱的でもないが，しかし，より創造的かつ永続的であり……教養によって生み出され，法律の援助と権利の行使によって成長し，最終的には，ある意味で，個人的な利益と混合されたものとなる」[21]としている。さらにトックビルは，その特徴的な手ぎわよさで，変動と道徳的不確実性の精神状態にある人たちは，「自国をいずこにも発見できない」ので，「偏

狭で無教養的なエゴイズムのなかに退避していくのであると説明している。このような人たちは，理性の規則を認識することなしに，意見を持つことから逃避する，即ち君主制の本能的愛国主義でも，共和制の内省的愛国主義でもなく，それはただ混乱と悲惨との二者の渦中で進退きわまっているのである」[22]と説明している。

　もしも愛国的な愛着心の欠如が，「偏狭なエゴイズム」よりもむしろ無際限な利他主義——つまり愛国主義を補完するよりは，むしろその代替としての国際主義への飛翔を奨励するとすれば，そこには同様に不幸な結果が生じてくるであろう。このような情況下で，トックビルが論及したような混乱と悲惨は，「たえず無制限な渇望をともなう悲観主義」[23]を随伴するものとなる。たとえば多くの人種的偏見は，自国や自分たちの地方コミュニティについて熟知もせず，またそれに対して信頼できる愛着を「欠いている」人たち，ないしは道徳的感情のバランスの成長していない人たちのなかに生じてくるといわれるかもしれない。その人たちは，一つの社会のなかに，少数派民族を正式に組み入れ，かつ受け入れることに対して憤慨するようになる。彼らは，少数派民族はその社会の一部であると感じていないのである。自らの社会に対して帰属意識を感じている人たちは，それによって脅やかされるという感じを持つことなしに，他者とその社会を共有し，また文化的多様性を受け入れるであろう。また愛国主義の主題を扱うに際し，それを対外的強硬論者の不寛容と同一視するについての説得的な理由は何もない。社　会　運　営論(ソーシャルアドミニストレーション)の文献でも，戦争と社会政策(ソーシャルポリシィ)との間に見られる明白な連関性に関する記載を除いては，それについてほとんどふれられてはいない。戦争はしばしば，自己犠牲の集合的精神や人々の間のよりよい社会をともに作り出すために，高められた願望を鼓舞するために使用されうるような愛国的感情を高揚する一つの文脈を提供するものである。政治的，経済的危機にある一つの国民が生き残るためには，それ以外の方法で活動する道はないのである。しかしながら，私たちは1945年以来苦しめられてきた諸々の危機の連続にもかかわらず，「ベヴァリッジ報告」にまで立ち返り，社会政策と国民的目的意識の回復とを積極的に関連づける一義的な所説を見つけ出さねばならないのであ

第3章　ナショナリズムと国際主義

る。

　両世界大戦は，大部分の西側の自由主義的および社会主義的な知識階級の間で，愛国主義とナショナリズムの概念に対する信頼を低下させてきた。ナショナリズムは，ただ外国人たち——それもとくに帝国主義的権力に反抗する解放戦線に参加した人たちによって国外で実行された時にだけ，高貴な理想とみなされた。この西側におけるナショナリズムと帝国主義，および第三世界における政治的，経済的搾取とのかかわりが，産業社会における国民主義と社会政策の結びつきの積極的評価を禁じてきたのである。国民的合意よりも，むしろ階級闘争の理論が社会福祉に関する論争を支配するという傾向があった。そこで西側資本制社会内部の不平等が，その西側社会と第三世界との間に存在する不平等と機能的に連係していることを確証することが，集合主義的思想の便宜的な知恵の一部であった。

　ナショナリズムと帝国主義の連係を論じながらリヒトハイム（Lichtheim, G.）は，次のようなことを提示している。それは，政治的運動としての帝国主義は，「ナショナリズム以外に利用しうるような大衆的な基盤がなかったので，そのナショナリズムに施錠したのである。しかしこの命題はまた逆転させることもできる。つまり，国民主義は機会さえあれば，いつでも形を変えて帝国主義になってきたと。大衆的な愛国主義は，それが帝国主義的運動に奉仕するものとなる時，組織的に腐敗したものとなる。そしてそうした変形が完成されていく速度は，打ち勝つべき根強いレジスタンスがなかったことを暗示している」[(24)]と。このような歴史的連想のパターンは，なぜ，急進派がナショナリズムと愛国主義との二つを熱狂的愛国主義イデオロギー（ショービニズム）と同等のものとして蔑視するのか，またなぜ，彼ら穏健な改良主義者たちが当惑以外の積極的な反応を示さないのか，という理由をもう少し説明することにする。

　愛国主義についてこのように弱気な国民には，資本主義に対する一つの根本的な敵意が伏在している。左翼集合主義者のイデオロギーの道徳的義務の位階秩序を描くことが可能であり，したがってその秩序のなかでは，地方社会体系のニードの方が家族や親族のニードよりも上位にランクづけされ，国

際コミュニティのニードの方が個々の国民的ニードよりも上位にランクづけされることになるということができる。愛国主義のトランプ・カードでは，ある人の自国が，いくつかの他国よりも，より集合主義的であり，より資本主義的でないと論じられる時を除いては，ほとんどプレイする機会がないのである。「英国の欧州共同市場」加盟に関する大論争のなりゆきが，まさにこのケースであった。この場合，左派と右派とは，異なったトランプの組札を持って，愛国カードのプレイをしたのである。右派は，国民的主権が危険にさらされることを理由にして加盟に反対した。左派は，「欧州経済共同体」は資本主義の烙印を押されており，したがってその成立の合理的根拠を，社会市場の利他主義的動機と互恵的な国際主義からではなく，新しい帝国主義的搾取の時代に突入しつつある資本主義経済の利潤追求動機から引き出していることを理由として加盟に反対したのである。

この対立は，1960年代の初期にまでさかのぼる。アンソニー・ウェッジウッド・ベン（Anthony Wedgewood Benn）（当時はその名であった）は，社会主義者が「共同市場」への加盟に反対した論拠を簡明に集約しているが，その根拠は，それが「自由放任主義を哲学とし，管理方策として＜官僚制＞を選択」することにあるとしている。そのような政治システムは，「その加盟諸国民の内部と低開発諸国との両者の民主主義的統治下での社会主義」の成長に対して，非友好的なものとなるであろう。ベンが主張しているのは，これらの諸国の輸出は損害を受けることになるし，しかも「今日，適切な国際主義が意味するものは，軍縮的コントロールを受け入れ，自由な関税と貿易の政策に従い」，協同という政策方向に従って作業することにあるということである[25]。ティトマス（Titmuss, R. M.）は，加盟に反対したが，その根拠は，西ドイツとフランスにおける社会サービス提供の水準がなお不充分であり，しかもそれらの諸国における生活依存者や逸脱者に対する官公庁の態度が，なおいちじるしく人間性を欠落しているので，それら西ドイツやフランスのごとき諸国が，私たちに対して，共同市場が，世界的条件のなかで，「同情的で，かつ文明化された」国へと発展することを希望する理由を少しも与えていない[26]，ということにあった。

第3章　ナショナリズムと国際主義

　二つの理想主義的伝統が，しばしば諸社会科学の文献のなかに見うけられた。そのうちの一つは，産業社会の複雑性に比べて単純でより有益であると思われるような社会組織の形態に対して，過去をふりかえり回顧的な態度をとるものであった。他の一つは，国民国家の分裂と敵対的憎悪が癒される一つの統合的世界を展望するものである。この第二の伝統は，異邦人をその恩恵の下に置き，全体世界として包摂する道を探求する一つの情熱的な国際主義の立場を表明する。西側諸国においては，これら二つの伝統の両者がともに，資本主義の価値と実績に対して反感を示している。事実，国際主義の修辞法がほとんどそのまま今日的な社会主義思想の一部となっているので，私たちは，ともすればもう一つの偉大な国際主義の理想が，かつては古典派経済理論と自由放任主義の原理の根本要素であったことを忘れてしまうほどである。この理論は，いかにして自由経済市場の交換メカニズムが，ただ単に個人的エゴイズムの利益と単一国民の内部での集合的福祉を調停しうるだけでなく，同時に，自由貿易の基礎の上に，諸国民の協定の国際的枠組みを創出しうるかどうかを示すことを主旨としたものである。自由放任主義の原理は，17世紀と18世紀に確立された国民的な利益と主権の優先的な要求を強調した重商主義原理に挑戦したものであった。

　このことが，私たちを相互に対立する諸理論の第二番目のセットに導く。そしてそれは援助責務と権利認定の境界を決定し，さらにそれは歴史的に見て，社会的および経済的な諸交換における包括性と排他性とに対する基準として役立つものであった。この領域問題を検討するためには，慣例的には社会政策の研究にとって中心的なものとして取扱われたことがないような社会経済思想中の諸傾向を再検討してみることが，私たちにとって必要になる。たとえば，自由貿易に対する保護貿易および自由放任主義に対する重商主義についての歴史的大論争の実際的な結果は，社会福祉と社会政策に非常に大きな影響を与えてきたのである。このようなより広大な枠組みのなかで見れば，私たちは，19世紀英国において経済政策が，社会政策よりも社会福祉に関してはるかに大きくまたより積極的な影響を与えてきたことを思い出さないわけにはいかない。私たちが今日理解しているような社会政策は，環境衛

生や慈善事業の分野を除いては，ほとんど存在していなかった。新救貧法の目的は，生活水準の改善のために直接的に資するものではなく，むしろそれによって，すでに腐敗している経済生活の旧秩序が，最終的に破壊される道具として奉仕するものであった。

　社会運営論を学ぶ学生たちの一般的な反資本主義的偏向は，一部には，彼らの指導教授が，英国救貧法に対して抱く先入観的偏見に由来するものであろう。19世紀の資本主義を研究している学生で，その課題が主として救貧法の研究に限定されている者が，もし資本主義の興隆が英国の貧困者にとって容赦のない不運をもたらしたという結論に達しなかったとすれば，その学生はまったく無情なならず者とみなされ非難を受けるであろう。このように抑止面と不正義を強調することが，今日の社会政策研究において安易に一般化されやすいので，したがってその学問的立場においては，機会と富の創出よりも，主として，貧困が持続する面についての，また経済市場の成功面よりも，その失敗面についての研究が主となってきたのである。このような方途によると，問題は，存在についての一定思考様式をともなってどんどん陰気なものとなり，そうした思考様式によると，過去は悲嘆の原因となり，現在は悔恨の的となり，ただ未来だけが希望の源泉となる。

　マルクス主義者たちも自由経済の支持者たちも，一様に，社会改良を根本的な社会変革に結びつけることなく，いかなる楽観的な未来展望をもユートピア主義として退ける傾向がある。マルクス主義者たちは，社会運営従事者(ソーシャルアドミニストレーター)が，貧困の症状に過度な関心を払い，資本主義の下での経済市場の構造と機能の内部に本来的に内在する貧困の根本原因をなおざりにしていると批判する。彼らによると，強制が常に資本主義体制下の社会諸政策の一つの特質であるが，ただしその強制の形態と強度は搾取階級のニードに対応して変化するのである。自由主義的な経済学者にとっては，自由市場の操作により多く依拠する方向への帰還のみが，いっそうの国民的繁栄と貧困減少という目的実現へ誘導するとする。これらの両方とも，集合主義的介入を成しこれまでその達成に失敗してきた。彼らによると，もしも救貧法の屈辱が資本主義体制下の富の生産にとって，機能的に見て必要不可欠なものであったとすれ

ば，次には，同じ主張が，共産主義体制下の強制労働と経済成長との間の関係についてもいえることになる。

これら二つの思想的伝統の間にイデオロギー的根拠を占めている社会運営論の研究者らが，社会福祉の手段と目的についての省察をすすめていく時，すべてのうちで最も扱いにくい二分割法に直面する。彼らのなかには，資本主義を廃止せずに改良を継続することを願う者もあれば，平和的手段によってそれを民主的な社会主義社会に変形することを願う者もある。おそらく後者が多数を占めており，しかも彼らが直面する困難の一部は，士気の問題にある。なぜなら彼らが社会を変形するとすればその過程で，少なくとも短い期間ではあるが，彼らが少しも熱狂的になれないようなタイプの社会における生活を余儀なくされるという予想に直面しなければならぬからである。社会運営論においては，ユートピア性，普遍的利他主義および兄弟愛をほのめかすことなしには，冷笑や絶望に抗して自己を防衛することができにくい。それが運営論の伝統的な考え方となっている。

私は他の場所[27]で，ユートピア的伝統と無条件的な利他主義への指令が，多数の非マルクス主義的社会運営論の研究者の労作のなかで強力な諸要素として保持されている事実を示唆したことがある。これらの諸要素は，もちろんティトマスの著作においても例証される。ティトマスは，社会サービスを，資本主義の生産力の上に重荷を課する一つの残余的制度とみなす傾向のある人たちを非難した記述をしている。ティトマスは等しく資本主義をも非難している。それにもかかわらず，英国の経済生活の多くの特質に対するティトマスの敵意は，英国と，その民主制と価値観に対して傾倒する心情によって，常に補正されていた。同時に彼は，1人の献身的な国際主義者であった。『贈与関係論（The Gift Relationship）』（Titmuss, R.M., George Allen & Unwin, 1970）は，彼の国際主義的福祉倫理が最高に展開されたアポロジア〔弁明書〕として，そびえ立っている。この著作におけるティトマスの，一方向的利他主義と贈与関係についての弁証法は，彼が三つの相関的命題として説明する事項に立脚しているが，その「第一は，非計量的性質の贈与交換は，複雑な大規模社会においては，レヴィ＝ストロース（Lévi-Strauss, Claude）

やその他の人たちの著作が示唆しているより以上に，重要な諸機能を有すること，第二は，そのような諸社会における，科学技術の発達の応用が，その社会の複雑性の広がりがいっそう加速されていく際にも，贈与関係に対する社会的ニードだけではなく，同じように科学的ニードをも減少させるどころかむしろ増加させてきたこと，第三には，以上の事柄および諸々の理由によって，現代の社会は現在，そのすべての社会諸集団の日常生活における利他主義の表出に対する選択の自由を，より少なくというよりもむしろより多く要求している」[28]ということにある。そして男性や女性の利他主義的感情は，基本的な諸制度――それはとくに保健や福祉の制度――が積極的にそのような選択を奨励し，かつ支持するような社会においてのみ，その完全な表出を目にすることができるのである。ティトマスは「いかに現代社会が，すなわち，技術的に，専門職的に，さらに大規模に組織化されている社会が，一般大衆に対して，彼ら自身の家族や個人的関係のネットワーク外で実際上道徳的に贈与を表明する機会を与えることをほとんど認めていない……という事実が，少しも理解されていない」[29]と結論づけている。

　家族，仲間，同僚，友人というような小集団の日常的な慣行活動の下に伏在する道徳性も，その大部分は，より広域の社会の支配的な価値観に依存するものであり，またそれから引き出されてきたものとみなされる。ティトマスの主要業績は，献血関係の事例から彼の諸命題を展開させた点にあるが，それは一般大衆にとっても，直接的で，身近な事柄であり，しかもなお国際的な広い含みを持つものである。

　その集合主義的偏向から見ても，社会政策および社会運営論（ソーシャルポリシィ＆アドミニストレーション）という学問は，古典経済学理論よりも，社会主義者によってより深い影響を与えられてきた。国際主義的な諸テーマについての，主要な著作家たち，たとえば，ティトマス，ミュルダール，ガルブレイスなどは，競争的個人主義の価値よりも，むしろ社会市場の集合主義的価値によって勇気づけられてきたのである。次章において私は，集合主義と社会主義との間の連係性について，もっと密着して見るつもりである。というのはそれらは常に両立する原理ではないからである。社会政策および社会運営論（ソーシャルポリシィ＆アドミニストレーション）における集合主義の伝統は，その

第3章　ナショナリズムと国際主義

多くを，社会主義についてのマルクス主義と非マルクス主義との両者の諸理論に負うているが，また社会主義者たちは今日においてもなお，彼らの抱く国際主義的諸理想の実行可能性に対して，驚くほど信頼を持ちつづけている。「第三世界」内の社会主義政府および擬似社会主義政府の数が最近とみに増加するにつれ，これらの諸理想が現在検証されているといってよい。これらの諸国——〔旧〕ソビエト連邦や中国と同様に——では，現在活発で表面的には浸透しているように見える国民主義の形跡が見られるにもかかわらず，社会主義者たちは，彼らの哲学が国境をこえていけるほど十分に利他主義的であることを証明しようとしているようである。それとは対照的に，資本主義の経済理論は，国際主義に関与し，それに信頼を託している人によって，もはや支持されないものとなっている。その国際主義の主要な諸要素の一つは，道徳的アピールであり，古典派経済理論の合理的規準でもあるが，それが国際的自由貿易を擁護してきたのであるが。さらに，自由放任主義の急進的なアピールは，経済的問題に局限されないものとなってきた。それは19世紀初頭の自由主義の伝統のなかの一つの強力な要素であり，政治的自由の拡大と密接に関連づけられ，かつ海外諸植民地の獲得や搾取に反対するものであった。

　本章の主題は，市民たちが受け入れる福祉責務と，同じく市民たちがその資格があると感じとる福祉権利の強度や範囲を決定する制度的な諸勢力と諸限界の性質に関することであった。この主題について，普通の人たちの諸生活におけるその相対的重要性についての経験的明証が一般的には欠如しているが，私はその家族的，地域社会的，国家的な諸局面について，いくつかの探究をしてきたつもりである。社会福祉の倫理学についての社会運営論の研究者たちの諸見解については，非常に明白な印象がある。何よりもまず，普遍的で包括的な形態の社会政策の方が，選別主義的で排他的な形態の社会政策より，道徳的に見て優位にあるとする一つの一般的仮定があるように思われる。慈善は家庭に始まるかもしれないが，しかしもしもそこで停滞するのであれば，それは慈善ではなくなる。この福祉倫理学の見解には反対者はいないだろう。不一致は援助責務と権利認定の領域をどの程度まで拡大すべき

かということについて生じてくる。普遍主義的主張の論理的な最終帰結は，交換システムとしての福祉の国際主義化にある。

　国際主義を福祉の倫理的理想とみなしているいかなる福祉モデルにおいても，資本主義および自由経済市場の哲学は欠陥があるとみなされていることに気づくであろう。それらの弁護論者たちは，過去の証拠によってハンディを負わされている。すなわち自由放任主義の国際主義的諸理論はそれが検証される段階に至るといつでも失敗してきた，というのである。それに対して，19世紀の大部分の期間を通じて，英国の自由貿易における偉大な試みは，私たちが所有している唯一の主要な事例である。その今日的な形態において，資本主義は，集合主義的な社会運営論の研究者たちによって本質的に略奪を目的とするものとみなされる傾向がある。資本主義は帝国主義的であるかぎりにおいてのみ，国際主義的なのである。これとは対照的に，社会主義者たちは，明証の打ち寄せるような潮流に抗し，あえて彼らの国際主義的理想がなお実現されるであろうという信念を温存しているようにも受けとれる。それをいうには時期尚早であり，終極的には時間が彼らの正しさの可否を証明するであろう。

　その学問分野の内部での，このようなイデオロギー的傾倒の不均等の結果から，社会福祉の一般的な制度的次元と特殊な政策の諸次元とを一つの分析モデルに同時に持ち込むことはきわめて困難になっている。福祉の援助責務と権利認定についての優先権の順位づけを理解するためには，私たちにとって，道徳的感情の位階秩序に準拠してみることが必要となる。そうした感情や過程により多様な位階秩序の諸レベルが内的に相関し合っているのである。そうしたヒエラルキーの制度的構成要素は，家族，地域社会，国家および国際的次元を包括するであろう。――ただしそれらが位階秩序に占める実際的な地位は，社会によって異なるであろう。しかしながら，このようなモデルは，規範的な意味で，一つの全体としての知的構成体とはなりえないものである。それは，一般の人たちの諸々の感情や，それが世界についての知識を拡張しまた整理していく諸段階についての解析を経なくてはならない。それらは，この進展過程における深刻な制度的ギャップに対して，想像また

第3章 ナショナリズムと国際主義

は信仰の行為によって架橋がなされうるようなものではない。

　社会主義と非社会主義のいずれもの道徳的感情の位階秩序の内部における,最も深刻な亀裂は,愛国主義の感情と国民国家自体にかかわるものである。マルクス主義の理論は,資本制の下では,福祉の手段と目的に関して国民的レベルでの真の合意はありえないとする例証を求めることによって,この問題に取り組んでいく。階級闘争は,現在,市民間での和解不可能な利害の表現であり,将来は,一つの階級による他の階級の搾取を終結させるための手段として役立つものである。資本主義の下では,愛国的忠誠心はただ市民層の疎外と彼らを抑圧する諸制度の存続を恒久化するだけのものとなる。少なくとも,否定的できわめて非難をこめた意味において,マルクス主義の理論は,国民主義と愛国的感情に一定の位置を与えることに同意する。それはジョン・レックス (Rex, John) もかつて見通していたように,マルクス主義者たちは,「革命」が終わった後で初めて,デュルケームが社会的合意の形成と再形成についていわねばならないことを,好意的に考慮しようとするにすぎないのである。

　非マルクス主義の社会政策および社会運営論(ソーシャルポリシィ&アドミニストレーション)の伝統のなかでは,同様な愛国主義と国民国家の現象についての理論的な検討はなされていない。これは奇妙な省略ではある。というのも,この伝統はいまだなお強硬な集合主義のそれであり,そして非革命的な社会主義の付帯的意味ゆえに,同時にそれは再分配的側面を主とするものとなる。福祉のこの種の哲学は,社会のある局所による他の局所のための,またある世代による次の世代のための犠牲の意味を,したがって何より高い理想に対して家族的および地方的な利害がそれに従属する意味を暗に含んでいるのである。そうした高い理想は,知識階級の国際主義的信念よりも,むしろ一般の人たちの愛国主義的感情に依拠するならば,はるかに理解されやすいものとなる。オーウェル (Orwell, G.) が明記しているように,「知識階級の内部では,自国に対する嘲笑的で柔和な敵意ある態度を示すことが,多かれ少なかれ義務的な態度となっている」のである。オーウェルは愛国主義を定義して,「特定の場所と特定の生活様式に対する献身であり,それを人が世界のなかで最上のものと信じ,しかもそれ

を他の人たちに強制しようとは願わないもの」(30)としている。集合主義的思考によって訓練された知識人にとっての困難は，この意味での英国に対する愛国心を，資本主義に対する何らかの関与感情を持たずには，感じとることがきわめてむずかしいということである。おそらくこの禁圧の機制が，道徳的義務の焦点としての，地方コミュニティ内での関心の最近のリバイバルを部分的に説明するのであろう。

　私たちはもはや，――トックビル，ウェーバー，デュルケームなどがそうであったように――社会科学者たちが自分の国を恥じることもなく愛し，また自分たちの国の利益を優先することを正当と考えていたような時代には生きていないのである。私たちはもはや，『フェリックス・ホルト・ザ・ラディカル（Felix Holt the Radical）』のなかで，教区司祭がハロルド・トランサムにたずねているようには，現代の急進主義者に，わざわざたずねてみる必要もないのである。

> 「君は，少しなら，司教をからかってもいい。でも，引きついできた制度は大事にしなければ。エー――そして君らは，王座のまわりに寄り集まる。そして王は，神に祝福され，杯をあげるということになろうか。」

あるいは，同種の返答を期待して，たずねると，

> 「もちろんです，もちろんですとも。私は，ただ悪弊を根こそぎにするためにのみ急進的になる人間です……私は，腐った木を除き……そして生き生きした樫の木に替えるんです，それだけのことです！」(31)

　この意味で今日，急進主義者らは，資本主義の枠組み内で寄生的な木食い虫として生きていく彼らの職業が，それ自体一つの尊敬すべき神の召命職であると，私たちにわからせてくれそうだ。

第4章

社会変動と社会福祉

　家族の在り方は，いつも社会改良主義者たちの間で，懐疑の目をもって見られてきた。近年においては，精神分析理論が家族生活の病理学を解明すべく努力してきたが，他面，マルクス主義社会学の主要な攻勢は，家族を一つの抑圧的な社会制度として，それも一切の抑圧の源泉——すなわち私有財産と分離しにくいまでに結合しているものとして糾弾した。だが家族は，その弁護論者と反対論者との両者を平穏に同居させているから，当然すべての社会制度の最大の破壊分子ともなる。仮に社会政策（ソーシャルポリシィ）の第一義的な目的が，諸家族を，したがって私有財産制度の情緒的基盤を保存し回復することにあると想定しても，他面で，同時にその社会政策が一般的にいって財産のより平等な分配を達成する努力をしているとすれば，集合主義的社会福祉のなかに，こうした暗黙の衝突が包含されていることになる。

　コミュニティの概念や，コミュニティ意識および参加という諸理想が，ごく最近では，この衝突を入れておくための制度的な物置にされている。ある意味では，それらは，人間的責務や共同性のフロンティアを拡大する試みとも見られるであろう。しかし他方，それらは同じように忠誠心の一つの新しい制度的なネットワークをも開発しうるものだが，ただし忠誠のそうしたネットワークはいずれも，個人的，核家族的または拡大家族的な忠誠よりも，ずっと強力であり，したがってそれは，一面では条件つき利他主義のいくらかゆるやかな定義，他面では広く根をおろしている国民的または国際的な福祉主義の諸要求に対向する一つの強力なレジスタンスの，両者を表出しているものといえる。魔術から解かれて冷静な立場に立つ観察者ならば，次のよう

な結論を出したくなるかもしれない。それは「第三世界」におけるほとんどの発展途上諸国が，部族的忠誠心のセクト的な利害を根絶または制御しようと模索しているまさにその時期に，皮肉にも「西側」の諸国は，みずからの諸都市や町々において，旧式な同族意識の「共同社会〔ゲマインシャフト〕」精神を創出すべく躍起になっている，とでも表現できよう。

家族と地方コミュニティに加えて，私たちは福祉実践の国民的限界についての考察をすすめてきた。男性や女性が，彼らがそのなかで生活している国民国家というかくも広範でしかも複雑な現象体の集合的福祉について，少しでも自分たちの力で考えてみることができるようになってきたことは，人間的想像力の一つの勝利を意味する兆〔きざ〕しのように思われるし，またそれは，私たち人間の道徳感情の受容能力に対する楽観主義に根拠を与えるものであるかもしれない。だが，社会政策と国民的利益の間のこのような連結にもかかわらず，それはいまだ世界中の異邦人に対して一方向的なサービスをする国際主義者的理想にまで達しえない状況内に私たちを残存させているのである。たしかに現代の知的環境——それもとくに社会諸科学一般の知的環境——は，私たちがかつて「愛国主義」と称してきた道徳感情について，なお否定的な見解をとるように勧奨してはいる。

これら条件的利他主義の形態を制度的に支持する一切のもの——家族，地域社会，国家，さらに私たち（これに人種や宗教を加えることもできるが）——は，資本主義体制下での虚偽意識と階級システムの搾取的性質の産物である，と論じられるかもしれない。階級は，それ自体の集団利益と忠誠を産み出すが，しかしなお議論をすすめていけば，階級闘争はその階級成員を防衛し，同時に部外者に対して敵対するという両面を有するものであるから，それはなおこのような条件的利他主義の諸形態を破壊する手段として役立つものといえるであろう。

多くの問題が，私たちが社会制度はその大半が道徳感情の所産であるとする見解をとるか，それとも，こうした感情の大半が制度的な力によって鋳造されたものであるとする見解をとるかのいずれかに左右される。私は，ある１人の現代の自然科学者が，かつて中世の自然科学がフロジストン〔燃素〕

第4章　社会変動と社会福祉

——すべての可燃性元素に固有のもので，大火災の原因ともなるといわれてきた神秘的物体——について抱いていた先入観的偏見を見て，おかしく思うのとまったく同じように，現在から1世紀後の社会科学者たちも，とても信じられないようなおかしさで，現在の私たちが社会階級について抱いている固定観念をふりかえって見るのではないかと思うのである。我々は今日，そのフロジストンと同じような仕方で社会階級を取り扱っているのであるが——すなわち，社会階級の本態が，部分的な合意の熱源ないしは革命的な紛争の火災のいずれであろうと，それを，政治的な加熱の普遍的な成分として扱っているのである。

階級意識が，条件的利他主義の成長過程での重要な貢献因子であることは疑いないことだが，しかし社会調査は私たちに，諸階級間の紛争を産出する変動過程と同時に，階級的忠誠心を強化または弱化する変動過程についても，多くのことを告げているのである。しかしながら私の関心は，どのように福祉資源が配分されるかを決定する忠誠と反抗，贈与と受益，包括と排他との間のバランスに影響を与える一般状況に対しても向けられていく。

社会的および文化的な変動は，これらの権利認定と援助責務との実感的な境界に根本的に影響しうるものである。社会的および地理的な流動性，都市の膨張や産業化は，新しい愛着形態や喪失経験を生み出す。しかし知識人たちがこれらの出来事に関して付与する意味は，それらの出来事を経験はするが，それについて理論的または抽象的な術語をもって思考することを選好しない一般市民たちが，その出来事に付与する意味とは，必ずしも同じではないのである。ピーター・バーガー（Berger, Peter）も論じているように，「ある状況の土着的規定性を無視する諸政策は，失敗に帰しやすい」[1]のであり，また「すべての物質的進歩は，人々がそれによって生きている意味を保持するか，またはそれらが古い意味にかわる満足すべき代替を提供するのでなければ，無意味となってしまう」[2]のである。私はこれまでの章節を通じて，市民たちの社会生活に意味を与える制度的愛着の実質を強調し，また宇宙万物の認識的，規範的な保全は，道徳的責務の諸境界の堅持に依存することを主張してきたつもりである。さらに，これら条件的利他主義の諸形態は，それ

自体の正当性〔権利〕において尊重されるに値するものであり，したがって，道徳的責務の最大限可能な諸定義に準拠することによって，軽率な判定をしないようにしなければならない。

　私が提案する社会福祉のモデルは，私たちの忠誠心にいくつかの要求を課し，それによって私たちの条件的利他主義の形態の範囲と境界を決める社会諸制度を強調する。これらの忠誠心は多くの場合，衝突するものであるから，諸社会の内部における社会福祉の実践は，一連の二律背反性によって支配されているように見えるであろう。いくつかのケースにおいて，私たちはこれらの衝突を自分たちの手法で調停するようにまかされており，とくに家族や近隣にかかわる要求や義務に関してそうである。また，社会政策の代理機関を通じて，私たちは他で採用するよりも，多かれ少なかれ，より寛大な基準に準拠して私たちの優先順位を決定するように強いられている。社会政策が再分配に関連しているものであるかぎり，それはまたいつでも他者の犠牲の上に，一定の人たちにひいきしていると思われるような差別の一つの代理機関として機能するのである。

　私がこれらの制度的諸局面について記述するのは，現代の福祉利他主義が有している多くの条件的性質を強調するためである。私たちが同様に，複合的な社会での福祉諸実践を特徴づけている積極と消極の両方の差別化の多数の形態を位置づけることができるのは，このような制度的忠誠心の多様性の範囲内においてである。諸社会を区別する鍵となる差異は，こうした利害の相違が寛大に黙認されている範囲の如何，一組の差別化基準が他者を排除するために課している程度の如何によるといってよい。すべての実際的な諸目的にとっての疑問は，差別が生じるか否かの問題ではなく，だれが，だれに向けて，だれのために，だれの犠牲によって差別化を行っているかという問題である。

　諸政府は，それぞれの政府が使用する差別化基準を異にしているだけではなく，それが同調を強制するために用いる制裁の種類においても異なっている。すべての政府は，それが統治している社会的諸利害に多様性があるとすれば，いくつかの集団をひいきし，他の集団に損害を与えているように見え

第4章　社会変動と社会福祉

るにちがいない。したがってそこで政府は，種々に異なった程度のレジスタンスに遭遇せねばならなくなる。家族は，社会福祉の「対抗政策(カウンターポリシィ)」と称されるような，最高の圧力に関する源泉の一つである。対抗政策の特徴的なタイプは，私がすでに説明してきたように，家族が自分たち自身のために，自分たちの特権を防衛するか，または剥奪されたものを取りもどすかのいずれかによって[3]，積極的に差別化を実行していることである。こうした目的を追求しながら，家族は，もしもその家族が十分な権力，確信，技能を所有しているとすれば，孤立しながらもさらに自分たち自身の利益を求めて行動するものとなろうが，しかしどちらかといえばむしろ，他の諸家族との結合を保っていくことになる。個々の家族においては，その不完全性や貧困や病患のゆえに，本来的には弱いものであるから，もしも彼らが何らかの成功の希望を持とうとするのであれば，相互に結合していかなければならない。労働組合，職能団体，その他の特殊利益集団などは，自分たち自身のために積極的に差別を行っている条件的に利他的な集団の典型的な形態を表しているのである。

　条件的利他主義の表出形態は，一つの世代が時代をこえて他の世代のために払わされる犠牲のなかに，または一つの集団が有意的ないし無意的に他の集団に対して所与の期間にわたって払う犠牲のなかに，その例を見ることができる。これらの犠牲が血縁的連帯をこえてなされることが要求されればされるほど，それだけ外的な政府による強制や制裁が用いられなければならない。

　利他主義の研究で，決定的に重要なのは，政府による公式の社会政策と非公式の相互扶助実践との相互作用の質である。これら二組の活動行為の間に境界線が明確に引かれたことはないのであるが，しかしそのいずれを強調するかの変移が生じてくると，それはきわめて重要な意味を持つものとなる。救貧法下での家族資産調査の適用の歴史は，公式の社会政策が自主的な相互扶助の家族的様式の有するプライバシーを極端な強権によって侵害した時に，いかなる事態が発生するかの一つの例証を示すものといってよい。同時にまた，民間による扶助や慈善事業の変動形態について実施された多数の調査も

ある。というのは，コミュニティケアの成功または失敗ということが，フォーマルな福祉施設とインフォーマルな福祉実践との間の理解と作業上の相関についての新しいセットを創造していく上で，現在きわめて重要な参考条件となっているからである。

　福祉資源の贈与と受益を決定するものが何であるかの意味を説明する道徳感情にかかわる理論は，したがって，その内部で贈与と受益が生じてくる制度的文脈，政府によって施行される積極的および消極的な差別の主要形態，これらの公式的諸政策と一般市民やその家族およびその他のセクト的集団の信念体系や非公式的実践との間の相互作用，またこのような道徳的多様性が政府によってどこまで寛大に認められるかの範囲について，考慮しなければならない。その上さらに，私たちは，一般の人たちの援助責務や権利認定を実感できる定義についての変化が，どのような仕方で，またどの範囲にまで生じてくるかを十分に理解する必要がある。なぜなら，このような意見や信念の変化が，公的政策と同様に対抗政策を支持するうねりとなるものであり，これまでの社会福祉研究では無視されてきた次元のものであるからである。

　社会変動が次第に複雑化していく過程から，意味を作り出し，秩序を作り出そうとする試みのなかで，人々は，自分たちの概念的世界を体系化し拡張することを学びとってきたのである。社会政策は，諸法令の施行や運営実務を通じ，さもなければ，人間の想像力や感情移入のただ一時的な広がりにすぎなくなるものに対して，相対的な持続性と恒久性を付与する試みでもある。しかしながら，家族や地方社会体系の対抗政策や対抗要求は，社会政策の公式的規制に対して影響しつづけていくことになるであろう。社会政策におけるすべての自由裁量や，いわゆる変則性や非一貫性は，一部には，これらの外的な圧力に対する臨機応変的な対応として，また一部においては，官僚制力　学(ダイナミックス)の一部を構成する成長や反復への内的傾向によるものと説明されうるであろう。ここで私には，キャサリーン・ベル（Bell, Kathleen）が「観念的なずれ」(4)の「より深刻な困難さ」として説明していることにつきあたる。運営論的性格を持つ福祉国家の「迷宮的複雑性」が，「社会的世界の日常的な概念レベル」からあまりにもかけはなれたものになっているので，一般の人たち

第4章　社会変動と社会福祉

は，自分たちにとってまったく縁のないような「言語と論理」[(5)]を経験させられて当惑するのである。一般市民を社会サービスの運営のなかに，より密接に包み込んでいくことが，これら多くの変則や紛争を解決するもとになるであろうという信念から，コミュニティ参加の哲学が鼓吹されているのである。こうした見方の背後に伏在する根拠は分かりにくい。社会政策は，非公式的な〔民間の〕福祉実践によって効果的に解決されなかったようなニードに対応するために企画展開されてきたものであり，しかも，高度に一般化されている交換体系のなかで継続的に適用されうるような公式の諸規則によって運営されつづけるものであるかぎりにおいてのみ，それらのニードに対応できるのである。

　ティトマスは，福祉提供の三大主要領域相互間の公式的運営の各境界に準拠し，またその公式の運営が共通の目的を分有しながら，実際には福祉提供の不平等性を強化することになる範囲を明確化することによって，福祉の社会的な区分についての彼の考え方の輪郭をあきらかにしている。この点で，彼は，財政上のまた職業上の福祉体系によるサービスに，公的社会サービスを対照させている。私が説述しようとしてきた社会福祉の類型学は，いささか精密度を欠く枠組みでしかない。それは多分に，福祉実践の多様な制度的文脈と，それらが体現する援助責務と権利認定の観念の間の対立に関連しているといってよい。もしも私たちが福祉実務のインフォーマルな態様とフォーマルな態様との間の，および家族的，地域社会的，愛国的および国際主義的感情によって喚起される諸忠誠心相互間の関係についての理解を増していこうとするのであれば，この二つの接近法は相補的であり必要不可欠なものである。

　私たちはまた，道徳的感情と福祉実践における，より一般的性質の変動が生じる方途には意を払っていかねばならない。このような変動は，家族的および地位的な相互扶助の網状の回路に基礎を置く軽小な社会から，主としてフォーマルな福祉官僚体制に信頼をかけている複合社会へと発展していく一つの歴史的進歩によって単純に説明することはできないのである。信念の全体系は，経済的および技術的な断言命令によりよく反応するものだけを選ん

で，あとは都合よくすべてを放棄するというわけにはいかないのである。歴史的研究が私たちに明示していることは，むしろ，旧式な福祉実践の遺物が，新しい文脈のなかで，いかにしてそれ自体を存続させ，適応させ，再生させているのかということである。したがって複雑な工業化社会における社会福祉の実践は，いわば，二律背反性からなる一つのネットワークを成しており，それが，あまりにも複雑でありすぎるので，単に階級闘争のようなもので簡単に説明し去ることはできないのである。

　利害と忠誠の衝突にもかかわらず，福祉の手段と目的についての大衆的な意見と専門家の意見との間に何らかの連続性を集約保有しているかぎりにおいて，諸社会は維持されていくのである。80年前に，ダイシー（Dicey, A. V.）は，世論と法律との間の関係におよぼす変動の効果を研究している。そこで，個人主義的伝統を保守して，ダイシーは，「人間性とは何かについて知っている一般の人にとって，……自己に対する愛は，それが正当なものであれ，不当なものであれ，いかなる政治的または社会的な改革もそれには手をつけえないような，深いところに根ざしている理想に由来しているように見える」[6]と主張している。集合主義的改良の記録は，その時以来，ダイシーが世論の本来的な保守性を誇張したことを示唆している。それにしても，福祉責務の定義を，よりゆるやかな方向に変えていくことは，もしもそれが社会の制度的秩序の変動に対して適切なものであることが示されさえすれば，世論の支持を取りつけていくことができるであろう，と主張できる。社会政策が人々の間に受け入れられていく可能性は，その道具的効果性だけからではなく，社会政策が市民層に対して持つ意味や重要度のセンスから引き出されてくるのである[7]。

　世論は，中央と地方の諸政府の再分配的な社会政策形態による非常に高度な集合主義的介入を受け入れるようになってきた。だから時間をかけていけば，市民層の大多数がまた，より貧しい諸国民のための，より寛大な再分配政策をも承認するようになるであろう，と論じることもできる。しかしながら，現在のところ，いまだこのような事態が起こりそうな確かなきざしは，どこにもない。移住政策について見れば，その明証が反対の方向において示

第4章　社会変動と社会福祉

されているが，それはすなわち，最近の移民法の取締強化はその一つの周知の方法であり，また，世論は，国際的援助について，より寛大であるよりはむしろ削減に賛意を示している。

国際主義は一つの大きな知的構成物であり，それはその支持を，一般世論よりもむしろ専門家から引き出しているように思われる。コミュニティの理念に比較すると，この理念は，男性や女性がその生活のなかで安定感や価値観を作り上げる時に素材として用いる福祉や相互扶助にまつわる大衆的な民俗伝承においては，さほど重要な位置を占めていないといってよい。ジャック・モノー（Monod, Jacques）はその著書『偶然と必然』のなかで，「最高に浸透圧力を有する理念は，切迫した運命に置かれている人間に，彼の不安を解消する安全な港を位置づけることによって人間を説明する理念となる」[8]と示唆している。モノーが示唆するのは，何らかの集団またはコミュニティに帰属しようとするニードが，こうした理念を示すものであり，それが異常な全方向的浸透性や再発性を有していることから，それは「遺伝子の暗号コードのどこかに組み入れられているもの」[9]ということができる。このような議論は，ダイシーの人間性についての見解にきわめて近接したものとなっていく。

私たちが，いまだ現代世界から一つの社会を作り出す希望が持てないと同じように，その経済的現実とそれに意味を付与している道徳的伝統に立ち返って見ることなしには，コミュニティと交換の古代的または原始的な形態に立ち戻ることはできない。私たち現代の相互扶助の体系は，その富と専門知識が科学と技術から引き出してきた産業文明に立脚している。我々がより貧困状況にある国民を援助する能力はその富と知識によるのである。より旧式な相互扶助の伝統が，現在の諸家族や諸地方コミュニティの福祉実践のなかに存続している。その古い伝統が体現している価値観や，それが包含している権利認定や援助責務の範囲は，いま一度，私たちが，しだいに受け入れるようになった条件的利他主義の範囲にまできびしく還元された上でなければ，現代の私たちの道徳的宇宙を支配するようになることは不可能である。福祉のインフォーマルな機関としての地方コミュニティに対する関心のリバ

イバルにしても，私たちの福祉責任の境界の漸進的な拡大に対する必然的な限界点をこえることは絶対にありえないのである。福祉の理念が，相互扶助の排他的倫理よりも包摂的倫理に立脚するものであることを信じている人たちならば，尊大な未開人，貴族的なローマ人，中世のギルド職人に見られるような単純生活に対して，懐古的なあこがれを抱くことによって特徴づけられている社会学的伝統を拒否しなければならない。何びとも，そのようなエデンの園——仮にそれがそのようなものであったとしても——を，工業文明の消滅を早めるために，地上に呼びもどすことはできないのである。楽園の門は永久にとざされたのである。しかし，私たちはまだ，ダンテのいう洗礼を受けてはいないが高潔な異教徒のように，「地獄の辺土（Limbo）」の外に見苦しくない住家を建てることができるかもしれない。

第5章

社会福祉における交換の諸パターン

1 経済的交換と社会的交換

　交換の概念は，社会福祉学の研究において根本的な重要性を持つ。交換関係は，フォーマルおよびインフォーマルな文脈のいずれにも生じ，すべてのタイプの社会福祉実践にとって本源的である。社会福祉の「フォーマル」な実践は制度的活動であって，その活動は全面的にまたは大部分が，法令によって統御され社会政策および社会運営論により承認された主題を構成する。「インフォーマル」な実践は社会福祉の一定の局面を形成し，それは全面的に，または大部分が，集団または個人による一般市民の自発的活動である。この区分は，それがゆるやかな区画として提示され，また暫定的なものとして扱われていくならば，有用な区分法である。なぜなら，その自発的努力と相互扶助の範囲は，しばしば法令によって影響され，その規制の条件も，時代や，社会によって異なっているからである。

　この主題に関する，広範囲にわたって増大しつつある文献のなかから[1]，交換関係の二つの基礎的特徴を発見することができる。第一は，交換はその参加者の数によって分類されうる。ここで私たちは，その一方向的移転から始めるが，この移転においては，ギフト〔贈与〕またはグラント〔補助〕が，1人の人または集団によって個人または集団へ向けて供与されていく。厳密な意味では，一方向的移転はいささかも交換ではありえないが，もっともその受益者が応答——それは感謝または憤慨の形式で——をすることはできる。

75

次に，双方向的交換があるが，それは2人の個人または二つの集団の間で生じるものであり，やがて，多方向的交換となっていくが，それは二者以上の個人または集団を含むものである。ジンメル(Simmel, G.)のいう二者一組の関係の概念は，同等者間(between equals)の互酬的交換の直接形態がこれに該当する。三者を一組とする関係においては，互酬性は，間接的となり，関係内の階層の原因および結果である。第三者を入れて，三者で一組を作れば，根本的な変化が生じてくるが，そこでは直接関係と間接関係とが可能になる。媒介的役割が生じるかもしれず，そしてこれが生じてくると必ず，権力の階層はよりありふれたものとなり，より入り組んだものとなる。

　第二に，私たちは経済的交換と社会的交換とを区別すべきである。経済的交換は二方向的または多方向的な移転形態であり，そのなかで関係者は売手と買手との二者となり，最終的な結果は交換関係者の間で同格となる。社会的交換は再分配の方法を取るが，そして，そのすべての利害関係者は，ある程度まで供与者と取得者の両者として振る舞うけれども，最終結果は，そこでは，ある者が他者より多く供与し，またある者が他者よりも，より多く取得することになる。こうしたそれぞれの交換のタイプは，分配的正義の一つの異なった概念と，同時に権利認定と援助責務の基準に関する異なったルールを表している。ティトマスは，経済的交換と社会的交換との間には重要な道徳的差異があると信じていることを力説するため，一方向的移転は「社会政策の認証極印(ホールマーク)」[(2)]である，と主張している。その極端な形態では，社会的交換は完全な贈与となる。

　私たちは，等価交換が支配的規範となっており，相互作用と，その相互作用から成果を得ようとするものを分離することによって，経済的交換と社会的交換との間に有用な区分を設けることができる。たとえば私的な保険機構のメンバーは，相互の互酬的な権利と義務を持つものである。この場合，危険担保の性格上，あるメンバーは取得分よりも払込分が多くなり，またその逆になることもあるが，しかしこれはただ互酬性の公式的な文脈の内部で生じてくるものであって，それには会員数の制限があるのと同じように，そのような結果に対する契約上の限界もある。同様に社会保障機構のケースにお

第5章　社会福祉における交換の諸パターン

いては，保険原理の修正形態に基礎を置く全会員がいくらかの掛金をかける。そのようなシステムは，一方向的移転が例外的かつ残余的であるがゆえに機能することが可能である。

　だから不等価交換は，互酬性の条件で開始され，当事者の1人が完全な受益者となって終結するようなアソシエーションから生じてくるのである。しかしながら，また，1人の人または集団が他の1人の人または集団に無条件的に施与する一方向的移転も存在する。そのような過程は，単純な双方向的な移転であるかもしれず，あるいは大多数の個人，集団またはフォーマルな福祉機関を含むものであるかもしれない。この場合，互酬的交換形態と一方向的交換形態との間に明確な道徳的区分をすることは，多くの場合，きわめて困難である。その参加者が，ボランティアであることもあるし，そうでないこともある。意図と結果の両者が考慮されていかねばならない。人間性と社会生活が気まぐれなものであるとすれば，それはよくいわれているように，用心深い自己への関心を，利他主義から分離することは不可能ではないにしても，多くの場合困難である。私たちはこれらのカテゴリーを区別しようとする時，このことを覚えておかねばならない。さらなる問題が，利他主義の定義と，利他主義が一方向的移転と結びつくなかで生じてくる。ティトマスのような著作家は，「利他主義」という術語の意義を，たとえ見知らぬ人でも，ニードが証明されているすべての人に対しても，集合的援助の手を差しのべることが，道徳的に正しいことであるとする信念を指していうものと規定している。

　複合的な産業社会において，社会的実体に関する知識の分配は，知識に対する近接度のちがいという因子によるだけでなく，高度に複合化した現象を理解する人々の能力上の自然な差異によって等級づけられている。現代世界においては，交換一般の潜在的な範囲が普遍的に広がっている。責務の連続体は，親族扶養から国際的援助に至るまで拡張できるが，このことはレヴィ＝ストロースのいう三つの命題とも関連している。――その第一は，文化現象というよりはむしろ自然現象たる無意識のなかに起源を持つ人間の心の一般的特質である[3]。第二は，これらの特質ないし精神構造の最も根本的なも

のが，交換と互酬性にかかわるものであるということである。最後に，社会的行動を支配しているルールは，不変なものではなく，私たちに開かれている選択の範囲は限られているけれども，そのルールを変えていく私たち人間の能力については，多くの人類学上また歴史学上の証明がある。それゆえ決定的な因子は，諸個人が従属する諸変動の比率や強度と，それに「諸個人にとっては見知らぬ社会の習慣ではなく，個人自身の習慣となっている」文化的方向づけや緊急性に準拠し，変動を率先して指向する自由と能力を，個人がどれだけ所有しうるかの程度に依存しているようである。しかしながら，原始社会も現代社会も等しく，その社会の境界の内部および外部の両方で変動に関係する急進的行為者たちの影響のもとにさらされているような世界のなかでは，このような状態が優勢となることは，もはやありえないといえよう。その上，経験的証拠を欠いているので，私たちは，諸個人が変動のストレスの下で価値と自己同一性の意識を保持する能力のちがいや，変動に対する個人の反応が敵対的であるのか，同調的であるのかについても，ただ推測をめぐらして見ることができるだけである。

　精神と文化の関係に関する同様の問題が，ジンメルの交換関係の分析によって考究されている。彼は，人間を一つの文化に同化されていくものとして描いているが，そうした文化の複合が最終的には人間を制圧し，疎外することになる。社会は一つの全体性を求めて苦闘するが，しかし各個人は，「自己を部分として分解し，分解したものがいかなるものでも，それを固有の自己として感じとる能力」を有しており，……「換言すれば，社会と個人との間の闘争は，その闘争が個人自身の内部の，その構成部分間の衝突になるまで継続するが，……それはいかなる単一の＜反社会的なもの＞，すなわち個人的利害に由来しているのでもない」[4]という。

　知識と権力とは，階層的に位置づけられるが，それらを変革の促進のために使用する能力と意欲についても同様である。大衆的意見または世論と専門家の意見との間にしばしば生じてくる衝突についても説明が加えられなければならない。専門家的意見の領域内では，理念の広報をする人たちと，直接に政策立案と運営権力を行使する人たちによって，変革が促進または妨害さ

第5章　社会福祉における交換の諸パターン

れる。これらのグループ・メンバーはしばしば重なり，決して固定化するものではないが，しかし，変革が強化されるにつれて，境界が固定化される傾向がある。そうした傾向が闘争の原因となり，また結果ともなるのである。レヴィ＝ストロースの分析から推測できることは，その市民たちが変動に相対的に慣らされている現代の複雑な工業社会においてすら，なお大衆的な福祉信念が持つ民俗知（フォークロア）は，援助責務と権利認定についての新規なアイディアに対して一般的には抵抗するものである，という蓋然的傾向である。普通の男性や女性の自然な気持ちは，その人たちの日常生活の制度的現実に基礎を持つ高度に条件づけられた利他主義を実践することである。これらの諸制度は，過激または突発的な変動の衝撃の下では崩壊しやすいが，しかし，それも自力回復にまかされておれば，それはいつでも，以前と相似の状態にまで回復してくるものである。これらの諸傾向にひそむ指導力を，レヴィ＝ストロースのいうような，変動の一切の栄枯盛衰に堪えぬいていく宇宙的精神構造の心理学的幽霊に帰して見ることも，魅惑的な考え方といえよう。問題は，私たちが，そのような幽霊が存在するかしないかを知ることが絶対にないということにある。なぜなら彼らが創始している理論が，試験されうる形態では説述されていないからである。

　工業社会と前工業社会との差異を検討する上で，ティトマスはドルトン (Dalton, George) の西洋経済学理論は原始共同体の交換研究に適用されえないという命題に言及している。同時にティトマスは，諸西洋社会がより単純な社会の交換実践から学びうる多数の道徳的価値があり，さらに私たちの社会のなかに残されているそうした古い実践の残基は，いまなお，一つの新しい道徳的秩序の基盤を提供するのに十分な展開力と重要性を持つものである，と主張している。ポランニー (Polanyi, Karl) に従って，ドルトンは，工業化と利潤と交換のつなぎ目としての金銭を使用することによって動機づけられている経済市場の成長によって提起された分析的問題に対する応答として，いかにして公式経済学理論が展開されてきたのか，についての解明をしている[5]。近代経済市場の発達は，市場における売買に基づく交換関係の新システムを創出し，それを互酬性の規範によって支配したのである。19世紀

経済理論の全体の推力と主たる論調は,「市場組織化された経済において,価格を決定する勢力は何であるのか」[6]という疑問に答える方向を指向していった。ドルトンはこの問題点を後の著作『経済システムと社会』のなかで詳述し,そこで彼が特筆するのは,「リカード以前には……政治経済学はあったが経済学はなかった。アリストテレスからアダム・スミスに至るまでの経済の論点は,ただ社会政策(ソーシャルポリシィ)を論議する分析に向けられたのでありなぜ価格は"公正"でなければならないか,なぜ利子は罪であるのか,重商主義的市場統制の必要,重商主義的市場統制の廃止の必要,を議論することであった。純粋に経済市場勢力の記述的モデルを輪郭づけ,純粋に経済的疑問への問いを可能にしたのは,リカードであった」[7]ということである。

　それ以後,経済理論は社会生活から絶縁されたものとなり,ベンサム主義的な功利主義の現実的な道徳的および心理学的裁可を支え,他の社会事象の上に立つ権威を持つものと認められた。この意味で,経済市場の諸法則は,世界的な資源難の事実と,飽くことを知らない人間の必要と欲望の調停をはかるための,自然法の地位を要求するものとなった[8]。経済市場のルールは,その交換の手段と同じく,多目的なものとして設計されていった。ドルトンの結論は,「多目的に使用される金銭が原始経済に欠けていたのは経済範囲的統合原理としての市場交換が欠けていたからである」ということである。原始交換経済は相互作用原理に基礎を置くもので,現在のそれとは本質的に異なっており,また「原始共同体はしばしばマーケット・プレイスを有してはいた」が,それは「マーケット・システム」[9]を有するものではなかった。

　仮にこのような差異の性質があったとしても,私たちは,複合的な産業社会を分析するために展開された経済学理論は「原始諸経済にとってあてはまらない」ばかりではなく,同時にまた原始経済における交換の研究は,「市場組織化された産業主義の構造,過程の諸問題」[10]に対してほとんど,あるいはまったく妥当性がないと結論しなくてはならない。だがドルトンの諸命題をこのように逆転させることは,次のような理由でティトマスを満足させなかったようである。ティトマスは,経済市場交換の価値と過程が社会統合に対

第5章　社会福祉における交換の諸パターン

して十分な，あるいは満足な基礎を提供する，ということを受け入れなかった。彼は，競争と自己利益に基づく，いかなる統合原理をも拒否したのである。彼はそれゆえに自分自身の社会統合の原則を支持する証拠をさがすように迫られたが，それを彼は，献血と産業社会におけるその他の贈与関係の事例のなかに見出している。

しかしながら，これらの例証は，ティトマスが社会市場と呼ぶ一つの実体からすべてが引き出されており，しかも社会市場は経済市場と異なった優越する道徳性によって支配されていると主張することが，ティトマスの命題の不可欠な部分となっていた。社会市場においては，特徴としてニーズは贈与または一方向的移転を通じて満たされた。有効需要によって規制される経済市場では，ニーズは交換または双方向的移転を通して満たされるのである。この区別をすることによってティトマスは，社会福祉の分配に対する彼の哲学の妥当性を例証することが可能となった。しかし彼は私たちに，分配が依存している経済市場における財貨とサービスの生産についての哲学上の妥当性については，ほとんど語っていないのである。

社会福祉の増進は，財貨とサービスの生産と分配に等しく依存するものであり，また社会政策における配分問題も，ただ一組の原則が他の原則よりも道徳的に優越しているという理由から生じるのではなく，それは両者が異なっているから生じるのである。未開社会が物質的に見て貧困に打ちひしがれていたということは変わることなき事実である。自然資源の欠如あるいは企業家的方途や価値の欠如が原因となって生じたその貧困の程度は，議論の余地を残す論点である。しかしながら，もしも私たちが社会市場的価値の自由な行使をあまりに拡大しすぎたならば私たちがかなりの「サービス低下」と「福祉低下」をこうむることが想起される。このことは率直な疑問点である。贈与関係にとって第一条件は，供与に値する贈与の存在である。

最後に，交換システムの範囲を拡大するという問題がある。工業化はそれによって一般化された交換の限界を国際的なものとした経済的手段を提供したが，しかし産業化社会の経済市場は，どこまでも互酬性の規範によって支配されているのである。それらの力動的な原則は利潤動機である。社会主義

は，一つの国際的な福祉システムが基礎づけられる代替原則として利他主義の倫理を供与することを意図している。もしもこの目標が達成されるならば，一般の人々が，家族，地方コミュニティ，職業集団，階級，国家に対して感じている現在の忠誠心の順位づけに，ラディカルな変化を加えなくてはならないであろう。しかしながら，私は，現代の社会福祉の理論を古代または原始的な交換形態の上に基礎づけることを求めて，過去や現在を探索することによって多大の収穫が得られるとは信じない。これら原始共同体の相互扶助システムは，たしかに多くの場合，普遍的包摂性を達成しており，そのことがとくに集合主義者たちにとって魅力となっている。それにもかかわらず，これら原始共同体における普遍的包摂性の成りたちは，逆説的にいえば，その共同体の認識的，規範的な世界の小規模性にあると説明できるであろう。相互扶助システムは，成員が生み出す忠誠心の強度と，その成員構成の規模と範囲の両者によって特徴づけられる。不幸にして，私たちは複雑化した産業社会の内部に生きており，そこでは強度とスケールの因子が両者とも可変的なものとなっている。私たちはそれゆえ，それらの要因を調和させる困難性を知りすぎるほどよく知らされてきているが，しかし少なくとも産業主義は，私たちに，私たちがそれを試みることを可能にする資源と技能を提供している。

　数世紀にわたって，未開社会の住民たちは，彼ら自身の道徳的信念や実践の優越性を主張し，住民が理解も尊敬もしていないような，そうした信念や実践を文化的に強制する西洋世界の宣教師たちのお節介に悩まされてきた。最近では，福音主義(エヴァンジニズム)の潮流が私たちの上に逆流してきている。西洋社会の市民たちは，現在，いわゆる原始社会の道徳的信念や実践から学ぶべき価値が多大にあると主張する社会科学者たちの勧めに服している。これらの社会科学者たちは，うたがいもなく，工業文化と前工業文化との各々の特質に対して，また限られてはいるが，これらの特質がある者から他者へ移転されることに対してより敏感であった。社会科学者は同時に，たとえ彼らが改善を模索しつつある工業社会をさほど賞賛しないとしても，理解はしているのである。少なくとも，その宣教師たちについては，彼らは一つの社会の道徳的

第5章 社会福祉における交換の諸パターン

疾患を診断した後，その治療については疑惑をいだきもせず表出もしなかったといえる。

2　国民資格(nationhood)と市民資格(citizenship)

『社会理論と社会政策（Social Theory and Social Policy）』〔『社会福祉学原論』岡田・柏野共訳。以下『社会福祉学原論』とする〕[11]において，私は，単一の社会内部における諸個人と諸集団間での福祉授受のパターンに影響を与えやすい若干の因子について究明してみた。そこで私は，「最も〔スティグマ〕に遭遇しやすい提供と使用の条件」[12]について，我々があまり熟知していないということ，しかも依存性という主題に関して，我々は素人の意見や態度よりも，専門家のそれをはるかに多く知っていることを論じておいた。この章で，私は，国民の内部における諸個人と諸集団間の交換から，諸国民相互間での交換にいたる範囲まで，その分析を拡大してみたいと思う。

　国際的交換のレベルでは，経済政策と社会政策(ソーシャルポリシィ)との区別は，その手段と目的に関してきわめて漠然としたものではあるが，しかし私たちが，交換の相互作用を検証し，その相互取引が互酬性の規範や返償責務に立脚した交換であるのかどうか，または，それが一方向的移転ないしは贈与であるのかどうかを研究する時，それはきわめて重大な区別となってくる。ある国民が他の国民の福祉を，工業または農業投資助成金の形態での経済援助によって，あるいは現金，現物または特殊専門労働形態での社会的援助によって，救済をすることもある。この場合，返償の責務があっても，または返償の責務がなくても，いずれの援助形態によっても提供がなされうる。

　しかしながら，私たちが社会市場の価値を，経済市場の価値に対抗して極度に高く値ぶみしてみたところで，なおかつ，その社会市場の能力そのものが，経済市場の福祉生産能力の事情次第で変わる従属変数的なものであるということは，明白で，しかも，不可避な事実である。しかしながら，国際的援助が，一つの国民を，しばらくの間，その経済的手段以外の道で生き延びさせることはできるであろう。『社会福祉学原論』のなかで，私は，すべて既

知の工業社会においては，フォーマルとインフォーマルな社会化の過程が，勤労と自助の美徳を勧奨する方向に導かれてきたこと，しかもそこでは社会サービスが，単にニーズを持つ者を救済するだけではなく，その人のニーズが完全に合法的であるとは認定されない人たちを罰するためにも使用されてきたことを，論じておいた。そこで用いられた最も効果的で一般的な制裁の一つが，スティグマの負荷である[13]。私たちが社会サービスを利用することが，どの程度にまで私たちがスティグマを経験する原因となっているのかは，一部には私たち自身と同様に他の人たちが，私たちの公然とした依存状態を合法的なものと見るか，それとも非合法的なものと見るかによって決定されるといえよう。この，尊敬されているという意識，または軽蔑されているという意識が転じて，「私たちが私たちの市民資格の確実性を信じる」程度に，重大な影響をおよぼすのである。経済市場において，きわめて貧弱な成功の記録しか持たない人たちは，社会市場においてもそのひどい恥辱体験のさらし者にされていくことになる[14]。私は，スティグマに対する感情を弱める手段としては，対人社会サービスよりも，公共サービスのインパーソナルな形態の方に，より大きな信頼を置くように誘ってきた。インパーソナル・サービスとは，より大きな信頼を，減税，税控除，交通費補助のような方法に置くものである。

『社会福祉学原論』で概説した福祉モデルでは，私は互酬性の規範と，いかなる供与者にも全面的依存はしないということに強調点を置いてきた。交換と移転関係との質は，多くの場合，供与者と受益者とによって呼び起こされる相剋的な感情の性質によって影響される。市民たちの大多数（＜望遠鏡的博愛＞というジェリビィ的原理に対しては失礼であるが）は，社会的にも空間的にも，自分たちの近くにいる人たちのニーズについては気づきやすいものである。しかしながら，より近接性が増大すればするほど，供与性向が増大するだけではなく，制裁を課そうとする傾向も大きくなる。家族のなかにおいてすら，全面的かつ永久的に依存者の状態にある受給者は，つよい羞恥心やいきどおりの念を体験することがあるかもしれない。同種の感情が，地方や国の福祉機関の介入によって喚起されることもあろう。なぜなら，見知

第5章　社会福祉における交換の諸パターン

らぬ人がこのようなケースに落ち込んだ場合，距離と知識のギャップが，個人的境遇の調査によって狭められるにちがいないからである。

　この社会福祉モデルを説述したなかで，私は，「社会サービスの＜供与者＞と＜受益者＞の間のシャープな区別が一般人の意識のなかに存在し，供与者と受益者のそれぞれの地位は両者の交換関係の性格によって高められるか低められるかするものである」という仮定を提起しておいた。複雑な産業社会においては，相対的に狭義の家族的責務，社会的不平等のより大きな自覚，および経済市場価値の優越性などが，社会サービスが「治療的機能と制裁的機能との両者を兼備する」[15]ことを確かにするのである。社会改良主義者たちの利他主義的価値観や，治療的専門職に従事する多数のメンバーたちの同様の価値観が，供与者あるいは受益者のいずれか一方の役割を持つ立場に置かれる一般市民たちによっても分有されている，と想定することは不可能である。フォーマルな社会サービスが存在する理由は，被保護者が受益による満足か，あるいは恥辱を経験するに先立って，納税者たちに負担を強制することが必要であるからである。

　いつでも本来的に「与えるよりも，受ける方が，信望が少ない」ものだが，＜深度＞＜時間＞＜距離＞の諸変数が供与と受給の関係の質に大きく影響する。「＜深度＞の変数とは，受給者が，自分の依存性や劣等感を自覚し，自分の地位を合法的なものとする裁定を受け入れる程度を指す」[16]。その地位に影響を与える諸因子のなかに，私は，過去のサービスあるいは現物のいずれかに対するお返しとして，何を受給するのか，あるいは，受領者自身の将来の贈与供出の可能性を増大させる等の意識を包含している。

　＜距離＞の変数とは，「社会的または空間的なものとなる」が，「受領者が供与者から距離的によりはなれていればいるほど，受領者はそれだけ受給しやすくなる」[17]のである。社会的距離は，階級または人種のちがい，もしくは施設居住によって課される隔絶の範囲のような基準によって測定されるであろう。＜時間＞の変数とは，依存性を経験している期間の長さに照応する。それが長期間にわたると，個人は自分の依存的な地位に順応する性向がある。

　私たちがこのモデルを諸国民間の交換や贈与に適用して見れば，多数の重

要な差異が明らかになってくる。国際的貿易の一般過程は，互酬性の規範によって規制されており，それが経済市場を特徴づけるのである。経済市場もまた複雑なシステムを内包しているが，そのシステムによって，諸国民と諸商社の両者は，互酬性の条件により貸借を厳格な競争条件のもとで協定された利益率その他に従って行う。この種の交換と社会市場価値に基づく交換との間に分割線を引くことは困難である。なぜなら後者の多くの取引はきわめて長期間あるいは不定期に，かつきわめて低利率の「ソフト・ローン」の形式をとるからである。災害の際には，諸国民はまた罹災国へ無条件の贈与をする。国際的慈善は，単に危機の時だけではなく，永久的な長期ベースで民間援助の流通を維持する点で重要な役割を演じている。

　規模，複雑性，距離という諸変数があるとすれば，国際的取引は，諸国民内部の場合よりもはるかに大きな専門家の業務となる。無数の諸個人の意思決定から成り立っている民間非営利セクターにおいてすら，その配分の意思決定は，専門家の少数集団によって処理されるのである。国際的レベルでも，供与者と受給者との間の距離は，供与者の供出する行為を除いては，自発的な個人的活動性の余地はほとんどないといってよい。

　国際的福祉の領域でも，また，その慈善セクターにおいてさえ，資金調達機関がいつも強調していることは，福祉援助の第一義的主旨が，その援助を受益する集団や国民が自己充足を達成するように助けることにあるということを我々は明記しておかねばならない。この主旨は，一部には受益者層が感じとる実際上の，または想像上の，集団的スティグマ感を軽減するためであり，また一部には，これから寄贈者になろうとする人たちに，慈善的供与が経済的にも有意義であることを説得するためでもある。これまでの「未開発諸国」というようないい方をかえて，「発展途上国」といいなおす婉曲法を使用することが，最近の慣例となってきたが，受益者群の集合的感受性を害することを避け，それらの人たちが自己充足へ向けて漸進的な向上をとげるという印象を伝えるために，そうした方策が用いられているのである。

　もう一つの反省点としては，諸国民の内部における社会サービスと同じように，国際的援助においても，福祉を提供すると同時に，制裁をも課すそ

第5章　社会福祉における交換の諸パターン

の範囲の問題がある。贈与の長期常習的な借入者やその申請者に対して課される制裁は，通例，より厳格な条件形式がとられるが，それはより高率の利子，より短期の返済期限，また贈与者の立場から経済的に見てより受諾しやすいような社会諸政策を，受益国民がみずから採択することに対する基準または要請を課することである。この種の諸条件は，低開発国に対してだけではなく，わが英国やイタリアのごとき相対的に富裕な諸国民に対しても適用されることがあるかもしれない。さらに，私のモデルに基づいていえば，経済市場で最も貧弱な成功記録しか持たないような国民が，国際的援助の社会市場においても，依存者のスティグマを最も経験しやすいであろうということである。

　諸個人と同じように，諸国民もいずれか他の国民に不当な依存をすることを回避するようにつとめるべきであるが，その理由は多くの場合，集団心理学よりも，むしろ政治学の術語で説明する方がよさそうである。しかしながら，私たちが，援助の条件として，諸国民の資産調査とその諸個人に対して応用される調査との間において，類比ができるかどうかは疑問である。贈与者または受益者としての一般個人の感受性は，明らかに，諸国民が民間形態の国際的援助とは異なるその官公的形態の援助に対して抱く感受性にくらべると，その重要性がはるかに低いものとなる。対外援助が，贈与側諸国民が最も尊重している価値観の多くを侵害するような政治システムを持つ諸国民に対しても，しばしば寛大な条件で与えられることがある。バウアーが指摘するように，少数派を迫害することは，「第三世界」の多数の最貧困諸国において，その政治活動の共通特質である。

　初期の借款や贈与が，受益国民によって非経済的に浪費されたり，あるいはそうした援助がそれを最も必要としている市民たちの手もとにとどかなかった事実があっても，それで将来の援助供与の継続が阻害されることはまれである。受益諸国民は時には感謝よりもむしろ怨恨をもって反応し，さらに贈与諸国民に対して協力的な経済政策をとるよりも，むしろ敵対的な政策を採用することもある。それだけでなく，対外援助を受けている諸国民が，同時に対外援助の提供者として機能することを継続しているような場合も，異

例のことではない。明らかに，諸個人間の取引において保持されていると思われる規範が，諸国民間の取引に対して多くの妥当性を持つことはないのである。このように標準的にしばしば目につく差異の理由は，周知の通りである。第一には，個別的な市民は，彼らが供与するか，それとも受益するかについて選択することがほとんどない。それについてバウアーがふたたび私たちに想起させることは，「対外援助は納税者の金であり，贈与者は自分たちが好むと好まぬとにかかわりなく払わねばならぬものであり，……援助にむらがるロビイストたちは，自分自身の金を拠出することはしないのである」[18]と。第二は，国際的援助の取引は，経済市場や社会市場のそれと同時に，多分に政治的な配慮や基準によって支配されるものである。

　しかしながら，＜深度＞，＜時間＞，＜距離＞の三つの変数は，恥辱と依存性が，諸国民の間において，供与するか，受益するかにかかわる〔国民〕気質にどの程度まで影響を与えるかということについて，一定の補足的関係を持つ。もしも私たちが真正な市民資格（citizenship）の個人的自覚を，国民的尊敬または愛国主義の集合意識に置き代えるとすれば，明らかにこの関連において，深度の変数が重要な役割を果たしているのである。受益国政府が，いつでもできるだけ，彼らの現在のニードに対して援助を受けることと，彼らが過去に提供してきたサービスに対して何らかの見返りを受ける資格のあることとの関連を強調するようなことについても，いくつかの明証がある。これは第二次世界大戦終了後の英国のケースもそうであった。戦時中の努力に対する私たちイギリス国民の実績報告にしても，諸他の戦勝国と敗戦国とが，一様に彼らの経済的自己充足を回復して以来すでに長い時間を経過した後の現在では，もはや色あせて着実にその信憑性を喪失してしまったけれども。それにもかかわらず，英国が「レンド・リース〔戦時物資貸与〕」に対する見返りとしてアメリカ合衆国に支払った価格は，いかなる標準から見ても高いものであった。なぜなら，それには諸他の事物にあわせ，合衆国政府への巨大な潜在的経済価値を持つ科学知識の放出が含まれていたからである。

　ある政府は，援助を期待できる贈与者から，過去に冷遇されて苦しんだ経験があったとしたら，その補償として自己の国民が援助を求める資格のある

第5章　社会福祉における交換の諸パターン

ことを，等しく強烈に強調するようになる。これは，以前の植民地諸国によって，しばしば展開される議論である。旧植民地のなかで，彼らは，旧帝国主義的権力の富裕さは，多かれ少なかれ，その旧植民地からの過去の搾取の上に基づくものとして，要求をつきつけるのである。このようなロビイストたちは，しばしば贈与諸国民の内部の有力な選挙民のなかに支持者を見つけ出すものである。援助に対するケースが，また以下のような要請に基づくこともある。すなわち援助がただ単に受益国民の自己充足の増大だけでなく，それが他国民を救援する効果的能力をも増大し，あるいは，より相互に互恵的な経済通商関係に入っていく機会を増大するであろう，ということである。この主張が「マーシャル援助」，「コロンボ計画」およびユネスコ活動の理論的根拠に見られる重要な要素であった。この種のあらゆる論議がより堅実な集合的権限意識の成立に力を貸したといえる。それらの論議のたびにかさなる進展は，国民のなかの愛国的感情の強度や範囲と，社会市場的条件で援助を受ける国民気質との間に，何らかの関連があることを示唆している。

　たいていの最近になって独立した諸国民は——また，したがってそのような諸国民は，たぶん，自分たちの国民的独立性に対して非常に敏感でもあるはずだが——，同時に最も貧しい国民でもあった。中国のケースは，回復された政治的独立をめぐって高揚した意識が，帝国主義と資本主義に強力に敵対する政治システムとイデオロギーを採用することに符合したものである。中国は，その援助贈与国を選択するに際し，最終的にはきわめて選別的であった。ロシアとの分裂以来，それは現在でもなお，より選別的となってきている。中国政府は近年，何十万人もの多数の死傷者を出した破壊的な地震の後の，一切の官公的援助および民間援助の申し出を断った。

　経済的自己充足に対する同様の取り組みを，英国のケースでは見ることができない。このことは第一に，その市民たちが中国人よりも，より高度な生活水準を有しているという事実によって部分的には説明されるであろう。特権所有者は極度に強迫された時以外は，その利権を絶対に放棄しないというのは，政治的に自明の理である。第二に，英国の過去の経済的記録は——その回復能力も——いずれの非工業国家のそれよりも現在なお良好である。第

三に,工業化された諸国家間での対外援助は,先進諸国の国民と発展途上国の国民との間の取引に随伴するような,過去と現在の不平等と依存性についての歴史的な言外の含みをともなっていない。第四に,英国は永きにわたって独立国であったので,その統治者と市民は,そうした援助を国家主権に対する侵害として考えることはなさそうである。いかなる場合にも,英国民は,「第三世界」の諸国民に対する対外援助を供与しつづけることによって,みずからの真の経済的なステイタスについて,みずからをごまかしつづけていくことができる民族である。バウアー(Bauer, P.)は,1974年の文書で,年額およそ2億7500万ポンドの英国による援助への貢献は,「欧州経済共同体に対する英国の全支出と他のすべての対外関係支出を合わせた額を3分の1以上も」超過している事実を認め,「そしてそれは,付加税収入と娯楽遊興税の2倍の収入にも等しく,しかも1973年の支出入差額の予想赤字のおよそ4分の1にもあたるものである」[19]としている。もし私たちが愛国主義の概念を市民資格の概念に置き代えるとすれば,＜深度＞の変数は,なお供与と受給に対する諸国民の気質を理解する上で,何らかの妥当性を有するものということもできるが,しかしそこにはなお諸多の工夫や合理化の道があり,それによって集団——個人に比べて——が,依存性の状況内で,なおステイタス喪失の回避を可能にしているものと思われる。

　国際的供与に対する国民的気質について,距離の変数の効果を査定することは困難である。距離が大になればなるほど,同情の亀裂もそれだけ大になるのが自明の理であるように思われるが——もし市民が,直接に「第三世界」における軽減されないものすごい悲惨さの容量と強度を熟知していたならば,彼らはその救済に際して,より寛大になるかもしれないといえよう。これに対して他方では,「第三世界」の諸国においては,自国の人たちに対して実際的な同情を少しも示さずにそこで生活し,富裕でありながら明らかに無関心な市民もいる。もしも私たち市民が,国際的援助が,それを必要とする人たちの手もとに届かないでいる事態について,より多く知るならば,納税者としても,あるいは慈善贈与者としても,それらの供与を継続しなくなるであろうことは多分にありうることである。しかしながら,私たちが他の

第 5 章　社会福祉における交換の諸パターン

人々のニードについて無知である程度に応じて，私たちがそうしたニードを見つけ出そうとする動因もより少なくなり，さらに私たちはまたそれだけ責任または罪性を感じないようになりやすい，と推論することも合理的なことだと思われる。

＜時間＞の変数に関しては，軽い条件つきの借款または無条件の自由贈与を受けるパターンを設定された諸国民のなかで，これまでに自己充足を達成した国民は皆無に近いといってよい。このことは，マッツア（Matza, D.）の「質のよくない貧困者」[20]というようないい方にならい，彼らは「みずからの貧困に順応し」てしまい，「自己の立場に関して無関心」になっているというよりも，それはただ彼らの極端なそして対応不可能な貧困の表示であるという方が適切であるのかどうか，それは断言しにくいことである。しかしながら，これらのことを個人的行動類型に比較することは，あらゆる点で支持されえないものである。諸国民は，諸個人と同じように，生と死を体験するものではない。現代医学は，昔ならば生きのこる機会のなかったような，生死ぎりぎりの多数の幼児の生命をとりとめているが，しかし政治的方策の技能は，新たな諸国民の出生と高齢の諸国民の保護より以上の，はるかに偉大な奇跡を成しとげうるのである。国民的独立の権利は，現在ではすでに当たり前のことになっており，それは真に自己充足の遂行をする希望がまったくないような諸社会にまでおよんでいる。彼らは事実上，瀕死の国民ではあるが，それでも現実には生存を断つことなく，永久に経済的依存の状態のなかで残生しつづけるものである。1934年に，ニューファウンドランド自治領は破産し，自主的に自治領の地位を放棄したが，これは一つの国民が自主的にこの自己統治の権利を放棄した最後の事例であった。戦後世界において，私たちはもはや，経済的自足が主権の前提条件であるとは考えず，またニューファウンドランドほどの規模の独立国家は，今日ではむしろ，小魚の群のなかの鯨である。

市民資格（citizenship）の地位は，依存性に関連しているスティグマを経験しなければならない状況を防ぐためには，国民資格の地位よりもはるかに効力の小さいものであるように思われる。事実，その場合は政治的独立がし

ばしば，経済的依存が貧窮の主要原因であるような時でさえ，その経済的依存に対する補償となっていることもある。『社会福祉学原論』において，私は「＜こまやかな配慮のある社会（Caring Society）＞や＜福祉国家＞のような概念は，真正の形態で市民資格を確立していない人たちにとっては，主観的に見て無意味である。一般の人々の社会意識を有効に変革することが，法令集を改正するよりも今やはるかに重要になりつつある，といえるかもしれない」[21]ということを示唆した。この種の個人的変革に比較して，諸々の全社会の国民意識を効果的に変革することの方が，はるかに容易であるようである。わが国の負債者の代表としての英国大蔵大臣によって，個人的な屈辱経験がどのようなものであったとしても，彼は赤字財政の処理を当然な義務として受け入れているように見える。彼の選挙民たちも，羞恥またはスティグマによる苦痛の様子を何一つ示しはしないのである。事実，英国の対外債務が山積みになるにつれて，英国人の法定公休日に対する欲求も増大しているかに見える。(ところで)「第三世界」の借入れをしている諸国民にとっての問題は，彼らがすでに持っているより少ない額でやりくりする以上に，十分な援助を求めようとすることにある。

　しかしながら，工業化された西欧の慢性的な受益者たちと，「第三世界」の慢性的受益者たちの間での比較をしてみると，愛国的感情の重要さに関する点で一つの大きなちがいのあることが示される。「第三世界」の新しい諸国民のなかで高揚した国民意識は，しばしば植民地時代の歴史の特定の解釈に基づく権利意識と連動していることがある。彼らの愛国主義は，統治者と市民の両者を集合的スティグマの経験から防衛しようとする種類のそれである。逆説的にいえば，一つの国民があまりにも長く，あまりにも深く集合的貧窮の地位に滞留しすぎると，それは一切の国民的なプライドを喪失するに至る，といえよう。愛国感情の漸次的弱化は，しばしば経済的衰退への道と，〔さらに〕つづいてスティグマの負荷に対して免疫となる窮民の地位を喜んで取りこんでいく道を用意する。私たちは，この事例を遠くに求める必要はない。

3 英国とアメリカ
──一つの特別交換関係──

　国民資格（nationhood），市民資格（citizenship），社会的交換（social exchange）についての章は，第二次世界大戦後の英国社会政策の発展をその全体において決定した一連の交換について何らかの論及をすることなしに，完全なものとはならないであろう。英国福祉国家の創建に対するアメリカ資本主義の貢献は，奇妙なことに，社会政策史学者たちによって無視されてきた一つの出来事であった。私たちの戦後福祉システムは労働党政府によって建設されたが，しかし，その一般的なデザインは明らかに社会主義的ではないとしても，集合主義者のそれであるが，私たちは英国福祉の礎石がフォート・ノックス（Fort Knox）から切り出され，船で運ばれてきたものであることを忘れがちである。

　アメリカ合衆国の援助の恩恵を受けているとはいえ，その成功の幅はいくつかの理由のためきわめて狭いものであった。第一に，英国の戦争努力の継続期間と規模にもかかわらず，アメリカ上院は決して熱狂的に私たちの経済復興の援助に取り組んではくれなかった。ヨーロッパ戦争終結以前においてさえ，それまで履行されてきたレンド・リース〔戦時物資貸与〕の削減を元の状況に復活させるには，トルーマン大統領の決然たる介入を必要とした[22]。第二に，労働党政府は1945年に政権に就いた当初から，深刻な貿易収支の赤字，減小した商船と海外市場の削減，海外投資の縮小，およびいまだに戦時生産体制を指向する国内経済などを含む経済諸問題の脅迫するようなリストに直面していた。第三に，政府は単に社会改良のためのベヴァリッジ提案の実施だけでなく，相当程度の国有化プログラムにも着手した。第四に，広範な海外関与活動をかかえ，そのなかでは，ヒュー・ドルトン（Dalton, E. Hugh）の見解のように，「私たち自身の国際収支にとって面倒な結末をかかえながらも，私たちは全世界で債務を引き受け，金をせがむ者にはそれを流し与えてきた」のである。ドルトンはその状況を「財政上のダンケルクの戦い」[23]と記述している。

60億ドルの一方向的贈与に関する英国のアメリカへの最初の要請は，拒絶されたが，二回目の無利子借款の要請も同じように拒絶された。ケインズは，主席交渉者として，確信を持って，より寛容な反応があるものと期待していた。彼は帰国してドルトンに忠告し「アメリカ人は過去に対してではなく現在，未来に関心を寄せている。勲章をみせびらかす老軍人は説得力のある提唱者とはなりえないであろう」[24]といっている。最終的には，利子率2％の37億ドルの借款がアメリカ政府によって保証され，さらにこの後，カナダから12億5000万ドルの借款が追加された[25]。アメリカからの借款の償還は，50年期限とされ，1951年からその返済が開始されたが，しかしそれらの借款が必要な財政基盤を提供し，それによって，輸出回復，国有化，社会政策立案等に関する戦後の再建を開始することが可能となった。1951年のアメリカからの借款の償還開始に加えて，英国はまた英国の輸出に対してアメリカ側がその関税引き下げをするという何らの保証もなしに，ブレトン・ウッズ協定の下で，1947年にはスターリング通貨の完全兌換性を回復する準備をするように要求された。

　これと対照的に，アメリカ政府は6億5000万ドルにものぼる信用貸しをレンド・リース〔戦時物資貸与〕に追加するきわめて寛大な最終協定をした。ドルトン（Dalton, E. Hugh）は，チャーチル（Churchill, W. S.）のことばをいい替えて，それを国会における「史上，かの最も清潔な決議」に対する「見事で高潔な結末」[26]であると述べている。その10年後に，ティトマスが，国民保健サービス制を説明した時，それを可能にした特殊な贈与関係には言及せずに，「20世紀における英国社会政策の最も清潔な決議」[27]という同じような文言を使用していることは，興味あることである。

　これらの比較的にきびしい条件にもかかわらず，労働党政府はベヴァリッジ提案の大部分を実施し，また穏健な国有化プログラムを実行にうつしていった。部分的には，1946～1947年の厳冬とストライキの成りゆきの結果として，工業生産高は低下したままであった。メドリコット（Medlicott, W. N.）の所見では，1947年のはじめの頃に，「アンクル・サム〔米政府〕の資金による＜労働＞と＜福祉＞のハネムーンも，その終わりに近づきつつあった」[28]と

第5章　社会福祉における交換の諸パターン

し，また最初の大きな通貨危機が，数カ月後の，スターリング通貨が兌換化された時にやってきた。

既述してきた条件においてさえ，英国が，アメリカ資本主義の高度な条件的利他主義に負うている負債は，頭をかかえるほど大きなもので，思うに「エコノミスト紙」もその当時，悲しげに次のような観察をしていた。すなわち「道徳的術語でいえば，私たちは債務者であり，そのために私たちは年額1億40万ドルを，この世紀〔20ｃ〕の残りの間支払っていくことになる。それは避けられぬことだが，しかし正当なことでもない」[29]と。たしかに，ただ二つの英国のスターリング通貨の債権者が，みずから進んで英国が彼らに負うている差額を帳消しにしてくれた。それはニュージーランドとオーストラリアであった。それでもなお，その年の内に，英国はマーシャル援助の名目の下で，最長の受益国となった[30]。おとろえゆく英国経済にとって，この突然の資金の注入がなかったとしたら，社会政策プログラム全体にとっての，驚愕するような結果をともないながら，輸入の激烈な低下や，失業についても同様にはげしい増大〔という問題〕が生じてきたであろうことは疑いの余地もないことである。

1947年の3月頃，英国のドル借款は，おそくとも1948年の半ばまでに尽きてしまうほどの割合で使われていくことになった。この状況は，部分的にはドル価値の下落が原因となり，また部分的には英国占領地帯でドイツ人を養うための高額費用が原因となって発生したものである。ドルトンはその第三予算で，食糧とタバコの輸入の徹底的削減や，2億ポンドの増収を引き出す計画による増税を含むいっそうの緊縮を課した。英国政府はごく最近になって，英国の経済的関与を削減する手段としてギリシアとトルコにおける財政上および防衛上の介入から手をひく意向を表明したばかりであった。この意思決定は，トルーマン・ドクトリンの公表によってすばやくなされていった。

そのドクトリンは，アメリカ議会に，ギリシアとトルコに対する特殊援助を認める要請を必然的にともなうものであったが，しかしそれはまた内外の共産主義者の破壊に抵抗しているいずれの国民に対する援助供与をも包括す

るものとして拡大された[31]。マーシャル援助（Marshall Aid）は，トルーマン・ドクトリン（Truman Doctrine）の下で，それによってヨーロッパの経済的および社会的再建が財政的にまかなわれていく主要な手段となった。英国は最終的に，マーシャル援助の大きさにおいて第二番目の受益者となり，1948年9月に12億6300万ドルを受領したが，それは援助可能総額の3分の1をこえるものであった。この合計額の一部は他の英国の補助金から差し引かれた。マーシャル援助は，戦後英国の経済的社会的復興を支える第三の主要なアメリカの介入であった。このプログラムは，レンド・リース〔戦時物資貸与〕の継続と1947年の借款につづき，英国社会政策のその後の進路の最重要かつ唯一の決定因子となった。この支援がなければ，私たちは1951年に課せられた保健サービスの負担よりも，はるかに苛烈な諸政策に訴えざるをえなかったであろう。

　結局のところ，戦後のヨーロッパに対するアメリカの援助は，人類の歴史において，条件つき利他主義の最も信頼に値する事例の一つとして数えられるべきである。マーシャル・プランだけの約定のもとで，アメリカ政府は4年の期間にわたり，180億ドル以上の額にのぼる信用供与の提供を申し出たのである。ロシア人たちはそのプランを拒絶し，彼ら自身の軍事および貿易ブロックの形成をすすめていった。西欧の16カ国の参加諸国民はプランに合流し，「ヨーロッパ復興計画」とその構想を実施するために設立された「経済協同管理局」への協同出資者となった。

　ふりかえってみれば，英国は，もっと与えられてもよいのであり，よりいっそう寛大な条件に基づいて授与されてもよいのであった，と主張されるかもしれない。それはまた同時に，トルーマン・ドクトリンはただマーシャル・プランを生み出しただけでなく，「冷戦」の政治学をも生み出した，と苦情をいうこともできよう。それよりもっと現実主義的な解釈をすると，そのドクトリンは，冷戦がすでに始まっており，またスターリン主義者によるチェコスロバキア侵攻によって急速に強化された冷戦状態への対応であった，といえる。

　アメリカは，スタート時点で親密な戦時連合国に対して無条件的かつ一方

第5章 社会福祉における交換の諸パターン

向的な贈与をしなかったということで，精神の寛容性を欠落していたという汚名を何と解釈するのであろうか。社会運営論の文献を参照してこの疑問に答えることは，そのアメリカの援助の主題についてこれら文献は何一つふれていないので，当惑をまねくほどむずかしいことである。それはあたかも，戦後英国福祉国家は英国の利他主義的納税者のポケットから十分な財源を与えられて飛躍したかのようである。事実，社会政策学についての私たちのすぐれた集合主義的権威者たちの著書を手にする無邪気な読者は，アメリカについてのほとんどすべての言及が非難の口調で書かれていることに気づくであろう。ティトマスの福祉の終末論（エスカトロジイ）によれば，アメリカ合衆国は一方的に「反キリスト者（Antichrist）」の役柄におとされているように思われる。だがこれらの由々しい戦後の出来事を振りかえって見て，ドルトンは，もしもアメリカの借款が手近に利用できなかったとしたら，「もっときびしい緊縮が，戦時下のいかなる時期におけるよりも必至であったろうし，また最善の希望も，新政府の社会計画も無期限延長となったであろう。そしてただこの貧しい生活の数年後に，ほんのわずかな改善が可能となっていたのかもしれない」(32)と，結論を述べている。

その交換関係の唯一の主要研究が「英国国民保健サービス（British National Health Service）」の一つの局面を取り扱うのみであり，そして疑いもなく英国的実践を社会福祉における利他主義の範型（パラダイム）として示す我々の学問における偏狭な島国根性の伝統について，何と表現すべきであろうか。社会福祉の研究者は，もし国民保健サービスの成立を可能にした供与と交換の重大な行為について同時によく知らされていなかったとすれば，どうしてその達成を正しく理解してゆけるであろうか。借款の条件はたしかにきびしいものであったが，しかしその借款が可能にした社会主義または集合主義的社会諸政策に対して，まったくないとはいえないが共感をほとんど感じなかった政府によってそれがなされたということが，あまりにもたやすく忘れられているのである。私たちは借問するが，近年においていつ，社会主義政府がこのような借款を，崩壊のふちによろめいている資本主義社会に対してしたことがあるのか。

このアメリカの援助の事例において，私たちはまさしく贈与国政府が恨まれるような社会諸政策を促進するために，その援助が与えられた一つのケースを考えることになる。借款の条件はきびしかったが，しかし，決して全般的に見て経済市場基準によって決められたものではなかった。援助は双方の国において，世論に訴えることも，あるいはそれに意見を求めることもなく，まったく専門家の間で協約されていった。援助の条件はますますきびしいものとなったけれども，その後私たちが経済的業績をあまり達成していけなかったために，アメリカ合衆国やその他の資金源から，それ以上の援助を確保することが妨げられることはなかった。他国に対するこの継続的な依存性の効果に関しては，国民としての私たちの集合的自己評価との間で一線を画するのが適切であろう。私がすでに示唆したように，私たちの愛国的正当性の意識が継続的な借り入れによって深く傷つけられたという証拠は皆無に近い。いくつかの証拠はあるのだが，──それも明らかにネガティブな種類のものだが，──それは1945～1948年の事柄に関して，英国の集合主義がアメリカの資本主義に負うている責務が，ある社会政策分析者たちの感受性を害したという証拠がある。分析者らはこれら諸事について，ほとんど何も書き残していないにもかかわらず，他面では，それ以外の多くのことについて記録する時間は見出しているようである。社会史のなかでは，しばしば私たちが忘却しようとする内容は，思い出そうとするものと同じくらい重要である。
　交換の概念は，単に社会福祉の一般的研究において根本的に重要であるだけではなく──それは戦後英国社会政策の特殊な起源についての私たちの理解にとっても緊要なものである。さて，「ベヴァリッジ報告」の大部分が，なぜ実施されたのかということに関して，くりかえし列挙して説明されていることの一切──それは戦争の経験，社会的期待の高揚した意識，改革的な労働党の選挙の勝利というような──は，もしそれらの事柄がアメリカの援助の貢献という事実に対置されて評価されるとすれば，第二義的な重要性のレベルに沈下するものとなる。たしかに政治的意思は英国内にも存在したが，しかしアメリカは手段を提供し，しかもその手段なしには，私たちの福祉目的は実現されなかったであろう。福祉を切りすてるか，あるいは防衛支出を

第5章　社会福祉における交換の諸パターン

切りすてるか，の二者択一のジレンマに直面しながら，社会改良プログラムがなお実施されつづけてきたということもありうることである。「冷戦」の初期の霜のなかでさえ，当時そのように考えた人たちがあった。

　明確に，英国を援助する意思決定は，経済的または社会的配慮によるよりも，政治的配慮によって影響されていた。アメリカ政府は，英国の議会制社会主義が共産主義と同等視されるものではなく，しかも英国の経済復興が戦後ヨーロッパの防衛にとって不可欠であったことを認識するのに十分に賢明であった。もしもそれとは反対の明確な証拠，すなわち英国は西側ヨーロッパの防衛戦略においてアクティブな役割を演じる意向がなかったとすれば，援助の実施はありそうにもなかったことである。

　社会政策における選択ジレンマに関する文献の多くは，異なった諸哲学と諸福祉体系間の選択を取り扱っている。それとは対照的に，選択が，各社会において福祉と防衛との間でなされるべきことを論じたものはほとんどない。共有された敬虔を内包する即席の仮定は，そのような論争を不必要なものとする。議会制民主主義が，彼らの軍事サービスと社会サービスとのために同時に予算を組もうとすれば，珍妙無類な偽善的タイプの「福祉＝軍事」国家とでもいうものになると思われる。しかし共産圏の巨大防衛費は——第三世界の極貧諸国民のそれと同じように——相対的に見て，ほとんど非難を受けていない。さらに，議会制民主主義は，福祉に対して不十分な金額しか支出していないか，それとも不埒な理由すなわち社会不安の除去と現状維持のようなものに精一杯出費していることを告発されるか，のいずれかである。

　もちろん，防衛と福祉の支出に関する選択の根本的な論点が，社会政策学の範囲において論争されることはない。なぜならそれはまったく価値選択という見地でのみ解決されうるべきものであり——その選択とは社会体制の他のタイプに対抗してある一つのタイプを支持する明確に表出された選択である。そのような選択は，資本主義と共産主義の利点と欠点の諸特質についての熟考された査定に立脚せねばならぬであろうし，またこの分析は同時に，福祉の物質的次元と同様に非物質的次元を，また社会経済的次元と同様に政

治的次元をも包括していなければならぬであろう。

　すべてこれらの基準が，一つの国が逆境にある他の国を援助するか，しないかについての，その国の意思決定に影響するのである。贈与国は，起こりうる経済的損失を政治的利点によって相殺し，あまつさえその政治的優越の基準にまったく達していないような他の国民を支持すべく準備していかねばならない。かかる条件は事実相互的なものである。これはただ政治活動の一つの明白な事実を指摘しただけである——すなわち，きわめて傲慢な世界のなかで，無条件の善行を求めつづけていくことは徒労にすぎないということである。この点で，終戦直後の数年間の英国に対するアメリカの援助は，少なくとも次善の善行として数えらるべきであり，またこのような諸業績は，無条件的利他主義の行為がいつもしてきたこと以上に社会福祉のためにより多くのことを成しとげているのである。

　社会福祉の制度的枠組みにおいては，いくつかのカギとなる特質を見出すことができるが，それは私がすでに前述の諸章で概説してきたところである。第一に，私は道徳感情を特徴づけるように試みてきた。それは市民が彼らの実感する援助責務と権利認定という概念により福祉について抱く感情である。私は，諸々の福祉実践と，個人的および集合的な福祉の両方を探究することは，社会政策と同様，経済的行動においても必須であると論じてきた。現実の世界においては，人間活動の両方の領域は利己的および利他的な実践を含むが，それら実践は常識と人間の誤謬性という制止力によって限界づけられ，また修正されるものである。

　第二に，私は，どのようにして自己利益と家族的，共同体的，国民的各忠誠心との複合的な相互作用が，人々が実感する援助責務と権利認定の概念に制度的限界を課するものであるかを記述してきた。これらの諸忠誠心は，もしも福祉の理想が国際主義的条件で定義されるならば，制限効果を持つものとみなされるであろうが，しかし対案として，またより条件的見地から見れば，それら忠誠心は道徳的正当化と福祉資源を提供するものと見られうる。それによって私たちの援助責務と権利認定の諸境界が，家族的忠誠心という最も狭小なものから，少なくとも国民的利益に関する認識を包摂するものへ

第5章　社会福祉における交換の諸パターン

と拡張されうるのである。

　第三に，私は，市民が福祉について彼らの規範的信念を実践にうつす方法を説明するため，経済的および社会的な交換の主要な形態を論じた。私は，福祉の国際主義的理想の批判と，福祉を第一義的に国民的利益と同一視する愛国主義的感情の防衛をもって結論とした。私は第二次世界大戦後の英国に対するアメリカの援助の実例を使用し，諸国民間で，なぜ贈与が行われ，なぜ交換が生じるのかの理由の複雑性を例証した。

　私の第四のテーマは，大衆的な福祉信念や実践における諸変動と，援助責務と権利認定の現存する構造を支持するかそれに挑戦する多様な理論やイデオロギーの影響力との間にある関係についての探究であった。

　これらの探究の主要テーマをさらに深く究明するために，私は本書の以下の部分の主題にかかわる事項として，三つの特定の社会を選び出した。なぜならそれら諸社会のそれぞれが，相互扶助と福祉実践について，その社会自身の独特な伝統を有しているからであり，またこれらの諸社会の長期にわたる変化のとげ方が，それぞれのケースにおいて意味深く異なっていたからである。

　私は英国から始めるが，なぜならそれが工業化を経験した最初の偉大な国であったからである。この経済的変貌が生じた条件は，古い重商主義原理と新しい古典派政治経済学の諸理論の衝突の結果に大きく影響されたものである。その新しい諸理論は，経済市場の国際化への可能性と，またそれにともなう，個人福祉と集合的福祉の質の改善への可能性を提示した。この点において，これらの新理論は，まさに劇的に競争と自助の機会を拡大した。そして，それらは福祉の増進に対して最適の効果的な基礎になるものとみなされた。援助責務と権利認定の伝統的概念は大きく修正され，それらの概念はより一般的には，互酬性の規範に基礎づけられた交換システムの内部に根拠づけられるものとなった。新救貧法は，市民が経済市場のなかで自己の福祉を探していくように強制すべく考案された社会的訓練の道具として役立った。

　私はそれから，英国がなぜ，次々に生じてくる経済的危機や戦争の衝撃の下で，次第に自由貿易の国際主義的諸政策を放棄し，保護主義の修正形態や

時代おくれの帝国主義的役割に賛意を表し，その上さらにかなりの陸海軍事能力に依拠してきたのかの理由を探究してみた。私は，これらの諸変動が，私たちが現在福祉国家と呼んでいる，社会的保護主義の新形態が成長する一つの前提条件であったと主張する。ここで私が提示することは，帝国と経済的優越からの私たちの後退が，これらの社会的保護形態の漸次的拡大によって補完されてきたということである。国際主義的理想が，なお援助供与のなかに生き残っているとはいいながらも，私たちの対外的福祉援助責務の範囲は，私たちの減退した手段に見合うように狭められてきたのである。ただ権利認定に関する私たちの概念の世界のなかでだけ，私たちの期待感が肥大化しつづけたのである。

　次に，私は19世紀ロシアを見る。それは，家族的，共同体的な援助責務と権利認定について，かなり狭く規定されたものであるが，しかし非常に強く感じとられている感情に基礎を置いている相互扶助のロシアにおける深みのある伝統システムの描写から始めてみることにする。私は，どうしてこれらの長い時間をかけて確立された責務＝権利の網状の構造が，一連の劇的な社会変動――農奴の解放，独裁的政治の枠組みの内部での産業成長を増大し経済を近代化しようとした少数の改革者の指導下における，遅れてはいるが決断的な企画，悲惨な戦争の経験――によって抜本的に変形され，最終的に破壊されてきたかを調べてみる。これらの諸変動は，いまだなお多数の後進的な農民層を，彼らが自分たちを長く育んできた大地を受け継いでいけるとする幻想以上の何ものをも持てないような状態に取り残したのである。この単純な福祉渇望も，それにさいなまれている国民を政治的に向上させることと，真にインターナショナルな含みを持つ新しいイデオロギーの最終勝利へ向けての取り組みをしようとしていた一握り(ひとにぎ)の革命主義者たちや知識人たちの強力な介入によって消滅させられてしまった。これら国際主義的目標に関する事柄はしばらく置き，私はまた，変革の動因としての闘争に対して，および利他主義的感情の強化や福祉の増進の前提条件としての根本的な制度的変動に対して，マルクス主義やその他のタイプの社会主義者の理論が与えた中心的な役割を探究してみたのである。

第5章 社会福祉における交換の諸パターン

　ロシアのケースにおいては，一方においては福祉信念と実践の大衆的形態間の闘争の著しい連続の結果と，他方においては少数者を支配することの継続の政治的，経済的，社会的目的を研究し，また援助責務と権利認定という伝統的概念に対して結果として生じてくる侵食や，さらにはこれらの革新諸政策の最終的な失敗が広範な政治的不満を招来するに至った経路を調べることが可能である。

　最後に，私は，19世紀アメリカにおける福祉信念と実践におよぼした社会変動による衝撃の研究を選択した。なぜならそれが経済的機会と自由な国土に基づく福祉についての新しい約束を提起しているからである。その約束は誇張されてはいるが，しかしその履行は確立されている民主主義的伝統の内部で，十分に政治的継続性を保証するものであった。一つの新しい社会として，合衆国は，国家的なものをその内部に包みこむ意味で，いわば逆説的に国際主義的であった。それは，無数に流入してくる移民たちの希望と価値観を一つの文化のなかに編入することによって，一つの国民性の意識を創出したのである。これらの歴史的起源から見て，市民たちと行政府との関係は，繁栄する未来についての確信的な期待感によって特徴づけられた一つの異色な形態を保持している。

　私は，アメリカの辺境開拓生活という偶然的条件が，いかにして家族と地方コミュニティに基礎を置く連帯の新しいきずなを助けたのか，同時に他面，アメリカの都市生活の偶然的条件が，いかにして都市への継続的な新来者が各世代毎に形作った相互扶助の伝統的な信念を漸進的に変形したかを説明してみた。田園地帯や都市においても同様に，工業化と，競争と自助の長所に対する大衆的信念の優越的支配が，福祉実践の新しい態様の発展に貢献したが，その実践の境界は親族関係とコミュニティとの社会的きずなと同様に，互酬性という経済的諸規範によって設定されていた。

　私は，幻滅の時期が，アメリカでは英国におけるよりもおくれたことを示唆したが，——それはいわゆる1890年代の「フロンティアの終焉」の後であり，それは内戦時代の経済的危機とアフリカ系アメリカ人が国民的福祉の自分たちへの分け前を求めた長らくおくれていた挑戦の時期であった。はじめに，

この抑制された希望の雰囲気は，孤立主義者の原理と保護主義のなかにその表出形態を見出したが，しかし第二次世界大戦後の楽観主義の期間が，アメリカ合衆国において相当に長くつづき，アメリカは全世界的な提供者兼後援者の役割を担い，特定化していえば，英国の戦後社会の再建に融資をするきわめて重要な役を演じた。

　私はそれから，諸国民が，入国者規制によって国民自身の福祉責務の範囲を制限しようとする方途を例示するため，人口移動という一般的なテーマを取り上げてみた。私はそこで異なった諸国民が採用している諸方法の範囲の実証例を使用したが，その方法とは，彼らの福祉増進過程で，彼ら市民層の断面部分によって認識された相対的成功の一つの指標として，新しい入国者の数を制限するか，それとも移民を禁止するかのいずれかである。

　最後の章で，私は，英国，ロシア，アメリカにおいて，福祉配分の支配的基準が時代の経過に応じて変動する在り方を見出す試みをし，そして経済的メリットに基づいた福祉諸資源に対する要求と，社会的ニードに基づいた福祉資源に対する要求との間の妥協を体現している福祉価値と福祉諸実践の弁護に同意した。私は福祉配分の諸政策で，一つの国民の市民間で肯定的にあるいは否定的にさまざまな相違を見せる政治的功罪の基準に基づくものに対しては，その基準がイデオロギー的に，宗教的または人種的な各用語のいずれをもって表出されていようとそれらを批判した。私は，一つの国民のすべての成員によって等しく共有されている市民資格の地位を尊重するものであれば，どのような政治的基準の妥当性も受け入れる。——それは私が福祉を極大化することが大いに好ましいと信じているからではなく，非福祉を極小化することが望ましいとする歴史的証拠によって私が説得されたからである。

　結局，私は，それが実感的な援助責務と権利認定の境界を大衆の寛容さの限界にまで押しつめるかもしれないが，国民的利益に優先権を与える利他主義の高度に条件的なモデルを設定した。それと対照的に，私が示唆することは，福祉の国際主義的原理はラディカルな変更の過程を必要とし，また援助責務と権利認定の伝統的および大衆的な概念へのこのような背反を必然的にともなうのであり，福祉の国際主義的原理は，非協力的な多数派の上に彼ら

第5章 社会福祉における交換の諸パターン

自身の諸目的をいとわずに課しうる少数派の人たちによってのみ，実際には実現されうるものであるということである。疑いもなく，福祉の開明的モデルには，国際主義的感情と実践の役割もあるが，しかしその役割は国民的利益にとって適度に従属的かつ補助的なものであるべきである。

私は，政治的自由と政治的寛容の諸原則とは，福祉のどのような概念化においても不可欠な要点であること，そして一つの善き社会を作り上げていく物質的と非物質的の間には，バランスが保たるべきであることを論じた。福祉の国際化に関しては，それ故に，議会制民主主義に対する高い優先順位を与えたのであるが，最後の分析においてやむをえず行っているのは，援助責務と権利認定の境界と優先順位を左右する意思決定においては改良主義的な知識人たちよりもむしろ大衆的意見の示唆を受けいれる，ということである。

私が使用した歴史的素材は，予言者を，敬うことなく予言者自身の国に閉じこめておくことに賛成している，というように表現ができるあり余るほどの十分な証拠を提出しているように思われる。

II

資本主義，社会主義および集合主義

第6章

福祉と自由市場

1 重商主義と自由放任主義

『国富論〔An Inquiry into the Nature and Causes of the Wealth of Nations〕』[1]の第四巻で，アダム・スミス（Smith, Adam）は重商主義に対する持続的批判について概括しているが，当時その重商主義は英国および他のヨーロッパの主要国において，支配的な力を持つ経済原理であった。ある点で，重商主義は経済原理であるよりも，むしろ一つの政治原理であった。というのは，それが国家権力の目標を，国民的繁栄の目標に優越するものとして位置づけていたからである。リヒトハイム（Lichtheim, G.）は，重商主義者の主要目標を，「福祉の極大化をはかることではなく，むしろ国民国家の経済的および政治的な独立を増強することにあった」[2]としている。国家権力の第一次的な源泉は，貴重な貨幣と大きな人口にあると思われた。保護関税，移民の禁止および経済市場の諸活動に対する強力な行政府的規制は，国家の保全と偉大性を達成するための最上の政策であると考えられていた。

重商主義の思想は，17世紀と18世紀の間に，ヨーロッパを通じて確実により強い影響を与えるものとなったが，それはまた国民主義的感情の台頭とも密接なつながりを持っていた。ヒックス(Hicks, J.)は，重商主義は「経済成長が国民的利益にも有益であるという発見を明確にした」[3]ことを示唆している。しかしながらヴィナー（Viner, J.）は，「重商主義〔がもたらした〕教訓」を条件として，権力と繁栄の諸目的の間における，「長期的に見た調和」を達

第 6 章　福祉と自由市場

成することも可能であるが,「特殊な状況においては,軍事的安全保障による利益のために,したがってまた長期的繁栄の利益のために,しばらくは経済成長を犠牲にすることも必要となるかもしれない」[4]と,指摘している。

「一般的な状況では,人頭数の増加は,1人当たりの純所得の増加となる」ということが,重商主義者の基本的な教義であり,かつシュンペーター (Schumpeter, J. A.) によれば,「18世紀の大部分の間」,この命題も「明白に正しいものであった」[5]という。純所得におけるこれらの増加分を分配するかぎりにおいて,初期の重商主義論者たちも,抑圧的な救貧法と低賃金に賛成する主張をしている。仮に選択が許されるとすれば,貧困者は常に働くよりも怠けることの方を選好するであろうし,そこで勤勉の習慣は賃金を低くおさえることによって最もよく強化されうるものである,と彼らは論じている。人口が多くなればなるほど,賃金の水準をコントロールすることは,産業の成長を損なわずに,より容易になされることになる。したがって,英国,フランス,ドイツ連邦およびロシアにおいては,移民の抑止のために,あらゆる努力がなされてきた（たとえば,英国においては,熟練労働者が移民することは1782年から1824年の間禁止されていた）。

しかしながら,17世紀には,貧困と社会不安の問題の増大に対応するため[6],ハートリブ (Hartlib, S.),チェムバレン (Chamberlen, P.),ゴッフェ (Goffe, W.) のような著作家によって,重商主義原理の,より社会面を重視した論議が展開されてきた。ウィルソン (Wilson, C.) は,共和国時代と王政復古時代後の重商主義的著作家の関心が,「全体人口の4分の1から2分の1の間におよぶ範囲にわたり,深刻な影響を与えていた貧困の時事的問題」[7]にますます向けられていた事実を明記している。低下する労働需要が,重商主義者に,国民経済を多様化する方法を探索させ,窮民の雇用や窮民子弟の訓練をするための新しい計画を提案するように促したのである。ハートリブは,もしも貧困者が勤勉にさえなってくれれば,国民は外国人に依存せずにすむであろう,と信じていた[8]。ハートリブはゴッフェと手を組んでいたが,彼は,社会政策（ソーシャルポリシィ）について論述した多数の共和国指導者層の最有力メンバーの間にあった。そして,ウィルソンの見解では,ハートリブは,「それ以後1世紀以

109

上にわたり，ほとんどすべての経済思想の基礎」を提供した人物でもあり，彼の「貧困，雇用および国民福祉の諸問題のすべてがともにリンクされているという認識は，その後，失われることがなかった」(9)とされる。

　重商主義理論をこのように修正することを助長した主要な社会的また経済的な諸変化を説明するなかで，シュンペーターは，中世的村落共同体の漸進的崩壊を力説しているが，それまではその共同体が「共同体の成員と認めるそれぞれの者に寝場所と仕事を提供し」，またその「共同体の構造的な設計そのものが失業や困窮を排除していた」(10)と記している。ジェームズ（James, M. R.）は，英国において，地方産業の衰退にはじまり，慈善事業の低落や腐敗と浮浪者の全般的な増大に至る原因となった「大内乱〔チャールズ1世と国会の争い〕」を引き起こした社会的窮迫や経済的激変に注意を向けている(11)。その当時，ハートリブは，貧困者救済を増大させるよりも，むしろ「自助の原則と実践を教えること」(12)を勧奨した。だから彼は，一方では貧困者の子弟の訓練をよりいっそう組織的に企てることについて，両方の代弁をしていたわけである。彼の見解によれば，浮浪者たちが「現状のように，おのれの欲望のままにふるまっていくこと」は正当ではなく，むしろ「彼が出てきたところからワークハウス〔労役場〕へ帰っていくべきである」(13)としている。1662年の定住法は，浮浪民の数の増大が経済的危機と同時に政治的危機をもたらした時期の終わり頃に創定されたものである(14)。

　王政復古の期間中とそれ以後，国民的貧困についての論争が，多分に重商主義者的な口調をもってつづけられていた。重商主義的な思想家たちの伝統的な傾向は，国民福祉を「貿易のバランス上での得失による金地金の最終総計」に結びつけて考えることにあったが，それは，共同体の社会的ニードに対応するための，積極的で純粋な関心を含むまでに拡大された(15)。ウィルソンは，実際的な表現を用いて，このような見方の変化によって多くの恩恵を引き出すことができた貧困者はほとんどいなかったことを確認している。同時に彼は，「全階級が数世代にもわたって社会的無責任の罪科を犯してきたという集団的告発も……それは非立証的なものとして拒絶されなければならない」(16)と主張する。有効かつ人間的な社会政策を展開することに失敗し

第6章　福祉と自由市場

た「理由は，合理的な効率，正直さ，温情的な理解によって，〔慈善と貧困者救済を〕組織化し，かつ運営していけるような政策の供給が全面的に適切でなかったためである」[17]と主張する。同じ問題点がヒックスによっても指摘されているが，それは初期の重商主義者に，必要な経済的および運営上の専門学識がまったく欠落していたからであった[18]。進歩の最も明確な指標と，変革に対する最も明白な関与とは，貧困者の子弟に対する徒弟養成を目途としたよりいっそうの教育と計画を提供することのなかに具体化されていった。しかしながら，社会改良の進歩は，なおも保護貿易主義的な経済政策の維持と他国への移民の統制に依存するままであった。

　チャールズ・ウィルソンは，重商主義理論の教義を，1664年に出版されたトーマス・ムン（Mun, Thomas）の主著『英国の海外貿易における財宝』[19]を参照して総括を試みている。そこでウィルソンが指摘するのは，諸他の重商主義者の著作家たちと同じように，ムンもまた，一連の理論を提示するよりも「緊急な経済問題に対する解答を発見することに，また，金地金を蓄積するよりもそれを損失しないようにすることの方に関心を示していた。そうして，後にケインズ（Keynes, J. M.）が1930年代に指摘したように，エコノミストたちは，ずっと後になってから，貿易上の望ましいバランスの維持につとめることは『未熟幼稚な強迫観念』にすぎない，と認めるようになってきたが，しかしその後につづく当時の数世紀間を通じ，より直接的な政策関心は，貿易上のバランス維持を実務上の政治的手腕の最も重要な目的として認めつづけてきた」[20]という。

　この貿易バランスの維持に夢中になることから，重商主義政策の多様な方途が展開されたのである。——それは，一定の輸出に対する制限や禁止，熟練労働者の移入の勧奨，植民地からの原料輸入の促進，海外からの奢侈品の輸入を制止する関税の賦課および1651年と1660年の航海法の制定であるが，これは英国の商船に英国貿易の独占権を与えるように仕組んだものである。このような経済的防衛の背後で，国民経済がすべての市民の利益のために，着実に多様化しかつ成長することが希望された。

　この重商主義に対して「自由放任主義」は国際主義者（internationalist）的

な原理であった。自由放任主義の通俗的観念が立脚している古典派経済理論は、以下のことを論証しようと努めた。それは、もしも財貨やサービスが諸国家間の障壁なしに自由に移動することが許され、もしも労働が同様の自由を与えられ移動することが許され、さらに労働が「市場において労働の価格にふさわしい対価を見出し」、また、もしも「貨幣の創出」が金の「自動調節メカニズム」[21]に従ってなされるならば、人類の福祉は最上の状態に増進されうる、ということである。仮にひとたびこのような相互依存的メカニズムが、大きく自動調節の道筋のなかで作動することが許されるとすれば、一種の自然調和が自己利益と万人の福祉との間に生起することであろう。

　19世紀の最初の25年間、重商主義原理と自由放任主義原理との間の葛藤は、いくつかの主要論点に集中されてきたが、それには穀物法、航海法、定住法、植民地の将来などの論点が含まれていた。これら論点のすべてが、何らかの程度で、自由貿易と保護貿易についての大論争に関連を持つものであった。社会福祉に対してこの論争が持つ含意については、本章と次章の主題として取り上げていく。

　だが真実のところ、この約束されたユートピアにしても、それは貧困者がただ比較的低い期待感を持って満足しつづけていくのでなければ出現してこないようなものであり、事実、リカード（Ricard, David）の賃金鉄則にしても、労働者階級の生計を維持する以上のものを、何ら約束してはいないのである。それにしてもポランニー（Polanyi, Karl）が指摘しているように、アダム・スミスは、産業化に随伴してくる富の増大のいくらかの部分が、貧困者へ向けて洩れ落ちていくであろうと確信していた[22]。リカードもまた、習慣の改善が生計の定義におよぼす影響を忘れてはいなかった。『経済学原理』のなかに、次のような一節がある。そこでリカードは、「労働の自然的価格は……常に食物、衣料およびその他の必需品の代価に依存している」が、しかしこの価格は、決して「絶対的に固定された定常的なもの」ではない。なぜならそれは「人々の習性や習慣の差」に依存するものであり、だから「……現在の英国の村落住居のなかで享受されている多くの衣食住の利便性にしても、その歴史の早い時期には、ぜいたくと考えられていたものであった」[23]と

第6章　福祉と自由市場

主張している。

　1815年の「穀物法」の通過は，その論点をこえて，「自由放任主義」の代表者たちが大衆の支持を取りつけることができ，また手工業者という新興階級に対して直接に訴えていける状態をもたらした。コーツ（Coats, A. W.）は，「穀物法」の効果に関連するリカードとマルサスとの間に生じていた意見の不一致について，私たちの再考を促している。リカードは，人為的に高い穀物価格を強行することは，食糧価格をつり上げるだけでなく，賃金水準を押し上げ，利潤の損害をもたらすと主張した。利潤率の低下は資本蓄積をにぶらせ，その結果として経済的不振をまねき，ひいては労働者の生活標準も破局的な影響を受けることになる。しかしながらマルサスは，穀物取引を自由貿易とすることは，地主階級を崩壊させ，その国の政治的安定性を低下させるという見解をとっていた。それだけでなく，輸入食料品に過度に依存している国家は，戦時に際し，戦術的に見て不利益な立場に立つことになるとも考えていた[24]。

　「自由放任主義」の通俗化した原則に，無条件に傾倒した古典派経済学者は，ほとんど皆無であったことを認識しておくこともまた大切である。彼らは自由貿易に賛意を表したが，しかし逆境にある普通の市民の生活標準の維持に何らかの保護を与える必要について無関心であったわけではない。広くマンチェスター学派と名づけられていた思想家たちや政治的活動家のグループから自由貿易と個人主義とのきわめて独断的で未公認の諸原理が流布され，公衆の支持を獲得し始めていた。穀物法に反対する団体が1838年にマンチェスターで結成され，リチャード・コブデン（Cobden, Richard）の指導と熱意のもとで，「穀物法反対同盟」の中核を形成していった。「穀物法」に対する反対は，その理論面におけると同様に実践面でも，自由放任主義を国際主義原則とするマンチェスター学派のキャンペーンのただ一部を成すにすぎなかった。この学派はまた，強硬な反植民地主義の政策を採用したが，当時，英国は第二帝国の地位を獲得し始めた時期であった。

　重商主義理論の諸条件の範囲内で，「植民地とその母国とは，それぞれ原材料の生産者と手工業製品の生産者として，相互に補完的なものであり」，こ

のことは，英国が「植民地市場と帝国内相互間の商船貿易の独占権」を保有し，これに対して植民地は英国との貿易を通じ「従属的な関税特恵」[25]を公認されることを意味していた。そのような政策は，コブデンやマンチェスター学派にとっては破門状をつきつけられたようなものであったが，しかし彼らは，実際にはあらゆる国民が最終的には自由貿易を採用し，かつその隣人と平和に共生していけるような理想的な経済世界に到達する展望を探し求めていた。重商主義とは対照的に，自由貿易主義は，フックス（Fuchs, C. J.）も記述しているように，それは本質的に見て世界主義理論であり，「その目的とするのは，国民と国民的性格との最高の発展を形作ることではなく，むしろ国家的な障壁の最大限に可能な縮小をはかることにあった」[26]。その根本的な経済原則は，労働力の国際的分業の文脈の内部で「最も安く買って，最も高価に市場で売る」ことにあった。この理論の本体は「利益の調和」の原理であり，「この原理に従えば，一つの国が他の犠牲において発展しうることや，あるいは一つの国の進歩または有利さが，同時に他のすべての国の利益にならないということは，ありえないということになる」[27]。自由貿易擁護論は，互酬的交換の観念そのものから自然に出てくるものであり，自由交換のそれぞれの条件のもとでは，双方の団体が何らかの恩恵を引き出してくるものである。

　自由貿易は，交換の無制限システムの可能性を提供するが，これに対して保護貿易主義は制限の必至性を認め，そうした制限は，諸国民の内部と諸国民相互間の両方での経済利益の対立を通じて決定されてきた。自由貿易主義者にとって，ティトマス的な利他主義の問題は存在しない。なぜなら自由条件のもとでは，個人レベルと集合レベルとの双方の場合を通じ，自己利益と万人の福祉との間には自然な一致が生じてくるであろうから。しかし，保護貿易主義は，高度の条件付きであるが，一つの決定的な利他主義の観念を表出するものといえるであろう。この利他主義の観念は，元は重商主義者の論調から引き出されてきたのだが，福祉は純粋に経済上の術語，換言すれば交換価値の極大化ということでは規定されえないということである。一つの国民の繁栄は，その国のいくつかの生産過程間の利益のバランスの達成に依存

第6章　福祉と自由市場

し，また強圧的な行政府の介入のみが，農業，商業および手工業のごとき各生産過程の利益の間における平衡の達成を確保しうるのである。自由市場が，個人的利益と国民的利益との自然的な再調和をもたらすことをあてにすることはできない。ただ行政府の規制のみが，個人と部分的集団の短期的利益によって国民全体の長期的利益が危険にさらされることがないように保証しうるものであった。これらのことが，重商主義を防衛し，アダム・スミスを批判したフリードリッヒ・リスト（List, Friedrich）の中心的な教義であった。エリック・ロール（Roll, Erich）卿も指摘しているように，リストの見解によれば，「スミスの原子論的な考え方は，国民的結合というものを何ら説明しておらず，生産者や消費者というごとき人間を考察するに際し，スミスは市民というものを忘却していたのである」[28]という。しかしながら，こうしたリストの告発は，スミス自身の著作よりも，むしろ自由放任主義の通俗版に適合するように思われる。

2　アダム・スミスとカール・マルクス

　アダム・スミスの市民社会と人間的自己利益の観念を批判したのは，ただマルクス1人ではなかった。そこには，ダニエル・デフォー（Defore, Daniel），ジョン・ケリー（Cary, John），ヨナス・ハンウェイ（Hanway, Jonas）のごとき，重商主義原理によって大きく感化された著名な人々もいたが，この人たちは，国家の安全保障と社会福祉の要求は，利潤の追求に優先すべきものであると主張していた[29]。
　古典派経済理論上の一つのキー・ポイントは，自己利益と集合的福祉との間に一つの自然調和を措定した点にあるが，それは利他主義にそれとは相容れない概念を与えたことになるようにも思われる。自由市場は福祉社会で・・・あった。この意味で，単純にただ新救貧法に照らして資本主義の人間的側面を裁くことは無意味である。なぜなら劣等処遇や受給制限は，男女ともに，彼らが自由市場でみずからの福祉を探し求めるように仕向けるために設計された消極的な道具にすぎなかったからである。しかも，積極的な福祉が発見

されうる場所は，唯一この経済市場においてであった。

マルクスの社会理論の多年生植物的な魅力の一部は，それが一つの分析枠組みを提供し，その枠組みのなかで，研究者が理論を実践に関係づける道を探究していけることにある。それは，そのなかで，政治理論が社会理論から引き出され，またその社会理論によって行動する一つの思想体系である。それは私たちに，いかに社会が変化するかを教示するのみでなく，それら変革過程における動因としての政治理論の役割についても何かを指し示すと主張する。

マルクスは社会的実在を一つの人工的実在として概念化しているが，その実在は人間の選択と行為の産物である。人間は人間の社会関係の産物であり，同時に人間は自身の自己性をそれ自身の生得の権利によって一つの「譲渡不可能な所有」として体験することができる。マルクスはその著『経済学批判要綱〔Grundisse der Kritik der Politischen Ökonomise〕』において，この人間の自己観を，古典派経済学者のそれと比較しながら精密な説明をしている。マルクスによると，「経済学者たちはこれを次のようにいい表している。すなわち各人は自己の私的利益ないし私的利益のみを追求し，〔しかし〕それを欲しもせず，あるいは知ろうともせずに，万人の私的利益，一般利益に奉仕するのである。……ポイントは，むしろ私的利益といえどもそれがすでに一つの社会的に決定された利益であるということであり，それは社会によって提供された手段をもってのみ達成されうるものである」とされる[30]。

私たちはこの段階において，競争の上に課せられる一切の非自然的な抑制が取りはらわれても，完全競争の経済市場が，何らかの自然的な事象として現れることはなかったし，また決してありえないということを思い起こさせられる。競争市場の創出と存続は両者ともに，強力な立法と政府の統制に依存する。この点は，ポランニーの『大転換』や，シュンペーターの『資本主義，社会主義，民主主義』および，もちろんアダム・スミス（Smith, A.）自身によって明らかにされてきたところである[31]。

マルクスにとって，このような社会的実在の創出と再創出における主な要因は，個人であるよりむしろ，社会集団であり，とくに社会階級（集団）で

第6章　福祉と自由市場

あった。私は，マルクスのいう実践の観念を理解することが大変に困難であることに気づいたが，それは理論と実践の結合であり，そのような意味の実践によって人間は世界意識を創出し，選択と経験の行使，ついで人間自身の行為の生む対抗的な結果を通じて世界意識に従って行動する。私は，ジンメルのいうように，より運命的なあるいは悲劇的な意味において，諸個人とその文化の間の関係を理解する方が容易であることに気づいた。すなわち文化とは，それを常に無条件に求めていく者にとって自由の否定になるであろう(32)。あるいは，機能主義的にいえば，人々が文化なるものを有用であり必要であるという理由から，人間の上にあって，しかも人間に与えられる一つの実在として取り扱っているということがいえるだろう。

　周知のように，マルクスはこれとは反対の見解をとっている。マルクスは，私有財産，労働の分業，利潤の追求が人間を相互に疎外し，また彼ら自身の労働の産物から彼らを疎外する方法の証拠として，人間の性向が自己の文化を物象化する——たとえば，資本主義の下での社会生活の完全な自由主義市場経済化を，生活条件を規制する生活の必須事実として取り扱っていくように——ことを知った。このような過程を通して，諸個人は彼ら自身の生命と労働に対する統制力を喪失し，またこうして「分断された個人（あるいは家族）の利益と，相互に交流し合っているすべての個人の公共利益との間の矛盾」(33)のなかに必然的に巻きこまれるのである。

　マルクスとスミスの両者ともに，産業社会の個別的成員の意義と実在価値の構造化に際し，「生産過程」が絶対的な中枢位置を占めていることを認めていた。スミスにとっては，その生産過程を通して，諸個人がおのれ自身の利益を求めるという見解をとっていた。マルクスにとっては，主要動因は諸個人よりもむしろ社会階級であった。双方の著作家とも，この競争による人間の福祉やその向上の結果に関しては異なった結論を引き出しているが，これらの差異は，スミスとマルクスが生産について共通の強調点を置いている事実を不明確にするものではない。

　しかしながらマルクスは，ジョン・スチュアート・ミル（Mill, John Stuart）のような政治経済学者については極度に批判的であった。マルクスの意見に

よれば，ミルは生産と分配を鋭く区別し，しかもこの区別によるモデルを，あたかも「歴史からは独立した，普遍的な自然法の枠組み内の」もののように取り扱った。もっとはっきりいえば，それはただ「ブルジョア的関係」の典型的表現にすぎないのであった。この接近法に対するマルクスの「きわめて端的な回答」は，一切の生産は「自然の横領」であり，さらに「それぞれの生産の形態」はそれ自身の特有な社会的および政治的関係の組み合わせによる創出であるというものであった[34]。しかしマルクスは，問題をそこで中断させることに満足しないのである。彼はつづけて政治経済学者たちが用いている「三段論法」を嘲笑する。政治経済学者たちはその三段論法によって，生産を「普遍性，分配と交換を特殊性，そしてそれによって全体が一つに連結されている消費を個別性」とみなすのである。マルクスは同じく，分配も生産と同様に重要である，と主張する政治経済学の批判者たちの考え方も却下するが，彼らは生産と分配を「独立した自律的な隣人」[35]とみなすという同じ誤りに陥っているにすぎないという。

　マルクスは，生産，分配，交換，消費は同一のものではないが，それらの「すべてが，一定の全体性の構成部分を成し，統一性の内部での相違を形成している。生産は，対立的に規定された生産としてそれ自身を包括しており，しかも同様に他の諸契機をも包括している」[36]と論じている。需要の変化が生産の性格に影響を与えるという事実が，ひとえに全体過程の「有機的」性質を裏書きしているのである。交換に関して，マルクスは，それを「生産自身の内部に含まれる行為」であり，労働の分業の程度に応じて決定されると記述しているが，それらの形態は生産によって順次規定されるのである。同様に，分配の形態は，生産から独立した要因としての，「資本と土地所有の存在」[37]によって形作られていく。

　スミスは，『国富論』を，労働の分業の分析をもって書き始めている。彼は「よく統治された社会において，労働の分業の結果として生じるさまざまに異なった種類の生産の大きな増加が，普遍的な富裕さを国民の最下層にまで拡大していく」[38]と主張する。労働の分業から生起してくる社会的不平等については，後にリカードによって使われているのと同じ根拠によって弁明さ

れている。すなわち,「ヨーロッパの1人の王子の調度品が,勤勉で質素な1人の農夫のそれを常にしのいでいるということよりも,むしろ後者の農夫の調度品が多数のアフリカの君主のそれをしのいでいることがありうる」[39]と。スミスは,労働の分業を,自然な人間性向に帰属させているが,それは「ある物を他の物と交易し,交換する」[40]性向である。交換を通じておのれの利益を求めるこの性向は,ただ市場の制限によってのみ拘束される[41]。

　スミスは,それによって生産性が増大し,また財貨とサービスが分配される手段について記述しているが,そこでスミスは,「生産的」労働と「非生産的」労働を区別し,「富裕な」諸国家と諸都市と「貧困な」諸国家と諸都市を区別する。そして「資本および収入間の比率は……いずこにおいても勤勉と怠惰との間の比率を規定すると思われる。資本が優越する時はいつでも勤勉が優勢となり,収入が優越する時はいつでも,怠惰が優勢となる。資本のあらゆる増加または減少は,それゆえ,勤勉の正味総量,生産する人手の数量および最終的にはその国の土地と労働の1年間に生産する交換可能価値,すなわちその国の一切の住民の正味財産と収入の増減を自然に招来するものとなる」[42]。『諸国民の富』においては,生産,分配,交換,消費の間に存在する関係は,マルクスの分析とははじめは少し,最終的には完全に異なった形で説明されている。しかし生産を強調する点では同じである。しかしながらマルクスは,これらの関係が資本主義下にあるかぎり変化しないとか,あるいは,その関係が何らかの意味で「不可侵な自然法則」の反映であり,「その法則の上に,社会は理論上成り立っている」[43]というような考え方を否定する。

　スミスとマルクスは,両者とも,慈善事業を別にすると,私たちが今日理解しているような社会サービスが存在しない時代に書物を記している。現代においては社会サービスの拡大展開は,独立した制度的な実在の存在であることが一目瞭然である。それは社会市場ということばで表現されうる制度である。もしもこの社会市場が,有効需要よりも,むしろニードの基準に準拠して配分されるそれら福祉財貨やサービスの一切を包むものと解されるのであれば,そうした社会市場は,正しくは生産よりもむしろ分配の領域のなか

に位置づけるべきであろう。もちろん、社会サービスがより大きく経済効率に寄与するものであるかぎり、それはまた生産に効力ありと主張することもできる。しかしながら、このような功利主義的根拠に基づいて、社会市場が制度的に自律性あるものとして守られていくことができるかどうかは、疑問である。

要するに、私たちがスミスまたはマルクスのいずれの立場から議論をすすめるにしても、社会市場は分配の一つの代理機関として機能するものとみなされうるが、しかし、その社会市場の物質的領域性と規範的自律性とは、常に経済市場において機能する生産力的な性質を持つものとして規定されるであろう。スミスとマルクスの両者とも、より広域の社会に対して関係を持つ社会政策(ソーシャルポリシィ)の分析のための理論的枠組みを提供しているが、しかし彼らによるそれぞれの接近の理論は、社会政策をきわめて従属的な役割に追いやっているにすぎない。

だが、この2人の著作家が、経済市場の内部における生産に力点を置いていることは、経済市場の諸価値といわれるものと社会市場の諸価値といわれるものを区別し、自分たちの注意を社会市場へ向けて集中しようと試みている社会運営(ソーシャルアドミニストレーション)論の研究者たちに、大きな関連性を有するのである。社会市場は経済市場に対する関係において、一定の侍女的機能を遂行するものであるかもしれないが、しかしそれも究極的に分析してみれば、やはり生産よりもむしろ分配の代理機関であるといえよう。私たちが論じているような主題において、社会市場は、何ものかが分配または再分配されるかのいずれにしても、それ以前に富、つまり福祉が生産されていなければならぬという社会市場は、事実を忘却させるように誘惑するものである。

このような強調の力点の置き所についての誤謬は、産業化と社会政策との関係についての歴史的研究の、きわめて早い時期に始まっていたといえる。資本主義の台頭と存続とは、救貧法に準拠しては説明されえないものであり、さらにスペインの異端審問所を基準にして、キリスト教の本質判断をすることができないこと以上に、救貧法を基準にして資本主義の正邪を判定することもできないであろう。マルクス自身は、資本主義の創造的行為に起因

第6章　福祉と自由市場

する人間疎外を告発しているけれども，富を生産する資本主義の先例のない能力については，これを最もよく認識したといえよう[44]。

　社会福祉の増進経路——だれによって，そしてだれのために——の理解を探究していくなかで，私たちはつとめて，社会市場と経済市場の関係をよりよく理解することを助けてくれるような諸理論を利用しなくてはならない。古典派経済学の理論とマルクス主義理論の両者は，この目的のために利用されうるものである。古典派経済学理論の規範的な内容は，社会市場と経済市場との二者は分割されえないものであり経済市場での自由活動が福祉を増進する最上の道であるということにつきる。マルクス主義社会理論は，資本主義の経済制度と価値は福祉を破壊する。しかも社会政策は決して改良以上のものではありえない。なぜならその目的と価値は常に競争的エートス（ethos）に従属し，それの反映にすぎないからである。

3　植民地改良主義者と自由貿易

　19世紀のすぐれて工業化されたすべての諸国のなかで，英国は自由貿易と自由放任主義との国際主義的理想の実現に最も近づいた。しかし，なお重商主義の論理は，植民地の意図的な獲得と搾取により代わりの国際的影響力を持つ展望を提供していた。これら二つの原理の間の葛藤は，19世紀の最初の50年の間において，一時的には解決されてきたが，それはマルクスが，『共産党宣言』を公刊する以前のことであり，またマルクス主義が強大な影響力を持つ一つの原理となるずっと以前のことである。

　自由放任主義と重商主義の両者は，資本主義的生産形態の興隆に応じて両立するものではあったが，しかし重商主義が集合主義的な福祉政策の発展と両立しうるものであるのに比べ，自由放任主義は遥かに福祉政策とは両立しにくいものであった。英国における福祉集合主義の台頭は，それにつづく保護貿易主義的経済政策の再生と連携するものとなった。その保護貿易主義政策は重商主義的伝統に負うところが大であった。この関係は，より消極的な表現によっても記述されうるが——それは，個人福祉を増進するための自由

経済市場の能力に対する信用が次第に失われるにつれて，市民集団の間に，福祉を集合的に提供する上で，国家がもっと積極的役割を演じるべきであるという強固な確信が広がってきた，ということである。援助責務と権利認定の条件が，本国でより寛大になればなるほど，保護貿易主義の貿易政策もますます一般的なものとなってきた。諸事の長期にわたる連鎖によって，これらの論点が解決されたことは注目に値する。なぜなら，諸事の長期にわたる連鎖は，何ゆえに英国の社会政策(ソーシャルポリシィ)がそのように展開されたのかを，私たちがより明確に理解することを助けてくれるからである。次章以下において，私はその分析を他国のそれと比較しながら展開してみたいと思う。

　偶然にも，英国の帝国主義的貿易政策が形成された決定的な数年間は，その間に，自由貿易の原理が急速に政治的支配権を獲得しつつあった年代であった。転換点は，1846年の「穀物法」の廃止直前に発生した。その当時，自由貿易に対する帝国主義的な対案は，一時的に威光喪失の状態にあった。植民地の保有に反対する事件が出始めた頃に，指導的な自由貿易主義者のコブデン，ブライト，ゴウルドウィン・スミスたちは，いかなる事態においても，分離は必然的であると同様に不可避であることを主張した。第一に，植民地を保有している状態は，自由主義的な諸原則にとって，本来的に不名誉なことであり，またそれに反することでもあった[45]。第二に，植民地防衛支出がすでに高額となっており，さらにその出費が上昇することも確かであった。なぜなら植民地が戦争の一大主要原因をなしていたからである。第三に，これら植民地防衛のための経費が，一般の市民の上にのしかかり，それによって必然的に市民の福祉が削減された。第四に，植民地は母国からの移民に自由な土地を提供するという反対の議論は，宣伝的で，見当ちがいの主張であった。英国からの移民の大多数はアメリカ合衆国に行ったのであり，植民地に行ったのではなかった。分離後も，多分にこのパターンは維持されていったが，しかし分離は，そのこと自体が，植民地に行きたいと欲していた人たちを制止したわけではない。ひとたび独立が認許された後も，従前の植民地は英国との貿易を継続していった。なぜならそうすることが彼らの利益となったからである。「穀物法」を廃止するための院外団体も，このように

第6章　福祉と自由市場

して貿易の一般的自由化と植民地の母国からの分離のための，より広範なキャンペーンによって補強されていった。

　1830年代には，こうした自由貿易を主軸とする見解も，少数ではあったが強力な植民地改良主義者たちのグループによって反対されてきたが，そのグループにはロード・ダラム（Durham, L.），チャールズ・ブラー（Buller, C.），ウィリアム・モールズワース（Molesworth, W.）卿およびギボン・ウェイクフィールド（Wakefield, G.）が含まれていた。ダラムの予測しえないような激しい気性が，彼を高い政治的官位につけることを阻む要因の一つとなったが，しかしその彼も1830年のグレイ内閣では王璽官に任ぜられ，1832年の改革法案を起草する主役を演じた。1838年には，カナダ総督となり，1837年の上方部および下方部カナダでの反乱の後，植民地を悩ませつづけていた深刻な〔住民の〕不満に関する調査の仕事を受け持った。ダラムは一つの主要な報告書を準備し，1839年に公刊したが，それは二つの領地の連合と植民地の将来の統治が依拠すべき新しい一連の諸原則の採択を勧告したものである。これらの諸原則が示す事柄は，第一に，内閣制政府の制度を通じて，植民地はその内政事項に関する自治が公認されること，第二は，政策の四つの主要領域において帝国の権威が維持されることによって，英国の利益が保護されつづけていかねばならぬということであるが，その政策とは，「政府の形態についての組織法，外事関係の規制，母国・その他の英国植民地・外国国民との貿易の規制，および公有地の処分」[46]にかかわるものであった。

　1840年の「カナダ連邦法」のもとで，諸領地が統合され，カナダは責任のある政府として公許された。しかしながら，ダラムはそうなる前年に死去していた。そしてロード・エルジン（Elgin, L.）が1846年に総督を引き継いだ時，エルジンに，彼が適当と見た1840年委員会の保留された勧告を実施する権力が授与された。しかしながら，この当時までは，自由貿易原理が優勢をきわめていただけでなく，植民地の保持に賛意を表していた人たちでさえ，本国による過度の統制が白人植民地移住者たちを本国からの離脱に駆り立てることを恐れた。フィールドハウス（Fieldhouse, D. K.）は，1848年以後「英国は決して両頭政治をしなかった，なぜならもしも彼らがそれをしたら，そ

れは彼らが，野心的な植民地の政治家たちに独立を選択するように仕向けるものとなったからである。英国はむしろその窓から一切のものを放りすてる道を選択したが，その一切のものとは，かつて彼らが，少なくとも何らかの公式的な関係を植民地との間に保持するため，植民地における彼らの利益にとっては絶対に必要不可決のものと考えていたものである」[47]と論じている。これは，カナダの場合には，ダラム委員会によって勧告された四大原則のうちの二つがすみやかに放棄されたことを意味している。帝国内特恵が，1846年およびそれ以後に放棄され，また1849年の「航海法」の廃止によって，英国はまた植民地海運の監督権を明けわたすことになった[48]。1852年には，「公有」地の統制権がカナダ政府に譲渡された。その後，これら二つの主要政策は，他の植民地においても，責任ある政府を承認した上で同様に譲渡されていった。

　一つの植民地が責任政府を承認するかしないかを，何が決定したのであろうか。もしも当の植民地が，たとえば軍事的駐屯地や，あるいは刑務所設置のごとき，本国の直接的かつ特殊な利益に奉仕する場合には，〔責任政府を〕承認することはありえなかった。小さなあるいは貧しい植民地は承認される資格が認められず，多数の白人人口が存在しない地域もそうであった[49]。実際に，有力な基準となったのは，人種の数的差異であった。その他の海外の属領は責任ある自治政府ではなく，ただ代議制政府として認められるか，または王室植民地として統治されるか，ないしはインドのケースのように太守制によって統治された。責任政府が，1842年から1890年までの間に，オーストラリア諸州，ニュージーランド，ケープ植民地，ニューファウンドランドに対して公許され，その地位によって貿易と公有地を監督していった。

　植民地改良主義者たちの影響力の凋落の原因は，一部にはマンチェスター学派の有力な裏工作により，また一部には自由貿易が英国人の立場から見て，最上に有利な政策となりつつあった事実によるとも説明されうる。その膨大な産業力と海軍力を誇ることによって，英国は偉大な平和の展望にひたっておれたが，これに反し，他の諸国民は，紛争の到来や切迫した危機に対する高度の気づかいを成しつづけざるをえなかった。1860年代のアメリカ

第6章　福祉と自由市場

の南北戦争やプロシアの興隆は，これらの恐れが正しかったことの証明である。

　さらに帝国主義的諸政策が，世紀半ばにしてその崩壊を早めたもう一つの要因は，有力な圧力団体としての植民地改良主義者たちの失墜である。ダラムは1840年に死去し，ブラーも1848年に死去したが，この2人ともまだ中年初期の年齢であった。ウェイクフィールドは未熟な軽率行為のため国会から除籍されていたが，その後の生涯の大半は，本国の勢力圏から離れ，外地で過ごした。モールズワースは1855年に死去したが，当時の年齢は45歳であった。これらの人びとの喪失にともない，指導性と熱烈さの多くが，英国における植民地改革運動から抜け落ちていった。

　こうした植民地改良主義者たちの挫折が，母国における社会改良の行程に，何らかの直接的な影響を与えたと論じることはできないが，自由貿易主義と運動の成功は，政策立案者や一般公衆のなかの有力メンバーの間に通俗化された形で広まっていた「自由放任主義」の影響拡大の証明であった。それはダイシー（Dicey, A. V.）が記録にとどめるように，大衆が古典派経済学を，「まさに決定的で確実な諸原則を内容として持つ一つの科学であり，その諸原則から反駁の余地のない普遍的な真理の結論が論理的に帰納されるものとして」[50]受け入れられていった時期であった。この原理の根本的原則は，貿易に対して政府の干渉を最小限にすることであり，それが社会福祉（広義）を増進する最上の道であるということである。この点について，自由貿易は，1840年代と50年代の間に貧困者救済を支配した抑制政策に対して，積極的な逆の立場に立つ在り方とみなされる。

　バロー（Burrow, J. W.）は，人類の幸福を増進する上で，功利主義思想や政治経済学の一定の局面が持つ補完的性質に関してよりいっそうの関連性を主張する。彼は，「功利主義者に対する古典派政治経済学のアピールの多くが，心理学のような領域においては獲得が明らかに非常に困難である内容を，経済学はそれ自身の領域において提供するという事実に帰着する。換言すると，国民が何を欲しているかを，正確な計測方法で決定する手段を提供しようとするのである。その価格メカニズムは，社会生活の客観的領域で相対的

欲望の数量的指数を正確に提供するものであり，それはベンサム流の計算法が心理学の主観的で不可測な領域で……失敗してきたものである」[51]と考えている。

時代の哲学的および経済的精神を維持しつづけるなかでは，困窮者を救済する政府の役割は，いつも不可避的に消極的な機能にとどまる。新救貧法は，労働者たちが自分自身のために積極的に活動することを強制するために立案されたものである。それでも一定の短い期間を見ると，植民地の公有地における限度をこえた貧困者の政府保証による移住と定住とは，社会福祉の増進に，一つの新しくかつ積極的な次元を形作ったという見方がなされたこともあった。しかし政府保証主導型の移住が不履行となった時，私企業による植民事業への関心が強く現れはじめ，また移民の主流は英国植民地よりもむしろアメリカ合衆国へ向かった。この領域における政府の主要な介入は，おくればせながら1842年に「渡航者法」の形態をとって現れてきたが，それは私企業による窮民の大洋横断渡航に関連して発生してきた多くの失態を，ある程度まで止めるために立案されたものである。それにつづく「改正渡航者法」が1847年から1855年までの間に通過しているが，それは近代的な政府の有効な規制行為の発展の一つの主要段階を表示するものとして，正しく説明されている[52]。しかしながら，福祉への希求という面から見ると，これらの法令は，民間市場の行きすぎに対する一つの反動であったといえよう。移民政策に対する政府の，より積極的な役割は，かつて新しい植民地政府の管轄のもとに譲渡することを承認された植民地の公有地における支配を，効果的に排除することにあった[53]。

英国の自由貿易への移行は，漸進的なものであり，その発展の程度は，フックス（Fuchs, C. J.）の言に従えば，「その導入時期にあっては，英国人の産業生活の具体的な必要性に応じて，一歩一歩」[54]と記述されている。英国が他の諸国との関係において，当時の工業的発展と資源について有利であったとすると，自由貿易は明白にマニュファクチュアの諸階級にとって魅力的な一つの原理であった。しかしそれは同時に，海外でそれへの改宗者が出る心配の源泉ともなる原理であった。それにもかかわらず，自由貿易主義者た

ちは，そもそも彼らは心から，一方的根拠に立って英国が自由貿易への改宗を認識しようとしていたと確信している。もし必要ならば，保護貿易主義を採る諸国は，彼ら自身の生活費を最後には上げることになっても，彼らは関税を創設することによって報復課税したかもしれないのである。

　これらの悲惨な予言にもかかわらず，他の独立諸国の大多数がすでにそうしていたことは，確かな事実である。その上，植民地が責任政府の地位を達成するやいなや，彼らもまた，自由貿易よりもむしろ保護貿易を，移民の自由移動よりもむしろ規制策を取り始めたのである。1859年に，カナダは重要な関税法を通過させたが，それは「熟練した技術を持つ移住者」を引きつけ，そして「初期的な工業」[(55)]を育成するために法制化されたものであった。それ以後，カナダの貿易政策はますます保護貿易主義の方向をたどった。オーストラリアにおいても，新しい諸州のすべてが最終的には関税制と――いま一度家内工業を育成するために――低賃金のヨーロッパ移民労働者との競争に対抗して自国の労働者たちを保護するために賃金レベルの引き上げ策を採用した。きわめて類似した諸政策が，ニュージーランドやケープ植民地においても，そこで責任政府が設立されて以来採用されてきた。

　こうした傾向は，英国において政治生命を維持していた少数派の植民地改良主義者によって，何らかの警告をされながら静観されてきたものである。しかしながら，1850年から1870年までの間を通じて，「積極的な」形であろうと「いやいやの」形であろうと，いずれにしても分離主義が，政府の政策と有力な世論の大部分を領じていた。それはまた，ボーデルセン（Bodelsen, C. A.）が指摘するように，植民地官庁の指導的な終身公務員たちの間で支持されたものであった。ジェームズ・ステフェンズ（Stephens, J.）卿は1836年から1847年までの期間に「終身次官」として奉職していた人であり，早い時期の先住民の人々の利益の支持者であるとして評判をとっていた。将来有力な植民地事業者となる人たちに抗して，先住民たちの利益を守るようにつとめていた[(56)]。1847年から1871年までの間にステフェンズの後を継いだフレデリック・ロジャース（Rogers, F.）卿とヘルマン・メリヴァル（Merivale, H.）の両者とも，分離主義者であった。それゆえ，1865年の「植民地諸法有効期限法」という

条件下で，植民地立法者によって制定された諸法は，「英国議会[イングリッシュ]の法律と明白に矛盾する場合にかぎって無効とされるべきものである」と主張されたのは，驚くにあたらない[57]。

英[イングリッシュ]国植民地政策のこのような問題傾向に対する最も重要な例外は，インドのケースであったが，そこでは綿花の関税が撤廃されていた。インドは，ランカシャー綿工業の一時的救済をもたらしたが，その地の綿工業はすでに増大する保護貿易主義の世界のなかで，生き残るための闘争を始めていた。責任政府の立場を形成していなかったので，インドはこの件に関する選択権を持たなかった。フックスは，「1877年8月30日付，英[イングリッシュ]国国会下院の決議は，インドにおける綿花の関税……は，その性質上，保護的なものであり，それ故それらは貿易政策の健全な諸原則に矛盾するものであったので，インドの財政条件が許すかぎり，できるだけすみやかに廃止さるべきであることを明言した」[58]と明確に述べている。このように，インドを例外とし，大英帝国は，「一切の他の諸国民を＜自由貿易＞に改宗させたいとは欲していたものの，いまだ自分自身の諸植民地にそれを導入していないような，国の顕著な光景」[59]を世界に提示してきたのである。

フックスは，英国自由貿易運動についての彼の輝かしい今日的な研究のなかで，国際的利他主義と，19世紀の終わりに至るまでこの政策を支持してきたまぎれもない利己主義との複合的相互作用を探究している。そこでフックスは，コブデンが，「博愛的コスモポリタニズムと人類の福祉追求への理想主義的な熱望を装い，いかにして英[イングランド]国の特殊利益を隠蔽するかを，よくわきまえていた」[60]と記している。「穀物法」の撤廃のために有効なキャンペーンをしてきた同じような自由貿易主義者たちは，労働組合連合および「10時間法案」に反対した。事実が証明しているように，かの「10時間法」の通過は「穀物法」の廃止のかわりに支払われたその代価であった。

自由貿易といえば政府の介入に対する一般的な敵意を連想させるにもかかわらず，一つの原理としての自由貿易の大衆性は，労働者階級の多くの諸セクター内部でも堅実に勢力を増大していった。しかしながら，自由貿易が労働者階級の生活水準の上におよぼした実勢的効果は，賃金をも含めて，数多

第6章　福祉と自由市場

の関連要因に依存するものであった。マルクスが『自由貿易についての試論』[61]において考察しているように，リカード的賃金学説の条件内部では，「低廉化のどの方法も……労働者たちの生計は手工業者たちを優位に立たせるはずであった」[62]のであり，そして「食糧の少しばかりの節約が他の商品の購入の余地を与えたのであるから，貧困者は，賃金ならびに穀物代価の両者が高額であるかぎりにおいてうまく生活していけたのである」[63]。

　それにもかかわらず，労働者階級の多くは，国際主義への道徳的アピール故ではなく，少しでも安い食糧への現実的かつ当座の関心に引かれて，自由貿易に引き入れられたのである。この点において，労働者と手工業者との間には，一時的に偶然の利益の一致が生じた。自由貿易の経済的および社会的な被害者は，農場主と農業労働者であった[64]。フックスは，自由貿易政策のその後の進展状況を調査し，「経済的生産の他の部門によって，継続的に農業を置き換えていくこと」[65]を別にして，生活水準に与えたインパクトを評価することは困難である，と指摘している。ロシアからの穀物輸入に対する依存の増大（とくに1866年から1870年まで，1871年から1875年まで，および1886年から1890年までの期間における）と，アメリカ合衆国およびインドは英国農業に悲惨な結果をもたらした[66]。

　英国自由貿易システムの特異性は，労働者階級のいくつかの部分が他の部分よりも大きな恩恵を受けていたということにあった。1860年のグラッドストン関税率の条件下では，保護関税，すなわち，国内でも生産される商品に対する関税は取り除かれたのである。しかしながら，純歳入関税──タバコ，茶，酒，コーヒーなど国内で生産されない商品にかけられるもの──は，依然として関税がかけられており，そこでフックスも，1890年までに，英国はこうした関税によって国家歳入をその後4分の1も引き上げており，それはいかなる他の主要列強によって引き上げられたものより，はるかに大きな比率であった，と主張している[67]。これらの関税は，結局結果的に，貧困者の日常的な嗜好品に税金を課すことになった。しかしながら，フックスは，自由貿易に明らかに友好的だったのは労働者階級の非熟練者層よりも，むしろ熟練者層であった。なぜなら，自由貿易は彼らに，「安いパン，安い砂糖，

その他の生存と娯楽の安い手段の総量の増大とその消費」[68]を可能にしたからである,と結論づけている。

「穀物法」の撤廃の決定はまた,バーネット（Burnett, J.）も記しているように,一つの「自給性に反対する意識的な決定」であり,「第一次世界大戦の前夜には,英国の農業従事者たちは,食肉消費のわずかに半分と小麦必要量のわずかに5分の1を供給していた」[69]にすぎなかったのである。自由貿易運動の最も注目すべき特質は,その運動を鼓舞した確信であったが,すなわち競争世界のなかで英国の能力をもってすれば勝ちぬけるという確信と,諸国民間の戦争よりもむしろ国際平和が優先し,持続すべきである,という信念であった。「穀物法」の撤廃当時,英国はすでに一つの海外における帝国領土を喪失していたが,別の領土をうまく手に入れつつあった。私は初期の著作において,1834年の救貧法原則の採用は,「英国社会政策史上でのまれな場合の一つであって,その原則の上に理論も正規の翼を広げることが許され,また立法上の安定したとまり木を見出した」[70]ことを表していると論じておいた。この理論的な飛翔のための補足,いやそれどころか合理的根拠は,自由貿易諸政策を採用し,かつ維持する意思決定のなかに体現されていたのであるが,その期間の全体を通じて,その他の興隆しつつあった工業列強は,どの国もより保護貿易主義的になりつつあり,しかも別の帝国が獲得したものは,英国に対して英国がしたと同じ様にさせる手段と誘因の両者を提供しつつあったのである。

1870年代以降,保護主義に対する傾向は,大英帝国の自治領諸植民地におけると同様に,ヨーロッパとアメリカ合衆国を通じて,はずみを加えていった。それは帝国の外部での関税率の引き上げであったが,それは英国にとって最も憂慮すべき影響をもたらした。たとえば,1890年のマッキンレイ法は,英国のブリキ板,刃物類,織物の諸工業に対して,特殊な逆効果を与えるものとなった。1889年頃には,アメリカ市場は英国とアイルランドの輸出総額の8分の1近くを占めていた[71]。1860年から1890年までにかけての,英国による輸出の六つの主要市場のなかで,アメリカ合衆国が総計で平均15.8％を占め,フランスが10.4％,インドが9.9％,ドイツが8.4％,オース

トラリアが6.1%，オランダが5.6%を占めていた。これらの諸国のすべてが，インドを除いて，保護貿易主義を採用していたのである。

1873年と1896年の間に，世界貿易における大不況が始まっていくが，それは他のいずれの事件よりも，英国の自由貿易政策に対する確信を支えていた楽観主義の一般的風潮を破壊するものとなった。不況が間欠的に回復される短い期間はあったけれども，この確信が再び取りもどされることは決してなかった。アメリカ合衆国，ドイツ，フランスにおける新しい産業システムの台頭が，英国をその国際市場におけるそれまでの特権的地位から追い出していった。英国の主要な工業競争者のどれもこれもが，経済不況に生き残るために保護主義を頼みの綱とし，産業の成長を早めていった。

ヒンズレー（Hinsley, F. H.）は，この一般的な「保護貿易主義への転換は，国際貿易のなかで自由取引が継続的に拡大されていく機会によって相殺されるより以上のものであり」，しかも英国が自由貿易へ継続的に関与していくことが，そのまま他の場所において保護貿易主義を励ますことに役立つことになったということを示唆している。ヨーロッパにおける保護貿易主義の傾向は，その最後の4半世紀の期間を通じ，ロシア，スペイン，イタリア，ドイツ，フランスへと継続拡大していった[72]。同時に，ヨーロッパ中で，ただ単に保護貿易主義へ向かうだけではなく，社会改良へ向かい，さらにはより活発に帝国主義へ傾倒していく勢いを特筆することになる[73]。

ポランニーは，保護主義の一つの形態が他の形態を強化し，またそれを条件づけていった，と論じている。農業の保護は食糧の価格をつり上げ，その結果，労働組合が高賃金と福祉立法を声高に求め始めた。工業経営者たちは，これらの諸要求に見合うような保護関税率の実施を要求した。ロビンソン（Robinson, Joan）が記しているように，「各国民に利得をもたらすものとしての＜自由貿易＞のケースが現実化したことはない。その分析における弱点は，普遍的完全競争という仮説の含みを見すごした点にあるが……均衡モデルの条件の内部では，いずれか一つの国が，＜自由貿易＞体制よりも，輸入面から見てより高価格で輸出し，より少量の貿易をすることで，より裕福になることができるかもしれない」[74]といっている。ロビンソンはさらにつ

づけて,「1914年以前の世界においては,大英帝国は獲得しうるあらゆるものを所有し……」,自由貿易世界において「失うものはほとんどなかった」のであるが,しかし「古狐の,マーシャル(Marshall, Alfred)は,そんなことが国民的自己利益となることはまったく疑問であることを熟知の」上で,自著の『『経済学原理』の追加付録にいくつかの穴を開けておき」,そのなかに自分の保留事項を隠しておく手を選んだと述べている[75]。

当の英国でさえ,マンチェスター学派によって推賞された自由放任主義の理想的状態を,どの程度にまで欠落させていたのかを認識することが大切である。貿易の自由化は,国内において保護が完全に放棄されるほどまでに,徹底して行われたわけではない。1870年の終わり頃でも,なお17品目にわたる輸入税があった[76]。これらの対内的制限は別として,英国の貿易は,世紀の進行につれて,増大する無数の保護的市場と争っていかねばならなかった。世界通貨市場における「ロンドンのシティ〔金融中心地としての〕」の中枢的役割があったとしても,資本の正真正銘の国際自由交易があったのはしばらくの間だけである。英国経済の活動にとっては,これら資本の輸出が貧困層の輸出と同時平行的に行われたことは,実際きわめて重要なことであった。相対的に見て短い期間ではあったが,そこには国際的な労働市場があった。しかしこの状況も,移住統制を課する諸国の数が増加することによって変わってきた。英国の内部にあっては,労働の対内的移動もまた救貧法による制裁によって規制されていた。

1870年代の大不況は,優越的な英国的(イングリッシュ)経済原理としての自由貿易の凋落のはじまりであった。加えて,この10年間に,新救貧法が非常な厳しさをもって施行された短い再生の時期があったけれども,19世紀の残された何年かには,より寛容な社会政策を求める人たちは,二大政党双方の帝国主義的保護貿易主義の人々の間に,予期しない支持を見出すことがあった。1870年と第一次世界大戦との間の期間における主要な経済問題を総観して,アシュワース(Ashworth, W.)は,価格変動よりも,頭割りの実質所得の変化の方に重要な意味を与えている。そこで彼は,「証明は後代になされるべきものであろうが,1870年から1914年に至るまでの全期間に対する印象は,一つの

偉大な経済的躍進であった」[77]と結論づけている。

　ここに一つの反対見解が，ホッブズボーム（Hobsbawm, E. J.）によって提起されている。彼は，「労働する人民に関するかぎり，それ〔1870年代の大不況〕は1830年代と1840年代または1920年代と1930年代の政治社会的大変動と比較できるものではない」とみなしているが，しかし彼はつづけて，「もしも＜不況＞という表現が英国経済の展望に浸透していった——そして1850年以後の世代にとっては一つの新しい——不安と灰色の精神状態を示すものであれば，そのことばは的確である」[78]とも述べている。ホッブズボームは，かの「大不況」が貧困者の生活水準と実業界の自信の上に与えた負の衝撃に対して注意を引いている。その後，彼は，私たちは，「マルクス主義的インターナショナル」の形成に見られるような労働者階級の側の政治活動の高まり，および大事業家たちの側の「国家はただ単に〔彼らに〕行動の自由を与えるだけでなく，〔彼らを〕救済すべきである」と要求する傾向を増してきたことなどによって特徴づけられる時期に入ってきたのである，と明記している。他の主導的な工業諸国は，その時保護主義を堅く保持していた。英国は，その時自由貿易を保持しているものの，その政府と人民は彼らの帝国を万能の救済の源泉として改めて見なおしつつあった[79]。

第7章

集合主義的反動

1 帝国主義と社会改良

　19世紀中期の英国においては，1834年の「改正救貧法」の行きすぎに反対する保守主義的反動があったが，その改正法は，帝国主義または社会主義のいずれかが有力な政治勢力となるずっと以前の福祉政策に影響を与えるものであった。歴代のトーリー党閣僚たちの家父長的な福祉諸政策は，1840年代や1850年代の経済市場のなかで，彼ら自身の福祉を探し求めるように強いられていた人たちの苦痛を緩和するための試みとみなすことができる。この反動は，ディズレイリ（Disraeli, Benjamin）によって，一貫した条理性と広範な政治目的のより明確な意識を付与された。保守党，すなわち「愛国党」を作るに際し，彼は国民の意識統一を回復する必要を認めた。階級闘争の傷は，国内での社会改良と海外での帝国主義によって治癒されうるものであった。しかしながら，私たちは，1872年にディズレイリの「水晶宮」演説がなされた4年後に，チャールズ・ディルク（Dilke, Charles）の『大英帝国』が出版され，そのなかできわめて相似する見解が述べられていることに注目すべきである[1]。
　ディルクは1868年に自由党員として国会議員に選出されたが，早い時期に急進的改良主義者であるという評判を得，最高の官職への栄達を勝ちとりうる人物であった。1882年から1885年までの間に，彼は地方政庁部の長官としてその任を果たしたが，彼はおそらくそれまでにその職についた人たちのな

第7章　集合主義的反動

かでも，最も有能な人物であった。ディルクは，1884年と1885年の間に，労働階級住宅供給王立委員会の首席をつとめたが，しかしこのような要職経歴も，彼がある離婚事件の関係者として召喚され，突如として幕がおろされてしまうことになった。1886年に彼は議席を喪失し，1892年に再選されたが以後彼は従前の地位に復帰することなく，その見込みもなかった。

それにしてもディルクは，型にはまることのないきわめてリベラルな帝国主義者としての観点から植民地問題についての著作をなした専門家として，当時の政治および経済思想に相当の影響を与えていた。彼は経済政策では自由貿易主義者であり，マンチェスター学派と密接な関係を持っていたが，しかし彼は，自治的な植民地の保護貿易主義者の政策に対しても理解と共感を持っていた人であった。彼はまた同時に，逆説的ではあるが，帝国の理想と補助移民政策とに一身をささげた植民地分離論者であり，かつ帝国主義者でもあった。ディルクの抱いていた帝国の未来展望は，共通の「サクソン」の遺産と文化によって統一された独立諸国家の連合体の形態をとるものであった。それは，単に英国および大英帝国だけではなく，アメリカ合衆国をも包括する未来展望であった。彼は主権国家と連合体の理念の間に何ら両立不可能なことはないと見ていた。ある者の原則が他者のそれを補強するのである。というのは，「合衆国に集まっていった移住者の多くは，現在，古い国家に依存するかわりに，新しい国家の市民となるというアイディアに心をひかれていた」からである[2]。

1880年と1910年の間に，二大政党はそれぞれ帝国主義者の院外党員をかかえていたが，これらのものが国民的効率の利益のために社会改良をする必要性を力説していた。しかしながら，そこには原則上の根本的な衝突があり，それがトーリー党と自由党の各帝国主義者の間の利益の連立性をさまたげた。ジョセフ・チェムバレン（Chamberlain, Joseph）の「関税改正同盟」は保護貿易論に立脚したけれども，ローズベリイ（Rosebery, Lord）の「帝国主義共和同盟」は自由貿易の側に立っていた。彼らの社会改良における共通の利益も，国家的効率性を求める新しい団体のために，十分な基礎を提供することには失敗した[3]。それは自由貿易と保護貿易の各原則間の紛争であり

――紛争は国民の福祉にとって決定的な関連を持つものとみなされたが――それが協調の形成を妨げていた。フェビアン主義者の間には，帝国主義者のもう一つのグループがあったが，それにはウェッブ夫妻やバーナード・ショウ（Shaw, Bernard）が含まれていた。彼らのような理論集団は共同の頭脳集団として知られているが，彼らはリベラルな帝国主義者たちの間で，影響力を持てるようにつとめていた。社会政策(ソーシャルポリシィ)を策定する仕事は，主として1905年と1914年の間の，ロイド・ジョージ（George, Lloyd）や自由党のその他の急進メンバーに課題として残されていたけれども，当時の改良運動は愛国主義的感情の押しよせるような潮流によって大きく助けられており，しかもそれは知的にも，大衆的にも，ともに尊敬に値するものであった。

　愛国主義と社会改良を結合させようとする考え方は，ベンジャミン・キッド（Kidd, Benjamin）やカール・ピアソン（Pearson, Karl）を含めて，この時期の最も有力な多数の社会科学者の諸著作に公にされている(4)。キッドは，現在ではほとんど完全に忘れられてしまっている社会理論家の１人であるが，その主著『社会進化』はほぼ1894年から1914年までの間，広範な大衆的支持を受けた著作であり，さらに彼は英国社会学においてスペンサー（Spencer, Herbert）の知的後継者の１人になるであろうとも考えられていた(5)。キッドの（修正）社会ダーウィン主義の立場は，強力な改良主義者の立場であり，そして反社会主義的であった。彼は，社会ダーウィン主義者とマルクス主義者の両方が，資本主義社会の内部に存在する競争または闘争を重視しこそすれ，同時に存在する協力の潜在的可能性を低く評価していると論じている。キッドにとって，何ゆえ内部的な紛争があるのかということについての回答は，必然的に「すべての人々を人生の競争に誘い込んでいくことによって，進歩における進化の過程を完成する」ということであったが，「〔しかし〕紛争は単に政治的平等への足がかりであるだけではなく，社会的機会均等の諸条件でもあった」(6)。キッドはブルジョア主義化の最初の使徒の１人であった。彼は，人口の増加が社会改良に対して最大の脅威になるとみなしていたが，その脅威に対して彼は，経費助成による移民計画によって完全に対抗できると考えていた。しかしながら，彼の内部的調和への希望なる

第7章 集合主義的反動

ものも，実は諸国民間の紛争の不可避性という一つの信念を前提とすることによってはじめて補完されるものであった。国内的な社会改良は「より富裕な諸階級の支払によって下層階級の地位を上昇」[7]させようとするものであり，それによって彼ら自身の社会内の競争的な企業によりいっそうの力量をもたらし，かつ共同体全体が国際的生存闘争の場において一つの共通目的意識を共有することを保証しようとするのである。キッドはまた，宗教的信仰の復興が国民内部における合意への道を助長すると信じていた。

　カール・ピアソンの諸著作は，社会進化論者の理論を修正しようとするもう一つの試みを代表する。ピアソンは，ウェッブ夫妻やバーナード・ショウによって大変評価されていたが，彼は社会主義と民族主義の諸理論の奇妙な調合体（ブレンド）を提唱していた。彼は，国内的には社会主義が正しく，そして対外的には帝国主義が正しいと信じていた。彼は社会主義社会に賛意を表し，（それが）社会において，国家に対する忠誠と尊敬による共同体を組織するにあたっての「至上の神聖原理」であると主張した[8]。彼は，ある国民の内部における社会主義の創出は，選別的な育成と環境改善の持続的かつ科学的なプログラムの如何に依存すると信じていた。彼は，生存闘争の場における，人種的な素質の低下を恐れ，また諸民族内部での「劣等」とされる人種や下位集団が「優越」民族にとってがまんのできない重荷となりつつある危険を重視していた。

　キッドは，社会主義には反対していたが，その彼でさえピアソンの高度に風変わりな社会主義社会観にはことさら驚かされている。キッドはその著『権力の科学』のなかで，ピアソンの考え方を次のように述べている。すなわち「社会主義者たるものは国家にそむく異端者たちにも」，「異教的倫理」の表出として，「死刑執行直前の懺悔の時間と至近距離の街燈柱を与えてやる精神を教え込まなくてはならない」[9]という。キッドはつづけて，社会主義国家についてのピアソンの解釈を，ホーエンツォルレン家時代のドイツ軍事国家を讃えているベルンハルディ(Bernhardi, G. F. von)のそれと比較している[10]。大英帝国に関して，西方世界が持つその文明開化的使命についての彼自身の見解は，キリスト教のより穏健な伝統に根ざすものであった。したが

って英国国教会もまた，一つの文明開化の使命を携えている大英帝国の大義と同等に，その使命を果たすように配置されてきたのである。宣教師たちは宗教的利他主義の精神をインドの「日照海岸」にもたらしていったけれども，しかしなおすべての政治的諸団体のなかには，「国内において，ランカシャーが窮乏の極に達しているとしても，現在の占領者が支えるウガンダの開発には反対するような思慮深い社会主義者は1人もいなかった」[11]というピアソンの発言を，自分たちとまったく同一のものと考える少数派の人たちも存在していた。

そこにはまたブラッチフォード（Blatchford, R.）のように，「英国人であることが第一義的なことで，社会主義者であることは第二義的なこと」[12]であると主張する労働者階級の社会主義者たちも存在していた。ブラッチフォードは，「あまりにもコスモポリタンでありすぎるために，自分たち以外のことは何でも賛美し，また英国人を除いてそれ以外のすべての人を愛するというコスモポリタンの友人たち」[13]をあざけっている。彼は，母国内の農業保護政策を防衛し，「無防備の国民」は戦争の時代になった時に「ひと切れ4分の1ペニーほどのパンを買うため法外な代価を支払うことになる」[14]おそれがあると論じている。ブラッチフォードは南阿戦争の期間は気乗りのしない反ボーア主義者であったが，1914年以前の数年間にわたる対独戦争のための戦備については活発なその代弁者となっていた。1914年の戦争の開始は，ヨーロッパのプロレタリアートの間での国際的労働者階級の連帯の根底が，いかに浅はかなものであったかを示したものである。1905年と1914年の間におけるサルフォードの生活を研究したもののなかで，ロバート（Roberts, R.）は，この10年間を通じ労働者階級の戦闘性が「超愛国主義的な大衆の国民全体と体制に対する強力な忠誠を保持する」[15]ものであったとみなしている。

19世紀の終わりにかけて，保護主義，帝国主義および社会改良の各要旨は，学問研究団体の諸分野の間でも支持を得るものとなっていた。たとえばウィリアム・カニンガム（Cunningham, William）やウィリアム・アシュレー（Ashley, William）卿は，ジョセフ・チェムバレン（Chamberlain, Joseph）の関税および社会改良プログラムの熱心な支持者であった。彼らは2人とも，シュモー

ラー（Schmoller, G. von）やその他のドイツ「講壇社会主義者」の著作によって影響を受けており，自由貿易主義の依然として有勢な原理に対し重商主義的対案を強力に代弁していた。

　ジョセフ・チェムバレンの「関税改正同盟」は，帝国主義的同盟と社会改良との諸目的を一つの政治的プログラムとして結合する最も劇的でかつ持続的な企画として注目を集めた。チェムバレンは，最初，自由党員として議会に入ってきた。その政治的経歴のはじめの数年の間，彼は急進的な幹部会の成員として，ディルクに近接しながら，選挙制度改正，義務教育，老齢年金などに関心を向けて活動していた。1886年にアイルランド問題に関して〔対立し〕自由党を離党した後，彼は1895年から1900年までの間，サリスブリイ内閣に植民地相として就任したが，この地位を占めることによって，国家政策内で帝国主義的目的の新しい精神を培養することが可能となった。しかしながら，チェムバレンは1902年に輸入穀物に新しい税を課したことを一因として次の年に退任させられるはめに陥った。彼は特恵関税システムに賛意を表していたが，それは帝国内で生産される食糧と海外産食糧の間に差別をもうけるものであった。チェムバレンはまた，すでに政府収入の既定源泉が，長期未払状態にある社会改良の経費支出にとって不十分であることを確信した。特恵関税が，必然的に貧困者の生計費を押し上げることなく，税収の基盤を拡大するものとなった。「関税改正同盟」は1903年に設立されたが，その目的は帝国内的特恵に基づく大英帝国の連合と保護を弁護することにあった。チェムバレンのその後の運動は，彼自身の政党を困惑させると同時に，自由貿易に味方していたローズベリー（Rosebery, L.）の自由党帝国主義者たちのグループの反対を呼び起こした。

　「関税改正同盟」は，対外的競争の場での英国の経済的繁栄にとって脅威が増大しつつあることに注意を引くものであった。英国の主要な競争者たるアメリカ合衆国，ドイツおよびフランスは，関税の援助のもとで万事好都合に彼らの産業勢力を構築し，当時は英国市場を奪取しつつあったが，その市場の大部分はいまだ無保護の状態に置かれていた。同盟は，国外産食糧に一定の税と，すべての輸入製造品に普通10％の関税を課そうとしていた。これら

の諸政策は，茶や砂糖に対する減税と帝国内産品に対する一般的特恵措置によってバランスを取るというものであった。チェムバレンは，保護制度が，結果的にはより高い生計費をまねくことになるかもしれぬことは認めていたが，しかし彼はそれに反してこの費用がより大きな残業保障や，老齢年金のような，よりよい社会サービス形成のために用いられていくべきであると主張した。事実老齢年金は部分的ではあるが関税収入から支出されるものとなっていた。同盟が結成されてから少し後に，反関税宣言が公にされたが，その署名人には14人の経済学の教授や講師を含んでおり，そのなかにエッジワース（Edgeworth, F.），マーシャル（Marshall, A.），スマート（Smart），ボーレイ（Bowley, A.）などもいた。

1906年の選挙で，統一党はひどい敗退を喫したが，それでも関税改革者であった統一党員だけは有意的な損失をまぬがれた。キャムベル＝バンナーマン（Campbell-Bannerman, H.）の新しい自由党内閣では，社会改良の主導権が，急進的な党員の手にわたされていたが，彼らは決してそれほど強力な帝国主義者ではなかった。自由党の帝国主義者たちと，特別な関係を深めたために多くのトラブルをかかえていたフェビアン主義者たちは，その後，社会政策に影響をおよぼそうとしても，不利な立場に置かれていた。そのフェビアン主義者の立場は，1908年に総理大臣および自由党の党首として，アスキス（Asquith, Lord）がキャムベル＝バンナーマンの後を継いだ後でも，少しも改善されなかった。1910年頃には，「関税改正同盟」はすでに一つの摩滅した政治勢力となっていた。にもかかわらず，帝国の命運についての旺盛な意識が当時の英国政治における一つの勢力をなし，かつまた，自由貿易原理が行政府内の諸勢力集団のなかでは，なおその知的支配権を維持しているかには見えたけれども，しかしそれはただその権限譲渡が延期されただけのことであった。

関税改正に対する反対は，綿工業のごとき業種において強烈であったが，それらはひとえに安い原料資材の輸入に依存するものであった。それゆえ，保護貿易と自由貿易についての論争が保守政党の内部に深刻な分裂を創出したが，それは保守党への忠誠においての伝統的中心地となっていたランカ

第7章　集合主義的反動

シャーのような郡部において見られた。チェムバレンは，原料資材は関税を免除することができるか——あるいは課税目的のための原料資材についての明細な規定を提示するくらいのことは可能である，という彼の批判者たちを，まったく説得できなかった。それにもまして，自由党は即座に以下のことを指摘した。それは植民地の食糧生産者たちに帝国内特恵関税を認めることは，他の諸国からの輸入食糧に課税をすることを意味する，ということであった[16]。関税改正論者たちは，自由貿易の下では産業不況と失業の危険があることに注意を集中させることによって，安価な食糧の魅力に対抗する道を求めていた。「関税改正はすべての人の役に立つ」という彼らの選挙運動用スローガンは，福祉とよりよい社会サービスの間の結合と同様に，福祉と経済政策の間の結合を強調するものである。

　仮に自由党や小会派の労働党との両者の内部に，強力な自由貿易感情があったとしても，関税改正への期待は，結局，保守派の将来の選挙における勝利の結果に依存するものであった。しかし自由党は1922年に至るまで，その勢力を保持していた。この自由党が優勢であったはじめのうち，保守党は関税改正の問題に関してはことばを濁しつづけていた。1910年の選挙で，バルフォアー（Balfour, A.）は，問題は国民投票によって解決さるべきであることを示唆することによって，統一党の自由貿易主義者たちを懐柔しようとした。1911年にバルフォアーは，退任後，関税改正に賛成していたボナー・ロー（Bonar Law, A.）の力によって党首となった。ボナー・ローは国民投票による考え方は拒否していたが，しかし「保守党政府は，この論点をめぐる総選挙が終了するまで，輸入食糧に課税はしない」[17]という考えに納得していた。それ以降，保守党内部での意見の分裂は，その後の10年間にわたりそのままつづいていった。

　世界経済秩序は，1914年には崩壊のふちに立っていたが，国際主義者たちの口調でいえば，それはなお一つの驚くほど開放的な秩序でもあった。それは金を基礎とした一つの交換システムに位置づけられていたが，そのシステムの内部で通貨は自由に兌換されるものとなっていた。保護主義の増大にもかかわらず，貿易はなお諸国民間で相対的に自由に動かすことができた。市

民たちは，永久定住に関する移住者統制の増大にもかかわらず，諸国間を身分証明書なしで旅行することができた。第一次世界大戦は，この国際主義の時代を事実上終結させてしまった。大戦が経済的枠組み，平和と繁栄の幻想を破壊したが，それらのものが，国民的利益の潜在的な権力や暴力を公然たるものにすることによって，英国における自由貿易の信頼性を維持してきたのであった。戦争の急迫性がまたアスキス連立内閣に緊急措置として1915年に関税統制を導入することを余儀なくさせた。これらの統制は，マッケンナ関税として知られているが，すべての「ぜいたく品」に$33\frac{1}{3}$％課税し，また諸多の商品に対しても広範にわたる特殊関税を課する形態をとって行われた。これらの諸関税は，戦争が終わってからも，特別の理由によって継続されていたが，ただしスノーデン(Snowden, P.) ── 1人の熱心な自由貿易論者 ── によって1924年には一時的にその税率が上げられたこともあった[18]。1921年から1925年までの間に，新しい「国会法」が通過し，保護主義が多様な主要産業にまで拡大されていった。

　それでも1919年から1929年までの10年間は，その期間中，自由貿易と金本位制に基礎を置く英国の経済を回復するために真剣な試みがなされた時期であった。1919年から1922年までの間，自由党と保守党からなるロイド・ジョージの連立内閣は，一定の主要産業に対して，保護主義を拡大していったにもかかわらず，表面上は自由貿易を保持していた。1921年6月頃，失業者は200万人をこえる数を記録したが，それはロイド・ジョージが大多数の工場労働者に対して失業保険計画を拡大適用したわずか数カ月後のことであった。1922年の選挙では，ボナー・ローにひきいられた保守党が16年ぶりに政権にかえりざいた。その次の年にローが退任した後，ボールドウィン(Baldwin, S.)によって継承されたが，ボールドウィンは関税改正プログラムのゆえに政権から下野する決意をしていた。保守党は自由党と労働党の反対にあったが，後者はなお自由貿易に固執していた。保守党は1923年12月の選挙で大半の議席を獲得したけれども，ボールドウィンは関税改正の命令書を出さずに，組閣を辞退した。自由党 ── 当時は三大政党のなかで一番小さかった ── の党首としてアスキスは，マクドナルド統率下の少数派労働党政府を支持する

第 7 章　集合主義的反動

決定をした。1924年の1月から11月の間の労働党の短期政権の間，長官としてのスノーデンは誠実に自由貿易政策に従っていった。マッケンナ関税を廃止する彼の決定は，多数の貧困家族の生計費を低下させたが，それは緊急ニード基金による公的労働計画を阻むことになった[19]。同時に，失業給付のレベルも上昇し，かつ非協約的な給付が一つの権利とされていくことになったが，ただし，ロイドが観察しているように，これは「実際には……＜職業紹介所＞の職員が申請者に質疑をし，そこで申請者に何を与えるかを決定した」[20]ことを意味するにとどまる。

　ボールドウィンのもとで保守党は1924年11月に自由貿易プログラムをかかげて選挙を戦ったが，そのプログラムを唯一の基礎とし，その上にボールドウィンは一つの統一政党を作ることを希望していた。保守党は419議席を獲得したが，これに反し，労働党は151議席，自由党は40議席となり，下降傾向の政党となり，あつれきに苦悩していた。新しい政府は，保護貿易に抵抗しながら，国際的な通商と繁栄への最善の通路として，金本位制への復帰を準備した。1925年に，英国は表面上金本位制に復帰した。しかしながら，実際には，旧システムが完全に回復されたわけではない。なぜなら英国はもはや外国の供託者の支持なしにはそれを維持することができなかったからである。新しい金の交換基準は，「純粋に国際的な諸目的」[21]のために機能するものとなっていた。テイラーの提言のとおり，「気乗りのしない金本位制は，戦後復興の一つのシンボルであった。外面上の見栄のために，一切の苦悩を見すごし，一切の情熱を自由貿易，金本位制，国外の安定性のために傾注していた。その外見の下で，人々は今では金銭より以上のものを勘定に入れていくようになった，という不定形の信条が芽生えつつあった」[22]。

　政府は年金，住宅，教育のような国内的社会改良のプログラムを遂行したにもかかわらず，失業の問題は未解決のまま残されていた。失業は主として彼らの輸出市場を喪失しつつあった旧式の産業の内部に存在していた。価格を引き下げるため賃金をカットすることに賛成する論旨は，これらの旧式産業において生産される商品は，もしもそれらの商品の価格をずっと安くしさえすればもっと販売できる，という虚偽の仮定の下に安座していたのであ

る。経済の他のセクターでは，実質賃金は上昇しつつあった。これらの困難性は，英国が1925年に，あまりにも高すぎる平価で金本位制に復帰した事実によっても複雑化されていたが，それが英国の主要輸出産業を付加的な不利益の下に置いたのである。この危険を乗りこえるための政府の企画には，賃金をカットし，週間労働日を延長するという鉱山所有者の申請に対して暗黙の支持を与えることまでが含まれていた。ゼネストの失敗の後には，産業平和の時期がつづいたが，しかし紛争の原因は未解決のまま残されていた。

1929年の選挙では，保守党は自由貿易を主張する党の立場を保持していたが，労働党は288議席を勝ち取り，保守党の260議席と自由党の59議席に対して，最大の議会政党としてのし上がってきた。短命労働党政府が1931年に崩壊した時，それはマクドナルド（Macdonald, R.）によってひきいられた挙国一致政府によって引きつがれていった。山積みされた経済的危機に直面して，自由貿易に対する旧い忠誠心もついに打ちくだかれてしまった。1931年10月，挙国一致政府は金本位制を放棄し，そして，その保守党の支持者たちからの圧力の下で，「医師の診断書」を求めて下野することになった。その当時，保守党は確実に保護主義に関与していた。労働党は自由貿易党として戦っていた。ロイド・ジョージは，挙国一致政府を支持することを拒絶し，サムエル（Samuel, H.）が自由党のリーダーシップをとっていった。保守党と国民党が521議席を勝ち取り，労働党は52議席，サムエル派自由党は33議席となった。

ふり返って見れば，1920年代を通じ，実業界の保護貿易への転換があまりに漸進的であったので，ボナー・ローにしてもボールドウィンにしても，自己の政党に十分な党員数を確保することができなかったか，あるいは1929年から1930年までの経済的不況後に至るまで，自由党投票者たちを保護貿易をかかげる保守党の味方にはできなかったのである。自由党の場合，ロイド・ジョージはすでに1922年の早期に自由貿易の立場から離脱していた。自由党が分裂した後も彼は党資金の保管をつづけ，その資金を1929年の選挙まで使用しなかった。その選挙で彼は500人の立候補者を支援し，大量公共事業プログラムについてのキャンペーンをしたが，その半面，自由貿易と保護

第7章　集合主義的反動

貿易の論点に対する明確な関与を避けていった。ロイド・ジョージの広報活動はケインズによって支持されたが，ケインズもまた保護貿易論者の立場に同調しつつあった。しかしながら，当時としては，ロイド・ジョージとケインズによって賛意を表されたその種の拡張論的公共事業プログラムにしても，それはただ，もしも輸入を制限できたならば成功することができる，ということが明らかであるのみだった。しかし自由党は英国における自由貿易の歴史的政党であり，したがっていかなる他の理由によろうとも再統合の可能性はなかった。

労働党もまた，公式には自由貿易の党派であった。関税，そしてとくに食糧関税は「労働階級の生活水準を低下させる悪しき策謀」[23]とみなされていた。けれども1930年頃に，モズレーはその年の党会議で関税プログラムを採用するように説得するまでになっていた。彼の動議は，100万対120万票の差異で敗れた。マークアンド（Marquand, D.）もまた，1930年1月におけるマクドナルドの言動について次のような記録を残している。「労働党が，次の選挙に勝つ最善の道は，社会サービスを後退させぬこと，失業に対する＜前向き＞の政策，10％関税歳入からなる3点プログラムのキャンペーンを行うことにある，ということを，議会での論争の途中で偶然に気づいたことによって，スノーデンに衝撃を与えた」[24]と。マークアンドはつづけて，ケインズについて，「この多年の自由貿易論者も……2月のマクミラン委員会に対して，保護貿易論者に転身する旨の証言を公表した」[25]と明記している。ケインズ門下のヒュバート・ヘンダーソン（Henderson, Hubert）──1929年の選挙綱領を起草してロイド・ジョージを助けた──もまた，「経済諮問委員会」の主要なコーディネーターとして活発にその役割を果たし，「産業復興基金」を案出した。この計画は，「10％歳入関税の措置」によって財源調達がなされ，そして「資本投下と失業保険の赤字補給を助けるため」[26]に用いられた。

保護貿易の政治的な支持者たちが，1931年11月の挙国一致政府と行動をともにしてきた。サムエル派とシモン派の両自由党員たちがスノーデンと組んで一時的にではあるが積極的に，保護貿易を支持する協定を結んだ。1932年

に，サムエル派は（スノーデンとともに）政府を去ったが，シモン統率下の国民自由党員たちはそのまま残留した。ロイド・ジョージ——当時はケインズ主義経済学説の立場に転向していたが——は，反対のなかで孤立化し，4人で派を構成するにすぎないものとなっていた(27)。権力は，当時，ボールドウィンとチェムバレンが握っており，彼らは保護貿易と帝国内特恵関税を堅実に実行していた。

1920年代を通じて，帝国主義のロビイストは帝国内特恵関税の主張を強調しつづけてきた。1921年にロンドンで開かれた自治領首相会議も，いまだ決定的な結論を出していなかった。諸自治領は，彼らを一次産品生産者の役割に従事させておくような労働の国際的分業というようなことに，もはや興味を示さなかった。彼らも，保護せねばならぬ彼ら自身の未熟な産業をかかえていた。それに対してイギリス政府は，自治領農業者に特恵を付与するため，外国産食糧に対してやむなく課税をした。1931年の選挙の後，新しい首相としてチェムバレンは，広範囲の輸入品目に関税を課すべく保護貿易論者としての方策を導入した。1932年の「輸入関税法」は関税を引き上げたが，ただ輸入量のおよそ25％だけは免税とした。これらの免税された輸入品の大部分は帝国内産品であった。

1932年のオタワ会議では，いま一つ別の企画がなされたが，それは連邦自由貿易地域を創出することであった。その結果，英国と諸自治領との間の双務的貿易協定としてのきわめて制限されたシステムが成立した。しかし主要自治領としてのカナダやオーストラリアも，帝国以外で成長しつつある貿易相手国を窮地に追いこむことを欲しなかった。1932年の「オタワ協定法」は，アメリー (Amery, Leo)，ビーバーブルック (Beaverbrook, Lord) その他のトーリー党帝国主義者たちの理想とはほど遠いものとなった。諸自治領は自国の産業的繁栄を危うくすることを望まず，しかも英国が安価な外国産食糧の供給に課税することを欲しないとするかぎり，帝国主義的貿易政策を設定する相互利益の基礎が存在しないこととなる(28)。チェムバレンの保護貿易に対する発言は，原則論であるよりはむしろ方便的なものであった。彼は〔その方策を〕それによって英国が自由貿易に帰還する前に自国の経済を再建できる最

善の政策とみなしていた。彼はまた，歳入増加の手段としての関税の重要性を認めていたが，彼は直接税を削減する半面，この関税による増収手段を採用しようとしていた。彼の予算案は結果的には「まったく反動的なものであった。彼らは直接税の採用傾向を逆転し，この傾向はそれ以後ほとんど一世紀近くもつづけられていくことになった」[29]。

テイラーはつづけて，「保護貿易は保守党員たちによって実施されていたが，こうした人たちは自由企業の信念を主張していた。それは労働党員によって反対されたが，この人たちのプログラムは計画経済を要求していた。そこでは，どんな大原則も危機状況にあった。たとえば病の者に対する，老齢者に対する，また失業者に対する保護の理念は久しく受け入れられてきた。病んでいる諸産業が保護されてきたことも，この原則の比較的平凡な拡大適用であった」と述べる[30]。チェムバレンのもとでは，たとえ「帝国内の多数の諸国民相手の英国貿易の総額が毎年の英国貿易全体の減少部分であった」[31]にせよ，この貿易には，なお注目すべき成長があった。農業は補助金を付与されていた。割り当て制度の適用を通じて，旧式産業の生産能力には各所に大きな低減も生じてきたが，しかしなお英国産業の急進的改革が行われることはなかった。

社会市場から経済市場におよぶこの保護主義的原則の拡張は，英国にとっては，ドイツの場合と比較して，平凡で大きなものではなかった。ドイツにおける保護は，新しい産業システムを創出するために採用されたのである。それは1914年頃までにドイツを主要産業強国とすることを助長する確固たる意思表示であった。英国における保護は，政治的確信の喪失の結果として派生したものである。それは，急進的な経済的転換の立案をするためよりも，むしろ「現状」を維持するための猶予の時間を稼ごうとする願望を表出したものである。だから帝国にとっては，保護の潜在能力の発見があまりにもおそすぎたのである。クロス（Cross, Colin）は，帝国の理想の瓦解に対して，三つの主要な理由を提示している。第一は，白人自治領と後期にはインド亜大陸における国民意識の成長が，帝国自由貿易体制がその上に構築されていた経済的互酬性の基礎を排除したことである。第二は，些細な侵略的エピ

ソードは別にして，英国は首尾一貫した堅実な帝国主義的政策の展開に失敗した。帝国を利用してもうけたことなどはなく，英国は偶然に多くを獲得しただけで，しかも，その次には2回にわたるヨーロッパ戦争に巻きこまれることによってその戦略的確実性を破壊してしまった。第三に，1945年以降，英国は，アメリカ合衆国や〔旧〕ソビエト連邦（USSR）のような新しい帝国主義の成長著しい力に直面し，それまで持ちこたえてきた帝国主義の運命についての意識を放棄した[32]。

　ふりかえって見るに，英国における自由貿易への傾倒が，1873～1896年の大不況と第一次世界大戦を生き残り，最後は1931年の経済崩壊に至るまでつづいたことは，注目すべきことであるように思われる。ホッブスボーム（Hobsbawm, E. J.）は，なぜ自由貿易の原理がその外見上の有用性がそれほど長期間にわたって生きつづけるような管理を行ったのかについて，三つの主たる理由をあげている。第一は，1873～1896年の不況が，体制を全面的な不信用の状態に追い込むほど長くはつづかなかったことである（それはまた同時に，イギリスの輸出量がチェムバレンの関税改正キャンペーンの初期に再び実際に上昇した事実が注目されねばならない）[33]。第二に，「19世紀の基本的に輸出指向型である産業は，第一次世界大戦後まで崩壊しなかった。そして国内指向産業が決定的に重要となった」ので，保護貿易の採用が政治的に実現されたものであること。第三に，自由貿易は，イギリス産業にとっては都合の悪いことでさえあったが，都市の金融資本家にとってはよいことであった。1931年の暴落は「世界の通商金融取り引きの単一の仕組み」を崩壊させたが，「その仕組みの中心はロンドンであり，スターリング通貨であった……だがその時でさえ，その中心を放棄したのは英国ではなく，世界の方がロンドンを放棄したのである」[34]。

　最終的には，1930年代を通じて，保守党政権の下で増大した重商主義的諸政策が採用されることになった。失業者を別にしてみれば，労働人口の大多数の生活標準はこの期間に実質的に改善された。1930年代は，漸進的な経済成長と社会サービス提供においては，控え目ながらも拡大の時期であった[35]。加えて，インフレーションの破滅から解放された時期でもあった。しかしな

第7章　集合主義的反動

がら，人口内における多種多様な少数派民族の間における貧困は，外見上取り扱いにくい問題として取り残されていた。大家族における最も明白な問題は，父親が雇用されているかいないかであり，各家族における問題には，疾病，障害，主たる稼ぎ手の欠損，および老齢化の進行に対して十分な保障がなされていないことがあげられる。しかしながら，失業は，1930年代を通じて経済および社会政策(ソーシャルポリシィ)上の論争を支配した論点であったが,それについてケインズは，もし資本主義が生き残るならば解決される問題であると信じていた。

「自由放任主義」と自由貿易は，経済市場価値と個人利益および集合的利益の理論に立脚する国際主義的原理であったが，それは福祉利他主義を見当ちがいの概念とみなす考え方であった。この準拠枠の内部では，社会福祉の集合主義的政策に対して，何ら主要な役割を与えられなかった。自由貿易の継承とともに，資本主義の思想と実践からは，ユートピア的要素がともに消失してしまった。その後，資本主義の国際主義的側面が帝国主義的原理と密接に結合することになるが，帝国主義は資本主義の批評者たちの多くにとって，世界同胞主義に対するまさにその反措定であるように思われた。

世紀の変わり目で，自由貿易と保護貿易との間の大論争を回顧して，ウィリアム・カニンガム（Cunningham, William）は，ある満足感をもって，「ユートピアの先駆者のような自由貿易に対する旧式の熱狂主義はもはや残存していない。ブルジョアジーたちのそうした古い諸原則はプロレタリアートによって取り払われ，彼らに適するように変更された。自由貿易と同じように，社会主義もその目指すところにおいてはコスモポリタンであり，またそれは愛国主義に対しては無関心であったが，軍国主義には敵対した。社会主義は，自由貿易と同じく，いかなる政策においてもその目指すべき第一義的対象として物質的福祉を主張し，また自由貿易と同じく，社会主義は消費の可能性を見きわめて福祉の度合いを検証した」[36]と明記している。

ジョン・ナップ（Knapp, John）は，明敏でしかも挑戦的な論文のなかで，どの程度まで特定の国民が古めかしい重商主義政策を保持し，あるいは「自由放任主義」の政策を採用するかは，原則によるよりも，むしろ方便によっ

て決定される,と論じている(37)。フックスがすでに80年も前に論じているように,自由貿易はそれによって英国が自己の諸利益を増進しえたことからもわかるように,最も効果的な方法であった。マンチェスター学派の国際主義は,国民的利益の諸政策に基づく一つの利他主義的注釈以上の何ものでもなかった。それは英国が当時従っていくことができた帝国主義の最上の有効形態であった。ナップの命題はフックスのそれと非常に共通したものである。ナップは,「19世紀自由貿易は仮装した(おそらく意識はしていないとしても)重商主義の異常な形態であった」,そして「高度に文明化した西方世界における今日的な経済的現実」の最も主要な特質は,どの範囲にまで「不承不承の重商主義」が経済諸政策を支配しつづけているかにある,と論じている(38)。彼は,経済的分析に対して,二つの主要なパラダイム,または,フレイムワークを区別しているが,これらは,経済的および政治的動機づけの性格と,経済的行動を規制する国家の適切な役割についての,衝突する仮説の上に位置づけられている。

　これらのパラダイムの第一のものは,新古典派理論から導き出されたものであり,それは「支配的な経済的動機」としての「現在と未来の消費に対する欲望」を取り扱うものであり,そして次のように命題を前進させる。それは,もしも経済勢力が政府からの妨害なしに作動することが許されているとすれば,非自発的な失業は「長い目で見て,ありえないもの」であることが証明される,というのである。第二の接近法は,超ケインズ主義理論に立脚するが,支配的な経済的動機として「生き残ること,独立,権力,威信,傑出に対する欲望」を取り扱い,政府による経済市場の規制は,「19世紀資本主義の歴史の長くかつ重商主義的な期間」がそうであったように,「正常かつ合理的なものである」(39)とする命題を前進させる。

　ナップはさらに議論をすすめて,「＜穀物法＞撤廃の効果は,高度に人口が密集し肥沃な海外の移住地域において,世界的規模で,にわか景気の引き金を引くものとなった。英国に対する効果は,明白に,重商主義政策の標準的な目的実現をもたらすことになったが,その政策とは有利な国内投資と有利な輸出に対する領域の拡大——少なくともおよそ80年間にわたる——であっ

た」[40]と。ナップは，英国が自由貿易に関与して重商主義上の利得を享受した期間を誇張しているきらいもある。それにしても，その命題は，フックスによって1890年にはじめて詳細に述べられた時と同じように，1840年から1870年代中期までの時期に関しては，きわめて説得力に富むものである[41]。

英国において，福祉提供に関する集合主義的形態は，工業化の比較的後の段階で現れてきた。これらの諸種の方途は，一部には——仮に不公平な点があるとしても——政治生活の漸進的な民主化，社会的紛争の危険，不可欠な福祉ニードに見合う自由経済市場の能力についての不確実性の増大に対処する一つの応答であった。18世紀には，カリブ人の奴隷が，英国における産業上の離陸（take-off）に必要な若干の資本の原始的蓄積をいくらか提供してきたといえる（同様の方法が，同様の重商主義的原則に従って，それから1世紀後に，スターリンによって採用されている）。重商主義的資本主義と奴隷労働とが産業資本主義と賃金労働とによって取って替わられるにつれて，植民地もしばしの間その重要性を失った[42]。賃金労働者の増大する勢力を母国において訓練することが，より重要になってきた。新救貧法は，英　国国旗（イングリッシュ）の下で奴隷制が廃止されてから1年後に導入された。自由貿易の新体制が経済的福祉を増進する効果的方法であると思われるようになるにつれて，集合主義的福祉介入に反対する自由放任主義の主張が信頼されるようになっていった。自由市場が一つの福祉社会であったのである。

その他の指導的な工業諸国民，すなわちアメリカ合衆国，ドイツ，フランス，そしてややおくれて日本は，切実に重商主義の真価を認識しており，国家的繁栄はそれに依存していた。また彼らは敵対的な世界のなかでの大英帝国の潜在的な利権を認めていた。英国の植民地のなかでも小さな部類の多くの国々が，経済的負債者であったことは疑いのないところであったが，しかしインドの場合はそうでなく，英国経済に対するインドの価値は自由貿易論者たちによっても明確に認識されており，彼らもそのインドを例外的ケースとして処理している。ランカシャーを救うために初期のインド織物業は破壊されてしまう。第一次世界大戦勃発の頃に，インドはおそらく「英国の赤字総計の5分の2以上」[43]をまかなっていた。大幅に重商主義的方針に沿って

なされたインドの領有とその搾取は，帝国の獲得と英国による明白な帝国主義的政策の採用のずっと後にも，自由貿易政策が残存する四番目の理由を構成すると論じられてもさしつかえはあるまい。第一次世界大戦は，「大不況」と新しい競争相手の台頭に始まった相対的な産業的下降の過程を加速し，しかも第二次世界大戦のにわか景気は不幸と断崖への過程をもたらしたのである。

2　ケインズとベヴァリッジ

19世紀に，おくれて工業化を開始したヨーロッパ諸国民は，保護貿易主義者の経済諸政策の庇護の下でそれを果たしたのである。プロシア，フランス，ロシア，およびイタリアの場合，各国政府は英国以上に，はるかに多く経済政策に巻き込まれていった。自由貿易は決定的に英国人の原理であり，そして「自由放任主義」は，おくれて「世界の工場」との競争に入ってきた諸国民に対して，強くアピールすることはなかった。ビスマルクのドイツがヨーロッパで最初の福祉国家になったことは，偶然ではなかった。なぜならすでに経済政策に巻きこまれ，方便として要求されたにせよ，社会政策(ソーシャルポリシィ)の主要な代理機関となっていたその政府にとって，それは自然なことであり，また論理的なことでもあったからである。ロシアにおいてさえ，工業化の初期の段階は，国家管掌社会保険の簡単な計画の導入と符合していたのである。

英国において，おくればせながら経済政策にケインズ主義の諸原則が採用されたことは，新重商主義原理の再生を意味し，かつ1945年以降の政治的風土を創出する助けとなった。その風土は集合主義的社会政策の拡大にとって好都合なものであった。1930年に早くもケインズは，一定条件の下では自由貿易よりも保護貿易が好ましい政策として採用されるべきであるとして，その諸条件の再評価と，さらに資本投資が国内においてそれによって刺激されうる手段として，政府介入の多様な形態に賛意を表する主張を展開した。

あるタイプの社会学理論が最近社会政策研究に影響を与えた。主たる偶像破壊的関係とは対照的に，ケインズ主義経済理論はそのスタートから知的基

第7章 集合主義的反動

礎を提供するものであり，それは資本主義の下での現代的な普遍主義的福祉システムの出現を可能にするものである。ケインズは彼の『一般理論』を構築するに際し，いま一度不信用な重商主義諸原理を返り見て，その伝統から諸社会政策の発展に沿って大きな関連を有する一定の洞察を取り出している。

ケインズは『一般理論』の終わりから2番目の章で，重商主義者たちは利子の貨幣理論をきわめて重視している点では正しかったことを示し，さらに彼はすすんで，一国における貿易の好ましいバランスを促進するように立案された保護貿易主義者の諸政策は，国際的貿易の容量を拡大する等しく重要な課題と両立し，かつ労働の国際的分業の恩恵を保証しようとするものである，と主張している。彼はさらに，彼自身が所属したかつての社会に言及しながら，保護主義は失業を救済しえないという古典派的論議に異議を申し立てている。国家が直接に投資に巻き込まれていないところでは，国内投資の範囲は国内利率によって決定され，そして海外投資の総量は好ましい貿易収支のサイズによって決まるのである。これらの状況下で，貿易収支は主として貴重な通貨の流入または流出の変位に依存するが，通貨はそこで国内投資を増大する唯一かつ直接の道となる，と主張している。しかしながら，彼は，もしも国内利率があまりに低く下落しすぎると，逆に，投資は賃金コストと輸出コストを不当に押し下げるような雇用水準の位置まで高まってしまい，結果的に海外貿易収支は先行不安になるとする。そこではまた，国内利率があまり低く下落しすぎて，海外貸出が過剰刺激され，結果的には貴重な通貨の流出をまねくようなリスクがあることを明記している。ケインズはまた私たちに，貿易制限が逆手段を呼び出すことがあり，それが貿易収支上に面倒な逆効果を招来する事実も指摘している。彼はそれゆえ，「もしも貿易制限が特殊な根拠によって正当化されえないならば，それに反対する一般的性格の強力な仮定がある」[44]と結論している。ケインズはそれでもなお，好調な貿易収支は投資の一つの形態を構成しているため雇用の維持を助長すると見ている[45]。

純金についての伝統的な重商主義的先入観と，海外交換の厳格な割り当て

153

を付帯する「銀行利率技術」を持つ「シティ」の伝統的な「自由放任主義」的先入観に替えて[46]，ケインズは柔軟な交換と国際的協力のシステムの創出を提案しているが，それらが投資と雇用の諸機会を刺激するのである。彼は，管理通貨は「対外交換比率の短期安定性と長期融通性を結合することによって，国内物価レベルの大きな安定性を金による基準の下での達成以上に可能とするであろう」[47]と主張している。政府の戦時経済顧問として，ケインズはこのような交換システムの設定，とりわけ国際的な清算同盟の創出を助長するなかできわめて重要な役割を演じたが，それ以後その同盟は，ブレトン・ウッズ協定の諸条件の内部に包括され，「国際通貨基金」と「国際復興開発銀行」が設置されていくことになった。

　ケインズは，重商主義思想の主要教義を——ヘックシアー（Heckscher, E.）のその主題に関する決定的研究を利用しながら——概説しているが，それは彼自身の理論に対して重商主義が持つ実質的な関連性を公示するためであった[48]。第一に，重商主義の著作家たちは，以下のことによく気づいていた。すなわち「仮に過剰流動選好が貴重な通貨の流入を死蔵の方へ向けさせるとすれば，利率に関する利益は損失となる」ということである。彼らは「そこに自己調節作用があり，それによって利率は適当なレベルに自動調整されていく」と信じていたわけではない。第二に，彼らは，「過当競争が一国に対する貿易条件を逆転させることがある」[49]危険性についても，等しく熟知していた。第三に，重商主義者たちは，貯蓄性向の方がいつでも投資誘因よりもはるかに強いことを十分に認識していた。最後に，彼らは国民的な利益獲得の手段として，経済政策を（たとえそれが戦争を呼び起こすほどのものであっても），利用していく明確な態度をとっていた。ケインズは，しかし「自由主義」理論家たちが，国際的に固定した金標準価格が平和を増進する手段であることを信じているかぎり，まさしくそれが諸国民間で紛争を呼び起こしやすいものであることを見落としていたのである，という。「事実は」と彼は結論づける。「その反対の方が正しい。それは，国際的偏見に邪魔されない自律的な利率の政策であり，また国内雇用の最高レベルを指向する国民的投資計画の政策であるが，それは，私たち自身と私たちの隣人を同時に助け

第7章　集合主義的反動

るという意味で二重に祝福されるものとなる」と。もしも重商主義者たちが，彼らが認識している問題を解決できないのであれば，古典派経済学者たちは，彼らが，「＜自然的人間＞の信条を克服することと，間違いであること」を同時並行でどうにか処理するかぎり問題を無視していることになる(50)。

ケインズは，重商主義についてはただ，その原理は，利率が自己調整することから遠のいて，しかも政府による規制がなければ利率が非常によくはね上がる慢性的傾向があることを認識していたことに敬意を払って，その章の記述を終えている。彼は私たちに，アダム・スミスですら，高い利率が，貯蓄をして，投資よりもむしろより多く負債の返済に向かわせやすい危険があることに気づいていた事実を指摘している。

『一般理論』の最後の章で，さらにその著書の持つ実践的な政治的含蓄について探究している。彼は以下のような記述でそれを始めているが，すなわち「私たちが生活している経済社会の顕著な過失は，完全雇用を提供しようとする失敗であり，また富と所得の恣意的かつ不平等な分配である」(51)という。彼は，高率の直接課税は消費性向の増大を助長し，また，したがってより多くの雇用機会の創出を助長することになる，と主張している。この点において，所得平等の程度がより大であれば，それはより大きな一般的繁栄と正味の富の増大を作り出す。次に，低い利率は貯蓄の誘因削減とはならないであろう。なぜなら「有効貯蓄の範囲は……必然的に投資の規模によって決定されるからである。……それは私たちが完全雇用への対応点をこえるやり方で，投資刺激をしないことを前提条件にしているが」(52)。こうした諸政策の犠牲となるのは企業主ではなくして利子生活者である。ケインズは『一般理論』を通じて，富の創出における企業主の死活的な役割を強調しているが，彼は同じくその私的先導性にしても，経済政策における国家の積極的なかかわり合いによって補強されねばならぬと確信していた。

これを総括してみると，彼の命題は三つの主要な政策刷新を指摘している。すなわち，「国家は消費性向の上に案内役的影響を行使すべきであり，その一部は国の課税計画を通し，一部は利率の固定化により，また一部は，多分他の方式によるものである」。ここで「他の方式」とは，より一般的な社会

サービスの提供，公共投資計画，公私諸団体による合同資金援助による協力事業を含めている。彼は，これらの広範な重商主義的目的の実現のために，国有化が必要であるとは信じていなかった⁽⁵³⁾。しかしながら彼は，資本主義が生き残っていくには，多分に国家と私企業との間の，より積極的な同盟が，たとえ「社会主義の必然の尺度」へ向けて導いていくものであっても，それが，「漸次的に導入され，また社会の一般的伝統を破壊することなく」なされうるものであれば，その成りゆき次第による，という見方を堅持していた。資本主義の生き残りの前提条件は，大量失業の終止である。ディラード（Dillard, Dudley）は，「ケインズを"重商主義者"と呼ぶことは誤解をもたらすであろうけれども，しかし，いくつかの論点で彼の立場は古典派経済学よりもむしろ重商主義者の方により接近していた」⁽⁵⁴⁾と示唆している。ハンセン（Hansen, A. H.）が観察しているように，ケインズの重商主義への共感は，条件的かつ実用主義的な種類のものであった。彼は決して，いわば隣人に物乞いをして歩くような，狭い保護主義者ではなかった。彼の人生の晩年にむけて，密接なアングロ＝アメリカ的協同の展望が戦後世界の恒久的特質となってくるように思われるにつれて，ケインズは，多方向的な貿易世界の可能性について，非常に楽観的な見方をとるようになっていた⁽⁵⁵⁾。

ケインズの思想における重商主義的諸要素は，明白にその原理は英国版に由来するものであったが，それは17世紀までも遠くさかのぼるものである。その当時，英国経済政策に関する論著のなかで，ウィルソン（Wilson, C.）は，それは「二つの要素，すなわち私的な個人や集団の利益と国家の利益との，非常に有効な混合（ブレンド）」を反映するものであることを示唆している。したがってそれは，「オランダ共和国に見られるような中心政策の欠落と……そして〔コルベール主義者の〕フランスのような国家の経済的権威主義との間の中道」⁽⁵⁶⁾をあらわにするものである。ケインズは，福祉の増進は，一部は国家主権の利益の私企業主の利益に対する調和と，残りの一部はより安定した貿易世界の創出のための，特定の諸国家の愛国的な諸利益の間の妥協の如何によるものとみなしていた。

ケインズは，無条件的な意味での，自由貿易論者でもなければ，保護貿易

第7章　集合主義的反動

論者でもなかったが，なぜなら彼は，そのどちらの政策も，必然的にまた不可避的に高い雇用率に役立つものであるとは信じていなかったからである。彼の見解によれば，完全雇用はより自由な貿易政策の一つの前提条件であり貿易政策は国内経済の状態によって左右されるべきであるという。保護によって失業を削減することが重要となってきた時には，失業に応じて関税を適当に決定していくような状況も出てくるが，しかし仮にその場合には，生産の単位コストが高くなる結果を生む。完全雇用が行われているところでは，自由貿易諸政策の手段によって，生産の単位コストを切り下げても引き合うものとなる。

　ケインズは，たとえそれがマルクス主義あるいはファシズムのいずれであっても失業問題に対する全体主義的な救済策には反対した。彼は，法令的規制の手段によって調節され，抑制されている個人主義ならば，何ら効率，自由，あるいは国際的調和の相殺的な損失をともなうことなく，失業や不平等の問題を解決しうるものと信じていた。世界貿易の量的減少のなかでシュアを維持するために破滅的な競争的闘争を引き起こすのは，「自由放任主義」の古い体制である。私は，必要と思われるより以上に，長々と，ケインズが彼の命題のままになると確信していた若干の実際的な政策の含蓄について詳述してきた。なぜなら私は，社会政策が彼の理論的労作に負うている知的内実について，諸識者に，その事実を指摘しておきたかったからである。マルクスを読むように勧められている学生たちが，それと同じように，たとえその半分でも，ケインズのものを読む苦労をあえてすれば，ただちにその知的内実の範囲を発見することになるだろう。それについてケインズ自身が見ているように，「マルクス的社会主義は＜物事の判断＞については歴史学者たちにとって驚異のままであるにちがいないが――ひどく非論理的でかつひどくあいまいな原理が，どうして人々の心の上に，また彼らを通して，歴史の出来事の上に，それほど強力に働きかけることができ，かつ影響を持続するのか」[57]。

　ケインズは，1人の自由主義者としてふみとどまっていたが，しかし「自由放任主義」を拒否した人であった。初期の重商主義者たちと同じく，彼も

自然調和が存在し、かつ経済的諸勢力の自由な行使を導いていくというような考え方を支持する根拠を見つけることはなかった。若干の社会統制の尺度が、もしも資本主義が生き残っていくものであれば、必要であった。彼は、資本主義の持つ多くの特質が愛することができないものであること——それもとくに企業主的資本主義とは異なるものとしての、金利生活者の実際について——を認識していたが、しかし彼はまた同様に、それはどのような他の経済システムに対しても、選好的なものであることを確認していた。〔また〕ベヴァリッジと同じく、彼も自由の理念を彼の福祉の理念に包括させている。

　もしもケインズ経済学が、資本主義の下での福祉国家の創出を可能ならしめるものであるとすれば、「ベヴァリッジ報告」は、その社会諸政策の形態と実質を提供するものとなる。ハリスに従えば、ベヴァリッジ自身の、自由市場本位の立場から出発して社会計画への関与に至るまでの、その長い知的冒険旅行は、ケインズからの影響を受けることは、少しも、あるいはまったくなかった。1930年代のはじめに、ケインズが保護貿易の修正解釈への転身を公表し、輸入品には関税を課し、輸出品には奨励金を出すような勧告をしていた当時、ベヴァリッジは自由貿易諸政策のライバルを追いつつあった(58)。彼は、伝統的な自由貿易の主張を推進していたが、それは食糧関税が貧困者にとって退行的な税になるためであった。彼は、大規模な賃金の可動性によって、失業に対する対応策を探し求めていたが、それは実際には賃金カットを意味していた。また彼は、非契約的な失業者給付の拡張を批判したが、それはこうした政策が賃金カットに抵抗する労働組合を激励する、という理由からであった。それとは対照的に、ケインズは賃金の上昇には味方しなかったけれども、低賃金を補給する最上の手段として、より多くの一般的な社会サービス提供には賛意を表していた。

　ハリスは私たちに、ベヴァリッジはケインズの『一般理論』に対して、その探究の方法とその結論の両者に関してきわめて批判的であったと語っている。彼は、その高度な抽象性を嫌忌し、そして「もしもケインズが提案しているように、賃金が上昇し、利率が低下するとすれば……いきおい貯蓄は中

第7章 集合主義的反動

断するであろうし，また労働価格はそれ以後全面的に労働需要から独立するものとなるであろう」[59]と論じている。

それにしても1930年代の半ば頃，ベヴァリッジは，ある程度までの集合主義的計画立案に好意を寄せつつあった。彼は，家族手当に関するケースについて考え方を改めていったが，その理由の一部は，ケインズと同様に彼もこの種の補助給付が賃金要求をすえ置く助けになることを認知したからである[60]。彼の，失業問題に対するケインズ主義的接近法への転身は，彼自身のレポートが公刊されるまでは現実のものとならなかった[61]。ハリスは，ウェッブ夫妻（Webb, S. and B.）とコール（Cole, G. D. H.）とが，このような変化をもたらす道具となったであろうことを示唆している。ベヴァリッジの集合主義的社会計画への転換領域は，『自由社会における完全な雇用』[62]のなかで明確に示されているが，そのなかで彼は，労働の全面供給に対して生産レベルを調整すること，産業と労働運動を規制する国家権力を増大すること，より強く財政のコントロールを信頼することに賛意を表する議論をすすめている。

しかしながら，ケインズとベヴァリッジの尊敬すべき公的な役割には，1944年から1950年までにかけての重大な年において，一つのドラマチックな対照性が示された。この期間は，ケインズが，1946年に死去するまで，最初は戦時連立内閣の，そして次には戦後労働党政権の顧問として，政策の策定に巻き込まれていた時期であった。これとは対照的に，ベヴァリッジは自由党候補者として登録され，1945年の総選挙に敗退するまでは，バーウィック（Berwick）選出の国会議員として数カ月の間奉仕していた。彼自身の集合主義的確信の回復と当時の自由党内の一部の彼らのライバルとの間には，一つの論理的連関があったと論じることもできそうである。対案的には，人は──多くの英国の投票者たちがそうしてきたにちがいないように──集合主義への強力な加担者に，自由党の考えがどれだけ残留していても，彼らはもはや自由貿易を信じてはいなかった，と思いをめぐらして見ることはできるであろう。コーリン・クラーク（Clark, Colin）が手きびしい観察をしているように，「自由党，またはその残りが何であろうともまた，この主題についての態度を変えていった──いずれにしても，自由党内の一つの重要なグループが

そうしていったのである。ロード・ベヴァリッジはかつて私に，彼が＜自由貿易＞は本質的に見て一つの反自由なアイディアであるとみなしている事実を説明してくれたことがある」[63]と。

　ケインズもまた１人の自由党員としてとどまっていたが，しかし彼は決して自由党またはいかなる他の党派のためにも，国会公務の候補者となったことはなかった。そのかわりに，彼は戦時連立体制のために働いたそれとまったく同じように，アトリー政権の経済顧問として働きつづけていた。彼の晩年において，大臣としてのヒュー・ドルトン（Dalton, E. Huge）と仕事上の関係を打ち立てた。そして彼は，ベヴァリッジは彼の政治的先達のだれとも名声をともにしたとは思われないと，考えていた。1946年にケインズの死去に際してコメントして，ドルトンは「彼は秀でた能力と多面的な才幹を持っていた……1946年と1947年においても彼はなお私に支出のバランス，スターリング通貨のバランスをとること，さらにより安い通貨その他いろいろなことについて勧告しつづけていたであろう」[64]と記している。

　ともどもに，ケインズとベヴァリッジとは，戦後の英国福祉国家が建設されていく上で，理論と政策の主要な枠組みの処方を与えたものと見ることができる。そしてこれら偉大な人たちそれぞれが，その知的発展の過程において，個人主義と集合主義との間での，自由貿易と保護貿易との間での，古典派経済理論と重商主義との間での，論争，選択および妥協のむずかしい論点に取り組み，かつ自らに満足のいくような解決をしてきたのである。彼らの思想と，彼らの政策処方の多くを採用した成果は，自由市場の自律性を低減したこと，そして社会および経済政策の領域における国家の規制力を著しく増大したことである。この成果は，旧式な重商主義原理の粗雑な再主張として記述されうるようなものではなく，その合理的根拠は経済的および政治的思想の伝統に準拠して見ることによって最善の理解がなされる。

　ケインズとベヴァリッジの貢献は，三大政党の上に絶大な影響を行使したけれども，しかし彼ら自身の忠誠は自由党に置かれており，自由党は戦争期間中は低落の状態にあった。しかしながら，彼らの自由党に対する尊敬すべき協力も，いちじるしく異なった経路をとってなされていた。ケインズは

第7章　集合主義的反動

　1931年までは自由党に対する助言者として，きわめて活動的であったが，それ以後，彼の直接および有効な協力は中断した。ベヴァリッジは1920年代のはじめ頃には，党のために若干の働きをしていたが，しかし，ハリスに従えば，彼は中立的助言の役割を維持していくように，かなり用心深い態度をとっていた。彼は1944年まで，自由党に加入していなかった。この期間を通じ，若干の自由党員は「挙国一致」および「戦時」内閣が継承されていくなかで奉仕をつづけてきたが，しかしロイド・ジョージを除いて，社会政策の発展の上におよぼした彼らの影響は，最小限であり，かつ目立たぬものであった。

　1930年代の期間に，保守党が社会改良の分野で達成した成果は控え目なものであったが，しかし彼らも，自由貿易時代の薄暮のなかで，自由党員たちによって定礎された福祉国家の基礎に対して，何らかの寄与をしているのである。1930年代に，自由貿易主義の自由党政府が社会改良の有効な道具として少しでも機能しえたかどうかは，疑問である。私たちは記録を通じて，労働党政府もそれをなしえなかったことを知っている。自由貿易への傾倒態度を示すことは，一つの選挙上の義務であり，それは自由党にとって，自由党であることを止めてしまう以外に，それを振りすてることが絶対にできないものであった。それに固執することで同様の原理を保持していた労働党も，社会主義との両立性の条件を説明していくことがほとんどできなかった。それは，自由貿易を安い食糧と衣料にむすびつける歴史的連想に照らしてみればよく理解される。

　1936年から1945年までの間におけるケインズ主義経済思想の影響の増大は，経済政策に一つの新しい枠組みを提供し，その枠組みの内部で，戦後継承されてきた労働党および保守党の諸政府は，集合主義的社会改良プログラムを展開することを可能としたのであるが，しかし，その改良プログラムは，明確に社会主義者のそれでもなく，また明確に資本主義者のそれでもなかった。社会政策において，〔こうして〕私たちは重商主義的集合主義という一つの新しい時期を開始しているのだが，けれどもその集合主義には，自由党の改良の余地はない。なぜならそこには自由貿易のための場所がないからであ

る。ケインズは1946年に死去するまで，政府助言者として影響力を持ち，かつ活動もつづけた。ベヴァリッジの国会議員としての短い任期は1945年に終わり，そして，彼はそれから後にさらに18年間存命であったが，彼は決して再び直接に政治的な影響力ある役職に復帰することはなかった。

第8章

ボルシェビキ革命以前の
ロシアにおける社会変動と社会政策

1 序　論

　ボルシェビキ革命以前のロシアにおける社会および経済の諸政策の展開は，社会変動と社会福祉の関係を検証するために，一つの興味ある文脈を提供する。それは同時に，1917年以降に生じたことについて私たちの理解を深めてくれる。というのは，たいていの社会福祉の研究者にとっては，ボルシェビキ革命以前に社会政策なるものは——その用語の意味がどのように多様に受け入れられていようとも——何一つ存在しなかったと想定することが許容されているからである。

　ヨーロッパにおけるロシアの広大な領土的広がりは，極北の弓形のツンドラ地帯，混合樹林とステップ草原，黒土地帯として知られている南部の草原地帯とに分けることができる。ロシアの気候は，効率的な農業経済にもかかわらず，その生産性にきびしい制限を課している。中央北部と中心地帯では，冬があまりにも長いので，すべての農作業は4カ月から6カ月の期限内で完成させなくてはならない状態である。降雨は北西部においてはきわめて適量であるが，しかしそこでは土壌がひどく貧弱である。農民層の大部分は，自給農業，家内産業および野生動物の利用などの混合経済によって生活を維持している。

　ただ南方の黒土地帯だけが，土壌と気候が非常に良好であるので，集団様式の農場よりもむしろ個人農場を勧奨するのに適している。というのは，春

と秋の期間が長いので，大規模な方式で短期間に仕事を終えてしまう必要がなく，家族チームで容易に間に合うからである。この国土の多くが18世紀までは外国の侵略者によって占領されていたが，征服過程の一つの結果としてのこの地帯の回復にともなって，その土地の大半が国家，社会，貴族，その他大規模な地主たちの手に渡っていった。

18世紀と19世紀におけるロシアの歴史は，とりわけ植民地化の歴史であった。非効率的な農業の様式が，しばしば土地の消耗と農民たちの南東部シベリアへの強制的または自発的移住を招来した。この期間を通じて，そこには最初の着実な人口の増加があり，そして革命前の最後の10年間には，その成長は劇的な比率にまで達した。1750年にロシアの人口は概算1800万人だったが，1850年には，約1000万人の新しい従属の民を含めて6800万人に上昇した。さらに，1897年の人口調査は1億2400万の人口を記録し，第一次世界大戦勃発の頃には，それが1億7000万人をこえる数にまで上昇した。

ロシアの経済的窮地は，リチャード・ピペス（Pipes, Richard）によって簡単に総括されている。彼は「19世紀の後半におけるロシアの人口成長率はヨーロッパにおいて最高であった――しかもこれはまさにその当時はヨーロッパの穀物生産が最低の時であった」[1]と見なしている。このように大量の人口を養うには複雑な問題が生じる。その第一の理由は，人口の85％がいまだ農民であったという事実であり，そして，第二の理由は，延期されてきた工業投資用の外貨獲得のために穀物輸出を奨励する政府の政策である。第三の理由は，農業に最も適している中央部および南部領地での保有処女地が1880年代頃に耕作されるようになってきたことであり，第四の理由は，農民の納める地代がひどく上昇しつつあったその当時，工業化の開始により，彼らの多くが生計をつないでいた家内工業の破壊が進行したにもかかわらず，それに代わる十分な雇用を提供することができなかったことである。

2　政治的および法律的諸制度

ロシア国家は専制政治であり，また1917年まではそれを残存させていた。

第8章　ボルシェビキ革命以前のロシアにおける社会変動と社会政策

皇帝がすべての大臣を任命したが、しかしそこには内閣システムや、いかなる憲法上の意味における総理大臣の制度もなかった。1人の総裁が単に名目上の権力を持たされている「閣僚会議」が存在していた。実際には、それぞれの大臣が直接に皇帝と取り決めをした。皇帝に非凡なエネルギーと信念が授けられていなければ、各大臣は全般的な政策協調にはおかまいなしに、自分だけの政策を定式化していくことになる。「帝国参議院」が立法の準備、審議をして、皇帝に勧告をした。皇帝もまた「内局」を持ち、それは三つの部局に区分されていた——秘書部局、法制部局および国家警察——この最後の部局が巨大な権力を行使した。「教区」教会は「宗務会議」によって統制される一つの国家機関であり、その上級職の「長官」は皇帝によって任命された。

1905年以前は皇帝の権力は「専制的かつ無制限」なものとして記述されている。その年に、皇帝の権威に対する何らかの名目上の制限項目が、基本法のなかに挿入されたが、10月17日と30日の間に修正され、1906年4月に第一回の「国会」が開会された。これらの基本法は皇帝の権力に何らかの技術上の制限を加えた。理論上、皇帝は再建された「帝国参議院」と協調して統治したが、参議院は立法上の上院として奉仕し、「帝国議会」は立法上の下院として機能するものであった。実際上は、皇帝がほとんど完全な権力を掌握していたものの、「専制的皇帝の下での制限君主制」として婉曲した形の位置づけがなされていた。ピペスが指摘するように「世襲的君主制がこの政体の最高規定」であり、そのなかで「統治権と所有権」が実質的には区別されないでいた。国土は「巨大な皇室所有地」[(2)]のラインで組織されていた。

皇帝的政治システムの本質に関して、よりいっそう立ち入って見ていくと、その法律制度の概観によってそれを把握できる。「法典」は、1826〜1832年のスペランスキー改革のもとで制定されたものであるが、主として政治犯罪に対処するものであった。1832年法は、既存の政治的秩序のいかなる変動を企てる者に対しても——そのような諸活動を報道するいかなる者にも同様に——死刑または追放に処しうるものとした（1927年ソビエトRSFSR法典）。内局の第三部局は、1826年に設立されたが、それは必要な政治的監視と寡婦や孤児保護の両方に対して責任を持つとされていた（この第三部局が1880年

165

には中央政治警察に置き換えられた)。

1850年代と1860年代を通じて自由派改良主義者の側から、公開裁判、手続過程、陪審員による公判の導入をするため持続的なキャンペーンがなされた。これらの諸目的は1864年の司法制度改革を通じて保障された。その時まで、ロシアにはこのように公認された法律専門家は存在しておらず、また国家も政治的犯罪に関することを除いて法的な訴訟手続をすすめるようなことをしたこともなかったし、司法制度とそれ以外の国家行政管理部局との間には権力のどのような分離もなされていなかった。刑事と民事の公判も、被害者側からの申し出に基づいて発足した。

1864年以降の統治権力も、実際には、皇帝命令、法律、行政規則――または法律の制度、刑事、民事の各局面間において――に区別を設定することが不可能であるような状態を残存させていた。その上、内密な理由に基づく経過法の伝統的な慣行が1864年以後も継続していたので、中央官庁も経過法に諸権力のそれまでの印象的裁量を付加して処理していた[3]。1881年のアレクサンドル二世の暗殺の後、一連の新しい法令が国家統治者の新しい軍団に巨大な権限を与えたので、その長官は選出された顧問官であろうと、任命された官吏であろうと、その者が「信用ならない」という理由があれば免職ができるようになった。専門職および商業上の生活のほとんどすべての部面が、政治警察による規制対象とされ、警察の職務は、一般公衆の構成員に信用証明を発給することであった。すべての社会政策の主導権、および自発的な社会事業の実施も同じように規制された。たとえば基金設定者、または病人訪問者、または学校監督者となるためにも、警察の許可を得ることが必要とされた[4]。

国内での移住もまた規制されたが、それは旅券システムによるもので、皇帝の上席顧問官であったポベドノスツェフ（Pobedonostsev, K. P.）によって、身分証明書は「個別の写実的かつ可視的な証明」[5]として役立つという理由から、強引に提唱されたものである。皇帝政権の最後の年に、警察当局は労働組合活動の領域にまで進出し、その運動を後援しながら、友愛組合や相互扶助活動を実施していった。政治警察は至るところに手をのばしてはいたけれ

第8章　ボルシェビキ革命以前のロシアにおける社会変動と社会政策

ども，それらの実務がいつでも効力を持ち一貫していたわけではなかった。たとえばレーニンの母親は，彼女の息子の1人が死刑にされ，他の2人が刑務所に送られた後，彼女の自然死の時まで，政府の市民サービス年金を引きつづいて与えられていたことをここに銘記しておくことができる。

3　社会的階層

　革命に至るまでのロシアにおける社会的階層システムの特色ある形態は，中産階級の小規模なもので，かつ政治的に無力というものであった。19世紀の大部分を通じ，ロシアは有効な商業的諸制度が存在しない国のままであった。適切な通貨システムまたは法制システムの欠落が，また大きく土着の資本家階級の発展を阻害した。最後の人口調査が解放前の1859年に行われた。6000万人の総人口のうち，土地所有貴族と地方地主とがおよそ100万人と計上されていた。その他に1100万人の市民，独立コザック，貿易商人，工場労働者および専門職がいた。残りの4800万人のうち2550万人は国土農民とされており，土地に拘束されてはいたが，しかし農奴ではなく，さらに残りの2250万人は所有農民〔農奴〕であって，個人的に土地および私的な土地所有者に拘束されていた[6]。国土農民と所有農民との主要な区別は，前者は多額の税金を支払っていたが，地代を払わないか，それとも労役を課されるものとされていた。何人かの所有農民は地代を納め，またある者は個別的または賦役制によって，その労働を領主に提供した。1840年代に，農奴の人口増加のため都市部への移動が許可され，そこで彼らは小売商または日雇労働者としての仕事を始めた。これらの人たちのある者は，相互扶助と税金の集団納入という目的のため，協同組合または労働連合会（アーテル）を形成した。農民層は，1861年の「解放法」によってその法的地位の転換がなされた当時，そうした急進的な社会変動の効果を経験した最初の職業的集団となった。伝統的な農民家族は数軒の親族関係のある世帯の一つの合同家族であり，通例，田舎のコミュニティは，50人から60人で構成されていた。

　ロシアのケースを取り上げる時，私たちは社会変動の一つの過程をたどっ

てみなければならない。その変動のなかで,地方的な村落コミュニティに基づいた自助と相互扶助の伝統的な形態が,最終的には組織機関に変形されていったが,これらの機関を通して,近代化が権威に反抗する頑固で保守的な農民層に押しつけられてきたのである。革命前のロシアにおいては,村落コミューンすなわちミール〔mir:共同体〕が,一つの社会制度として農民層の日常生活を統御し,1859年にはそうした農民層が全人口の80％を占めていたという数値がある[7]。農民層の間では,貴族が土地を統制したけれども,しかし彼らはそれをただ皇帝の信託を受けて保有しているだけで,皇帝自身こそが神に対して,全ロシア人民の福祉のための執行義務を負わされているのだ,ということは,一般に広く受け入れられ信じられていたことであった。この大衆的信仰には法的根拠はないが,しかしそれは,貴族層が封建的小作制のもとで土地を所有していた時代以降,引きつがれてきたものである。ロシアの農民たちが,人間の所有権と財産の所有権との間に仕切りを設けようとする封建的区別については,「私たちは閣下のものですが,しかし土地は私たちのものです」という農民たちの伝統的ないい方に巧みに表現されている[8]。農民は自らの福祉を土地に対する関係という見地から規定し,その土地を集合的に享受しまた共有した。福祉を一つの集合的事業として理解する傾向はいつもロシア文化の一つの主要な特質であったし,それはボルシェビキ革命以前も以後も変わることはなかった。この特質は支配者と被支配者との両方に共通であったけれども,どのような形態の集合的事業がなされるべきか,またはそれをなさねばならない経済的,社会的な目的に関して両者が一致することはなかった。

4　家族とコミューン

ミール(mir)は一つの村落のすべての農民世帯主によって構成されていた。彼らは村会を構成し,それが村の長老を選出し,その長老は同時にまた税金徴収人でもあった。農民の大多数は農奴層であったから,ミールは土地所有者貴族の世襲的管轄権下で機能した。それでも,貴族によって割り当てられ

第8章　ボルシェビキ革命以前のロシアにおける社会変動と社会政策

た土地の最終配分は，村会によって実施された。この定期的な地条（strips of land）〔細長く短冊状に耕作された土地〕の配分，さらにはさまざまな共同の労役の定期的な配分が，ミールの第一の主要機能であった。意思決定が一度なされると，全村民を拘束する内容として承認された。ウォーレスの観察によると，「農民たちは，共同体的福祉_{コミュナールウェルフェア}に対する譲歩をなし，ミールの意思に対して率直に心を向け，このような仕方でともに作業をするように習慣づけられていたのである」[9]。

　定期的な土地再配分の目的は，家族の土地所有に関して，世帯のサイズや構成に格差が生じた場合に，それをいくらか考慮しそれにできるだけ対応することを保障しようとすることにある。この点で，ミールは一種の「原始的な労働連合体」[10]としての機能を果たした。しかしながら，ミールはまた収税目的のための一つの集合単位としても役立った。この収税のための共有責任については，全体のコミューンがその個人成員の各人に集合的に責任を持つことになるが，それは，1906年10月まで廃止されることがなかった。こうして土地の保有は税の支払と不可分に連結されていた。税を支払った人たちは土地についての共有権に対する資格が認められた[11]。ロシアのような行政管理的にも，経済的にも，進歩がおくれている社会では，ミールは一つの相対的に単純かつ効果的な収税の単位でもあった。しかしながら，収税された総額は，何ら土地の質を計算に入れたものではなかった。ミール単位に請求された全体の合計額は，そのミールの男子農民の人数，または「修正人頭数」をもとにしたものであった。このような名目上の頭数を修正するために，定期的な人口調査がなされたが，修正と修正との間に出生者と死亡者が出てくるため，正確な数的把握がなされたことはなかった。人口調査はまれに，かつ不定期かつ不規則に行われ，課税のシステムは，ミールにとって利益になったり，または不利益になったりした。それは人口調査の間に経過した時間内に生じたきまぐれな人口変動に依存していたからである。

　地条が周期的に再分割されてきたこの共同体的土地所有と，土地保有を基礎にした課税のシステムが，農業における刷新を挫折させ，人口の移動を制止するもとになった。ミールは，安定した人口の想定に基づいて，集合的に

納税するような拘束下にあったので，その構成員は勇気をくじかれ，また多くの場合，他所への移住の防止策となっていた。移住しようと欲する個人は，第一に国内旅券を取得せねばならなかったが，これは彼の出身の村会，彼の地方領主および警察の承諾なしには許可されないものであった。仮に1人の農民が村を去ることを承認されたような場合でも，彼の課税分担金を支払う法的責任が残されていた。このようにしてミールの存続は，一部では一つの統制システムとしての基礎づけを持っており，またある点では「定住法」と相似のものであった。〔それとの〕主要な差異は，ロシアの農民は救済を申請すると認可されず，納税ができなければ認可され，しかもこれらの裁定行為が高位の社会的地位にある見ず知らずの官憲または人物によって行われるのではなく，彼の同輩の村民たちによって執行された，という点にある。

　それゆえ，農奴は人格的自由にさまざまな制限を課されて生活したが，自分が保有保障されている土地が売買される限りにおいて〔土地とともに〕売られ，それ以外は農奴は売られることはなかった。解放前には，主人がコミューンのことにまで介入する権力を与えられていたという証拠もある。農奴はまた，村落コミュニティの他の成員と同じ条件で，集合的意思の行使をする共有権を持っていたけれども，ミールの集合的意思には従属していた。

　逆に，この従属の程度により，農奴はその地所をあくまで人間的にかつ効率的に経営することによって，きわめて低い生存のレベルではあったけれども，経済的保障の手段を享受することができた。主人に対する責務は不利に定められていたかもしれないが，しかし農奴も，たとえばその主人の領地内で燃料の収集のような，漠然としてはいたが慣習的な権利とされていた利益を取得することによって，主人と等しく利を与えられていたのである。飢饉，伝染病，あるいはその他の災害の時には，善良な主人ならその農奴たちに救援を提供したであろう[12]。同様にして農奴は，病患，事故および老齢のごとき通常の不幸な状態にある時，扶助を受けるため自分の出身の村民たちのもとに帰っていくこともできたのである。ミールは一つの生活の在り方の表明であるが，そのなかでは，経済的効率——およびメリット——というようなことは疎遠な概念であった。

第8章　ボルシェビキ革命以前のロシアにおける社会変動と社会政策

ロシアの世帯 (dvor)、すなわち合同家族システムおよびミール (mir) すなわちコミューンの間に区別の線引きをする必要がある。合同家族の法的地位は決して明確にされておらず、また1906年の改革までは、「合同家族の構成員がその家長に対する、および家族の財産に対する関係のなかでの地位を規定する」[13]ということは不可能であった。しかしながら、合同家族システムは、個人ではなくて、農夫世帯に土地を所有する権利を帰属させる慣習的な措置行為である。このようにミールは大衆的な制度であり、それは牧草地や問題発生時の相互扶助に対する慣習的権利であれば共通に付与されるものであるが、そこには合同家族システムが広く不満を買うことを示す多くの証拠がある。1861年の「農奴解放令」は、それが、集合的所有権の原則を保存し、割り当ての土地について集合的所有権を農民家族の首長としての家長に帰属させ、しかも多面、同時にコミューンに基礎を置く相互扶助の伝統的形態を弱化しているものであるかぎりにおいて、前述のごとき家族内での不満を高めているのである[14]。

ロシアの農民たちは、抜け目のない巧妙さと表面上の卑屈さによって、生き残っていく長い伝統を持っている。大多数の者は、すすんで土地を棄てたであろうが、しかしそれをする手段を欠いていたのである。農民層が、反動主義者たちや革命主義者たちによって、同様に、非常に高く評価されてきた集合的精神を共有していた、という証拠は少しもない。おおむね、彼ら農民は、スラブ人びいきの愛国主義者たちのロマンチックなへつらいや、ラディカルな煽動者たちの階級闘争への呼びかけに対して、同等な無関心さを示している。トルストイが1865年に「ロシア革命は皇帝や独裁制に対して指し向けられることはなく、むしろ土地の所有に対してなされるであろう」[15]と書いた時、彼がすでにそのことを予見していたことを示している。そして農民は、土地を福祉と同等のものとみなしているが、彼らはその土地を集合的に共有するために求めるのではなく、個人的に保有することを求めるのである。私たちはただ、どの範囲まで、農民層が一つの生活方法としての集合主義に関与してきたかについて、思弁を試みることができるだけである。それでもなお、社会的および経済的な変動の諸過程の下で、より旧式のシステム

が崩壊するにつれて，富裕農民の一つの新しい階級が発生し始めた。多数の社会主義的革命家たちも，「農民はこのような搾取を悪いとは見ておらず，むしろ農民はただ投資の対象のかわりに，搾取者たらんことを欲しているのである，という自らの落胆を悟りつつある！」[16]といえよう。

しかしながら，政府の観点から見れば，村落コミューンは，それを通じて社会統制が行使される主要な道具であった。地理的に広大で行政管理的に未開発の国では，コミューンはそれによって税金や賦課が徴収され，労働の移動が統制され，また，いくらか国民的合一意識が保持されていく手段でもあった。ロシアの国民的偉大性と主権は経済的発展なくしては生き残りえなかったし，その発展が政権に一連の経済改革の必要を強要し，改革が解放をともなって始まったということは，ただ行き暮れたことの実現であるにすぎない。

仮に村落ミールが，上から統制するための制度的枠組みを提供するとすれば，それはまた同時に，そのミールの各成員が配慮し合っている範囲内での，同等者間（between equals）の交換関係の一つの複合的なネットワークを現出するものである。とはいえ，これらの諸関係性を「付与者」と「受容者」の間の交換として記述することは困難であろう。農民は自分たちの土地の所有者には多様な用役を課され，政府に対しては租税を支払ってきた。彼らはそれについて，大きな怒りの感情および大きな不正義感すら抱いてきたのである。理論上は，少なくとも彼らは，いろいろな種類の保護と保障を受けていることになる。だが彼らがこれらの諸関係において，一つの等価状態を達成しようとする願望によって動機づけられていたかどうかは疑問である。私たちが農民の態度や期待について知ることが少ないこともあるが，彼らは喜んで外部の諸機関とのこれら一切の連合――商業的取り引き関係は別にして――から脱退するであろう。たいていの解説者たちは，持久的かつ大衆的な農民信仰について注目するが，それは，もしも皇帝（ツァー）が最後に農民たちの苦悩と貧困を知るならば，彼は土地を貴族から回収し，それを皇帝の忠誠な召し使いに返してくれる，という信仰である[17]。農民たちは限界を定められた世界のなかで生活しており，そこでは利他主義の概念が個別的な知己，親族，

および土地の共同所有という諸制限の内部だけで，急に中断するのである。政府は租税を徴収し，青年たちを徴兵し，地主たちは彼らの慣習的な徴収金を引き抜いていき，そして成員と部外者の間の区別が，地理的孤立，記憶に残らないほど昔の慣習や，さらにしばしばそれ以上はないような苦い経験の基礎の上に忍耐を強いていく。

5　改良主義者たちと革命主義者たち

　ミールは，個人主義と集合主義との間の一つの妥協を代表しており，また久しく保守とラディカルな関心との間の一つの焦点とされてきた[18]。1840年代に，コーマヤコフ（Khomayakov, A. S.）やサマリン（Samarin, I. F.）のようなスラブ人びいきの著作家たちは，ロシアの村落生活をロマンチックに，国の将来の再生のための一つのモデルとして，記述している。スラブ至上主義運動の基本教義を概括することはむずかしい。たいていの著作家たちは，西欧的な合理主義思想の形態に対して共通の敵意を共有し，深く「東方正教会」の宗教に密着してきた。その運動の1人の設立メンバーたるイワン・キレーフスキー（Kireevski, Ivan）は，ミールから「正教会」への愛着に至るまでのロシア社会の特異な資質をたどっている。彼は，ロシアはこれらの諸制度を基礎にした潜在的に最高の民主的な社会であり，その社会を救済するには農奴制の廃止やコミューン生活を再生して独自な国民的文化の保存をしていくべきだという信念を持っている。サマリンは，コミューンについて，それを「同調性の一つの高貴な現象であり，合理的な存在の一つの合同的実存」[19]として記述している。サマリンと同じく他のスラブ主義の著作家たちも，社会福祉の物質的内容よりもむしろ道徳的内容を強調する。彼らは，ほとんどデュルケーム主義者のような用語法で，社会生活の中心的論点は，現実には経済的および政治的なものよりもむしろ道徳的なものによる，と論じている。

　独自の強烈な愛国主義的表現で，1840年代のスラブ至上主義者の著作家たちは，村落コミューンがいかなる西欧的制度よりも道徳的に優越している社会組織であったかを主張している。彼らはその集合主義と相互扶助を資本主

義の間断なき競争主義に対比している。多数の初期のロシア人の人民主義者や社会主義者は、一つの社会制度としてのコミューンの強化によって資本主義は回避され貧困は排除されうる、というスラブ至上主義の信念を共有していた[20]。

人民主義原理は、1860年代および1870年代に、その最大の優勢期の到来をむかえた。彼らの中心的な政治目的は「社会的正義と社会的平等」であり、彼らはその「本質のままのもの」が農民コミューンのなかに存在したと考えていた[21]。人民主義理論は、その知的伝統をサン・シモン、フーリエやプルードンの社会主義から引き出していた。多数の人民主義の著作家たちが、ロシア人農民をロマンチックに見る傾向があったにもかかわらず、彼らのうちのある者は、農民層は「食べることと着ること、身体的保障が与えられること、疾病、無知、貧困および屈辱的不平等から救出されること」を欲しており、また「政治的な権利、選挙権、議会……などというようなプログラムは、ただ農民たちの悲惨をあざけるものにすぎない」[22]ことを理解するに十分な冴えた頭脳を保持していた。

人民主義原理の最も明確で最も信頼できる性向は、チェルニシェフスキー(Chernyshevsky, N.)の著書のなかに見出されるであろう。当時の社会問題に対する彼の実用主義的接近と証拠を尊重する態度が、初期の英国フェビアン主義者の資質に通じる何かを彼に授けている。チェルニシェフスキーは田舎のコミューンを温存させること、そして同時にその形態を修正して産業生活に適用していくことを願っていた。しかし、彼は生産の一つの様式としての資本主義に対しては率直に敵意を示し、スラブ至上主義者と同じようにロシアにおいて資本主義を回避しうる唯一の路は、個人主義的および集合主義的な財産所有の結合としてのコミューンを強化することにある、と主張していた[23]。チェルニシェフスキーは、社会改善、とくに貧困の救済は、次に来る政治的変動よりもむしろ優先してなされるべきである、と認識していた。彼は、説得による改良と、最初から農民の「土地、食糧、家屋、長靴」に対する欲求に見合うような意欲に賛意を表していた。もしも農民たちの協力が約束されなければ、社会変動のコースはコミューンの破滅と集権化された専

第 8 章　ボルシェビキ革命以前のロシアにおける社会変動と社会政策

制政治の新しい形態の出現に終わることを，チェルニシェフスキーは予測していた[24]。彼はきわめて過激な革命主義的原理に反対していたが，それは多くの場合，長期的な集合的目標に対して当面の福祉利益を犠牲にする結果を随伴するものであった。コミューンの強化は，その能力の幅において個人主義的および集合主義的福祉利益の調和を図るためになされた。しかし，その主な要求基準は協同の精神であり，というのも「善意と自発的協調なくしては，人間の福祉のために有益なことは何ひとつ真になされえない」[25]からである。

　ベリンスキー（Belinsky, V. G.）のような他の人民主義者たちも，資本主義に対するこの敵意を共有していた。ヘルゼン（Herzen, A.）やその他の初期のロシア人社会主義者たちと同じく，彼らは「社会的正義と社会的平等」はすでにその「本質において」農民層のなかに存在していたと信じていた[26]。解放と皇帝専制(ツアー)の必然的転覆は，農民に彼らの真に民主的および利他主義的性質を自覚させることを可能にした。

　この自由解放的理想主義の波に支援され，これら多数の知識人，「悔い改めた小土地所有者」は農民を説得し教育するためひなびた田舎に農民をさがし求めた。そこで彼らは，「無関心，猜疑，怨恨，そして時には露骨な憎悪と抵抗」[27]に見舞われた。人民主義者たちが，数多あるなかで最初に学んだことは，「国民の精神を粉砕したのは，借物の急進主義と知識階級の集団利益であって，皇帝主義者(ツアーリスト)の君主制ではなく，君主制はむしろ反対にすべての階級の広範な多数派によって強力に支持されていた」[28]ということである。ベーリン（Berlin, I）はクラブチンスキー（Kravchinsky, S. M.）の農民アパシーの経験を引照しているが，それを彼はベラ・ザスーリッチ（Zasulich, Vera）あての手紙のなかで再述し，いかに「社会主義がエンドウ豆を壁にぶつけるようにして，人々をはね返らせたか」[29]を説明している。

　解放につづくその年の挫折の大きな結果は，大衆追従の何らかの見せかけをともなった知的勢力としての人民主義の没落となった。指導的な理論家たちも，民主的支持なるものに基づく革命運動に対する彼らの希望を放棄してしまった。民主的で非集権的な伝統は生き残ったが，しかしニヒリストたち

は革命家の新種の典型であり，それはテロリズムに関与し，「人間の福祉のために独立して行動する優越的な個人の権利を強調する悲憤的なエリート主義によって特徴づけられたもの」[30]であった。一つの啓発的な論文『ラスコーリニコフの世界』のなかで，フランクはドストエフスキーの『罪と罰』を，人民主義の没落に対する一つの序曲として解説している。ラスコーリニコフの犯罪は「功利主義的計算の基礎に基づき計画」され，そしてロシアの急進的な知識階級に対して，「愛の原理と権力の原理」との間における一つの選択を課した。一つの特徴的な簡潔さを持つ点で，それはベアトリス・ウェッブからの借用物かもしれないが，ニヒリストのピサレフは，ラスコーリニコフの奇妙な精神状態と暴力行為は，誤った栄養のためであったのかもしれないということを示唆している[31]。

6　農奴制の廃止

　ほとんどすべての主要な改良主義者と革命主義者の運動において，彼らの多くの原理上のちがいにもかかわらず，共同的組織の一つの単位としてのミールが保存されていくべきである，という点では一致していた。逆説的ではあるが，彼らはこの見解を，若干のより保守的な人たちや皇帝の官憲とともに共有していたが，これらの人たちは，ミールは地方的民主制の一つの自然でかつ無害な形態であり，農民および縁者たちのニードに対して理想的に適合したものであると考えていた。しばらくの間，農奴の解放とミールの保持とは相容れない目的である，とみなされていたこともあった。ミールは，急進主義者と保守主義者によって同様に資本主義に対する一つの防波堤とみなされていた。しかしながら，そこには西方ヨーロッパのいま一つの形態が存在し，それがより保守的なスラブ至上主義者や多くの土地所有者，官憲，貴族たちの意識に住みついていた。それは，ロシアにおける自由経済市場の創出は，社会生活の内部に競争的個人主義の異常な位層を生み出し，また土地のないプロレタリアートの発生をもたらす，という恐怖であった。農奴の一般的解放はミールを破壊し，あるいは弱体化させたが，それは，想像もで

第8章　ボルシェビキ革命以前のロシアにおける社会変動と社会政策

きないような規模で貧民の問題を生み出すことになった。結局，これが，解放が一つの現実となった時に流布されてきた見解である。そこで論じられたのは，ミールは農民に対する社会福祉と保障の一つの原形的な枠組みを提供することができる唯一の好ましく，かつ受容可能な社会制度である，という理由から，それは保存されなければならぬということであった。

　農奴制問題を調査しようとする皇帝(ツアー)の意向の最初の明確な声明は，1856年の「クリミヤ戦争」に終結をもたらしたパリ平和条約の公布と時を同じくした。解放の論点はロシアにおいてきわめて長い間，一つの根強い，しかも多くの場合，内々に論争の主題とされてきたものであった。「農奴解放令」はついに1861年2月19日に署名され，その条文は多くの紆余曲折を経た妥協を反映していたが，しかしそれは多年にわたる協議の後に到達したものである。この法は，一切の農奴を自由に解放したもので（国家や皇室によって所有されていた人々は別であったが，それも後日の法令により自由にされた），さらに土地所有者たちの権威は，ミールの古い制度に基礎を置く共同的自治政府の新形態によって置き換えられた。割り当てられた土地はミールに投資されたが，そのためミールは，当時は地方的自治のきわめて高い位置を享受していた。ミールは，同時にまたそれを通じて年度の賦役が金銭または労働の形で土地所有者に支払われていく機関ともなった。政府は自分たちの土地の買い取りまたは買い戻しを希望する者に信用貸しを提供する仕事をした。この解放令についての二つの主要な批判は，一般的にこうした「土地買い戻し」の経費があまりにも高すぎたこと，しかるに多面ではその買い戻して割り当てられた土地の平均面積があまりに小さすぎて，生活維持の保障と買い取り金の返済ができない，ということであった。

　解放と土地改革はまたより一般的な経済目的に役立つものであった。ガーシェンクロフ（Gerschenkrov, A.）の観察によると，「その世紀の終わりに，明らかになってきたのは，ロシアは農業産品の輸出量を増大することによってのみ望まれる海外投資に支出することができる，ということである。農民は生産の増加とより多くの税金を納めることにより，その重荷を担うことになる」[32]と。解放が彼らの運命を改善する新しい経済的誘因を提供することに

177

なった。

しかし農民はまたこれまでよりも気やすく，そして親しみのある生活の道を失ってしまった。伝統的な交換関係はしばしばゆがめられた習慣やしきたりに基づくものではあったが，それに替わって，今では，農民はすべての補給用品に対して現金支払いを要求された。たとえばそれには器具の利用，土地所有者の地所からの牧草や燃料の収集や利用ということがあるが，そうしたことは，かつてはただ承諾を得るだけで行うことができたものである。自由農民は現在では市場経済と貨幣による現金取り引きに基づく一つの新しい関係の仕組みのなかに包摂されつつあった。ウォーレスが彼の地方旅行の間に銘記しているように，「現在は代価なしで持てるものは何もない。支払い請求に一歩ごとに直面することになる」[33]のである。おそらく，土地のための買い戻し料金を納めねばならぬ義務に関して，苦々しい怨恨が感じられたが，もともと農民たちの伝統的な信念によれば，土地は常に彼らが領有してきたものであった。

解放はまた，それが相互扶助の伝統的枠組みを知らず知らずのうちに傷つけ始めるにつれて，〔新たな〕貧民の発生を防止することに失敗した。田舎の多くの地域における生活水準の漸次的な低下は，成長する工業区域での労働需要の増加によって補完された。共同的紐帯は，個人的納税義務が集合課税でなされるかぎりにおいて，いまだしばらくの間は生き残っていた。他面，ミールも保留はされていたが，それも農業効率のレベルを上昇させることは不可能であったし，また結果的に貧困は移住への強い誘因として作用したが——その誘因も，法的制限によると同様に，共同的な忠誠と責務の意識によって，いくらか縮小されていった。人々は地方の町で臨時契約で仕事を始めたが，たとえば単に播種や収穫のような事情に応じ，または社会的不況の時期などに家族のもとに帰って行った。このような仕方で，「一つの混血階級——半分は農民で，半分は職人——が創出され，したがってプロレタリアートの形成はきわめて遅々たるものになっていった」[34]。

農業の改良と労働の分業と，効率的な工業生産に必須の特殊専門家の育成が，ミールの残存によっておくらされた。皇帝の政府にとって長く持続して

第8章 ボルシェビキ革命以前のロシアにおける社会変動と社会政策

きた農奴制の変則性を解決しようとした企画は，近代化の要求と伝統のそれとの間の非効果的な妥協であったとして，たやすく批判されうるであろう。一つの対案的見解は以下のようになるであろう。それは社会改良の方法として，解放とミールの保存という二重の目的は，将来展望に関する資質と行政運営的技能の上達度を要求するものであるが，それらの資質や上達度は，非効率的でかつ腐敗している官僚制の能力では，まったくおよびもつかないものである。しかしながら，その立法上の志向はそのデザインの点で，多数の批判者たちがすすんで認めてきたより以上に，はるかに進歩的なものであった。その実現は，ほとんど確実に，当時のいかなる他のヨーロッパ政府の機知や意志よりも進んだものであったろう。他の欠如している要素は，西方ヨーロッパの工業化を加速した労働についての独創的な自由市場である。

解放の問題と村落コミューンの未来の問題が解決されていくその仕方は，ロシア人農民の福祉に関してきわめて重要な視点を与えるものとなる。村落コミューンは，農民が逆境に立ち向かうことを可能にする相互扶助の唯一の源泉であった。多くの場合，比較分析は私たちに，私たち自身の伝統や，時には社会サービスあるいは社会福祉国家の構成についての偏狭な諸定義を放棄すること，あるいは修正することを強制する。皇帝主義者(ツアーリスト)のロシアにおいて，村落コミューンを保存する理想は実現されなかったが，しかし相互扶助と協同に基づくコミュニティの概念は，社会政策(ソーシャルポリシィ)と社会福祉の公式および非公式機関の間の関係についての論争の場で，一つの主要なテーマとして生きつづけている。

7 地方政府の改革と民間の努力

皇帝(ツアー)の閣僚でより有能な者は，その政権が久しく保持してきた不適切な運営上の問題を十分に知りつくしていた。彼らは，解放が一時的に地方統制の伝統的システムを弱体化するであろうことを認知していた。皇帝の最も有能でまたリベラルな行政官の1人であったミリウチン（Miliutin, N. A.）は，プランが完成される以前に免職されていたが，しかしそれは，彼がそのデザイ

ンに対して相当の影響力を行使して以後のことであった。1864年法は一つの新しい地方自治体（ゼムストボ，zemstvos）のシステムを生み出したが，それは領地レベルと地区レベルとの両者を基準にした議会であった。それはミリウチンの独創的計画に負うところが大であった。村落においては，ミールが地方的政治集会の基本となっていたが，それから各世帯の戸主が代議員を選出して一つの新しい地方行政府単位たるボロスト（volost）へ送りこむ。ボロストは近隣諸村落の小集団に対して責任を持つものであった。逆に，ボロストのメンバーは，選挙人会を選出し，この選挙人会が代議員を指名して地区ゼムストボへ送りこんだ。このような地方行政官のレベルでは，ゼムストボは地主，町民，農民代表から構成され，それぞれは，分離的な間接選挙の複雑なシステムと財産基準による投票権に基づいて選出された。地方政府の第三レベルでは，領地ゼムストボがあったが，そのメンバーはまた同様の複雑な選挙手続きによって選ばれていた。実際には，農民たちは領地集会の年度大会に出席することも許可されていなかった。

　これらの新しいゼムストボまたは集会が，貧困者救済，病院，初等教育，自発的援助の奨励，公衆衛生，道路および農業改善の増進をも含めて，地方公共および社会サービスの広範囲にわたる提供に対する責任を持たされていた。それらは主として土地に対する地方税の収入によって財源調達がなされていた[35]。ウォーレスによると，ゼムストボは「一種の地方運営体として，田舎のコミューンの諸活動を補助し，また個別のコミューンが満足できるような高度の公的要請の受理をするものであった」[36]と記述している。貴族層は，ミールの内部事項に関するものは別として，新しいシステムのほとんどあらゆる面を支配していたが，多くの地区で，代議員として奉仕していた貴族と農民の間には，目をみはるほどの調和が保たれているように見えた。

　大きな町における町政運営の補助的改良は，1870年に導入された。新しい町議会の議員は，課税登録による位階別選挙のシステムを通して間接的に選ばれた。非常に富裕な世帯主は不釣合いなくらいに寛大な代表権を享受していた。これらの新しい町議会の義務も，ゼムストボのそれと非常によく似ていたが，しかしそれよりもはるかに意識の上では軽いものであった。1892年

第8章 ボルシェビキ革命以前のロシアにおける社会変動と社会政策

に，この町政のシステムは実質的には中央政府のより直接的な統制を受ける形態に変えられた。議員も，かつては奉仕することに協賛して議会に出席していたのが，それ以後は法律によって強制されて出席することになった。

地方ゼムストボの福祉諸活動に関する信頼すべき情報を入手することは困難である。ウォーレスは，19世紀の終わりに，業績を上げている地方集会が，医療サービスの上で多大な改善を断行したと考えている。彼は，「町に公立病院があり，それは概して——あるいは，少なくとも非専門職的な目から見て——きわめて満足な状況になった」[37]と明記している。ある地区では，医師が地方村落の巡回診療を実施していた。それについてパレスは，その熱心さと「宣教的献身」に対して，ゼムストボの自由派，急進派および革命の推進者も協力して，公衆保健と教育プログラムのために活動した，と記述している[38]。しかしながら，ウォーレスは彼が訪問した精神病院についてはかなり批判的であり，その病院の状態を他のそれと比較して，このような施設は「ダンテの地獄篇の錬獄」[39]にもなぞらえられるとしている。しかしその一方でパレスは，彼が訪問した精神病院に対して全面的な賛辞を呈し，病院の収容者に対する寛大で親切な処遇に注目している。彼はモスクワ近傍で立ち寄って見た一つの精神病院での「オープン・ドアー〔開放式〕」原則についての初期の実験で，彼もそれが成功していると考えたことを述べている。とはいえ，彼は，あくまでも悲しげな口調で次のように付言する。「その病院は参観者たちを，おそろしいほどの緊張感に巻き込んだが，ちょうど私がそこを訪問した時，医師たちの1人が彼自身錯乱状態に陥っていた」[40]と。

村落における福祉提供のレベルは極端に控え目になされてきたように思われた。1890年代の，ボロネッツ近くの村落生活についての一つの報告書は，幼児を他家に預けるシステムと，里親たちの間で流行していた梅毒の注目すべき高い発生率について述べている。マラリアはこの地区におけるもう一つの風土病であったし，たいていの家は，害虫によって食い荒されていた。農民たちが，町のなかで利用できる数少ない自由病室ベッドを使用することはごくまれであった[41]。

トロヤット（Troyat, H.）もまた，19世紀の初期に，広範に「預託システ

ム」が存在していたと思われることを記述している。彼はそれを順を追って詳述している。それは「モスクワ捨て子病院」に雇われていた「多数」の農村婦人が，自分たちの幼児を村のなかに捨ててきて，他の人たちの乳児を保育することによっていくらかの現金収入を得ていた，という内容であった。乳児たちと看護人両方の間で梅毒が高い比率で広がっていたこと——また町のなかでは私生児の数が高率であったことについても，再三の論及がなされている。捨て子は病院のなかに平均して3週間か4週間の間止め置かれ，予防接種をして，それから病院外に出されたが，時にはかなり遠隔の地にやられて，それから後は誰からも保護観察を受けることなく終止した[42]。「モスクワ捨て子病院」はこの種の施設としては世界最大のものであって，平均1日2000人が在院していた。その「病院」は国から年額で10万ポンド相当の補助を受けていたが，その大半は遊戯カードの販売利益から徴収したものであった。トロヤットは全国を通じておよそ2500の慈善施設が存在することを紹介しているが，そのうちの最大のものが「マリー陛下（Empress Marie）の施設運営団体」であった。この慈善施設は1797年に設立され，身体障害者，病人，孤児のための療育を提供していた。

　アレクサンドル二世とアレクサンドル三世の治世の間に，数多の児童通学学校が増設されたが，しかし教科の厳格な監督は各種の学校に対しても大学に対しても政府によってなされた。初等教育の経費のおよそ20％は政府補助金によってまかなわれ，他の23％は地方のゼムストボによって支出された。村落コミュニティは経費の3分の1を負担しなければならず，残りは両親による月謝からまかなわれた。1897年の人口調査は読み書き能力のない者の分布範囲の地区的落差を記録しているが，田舎では89％から45％に，町では64％から37％となっている。1884年には，村落における初等教育は教会の監督下に置かれており，その効果については，おそらく町と田舎の間での教育提供の量と質の両面で不均等な差異が存在した。

　多くの進歩的なゼムストボが，若干の福祉サービスと公的救済を拡張しようとする努力にもかかわらず，有意義な進展をなしえなかったのは，明らかに資金の時節的な不足によるものであったように思われる。リムリンガー

第8章　ボルシェビキ革命以前のロシアにおける社会変動と社会政策

(Rimlinger, G. V.) は「ゼムストボの1900年度予算は150万ルーブルが公的扶助に配分され，市町自治体はおよそ300万ルーブルを配分した。ある人の推計によれば，控え目に見ても，ゼムストボ諸領域内のニードに対する適正処置をするためには，3億ルーブルが要求されたであろうが，ゼムストボはただわずかに450万ルーブルしか支出していないのである」[43]と明記している。物質的な原因に発する最悪の惨状は，おそらくミールの相互扶助システムによって軽減されている。それでもなお，周期的な飢饉の場合，それは1870年から1900年までの間に起こったものであるが，このように制限された資源では全面的に不十分であることが示された。また常に中央政府による周到な補助的対応が欠落していた。

　これらの改良の意義も，ロシアがいまだまったくの専制政治体制にとどまっており，その究極的な権力が皇帝に委託されていたという事実によって，暗い影が投げかけられている。それにしても地方化された民主制の独自の方途が形づくられ，そして，少なくとも理論上は，地方政府の新しい構造が当時英国，フランス，ドイツにおいて流布されていた。ロシアは，それに比してそれほど劣ってはいなかった——またはいくらか民主性の度合いが低いという程度であった。そのシステムは1890年までは相対的に変化することなくそのままであり，成熟と能力の点で成長しつづけるが，しかし一連の事件に対して，それはロシアにおける民主化の遅々たるコースを検分する手がかりにもなる。

　1881年，アレクサンドル二世の暗殺により延引された事柄の一つは，地方首長または領地長官といった新システムに対するゼムストボのほとんど全面的な従属ということであった。それはポベドノスツェフ (Pobedonostsev, K. P.) の助言により継承者たるアレクサンドル三世によって導入された。ナチヤエフ，ザスーリッチおよびその他の多様な秘密結社の会員のような革命主義者たちのテロ活動は，1人の自由な皇帝（ツアー）の気質に，自然に犠牲をもたらした。その皇帝は熟考された，制限的ではあるが改良を準備していた人であった。

　ウォーレス (Wallace, D. M.) およびその他ほとんどの当代の権威者たちも，

183

1912年頃には「ゼムストボの達成は改良主義者の期待ほどには伸びていかなかった」という見方で一致した。教育および医療サービスは，ある地域では相応の進歩をしたにもかかわらず，全体としては不適当なままにとどまっていた。他の方法に頼った時どれほどの比率で進歩が達成されたかを見きわめることはむずかしい。ロシアは単に，社会改良の適切なプログラムを施行するための課税能力，運営の専門知識および経済的効率を欠いていた。ゼムストボの控え目な予算さえ，すでに堪えがたいほどの重い税を負荷してきた。それは農民層にとっては，まったく法外のものと感じられた。中央政府当局の支持なしには，富の再分配の手段として徴税システムを利用する見込みはなかった。ウィッテ（Witte, S.）やストルイピン（Stolypin, P. A.）のような改良主義的な閣僚たちさえも，帝国税制の主要機能を，産業成長の財源調達と農民の消費者需要量のいっそうの削減にあるとみなしていた。

　帝国の官憲たちもしばしば進歩的なゼムストボの改良計画を妨害した。なぜなら，彼らは何かその結果として地方徴税上の増加をきたせば，それが帝国税収上の削減または競合となるかもしれないことを恐れたからである[44]。ウォーレスは，19世紀の終わり頃に，ゼムストボはその総歳入のおよそ43％を保健，福祉，教育に支出していたと指摘している。彼は，その道路や農業の改善のような公共サービス投資の相対的消極性を批判しているのであるが，彼はそうした部門こそ，最も直接に農民福祉を増進するものであると主張する。彼は，ゼムストボのメンバーは一般的に教育的改良のような長期的効果を希望する側面に対して，あまりにも多額の投資をしすぎたということを示唆している。

8　人民の状態

　農民の窮乏の証拠はしばしば混乱し，また多様な解釈を可能にしている。納税についての最悪の事情が最も豊かなはずの黒土地帯に存在した。その地域はまちがった農業方式のため減産をきたしつつあったのである。こうした地域では，農民は長い間農業以外の賃金労働の形態によって彼らの所得を補

第8章　ボルシェビキ革命以前のロシアにおける社会変動と社会政策

給するように習慣づけられていた。それでも，とくに有能な農民たちは，彼らの土地買い戻し償還金を返済していけたし，その上普通の購入法によって土地を買い足していった。したがって1865年と1909年の間に，政府の貯蓄銀行への預金者数は7万2000人から600万人をこえるまでに上昇していたのである。その預金額（1億2000万ポンド）の4分の1をこえる分が地方人口に帰属するものと確信されていた[45]。

　それはおそらく，一つの農民世帯の戸主は，自家用目的のための穀物を差し引いた後，彼の所得の約4分の1を帝国租税として納入したことになる。これに加えて，彼は地方税と間接税を支払っているのである。だからウォーレスは，このことは「もしも農民家族がそのすべての時間と労力を生産的に用いることができた」[46]のであれば，十分に堪えていける負荷であったことを示唆している。もしも買い戻し償還金の返済，土地の転売および貯蓄の諸傾向に関する証拠資料が信頼されうるものであるとすれば，少なくとも少数派のより有能で幸福な農民たちは裕福になれたはずである。「農民土地銀行」は1882年と1902年の間にすぐれた仕事をしているが，土地購入のためには7分5厘の利子で4000万ポンドをこえる分を融資している。比較のため以下のことを明記しておく価値がある。それはその同じ頃に，何百万人という移民のなかで，アメリカの田舎では「苦情クラブ」に，同じく諸都市では相互扶助の諸団体に加入することによって，彼ら自身の福祉の保護と増進を探し求めていた帝政ロシア時代の古い市民がいたということである。

　外国資本から多額の融資を受けてきた工業化の道程も，1880年代には，下り坂になり始めていた。1860年と1913年の間に，賃金所得者数は400万人から1800万人にまで増加したが，ただし後者の数字のなかには，なお450万人もの農業労働者たちが含められていた[47]。1900年の頃までには，町と農村部の両方において，土地を持たない労働者たちが一つの階級を形作るという傾向が，もはや戻るに戻れない地点をこえていた。この発展は人民主義者の福祉理想を達成しようとする現実主義的な希望をも打ち砕いてしまった。小さな都市のプロレタリアートの条件についての何らかの知識は，当時の「工場監督官」の報告書から得られるし，また調査は「ゼムストボと諸町の同盟」に

よって実施されている。1918年の人口統計に基づくいくつかの回顧的著作も、またよく要点を示しており、かつ信頼されるべき資料と思われる。フロリンスキー（Florinsky, M. T.）によれば、「工業労働者の平均月収はおよそ22ルーブルまたは約11ドルぐらいのものと計算されていた」[48]という。

　この平均収入の極端な低水準の主要原因の一つは、持続的な農地の危機であった。簡単にいえば、町と市との間に、送金決済の複雑なシステムが形作られていた。移住労働者たちはしばしば親族を後に残しており、彼らが病気、身体障害、退職または失業した時に家庭に帰っていくだけであった。彼らが家族を後に残してきているというのも、都市のなかで家族の生計を支えることが不可能であり、村落地域でより安価な暮らしができたからである。しかし、国内におけるこの拡大家族の人為的な存続方途は、町のなかで順当な家族賃金を支払っている雇用主に対する高圧的な力を負荷することになった[49]。

　同時に、よりリベラルな皇帝(ツアー)の閣僚たちは、農民よりも都市労働者を援助することの方に、より多くの配慮をした。彼らは、ロシアの未来の経済的繁栄は工業の成長に依存するものと認識し、また保守的な貴族たちと同様に、彼らもまた都市を政治的不安定にしておくことの結果を恐れていた。1880年代を通じ、一連の労働法令が財務大臣のブンゲ（Bunge, N. K.）の所管の下で通過した。これらの新法律は12歳以下の児童の工場雇用を禁止し、また12歳から17歳までの年齢の若年者に対しては、1日8時間労働の制限を課した[50]。1886年の最初の「労働法典」の下で、雇用主による気ままな罰金や解雇を課すことを検閲する企てが実施されたが、雇用主は同時にこの法令の下で彼らの労働者に無料の医療処置をするように要求されていた。これらの改革の結果として、ブンゲは産業主たちの人気を失い解職された。工場監督官制は1880年代に発足したが、担当官らは有能で正直な官吏たちの集団であった。ツアムエリー（Szamuely, T.）は、ロシアの労働立法はその時期のほとんどの他の工業化諸国民に比較して、相対的に進歩的なものであったことに目をとめている[51]。それ以後の改革は、1897年の成年者に対する労働日の長さの制限、1903年の産業災害条件、1912年の「保健および事故法」を含めている。

第8章　ボルシェビキ革命以前のロシアにおける社会変動と社会政策

この後者の立法の大部分は，ドイツ保健機構をもとにしたものである。それは労働者の参加の方法を認めているけれども，提供の範囲や規模はひかえめなもので，また実際にはただ大工場で雇用されている労働者だけに適用されたものである(52)。ミリガンによれば「1903年と1912年の法律によっては，工業労働者のわずか20％が適用を受けただけで，病弱者，老年者または失業者には拡張されなかった」(53)ということである。

ロシアのミールの構造と機能，解放の過程および地方運営改革の補完的導入に関する概観により，我々は，ロシアにおいては土地改革の問題がいかに社会福祉の他の一切の論点をコントロールしていたか，という点に注目してみた。社会サービスの近代的形態の創出というような事柄は，たとえそれが政府によって達成されてきた内容のみならず，大量の人口集団によって期待された内容であっても，相対的に欄外的な重要さを持つものでしかない。1971年の終わり近くに至るまで，ロシアの人口の80％はいまだ農民であり，彼らにとって福祉の究極形態は土地の領有であった。しかしながら，政府とその反対集団の双方においても，それは土地問題とロシア経済の工業化のなかに置かれている農民の状態に対する長期的解決となることが，しだいに認識されてきた。ボルシェビキ革命は，皇帝制政府周辺における100年にもわたる知的麻痺や政治的無能を無作法に破壊した一つの事件であったのではない。それはむしろ，30年余りの間にわたる強力な知的論争と経済改革に関する一連の劇的な政策決定の最後の場に訪れてきたものである。

9　経済改革の開始

これらの社会的および経済的なジレンマに対してなされた皇帝(ツアー)の改良主義的な閣僚の対応は，制限的社会改良と強制的な工業化による急進的な経済プログラムの妥協であった。これら閣僚中の最高の人物セルギウス・ウィッテ(Witte, Sergius)伯は，ドイツの重商主義経済学者フリードリッヒ・リスト(List, Friedrich)に大きく影響されていた。リストの著書のなかに，ウィッテは彼の愛国主義と彼の信念を補完する経済原理を発見したが，それは経済制

度と活動はただそれ自体のなかだけで価値を持つものではなく、国家の政治的利益を無視するサービスのなかにも価値があるということであった。彼は、ロシアは適切な関税システムの保護によって有効に工業化することができるということを確信していた。自由貿易は気ままな行為であり、それは国際的競争の戦いで勝利を得るに十分なほど経済的に強力な諸国民によってのみ享受されうる在り方である。

　郵政大臣として短期間奉職した後、ウィッテは1892年に財務大臣に任命された。この任命が彼に彼の理論を検証してみる機会を与えた。彼は、次の任期の間、すなわち1892年から1903年までの間に、非凡なエネルギーでもって、彼の前任者のブンゲやヴィシネグラドスキー（Vyshnegradsky）によって着手されていた経済改革を断行していった。

　いろいろな意味で、ウィッテは改良主義的なロシアと保守派の持つ逆説的性格の一切を典型化していたといえる。強力無比なほど愛国的ではあったけれども、彼は海外借款による工業化の財源調達と彼の自国の人民への仮借なき課税を準備した。彼は、経済と教育の改革には全面的に関与したが、政治改革には、全面的に敵対した。彼は、製造業の移動ではなくて労働力の自由な移動の方を、そして選挙のリスクではなくて経済的リスクをあえて取る自由の方を信じた。彼の目標は、後ろ向きの農業社会から、政治的および経済的影響の大きな拡大が可能な第一級の工業国家へとなっていくロシアの経済的転換であった。発達した進取的な中産階級を欠如していることから、ウィッテは、工業化のコストは、高率の国内課税と穀物輸出増加によって返済される海外借款によって解決されるべきものであると決断した。

　これらの計画は、金の標準価値の回復、税体系の改革、関税の一般的引き上げによって補完された。1869年と1876年の間に、従価（ad valorem）税の比は平均して13％弱であった。1895年と1899年の間には平均レートは33％まで上がった[54]。ウィッテの関税改革の成果に応じて、多くの海外製造業者はロシアとの取引を開始した。保護貿易はロシアの実業家小集団にとっては通例のことであったが、それは農村保守派と社会改良主義者たち両者の間に、大きな敵意を生み出していった。フォン・ラーネ（von Lane）がいうように、

第8章　ボルシェビキ革命以前のロシアにおける社会変動と社会政策

「関税と金価格の両者が，農業と大衆的福祉を彼らの社会的および政治的な優先順位の尺度の首位に置いているすべての人たちを敵にまわさせた」[55]のである。1905年から1912年までの期間に関税は平均して「伝説になるほどの高率で，輸入総額の30～38％」であったが，これをその当時の一般的な率に比較してみれば，英国では5.7％，ドイツでは8.4％，アメリカ合衆国では18.5％であった[56]。

しかしながらウィッテは，彼の税制政策について敵意が強くなりますます酷評されるようになってきても，そのような敵意を無視していた。タバコ，パラフィン，マッチ，砂糖のような商品の間接税率は急激に上昇した。高率課税のアルコール類の販売は国家専売でなされたが，ユダヤ人は酒類販売の許可証を持つことは禁止されていた。高率課税はそれによって穀物輸出量を増加する仕掛となっていた。1860年と1900年の間に，「穀物の年平均輸出は150万トン以下から600万トンをこえるまでに上昇した」[57]。この期間を通じて，最も豊かな農場地帯のいくらかに飢饉が発生してきたが，豊年の時でさえ平均的な農民は生理的生存水準かまたはそれ以下の生活をしていたのに，その半分で「追加」穀物の輸出は新記録を記していた。農民，しかも貧農は，税を支払うために，彼自身の生産物——または労働——の大部分を売りつくしてしまうように義務づけられていた。

一般的に後ろ向きの広範な問題は，大部分が無力な農民たちの支弁によって解決されていたのである。ウィッテが都市労働階級の福利をはかる制限的社会改良を支持する用意をしたことは，意義のあることであり，1897年になって，彼は成年および青少年に対する1日当たりの労働時間の新しい制限を課すことに同意した[58]。ただし農民に対しては，このような融和策は何一つ講じられていなかった。

地方の田舎における貧困の最善の解決方途はミールの廃止であった。それは，このことが同時にまた，産業成長率と生産効率の増大に対する主要障害を除去することになるという理由によるものだった。ウィッテは，それが過剰地方労働を低減し都市賃金労働者の供給を増大することになるため，より流動的な労働市場の創出を前向きに求めていった。彼の農業改革には，1894

年に「農民銀行」の信用貸付を削減し，1896年には買い戻し借款金の返済を延期したことが含まれる。より体系的な企画としては，1890年代に国内移住——とくにシベリアへの——がすすめられた。そして，一連の政府調査の後，納税の集合的責任制が1903年に廃止されたこともあげられる。しかしながら，工業化は都市労働の量と同時に質における改善にも依存していた。教育改革におけるウィッテの企画は，ポベドノスツェフ（Pobedonostsev, K. P.）によって大きく頓挫させられた。彼は「宗教会議」の事務局を通じて初等教育をも統制しつづけていた。それでもウィッテは技術教育の開発に影響を与えることに成功したが，それは世俗的統制の下に置かれていた。彼は工業化の福祉的局面に関しては，それほど関心を示さなかった。これらの無策のままの諸問題は1899～1903年の経済的停滞の間に顕在化してきたが，しかし，その回復は日露戦争の勃発のためにおくらされていた。失業の量的拡大につれて，しばしば暴力的なストライキと，きびしい警察の弾圧が拡大していった。これらの条件が戦闘的な革命行動のリバイバルにとって，理想的状況を作り出していったのである。こうしたウィッテの経済改革の政治的遺産は，ストルイピンによって受け継がれることになる。

　1870年代の非組織的なテロリズムは，農民たちの政治的無関心と皇帝政権の無為無策の態度に対する一種の急進的な反発であった。しかしながら，そこには，もう一つ他の種類の改良主義的対応が存在したが，それは制限的改良のもたらす利益を認め，1864年以後，地方政府において実施されてきたものである。新しい領地および地方のゼムストボのなかでの改良主義貴族と同じように，リベラルな知識人，技術者や専門職の人たちが，はじめて貧困者の実際のニードや期待について，そのいくつかにでも直接にふれてみようとする動きを開始した。1890年の改革は，いっそう進んだ運営上の展望を提供したが，そうした展望の内部で，これらの改革支持者たちは実践的経験といくつかのゆるやかな地方的成功とに基づいて，一定の確信を達成しえたのである。

　1890年代には，ロシアの革命主義的および改革主義的諸運動における急進的過激派の排他的勢力が，一時的に弱体化したことを示唆するいくつかの

第8章　ボルシェビキ革命以前のロシアにおける社会変動と社会政策

証拠がある。暴力行使の代表的人物たちは信用されていなかった。なぜなら彼らは自己の目的達成にも失敗してきたし，またしばしば制限的改良の期待をゆがめて見ていたからである。1899～1903年の経済的景気後退と1905～1906年の政治的不幸と危機に至るまでは，革命主義者たちも，何らかの大衆的な支持の確信と見込みをもって，彼らの政策に関して断言できないでいた。

　しかしながら，この頃になって，多数の古い人民党員たちは，資本主義がもはや防御しきれないものである，という確信を持つようになった。それでもなお，広範囲にわたる社会改革を，もしも説得でだめなら戦闘的なストライキ行動によってでも，資本家たちから引き出してくることも可能であった。これらの急進主義者のある者たちが，新しい「社会民主労働党」のなかでの「メンシェビキ党」となったのであるが，しかしその他の者は，彼ら自身の「社会革命党」の内部で人民党的伝統に密着したままとどまっていた[59]。レーニン（Lenin, Vladimir Il'ich）はこれらの「合法マルクス主義者」に対して強力に敵対したが，その合法マルクス主義者たちは，制限された「部分的」福祉目的を目指し，長期的な政治目標には，ほとんど注意を向けない社会改良のプログラムを積極的に支持していた[60]。それでもなおレーニンは，1912年法によって設置された新しい社会保険委員会を利用することをボルシェビキ党員にすすめていた。それが予告される少し前に，プラウダは，労働者たちはいかにして新しい立法の下で，彼らの最大給付と委員会代表権を要求することができるかを説明した論文を定期的に公刊した。ボルシェビキ党も，「全面的に社会保険の疑問にこたえるため」[61]の第二新聞を発行するところまでこぎつけた。しかしながら，レーニンは，成功しやすい福祉権のキャンペーンよりも，根本的に転覆的な性質を持つ目的に執着していた。しばらくの間，彼は彼自身の目的のために新しい福祉委員会の機構を利用することで満足していたが，その半面，1912年の「原則根拠条項」には反対していた。ボルシェビキは，資本主義的な保険計画を目指していたが，それは掛金制と契約の基礎の上に運用されるものであった。彼らは，社会主義の下で，このようなサービスは市民たちから奪うことのできない権利であると主張した。

市民は勤労に対する見返りの意味で,「国家からの贈与」として彼らの給付金を受け取るのである[62]。

10 立憲的改革のためのキャンペーン

　1905～1906年の決定的な年に,土地改革と都市プロレタリアートの福祉改善の両論点は,憲法改正のために拡大されつつあったキャンペーンの下に包含されていくことになった。皇帝とその新しい上級大臣たるストルイピンに向けられていた要求は,その性質上,明白に政治的なものであった。1904年に皇帝は,ゼムストボ代表者の一大集団による,全国民的な選出代表者大会の設立協定のための請願を受けていた。貴族の高官からもこれらの提案に対する支持の動きさえあったが,そして——きわめて戦術的な根拠から——ウィッテもまた譲歩に賛成していた。「流血の日曜日」の事件,日本との戦争での敗退,「農民同盟」の結成,賃金要求に抵抗する雇用主の団結などの一切が,選出「国会」開催の要求に同意するという皇帝の不承不承の意思決定をうながした。それは純粋に諮問機関であるということだった。

　1903年に,ウィッテは閣僚会議総裁のポストに「栄進」していたが,しかし1905年には,改革者たちを懐柔しようとした彼の企ての結果として,皇帝の信任を喪失した後,解職された。ウィッテによって改正された新しい「基本法」の条項の下で,結局,ストルイピンがロシアの首相となった。ストルイピンは,すでに地方総督として,公平な行政を厳格かつ即決的な形式で行うことで評判を勝ち得ていた。彼は立憲主義者であるが,議会主義者ではないことを自称し,ただちにその彼の意味する内容を公布し始めた。彼の当面の目的は,従順で,従属的な「国会」を確保することにあった。そこで彼は,「基本法」を逆用するような巧妙さで国会の第一回および第二回の大会の解散を確実にしていく主役を演じた。

　第一回国会は,1906年に招集され,かつ解散したが,その国会は「リベラルなインテリゲンツィアのなかでも最良の人々」と「最上の農民メンバー」を含め,またそれは「いかなる政治または党派の思想ともかかわりのない」[63]

第8章　ボルシェビキ革命以前のロシアにおける社会変動と社会政策

人々が選ばれていた。国会のメンバーらは,「国民的威厳」の意識によって支えられ,土地所有の再分配による土地問題の立憲的な解決を含めて,議会の拡張と社会改良を皇帝に対して訴えていた。ごまかしと混乱の数週間が過ぎて,皇帝は議会を解散し,新しい選挙を命じた。国内全体でテロリズムが暴発したが,それにはストルイピンの自宅の爆破,彼の27人の召使いの死亡,また彼の娘の負傷なども含められていた。ストルイピンは,「野外軍法会議」を設定することと,断固たる反暴動キャンペーンによって対処した[64]。

　第二回国会は,1907年の3月6日から6月16日まで開会したが,第一回のそれよりも,はるかに敵対感にみち,またその要求の内容としては明らかに社会主義的であった。それには警察の弾圧や所有地の没収を中止するという要求を含んでいた。

　ストルイピンは疑いもなく巧妙な人物であり,ボルシェビキ革命についての大衆的な歴史的解説から推測されうるより以上に,はなはだ複雑な性格の持主であった。彼は確かに,政治的な「現状」を防衛するためには,非情かつ残忍な行動をあえてした。そして彼は,多数の保守派の人たちからは,1人の危険な急進主義者と見られていた。彼は,都市貧困者の生活条件を高めるような,新しい社会立法を施行する必要性を十分にわきまえていた。彼は,新しい土地政策と同様に,強力な社会改良の展望を提示する準備をして第二回国会にのぞんできた。彼の提案は,より大きな宗教的寛容の約束,市民の諸権利の保障や拡張のための法的改正,広大な諸領地におけるゼムストボの設立を含む地方政府の再編成,義務初等教育をも含む新しい教育改革の導入,および社会保険と医療介護の計画を含んでいた。その提案は,その家庭をごく最近にテロリストの爆破によって破壊された人物にしては素晴らしい出来栄えであった。その爆破は彼の親しい職員や使用人の大半を殺し,また彼の娘を障害者にしていたのであるから。

　議会は,不信任の票決をもって応戦した。左翼は,社会改良と土地提案のいずれにも関心を示さなかった。中道のリベラルな立憲主義者たちは,ストルイピンを支持することに失敗したが,けれどもストルイピンは結果において,立憲的改革に対する彼ら自身の要求の大部分を満足させていた。ストル

イピンの気質のある部分は，国会における社会民主党のリーダーであったツェレツェリ（Tseretseli）の敵意ある応酬に対する彼の回答から読みとることができる。これらの攻撃は，政府の意思や考えを無効にしようとするものであった。彼らは一斉に当局者にまともに次のことばをぶつけてきた。それは「降参しろ」であった。これに対して政府は完璧に沈着，高潔な意識をもって応答した。それは「おどすことは，できないよ（ne zapugaete）」であった[65]。ストルイピンは，55人の社会民主党員たちが暴動の陰謀を企てていたという告発によって挑戦をつづけ，彼らの起訴を要求した。国会はごまかしていたが，ただちに解散された。政権に対するこれら当面の政治的挑戦が処理されるとまもなく，ストルイピンは土地問題に対する彼自身の解決法を定式化することに専念した。彼の選挙法の改正が第三回国会を招集することになったが，国会は，彼の見解に対してより共感的となり，彼の意向に従順に従った。

11　諸政党の改革プログラム

皇帝主義者（ツアーリスト）のロシアは一つの警察国家であり，そこでは自由な意見の表現がきびしく統制されていた。検閲が厳格に行われ，1884年以後は，諸大学や他の教育施設もきわめて厳重に監督された。1895年と1899年の学生デモは容赦なく弾圧された。人口の大半は文字を読めなかったが，農村部の大衆的感情の表現が，散発的な暴行や放火の暴発のなかに，その最も劇的な姿をとって現れてきた。それにしても，これらの暴発がどれだけ一般の農民感情を代表するものであるかを見ることは，実際にきわめて困難であったし，また同じことがさまざまな政治的反対グループや，個人的執筆者の宣言書や小冊子についてもいえたにちがいない。1905年に結成された「農民同盟」は，ついには20万人をこえるほどの成員数を数えるに至った。

労働組合は，1874年刑法の下で非合法化され，ストライキは無慈悲に弾圧され，諸工場での日常生活は警察によってたえず監視されていた。1902年には，モスクワ大学の教授たちの一団が，警察当局に協力して，「機械生産工場における労働者たちの相互援助の協会」を設立したが，それは愛国主義的示

第8章　ボルシェビキ革命以前のロシアにおける社会変動と社会政策

威運動や，内務大臣への時おりの訪問を組織的に実施した。この協会の諸活動は，その会が好戦的な人たちによって侵食された後，すみやかに消滅していった。1906年の新法は労働組合を合法化し，そして，ストライキは非合法なものとされたままであったけれども，彼らの影響は急速に増大した[66]。1914年には，およそ150万人の労働者たちが，何らかの形のストライキに参加した。

　しかしながら，第一回と第二回の国会における代表権の勢力バランスが，土地改革と，それに比すことはできないにしても社会諸政策（ソーシャルポリシィズ）に関して，公式討議のなかで提起されていた主要論点に一定の指針を提供するもとになった。土地所有を基本にした参政権と間接選挙様式についての説明がなされた時，改革派と急進派の関心の優勢なバランスが，意味を持つものとなった。それでもやはり，より急進的な左翼政党が第一回国会をボイコットし，第二回には参加したという事実に対して，何らかの酌量がなされたにちがいない。しかし1907年11月に開会された第三回国会は，より制限された参政権をもとに選出されたので，左翼議員の数は大幅に削減されることになった。

　第一回および第二回の国会の両方において，何らかの形で多数を占めるような代表権を確保した単一政党がなかったことも，また強調されねばならないことである。そこには多数の正体不明の連立体やかなりの無責任な農民代表のグループがあった。国会は，連立作業に実現の余裕を与えるほどには長く開会されなかったし，それに，彼らもまたそれをしなかったので，その明確な政策策定の範囲は最小限のものとなった。1906年の「基本法」の下で，皇帝（ツアー）と国家会議は，望ましくない立法提案権をいかなるものも拒否するのに十二分な権力を保有していた。皇帝は同時にまた，すべての閣僚を任免し，予算に対する有効な統制力を保持していた。政府は，布告の形式で自ら立法を主導する権限を所有し，また必要な時には，国会の事後承認のためこうした布告を提出する憲法上の責務を無視した。この意味では，最初の2回にわたるロシア人の「議会」の主要関心は，一つの真正な議会政府の設置を確保することにあったということもできる。

　私たちは，1905年に活動していた主要な政党や集団の国内諸政策を，簡単

に説述することができる。極右の側には，一切の変動に敵対する君主主義政党があり，そして「ロシア人同盟」は強固なスラブ至上主義と反ユダヤ主義（anti-Semitic）の双方を奉じていた。この同盟は，より保守的な「ロシア人民同盟」と親近性を持っていた。これらの諸党派の周辺部から，新参者たちが，「黒の百人結社（Black Hundreds）〔右派の反動集団〕」やその他の反ユダヤ主義グループへ引き抜かれていった。第一回国会には，過激右派の代表は6人以上は含まれていなかったが，しかし第二回と第三回の国会には，520人の代議員のうちの約50人が，このセクターから選出されてきた人々であった。

「十月党」は，保守的な党派であり，土地および社会の改革について慎重な方法を望んでいた。その党員資格は，堅固な愛国主義者であること，そして他の少数派や人種的グループのより寛大な処遇には総じて反対することであった。「十月党」は多数のゼムストボ改革者，いくらかの地主や事務職者およびより進歩的な官公吏たちによって支持されていた。最初の2回の国会には，40にもおよぶ小さな少数派があったが，しかし第三回目の国会では，彼らは大きな単一の党派となっていた。左派十月党は強力に社会保険の拡大，租税改革および農民層へのより広い経済的扶助に取り組んでいた。

「立憲民主党」すなわち「カデット（Kadet）」は十月党からほんの少し左派寄りのものであったが，同じようにゼムストボ運動から支持されていた。カデットは，普通選挙権や十月党のそれと同位の社会改良の領域での憲法上の改革に取り組んでいた。しかしながら，彼らの土地プログラムはより急進的なものであった。彼らは貴族からの土地の強制買い取りに賛成したが，しかしながら，貴族たちはカデットの改革プログラムの下では公正な補償を受けることができるようにされていた（選挙運動においては，左派カデットのなかには，農民への土地の自由分配を約束するほど先走る者もあった）。カデットは第一回および第二回の国会では双方とも，最大の単一党派であったが，しかし第三回国会では議席の半数を失った。

「社会革命党」すなわち「エス・エル」は，古い人民党の伝統のなかの急進的な要素を持つ政治的後継者であった。彼らの土地プログラムは小作農民層に対

第8章　ボルシェビキ革命以前のロシアにおける社会変動と社会政策

して強力に集中実施された。それは，何びとも土地を所有する権利はない，という伝統的な小作農民に対する信念に基づいたものである。社会革命党は，選任された地方政庁による土地の全面的収用とそれへの帰属に賛成したが，それは「労働所有権」の根拠によって個人農民に一定区画の土地を配分しようとするものであった。土地所有者は，補償はされなかったが，その再調整の期間中に公的扶助を与えられることになっていた。社会革命党にとって，土地の収用は，社会主義の最終段階であった[67]。彼らはコミューンを復活し，資本主義に抵抗し，そして，農民が私有財産の欲望に感染する計略としてのストルイピン改革を憎悪した。産業領域において，社会革命党は，小規模協同組合（artels）またはコミュニティ工作場の形態でコミューン原則を適用しようとしていた。

　社会民主党の間で，メンシェビキ党はすべての土地を「自治体監督制」とし，地方政庁にその権限を授与することに賛成したが，それは農民たちのために土地を管理するものであった。彼らは中央統制にはきわめて懐疑的であった。レーニンとボルシェビキ党は，長期的な社会主義プログラムの一環として，土地の完全国有化を求めていた。それにもかかわらず，レーニンは，彼が，皇帝主義者（ツアーリスト）の打倒後は，ブルジョア政権が確立されるものと信じていたので，社会革命党の緊急土地再分配プログラムを支持する事実上の準備をしていた。この時期における農民層の「小ブルジョア的」意識が，富者と貧農との階級闘争を激化させやすい諸政策を生み出していった。レーニンは，強力な農民の少数派の可動性を後援するストルイピンの組織的企画と，彼が開放的で非情な競争を主とした「アメリカ的」方式として述べているものとの間に区別を設けていた。〔レーニンはいう〕「このケースでは，農民層が支配的となり，農業経営者の唯一のタイプとなり，さらに資本家農場主へと進化する」のである。ストルイピンに対しては対照的に，レーニンは，極貧の農民と都市のプロレタリアートとの間の同盟の革命的潜在力に信頼を託し，「損失者」を後押しする用意をしていた[68]。この同盟の強さは，一定条件の下では，ブルジョアの幕間なしに，革命を直接に社会主義へと転化するのに十分な力を持ちえたことであろう。

種々の社会民主党の分派の公開討論やプログラムも，皇帝主義者(ツアーリスト)打倒に成功する革命政権の種別についての不確実性のゆえに，事情次第で変わるものであった。彼らによるストックホルム会議では，メンシェビキ党の「自治体監督制」の決断が勝ちを制した。その政治的術語の点で，これらの提案は農民たちにとって社会革命党のプランよりも，大衆性が低いもののように思われたが，それは「社会主義の本質は，生産の方法だけではなく，等しく分配をも転換するにある」[69]という論旨に基づくものであった。レーニンは戦術的理由からこの計画を支持する気持ちになっていたけれども，彼は，それは共産主義革命の長期目標に根本的に衝突するものになると考えていた。それは新しい問題を生み出すことになるが，なお後日処理されねばならないものとなっていった。

　ボルシェビキ党は，同じような方法で，政府によって導入され，かつ右派や中道派のような反対党の他の改革者によっても賛成された社会保険の制限つきの方策に対応していった。私たちがすでに注目してきたように，レーニンは彼の支持者たちに，新しい保険委員会に浸透し労働者の給付を極大化するように説得した。レーニンが，ボルシェビキ党の土地政策の究極目標について無口であったのとは対照的に，彼はあらゆる可能な機会に社会保障改良のための党自身の計画を公表した。

　レーニンの農民についての社会的および経済的分析は，彼の二つの著作，すなわち『ロシアにおける資本主義の発達』(1899年発行) と『ロシアにおける農業問題』(1908年発行) のなかに収録されている。彼は広く農民を三つの主な集団に区別した──「クラーク〔ス〕(Kulaks)」すなわち富農は50エーカー以上の土地を所有する者たち，「セレドニアク〔ス〕(Seredniaks)」すなわち中農は35から50エーカーの間の土地を所有する者たち，および「ベドニアク〔ス〕(Bedniaks)」すなわち極貧農は35エーカー未満の土地を所有する者たちであった。レーニンは，クラークは農村人口の12%で土地の31%を所有していると見積もった。中間農民層は農村人口の7%を占め，土地の7%を所有していた。こうして極貧農民層が全体の81%を構成していたが，しかしわずか35%の土地を所有しているだけであった。総計人口の1%未満の大土

第8章 ボルシェビキ革命以前のロシアにおける社会変動と社会政策

地所有階級が土地の27％を所有していた。レーニンは，1861年と1900年の間に，農村人口が増加するにつれて，農民所有地の平均的サイズは低下するものと主張した。彼は，農民の層構成の階級化がすでに進行中であると確信していた。したがって革命の進行は旧システムを破壊するため，全農民層の煽動によって開始されるべきであった。第二段階においては，貧農がクラークに反抗する形で動員され，しだいに中農グループを制圧していくことになる。最終段階は，そこではクラークが協同農場の経済的および倫理的な長所に自発的に目覚めていくべきであった[70]。

革命の最も決定的な段階で，ボルシェビキ党はなお土地問題で動揺している唯一の党であることを証明した。〔そのなかで〕一つの明確なそしてあいまいさのない目的へ向けて，党をひたむきに率いていったのは，レーニンその人であった。

12 ストルイピン改革の諸成果

1905～1906年に生起した暴力と不安の波をともなう騒乱の特質は，それが合法的に広がっていった農民連座の証拠を有するということにあった。結果として，増大した多数の土地所有者たちも，ミールが社会主義制度の本質であった，という古い人民党員の断言のなかに何らかの真理を見出し始めていた。ストルイピンの土地政策は，農民の忠誠心を再獲得しようとする至上の期待にもかかわらず，農民に博愛主義的な社会市場の給付を供与しようとすることにではなく，私的所有権の単純な経済的誘因を与えることに目的を置いていた。全般を通じての目的は同じであったが，それは——最小限の政治的変革によって，ロシアを主要な産業強国へ転換することを目指していた。1906年の農業改革は，なお後日の修正によって補強されたが，1861年の改革よりも，はるかにラディカルな性質を帯びたものであった。それらはウィッテの任期中に準備された計画に基づくものであったが，しかし，その発表のタイミングについては，ストルイピンは危機の時期のなかで政府が決定的な主導権を取っていかねばならぬ必要上，用心深く振る舞った。三つの主要な

法律の第一のものは，改革を実施するための土地委員会を設置するということであった。1890年にポベドノスツェフによって導入された土地組長(ランド・キャプテン)のほとんど一切の専断的権力は排除された。一切の集合的性質の過分納税義務も停止された。
　1906年改革の目的は，独特な私有権の拡張を勧奨し，新しい「ヨーマン農業者」の階級を生み出すことにあった。農民には当時，土地を買うこと，売ること，抵当に入れることが許されていた。土地の再分割がもはや実行されないようなコミューンでは，成員相互間で分配された。再分割をするコミューンでは，いずれの戸主においても，完全な世襲財産の形で地条（strips of land）の購入を申請することができた。土地を単一の単位で併合させていくことが付随的な刺激誘因となった。農民銀行も設立されたが，その貸付はコミューンよりもむしろ各個人が利用できるようにされていた。1917年の頃，全農民の土地の少なくとも50％は，完全に世襲保有とされていた。
　ストルイピンの明白な志向は，伝統的なミールの平等主義を暗に切りくずして，富裕農民階級を創出し，農業効率のレベルを上昇させ，同時にまた成功した農民と不成功に終わった農民とを問わず，両者をシベリアへ自発的に移住させることも含めて労働の移動を勧奨することにあった。大移住がウクライナから起こったが，そこでは農村における賃金労働者の貧困が最高に拡大していた。これらの経済的改革が，ストルイピンの「賄を，困窮者や酒飲みではなく，不屈で頑丈な者の上に」構成したのである。それらがレーニンに，工場の状態改善や保険計画の実施のような社会改良を導入する非常に一般的で大衆的な試み以上に，大きな警告をさせる原因になったのである[71]。農民層の福祉を増進するために，より自由な経済市場の能力にいつまでも信頼をつないでいることが，逆に社会不安を減じ革命の期待を引き延ばす一つの機会を付与することになると恐れたレーニンが正しかったことに疑いの余地はない。若干の貴族階級のメンバーたちは，この期待に勇気づけられた。1906年の「第一回貴族代表者会議」に出席した改良主義者たちは，「農民層間での土地所有権の拡大が，彼ら自身の所有物に対する愛着心と，他者に帰属

第8章　ボルシェビキ革命以前のロシアにおける社会変動と社会政策

する物に対する彼らの尊敬心を増大させるであろう」[72]という希望から，満足感を引き出していた。これらの改革の成果として，クラーク階級の基盤が農村地帯で強固なものとなっていった。

　農民協同組合事業の発展もまた同時に勧奨されていった。これらの協同組合は，主として技術導入や肥料のための信用と貯蓄の計画に配慮したものである[73]。一つの大きな刺激となる誘因が同時に移住の進行に加えられたが，この移住は政府援助計画の導入とともに，1889年以後，勢いを増し始めたものである。それから1900年までの間に，移住民の数は年ごとに1万人から10万人にまで増加した[74]。1906年から1911年までの間には，およそ200万世帯がそれまでのコミューンを後にし，彼らの多くはウクライナとコーカサスへ移住した[75]。シベリアへの移住者の率もまた同期間内に増加した[76]。このシベリア移住については，農民の農作業の集合主義的伝統がきわめて明確に保存されていたことが記録されている。これは興味深いことである。

　ストルイピンの指図のもとで，第三回国会は，土地改革の最初の条件を緩和した。それは，農民が個人的にミールから離脱することを申請できる機構を持って，それまでの全体コミューンが票決してきたシステムに置き換えたものである。3分の2の大多数が，コミューンを解散した。この解散以後，すべての村落に対し，こぞってシベリアへ移住する手続きが受理されるようになった。1906年から1911年までの間に，農民移住は大規模な協同組合事業となったが，しかしそれはその性格上，社会主義的であるより，むしろ資本主義的であった。大規模な協同組合セツルメントが，オムスク近傍の中心区域にできあがったが，それは「内戦」の間に反ボルシェビキ抵抗の一つの拠点となり，コルチャークの軍隊に兵員と補給品を提供した[77]。荒廃した地域での辺境農作業の挑戦と辛苦が，多分にミールの古い協同組合的精神を温存したが，しかしこれら開拓者たちの支配的精神は，私的獲得と家族的福祉を追求する集合的企業のそれであった。

　この意味では，ロシアの慢性化した社会的および経済的な病患を解決する効果的な企画は，まったく自由な労働市場のなかで生き残りかつ栄進できる彼らの能力を証明し，その能力に機会を与えていけるよう人々に味方をし

て，そのような人たちを厳格かつ積極的に処遇していくプログラムそのものになると主張されたかもしれない。この政策は，比較的に周辺的な社会改良によって補強されてきたが，それが再び増大する都市プロレタリアート間の社会不安を減ずるために特別に提供された。極貧農民たちは，厳格な間接課税の形式で，ほとんど救われることのない消極的な差別待遇に苦しめられつづけていた。解放された農奴はなお，皇帝に対する帝国租税，ゼムストボに対する地方税，ミールとボロストに対する税を払っていた。ミールは，プロレタリア化または窮民化のいずれに対しても，防波堤を提供することに失敗してきた。ストルイピン改革はこうした事実の認識に基づくものであったし，また諸々の町あるいは遠隔の諸領地へ向けての，土地喪失や貧困に打ちのめされた農民たちの流れを加速する役目を果たした[78]。

　改良的な皇帝主義者（ツアーリスト）の大臣たちが探し求めた繁栄と国民的合意の回復は，社会市場よりもむしろ経済市場に対するものであった。10年間ほど，人民党員たちは，ロシアの農民たちの政治的覚醒を追求してきたが——彼らの希望の一切は，「一つの神話によって支配されてきた。それは怪獣が刺殺されると，眠れる王女——ロシア農民——は目覚めて，それ以後いつまでも何の苦しみもなく幸福に暮らしたということになる[79]。ストルイピンは，政治的ユートピアの期待ではなくて，土地所有独裁制の約束と，敏速で強固な繁栄の期待により，かの王女の目を覚ましたのである。ストルイピンが，その創出を援助したクラークという新階級はそれ以後いつまでも幸福にくらすことはなかった——しかし，来るべき数年間は，そのメンバーたちは，彼らが以前に知っていた状態よりも，またこれから先の苦しい年月に再び知ることになる状態よりも，多分より多くの物質的福祉を享受できるようになってきた。

　クラークがストルイピン改革から恩恵を受けた唯一のグループではなかった。1915年の頃には，「おそらく700万以上の家族が世襲私有財を保有していた」し，そして，1906年から1912年までの間には，食糧価格もまた高価となったけれども，農業労働者たちの現金の賃金率も改善されていた[80]。社会改良の約束は，少なくとも部分的に達成された。無償の初等教育システムも確立され，学校教師の俸給も改善された。1912年の法律は，一定の都市労働者

第8章　ボルシェビキ革命以前のロシアにおける社会変動と社会政策

に対する社会保険の制限つき方途と無料医療を導入した。皇帝主義者(ツアーリスト)政府の平和な最後の10年間に，ゼムストボの消費の劇的な増加が明らかに財務大臣によって推進された。特別財政補助金が，教育および公衆保健の目的のために交付されたが，そこでセトン＝ワトソン（Seton-Watson）は，「社会サービスのための地方政府支出は，そのニードに比較して，まだみじめで少額なものであるにしても，急速な率で増大しつつあった」[81]と結論づけている。

　ストルイピンは，社会保険計画の開始を証言するまで長く生きてはいなかった。1911年に彼は，社会革命党員と帝国警官の二重の暗殺者によって命を奪われた。だれのために，これらの手先がそれをしたのか明らかではない。ストルイピンはすでに皇帝の寵愛を喪失し始めており，また，より保守的な閣僚たちや政府官僚たちの間で多数の仇敵を作っていた。彼の，さらにいっそうのゼムストボ改革の計画は，苛酷な反対にあってほとんどその命脈を絶たれた。革命前期のロシアにおいては，「保守派」といい，「急進派」といっても，それは同じようなもので，いつでも相対的な表現であったように思われる。

　しかしながら，これらの社会的および経済的な改革のプログラムは，多様な少数派グループに対して向けられてきた消極的な差別待遇の長期固定化された伝統との関係において考慮されなければならない。これはロシアの国内諸政策の他の主要な特質でもあるが，その政策は革命に先立つ年の間に体制が遭遇した支持と反対の移り変わっていく潮流に決定的な影響を与えたものである。中央政府が，そしてさらには地方政府でも，社会統制の手段として，国家主義的偏見や反ユダヤ主義（anti-Semitic）の粗野な形態を呼び起こすことをためらったことも決してなかった。しかしいかに賤しくかつ貧しくとも，ロシアの農民は「偉大なロシア人」として踏みとどまっていた。人種的ヒエラルキーの底辺において，ユダヤ人は消極的差別待遇の究極の犠牲者であった。ユダヤ人は，1905～1906年の憲法改革からも，他の社会集団に比べ格段に少ない恩恵しか受けられなかった。皇帝(ツアー)自身の委員たちによって皇帝に提出された改革のための最初の提案のなかでも，ユダヤ人たちは代表権を与えられないままに止め置かれていたが，ただし彼らも最終の法律の下で選

203

挙権を認められることになった[82]。しかしその他の差別法で廃止されたものはなく、そしてさらに1905年には、ユダヤ人虐殺（pogroms）があった。

　1890年代を通じて、他の少数派は迫害に苦しんだ。バルト地方領とアルメニアにおいては諸学校が、ロシアの監督の下に置かれた。ルーテル、カトリックおよびアルメニアの諸教会はその活動を制限され、それらの財産はしばしば政府によって没収された。フィンランド人は、はるかにきびしい徴兵政策を含めて、同様の監視によって苦しんでいた。回教徒の少数派もまた影響を受けていた。ストルイピンは、この大ロシア国家主義のプログラムを強化した。彼の1907年の改正選挙法は、大半の左翼政党を締め出しただけではなく、国民主義的少数派を代表する代議員の数をも大幅に削減した。ラトビアとウクライナは1905年の反乱の期間、苛酷な抵抗と弾圧の地域となった。ウクライナでは、国民主義運動が特別に強かった。これは、農民たちは、ほとんど賃金収入に依存していたが、土地買戻し返還金の廃止や1906年の改革から得るところが少しもなかった地方領であった。大半の土地は大地主に保有され、そしてコミューン・システムも展開されていなかった[83]。バルト地方領で、ストルイピンはドイツ人コミュニティに彼らの学校を再開することを許可したが、しかし同じことを他のバルト人に対しては拒否していた。フィンランドに対しては1906年に独立した「国会（ダイエット）」の権限が承認されたが、それもわずか4年後には大幅に削減された。

　ストルイピンの、ポーランドへのゼムストボ・システムの拡張は、ロシア人農民人口に対して多数の代表権を付与すべく仕組まれたものであった。そのことが、ポーランド貴族の忠誠心をなおいっそう遠ざけるのではないかと皇帝は恐れた。そして、それが皇帝にその方策について疑いを抱かせる原因となった。しかしそれでもストルイピンの個人的な国民主義意識は、宗教的差別よりもむしろ政治的差別を表出したものであり、彼は、帝国の全域を通じて——ユダヤ人に対してさえも——より大きな程度の宗教的自由を保障することに、強硬な法廷の反対に抗しても、力をそそいだ。

　皇帝主義者（ツアーリスト）体制は、こうして、ただ単に富と機会における大きくて重い不均等だけではなく、同時にまたユダヤ人や国民の少数派は、人種的に見てロ

第8章　ボルシェビキ革命以前のロシアにおける社会変動と社会政策

シア人多数派が享受している制限された自由さえも，否認された消極的差別のヒエラルキーによって特徴づけられていた。

13　革命期における社会諸政策

　1917年2月の，皇帝主義者(ツアーリスト)政府の崩壊は，農民に土地を与える土地改革に対する民衆的要求を爆発させた。地方領政府の努力にもかかわらず，農民は土地を接収し始めた——土地所有権は彼らの福祉理想の伝統的な表現であった。軍隊の最終的な崩壊は，農民たちが最上の土地の分け前を確保するのに間に合うように，自分たちの村々に引き返していく決心をして，軍隊から集団脱走をしたことが原因であった。1917年8月までに，150万人の農民兵士たちが脱走をした。
　レーニン指導下のボルシェビキ党は，土地の接収に対する最も活発な煽動者であったが，しかしながら，できるだけ用心深い態度をとり，その土地がその後でだれに割り当てられていくべきものであるかについては，一言もいわないようにしていた。彼らの主な急進的なライバルであった社会革命主義党員たちは，よりあからさまであったが——彼らは私的所有権には賛成せず，それを修正されたコミューン・システムに変えることを欲していた。彼らの想定は，ロシア農民は心情において生まれつきの社会主義者であり，しかもコミューンは農民文化の土着的要素である，というものであった。彼らは，コミューンが，社会統制の道具として，原初的には農奴制度の基盤として，さらに後には，租税や土地買い戻し返済金の徴収のため便利な単位として創設されていた事実を否定した。
　ボルシェビキ党員は，そのような幻想の下にとらわれておらず，しかも彼らの見解はバリントン・ムーア（Moore, B.）の次のような断言と一致するものであった。それは「ロシア人農民の要求は粗暴かつ単純であり，地主を追っ払い，土地を山分けし，そしてもちろん戦争は止めてしまう」というものであった。彼らはまた，次のような見解でも一致していた。それは「農民は町々に物資を供給するなどという抽象的関心を持ってはいなかった。彼ら

の有機的な社会概念は，利他主義に余地を与えなかった。彼らにとって，＜部外者＞(アウトサイダー)とは，主として税と負債の元方(もとかた)であったし，また現にそうなのである」[84]というものである。ボルシェビキ党は，このように土地改革については，まったく機会主義的であった。1917年11月に権力を奪取する以前でも，彼らは「第二回ソビエト会議」で，農民——その多数はすでに自力で解決していたが——に土地を与える土地布告を票決していた。

　ボルシェビキ党の革命的要求に対する農民のその後の対応の仕方について私たちが知っている一切のことは，彼らの大多数が，拡大したコミュニティの必要に対してはまったく無関心であり，そして最後には敵対的であったことを示唆している。農民の極貧階層は，土地，食糧および戦争の終結を欲していた[85]。革命は彼らに，彼らの土地に対する欲望を満足させるための，長く待ちこがれていたチャンスを与えるものであった。彼らは何らかの価値のためなら，その見返りに，すすんで彼らの農産物を売り払ってもよいと思っていたが，しかし彼らは無価値となった通貨を受け取ろうとはせず，あるいは，利他主義に訴えられてそれに応えるか，それとも「赤軍」や警察による脅迫に応じていくかのどちらかであった。

　土地問題が，ロシア社会政策の歴史を左右してきたが，それというのも生理的生存維持経済において，人類の福祉の構成内容は土地や食糧のごとき基本要素的因子の術語により定義されるものであったからである。産業社会の成員たちも，ほとんど彼らが生活している地域で仕事にありつけなかったので，福祉の通俗的定義では，財産とは一定の土地を取得するにあり，しかもその期待感が生理的生存維持のレベルを押し上げた時，かつての「日常のパンによる身体の防衛と救済こそが，学問であり，宗教であり，願望であった」[86]ということが忘れられる傾向が出てきた。町と田舎において，同じように，もしも彼らが所有権剥奪あるいは追放の脅威にさらされるとしたら，特殊な場所と時代に対する愛着心は，彼らの市民としての上品さを一転させ戦闘的な反革命主義者に追いやるほどの迫力に満ちた感情となった。私的土地所有の物質的喪失は精神の荒廃をまねいたが，それに対して共同所有権や原則は，何らの償いをするものでもなかった。土地の価値に対する強い憧れによ

第 8 章　ボルシェビキ革命以前のロシアにおける社会変動と社会政策

り，人々が私有地へ向けて帰還することは，あたかも，孤立と依存に反抗する自己防衛のようなものであった。まさに制度化という概念——あるいはその人自身の家郷からの排除——は，かのスティグマのそれと同義語である。なぜなら，一つには，それによって依存状態に追い込むだけでなく，同時にまたそれは，自己同一的な個人的習性を無視された生存状態にさせるものといえるからである。

　集合的所有権の理念に関与することは，一定の知識階級にとっては簡単に大部分のものを閉じこめてしまうことになる，と私は示唆しておく。もしも皇帝主義者(ツアーリスト)政権が，ヨーロッパにおいて失業と移民を余儀なくされた知識階級の最大のマイノリティを創出したとすれば，ロシア革命は彼らに職業を与え，彼らを家郷につれ戻すものであった。これらの男女は，宿所や旅館に住まいながら，また労働キャンプや刑務所への周期的な委託収容に苦しみながら，追放の不安を耐えぬいてきたのである。彼らは，地主や貴族はともかく，普通の人々に対してさえ緊密な親近感を持つこともなく，ロシアへ帰還してきた。普通の人々の自然な熱望に対する無関心性は，日常の土地選取に対する執着のなかに表出されていたが，彼らは低所得者や土地所有者の徴収人として，また近代の歴史のなかでは最大の土地の強制的集合化と労働の国外追放のオルガナイザーとして役立つように，訓練されていった。

　権力を奪取してからの 1 カ月以内に，ボルシェビキ党はただちに「反革命・投機・怠業弾圧対策臨時特別委員会」を設置した。1 月には，彼らは武力を行使して「制憲代表者大会」を開催したが，それはこれまでのロシアに存在した唯一の民主的な選出による連合体であった。1918 年 7 月頃，社会革命主義党の党員が「ソビエト」から除名された。彼らは，その見返りに，秘密警察長官のウリッキーの暗殺によって応酬し，さらにつづいてレーニンをも殺そうとしていた。それ以後，社会革命党と革命に敵対するその他すべての者に対する報復テロが，縛をとかれたように放たれていった。ボルシェビキ革命のまさに前夜に，ペトログラード・ソビエトは彼らの防衛軍の「決議案」の形で，諸目的について直接単純な声明を布告した。「決議案」は「軍隊は平和を要求し，農民は土地を，労働者はパンと仕事を要求する」と宣言した。そ

207

れはまた「一切の権力を＜ソビエト＞へ！　すべての前線に即時停戦を！　土地は農民へ！　＜制憲大会＞の公明敏速な召集！」[87]を要求した。ソビエト社会政策(ソーシャルポリシィ)の主旨はこのように革命宣言の一部として，単純な術語で述べられていた。これら諸主旨のまさしく基本的かつ劇的な性格は，彼らが——暴動，混乱，飢饉の背景に抗して——それを起草した戦慄するような状況を反映するものであった。

　市民軍団と軍隊の大多数が平和を望んでいたことは，明白であった。大半のボルシェビキ党員は代表大会の召集に敵意を感じていたが，しかしそれを防ぎうる手だてもなかった。同様に，パンと仕事を約束することは，そのどちらかを提供するよりも，はるかに容易であった。農民はすでに土地を奪取し，町々への食糧の供給を確保するためにも同様の方法がとられてきたが，町々はなお非常な困難に見舞われていた。しかしながら，ボルシェビキ党がとりあえず政治的に生き残っていく可能性は，貧困者に対して彼らが欲しているものを与えていける明確な力量と，農民が彼らの最善の福祉利益として構想していた彼らなりの福祉の定義に対するボルシェビキの歩みよりに依存していた。

　最後の革命目的——「一切の権力を＜ソビエト＞へ」——は，ボルシェビキ党派の中心的な長期的政治目的であった。それは，土地改革と，それによってすべての福祉財貨とサービスが次々に配分されていく基準との最終性格を決定するものであった。唯一の革命目的は，農民たちによって即座に達成され，また普遍的に願望された，とくに土地の奪取であった。したがってそれから後は，「ソビエト」に集約された一切の権力が最終的にはその土地の国家への再領有のために行使されるものとなってきた。

　その道程において，社会的優先順位が序列化されてきたし，また社会的ニードは，マルクスとエンゲルスの政治理論の基本教義から一定の合理基準が引き出されて定義された。これらの理論を最初に実践に移した人は他のだれでもなく，レーニンその人であったから，私たちもその主題に関しては彼の思想を有効に参照してよかろう。それらは，1917年に書かれた『国家と革命』のなかに，最もよく表出されている。この小冊子で，レーニンは資本制

第8章　ボルシェビキ革命以前のロシアにおける社会変動と社会政策

下の国家に関するマルクスの見解を要約し，「階級的矛盾の和解不能の産物と表示」している。国家は，「一つの階級による他の階級の弾圧のための機関」[88]として，また普通選挙権は，それによってブルジョアジーがその支配を維持するための単なる手段にすぎないものとみなされている。一度プロレタリアートが権力を奪取し，ブルジョア国家が廃止されるとプロレタリア国家の最初の任務は，一つの階級としてのブルジョアジーを抑圧することを継承していくことである。プロレタリアート独裁政権のこの期間に，一切の生産手段は「社会全体の名によって」[89]領有されていく。この段階はただ暴力革命と軍隊の使用によって達成かつ保全され，そこで国家は，「プロレタリアートが支配階級として組織する」[90]ものとなる。それにつぐプロレタリア国家の「衰退化」は「明らかにきわめて長期の過程となる」[91]であろう。しかしプロレタリアートの独裁政権は「人民にとっては民主主義，金満家にとってはそうでないもの」となり，金満家たちは打ちくだかれるであろう[92]。共産主義は最終的には国家を不必要にするが，なぜなら，もはやいかなる階級も存在しないからである。

　レーニンは，マルクスによって『ゴータ綱領批判』のなかで開始された論議の再確認をしていったが，それはいいかえれば，社会主義の下での共産主義社会の最初の形状は，労働者が生産手段を所有するであろうから，一つの階級による他の階級の搾取は不可能となるであろうが，「富がなお存在するので，意見の相違や不公平な不和」があることになる。「生産物が労働の達成総量に従って分割されていくかぎり」しかも「生産手段に関しては唯一」[93]であるから，「ブルジョア的権利」が一つの基準を留保し，それによって財貨やサービスが配分されていく。これらの文言によってレーニンが意味することは，資本主義下の私有財産であった生産手段が，社会主義下では共有財産になることである。国家の役割は共同所有権の制度を維持することと，「労働における平等性と生産物の分配における平等性を防衛すること」[94]にある。

　かくして私たちは，私たちの目的であるマルクス主義社会理論の中心的福祉教義に到達する。社会主義の下での第一段階では——なお「シャイロックの冷利な心情をもって計算すること」が必要であろうし，各人の仕事と報酬

の相対的な値打ちは、その人自身に基づくものとなる。この「ブルジョア的権利の狭い限界」のもとでは、変差のある報酬や特権のヒエラルキーは、人類の不平等な生まれつきの才能を反映して、「存在」しつづけるものとなる。国家の役割は、「労働の方法と消費の方法との……最も厳格なコントロール」を通して、少なくとも「形式的平等」のこの状態が維持される、ことを確保することであった。しかしこのコントロールは「官僚の国家によってではなく、武装した労働者の国家によって」[95]実施されるものであり、その中で官吏たちは、ただ単に「職長や記帳方」として機能するにとどまる。レーニンはつづけて、社会主義を、「労働の平等性と給与の平等性をそなえ、単一の事務所と単一の工場」[96]となっていく社会として説明している。唯一の要求基準は、すべての男女が「彼らの仕事の適当な分担を果たす」[97]べきである、ということになる。社会主義から共産主義社会への転換に関しては、「形式的平等から実質的平等へ」の状態から、すなわち「各人はその能力に応じて、各人はそのニードに応じて」[98]の規則の実施へと変移するものとなる。

　社会主義の下で、労働組合と労働者階級の他の施設のすべては、国家当局の道具となっていく。「党」の代理機関を通す操作によって、労働者は自分たちの手で、各人の仕事の相対的価値と福祉優先順位の客観的に正しい順序を決定するようになる。労働は一つの道徳的責務となり、また「働かざるもの、食うべからず」となるであろう。社会主義の下では、「ブルジョア的権利」――経済的努力を刺激するニード――の要求を、全体コミュニティの間での社会的ニードの要求に調和させることは、不可能ではないが困難となろう。

　「党」の歴史的役割は、客観的にこれらの労働価値や社会的ニードを発見し、かつ決定することにある。これらのニードの主観的定義は重要ではない。「党」の意思決定は、いかにして最善に、最小の権力の代表と最低の抵抗の総量をもって、できるだけ敏速に産業社会を発展させるかの合意に基づくものである。レーニンはいつも「武装した」労働者について言及しているが、彼らは、最初に社会主義国家の内部と外部の敵に対して武装することが必要であった。都市労働者は革命の前衛であり、それは闘争によってのみ保持さ

第8章　ボルシェビキ革命以前のロシアにおける社会変動と社会政策

れ，拡大されうるのである。工業化は革命主義者にとって至上命令となるが，しかしそれは工業化が生み出す富のゆえではなく，それが革命主義者の権力の源泉であるからである。工業化はプロレタリアートの数を増大し，かくして政権の大衆的基盤を拡張するだけではなく，それはまた，それによって武装闘争が効果的に報われるような手段を創出するのである。一つの国で社会主義建設の意思決定がなされた後は，工業化がそれによって革命が防衛されうる唯一の可能な手段となる。

かくして，革命の最初の段階を経た後は，それによって稀少な財貨やサービスが配分される優越的基準が効用基準となる。これは経済市場に適用されるが，経済は共有権に基づくもので，私有権によるものではない。こうして経済的な報酬と制裁の一つの有力なセットが，経済的目的よりもむしろ政治的目的のために展開されていく。

14　結　論

次に述べる諸要因は，これらの政策の制定に影響を及ぼしてきたロシア社会の積極的および消極的な制度的特質はもちろん，1917年の革命以前におけるロシアの経済および社会諸政策(ソーシャルポリシィズ)の範囲や目的に関する我々の理解にとっても適当なものと思われる。第一に，政治システムが独裁的，抑圧的であり，また一般的に非効率であった。中央と地方政府の間には，有効かつ持続的な協同の伝統がなかった。適正な法律制度や手続きの欠如が秩序ある経済的および社会的な改革の進行を大幅に抑制し，解放関連のような，主要立法の変容が，解決と同じくらい多くの新しい法律的例外を生み出した。民主化のほとんどあらゆる形態に対する伝統的な抵抗が，その内部で紛争が調停されうるような成長する議会制システムを創出することを不可能にした。反対の諸党派は，彼らが政府と葛藤すると同時に党派相互間で紛争し合っていた。

第二に，私たちが研究対象とした期間のすべてにおいて，ロシアは支配的な農民社会のまま停滞しており，また活発で刷新的な中産階級の不在が，経済および社会の改革を抑止していた。こうした階級が欠如するなかで，経済

改革の目的と工業化の歩調やパターンは主として政府によって決定かつ規制されていた。工業化は，少数の支配的エリートの意欲的な目的として，気乗りのしない人口集団に負荷された。工業化のやり方とその実施目的とは，本質的に見て重商主義であり——集合的繁栄よりもむしろ国の権力が最優先で考慮された。

　農民たちが最も広く共有した願いは土地を所有することであったが，それに対して，保守党員，改革主義者および急進主義者は，同じように敵意を感じていたとはいえないものの，しばしば無関心であった。土地改革と工業化の諸政策が，人口の比較的に小さな部分に対して積極的な区分の形態による利点を手にする，あるいは手にしやすいと思われるような仕方で実行されていった。伝統的に不利益な立場に置かれた農民の大部分の集団は，社会改良の恩恵を受けることなしに，付加的な重荷やリスクに耐えることが要求されていた。同時に少数派の危険の大きな異質な集団は，伝統的な消極的差別の形態に苦しみつづけていたが，その差別が政治的正義と経済的効率をつまずかせていた[99]。皇帝主義者(ツアーリスト)のロシアと同じように貧しい国でも，工業化や土地改革は人口の大部分に異常な困苦を負荷したであろう。しかしながら，その変動の過程で，政治的および共同体的な連帯性に頼る伝統的制度は，保護主義的性質の対案的制度を創出するための何らの匹敵する企てもなされることなく，相対的な傾向や速度をともなって，土台を損傷していったのである。

　ロシア社会における交換関係のシステムは，競争的な経済市場の価値や期待によって，しだいに支配されるようになった。西方ヨーロッパの諸社会では，工業的変動の歩調が非常に急速で，広範な社会問題の創出に対しては目もくれず，それら問題の多くは，政府立法によって遡及的に処理されていた。ロシアでは，工業化が，民主的な政治制度と有能かつ正直な運営・管理者の両者が欠落した社会において行われた。主要な立法行為も，遡及的な社会改善に対してではなく，より自由な労働市場を創出するなど，工業化の実質的ニードを先取りすることに関心が置かれていた。西方ヨーロッパにおける，市場諸勢力の自由な活動を原因とするストレスや危機にしても，皇帝主義者(ツアーリスト)の政府による残忍で強力な勢いある政治的布令に原因するそれらに比較して

第8章　ボルシェビキ革命以前のロシアにおける社会変動と社会政策

みればはるかに微小なものであった。解放，土地買い戻し返済金の廃止，集合的税負担の終結および1906年の土地改革は，たとえそれらが国家的および地方的な労働ニードに，ほぼとしかいえないが関連するものであったとしても，混沌と不満を創出した途方もない粗雑さを示す尺度であった。全過程が，政治的統制の効果的な維持と，困苦と不確実に耐えるロシア農民の無限の包容力に依存していた。民主的な対案が，皇帝(ツァー)の助言者たちによって真剣に考慮されたことは絶えてなかったが，ただし1906年の頃にストルイピンが実施を決定したその道筋は，まったくギャンブルと同じものであったといえよう。それでも政権は生き残り，結局は繁栄もより広く共有されるが，政府は内部の敵とは戦争に，外部の敵とは平和の維持にその神経を遣ってきた。

　それにもかかわらず，ストルイピン改革は，私たちがこれまでに知る以上に成功に近いものであったかもしれない。1917年の革命については，それが不可避であったとはいえないが，旧体制を打倒するには，相手をぐらつかせる程の馬鹿げた言行，がんこな言動，苦痛を必要とした。

　第一次世界大戦に先立つロシアの状態を説明して，ウェッブ夫妻も「歴史は堕落した貴族制や偏屈で腐敗した行政をともない，盲目的に破滅へと向けてよろめいていく，無能な専制的支配者についてのより明確なケースを記録してはいない」[100]と書いている。ストルイピンは，ロシアはまだ20年間の平和を楽しむことができるという可能性に賭けたのである。体制側の真に致命的な行政管理上の弱点が，戦争のなかで明白となってきた。政治革命はタンネンベルグの森で始まったと主張することもできる。戦争の最初の年に，帝国正規軍の相次ぐ崩壊が，軍事的抵抗の確実な手段または政治的な支持と，忠誠の有力な組織的構成を持たない皇帝(ツァーリスト)主義者の政府と地方領政府の両者を放置したのである。勝利の主導性と意欲が，ボルシェビキ党に支援された「武装」労働者と農民の側に渡っていた。この軍事力の強調は，その期間のレーニンの主著において明白になっている。革命の第一段階は，1917年11月に，ラトビア人徴集兵の小隊が「制憲代表者大会」をトーリド宮殿から追い出し，その少し後にエカテリンブルグでシベリア非正規軍の支援によって皇帝とその家族の死刑が執行されて終結した。

ボルシェビキ革命は国際的同朋主義の新しい時代を約束したが，しかしその約束の成就は，革命の他国への波及如何と同様に，ロシア国内での「階級の敵」の打倒如何にかかっていた。しかしながら，スターリン（Stalin, Iosif Vissarionovich／本名Dzhugashvili）は，一国で社会主義を建設する彼の決意を述べたなかで，あいまいな言い方をしたことはなかったが，ただし，その彼も生涯を通じて，共産主義が一つの国際的なイデオロギーであることは認めていた。社会主義へのスターリン主義的道程は，強力かつ急速な工業化，社会経済生活のあらゆる局面に対する強大な国家統制，保護主義的関税と移民の防止を経由した。その諸政策は重商主義――社会主義目的を指向したものではあるにしても――であり，しかもそれはまた，本質的に18世紀的文脈における重商主義であった。行政管理的効率と刷新的な企業者階級に替えて，スターリンは恐怖の利用に信頼を置き，追従者の編隊を組織し，革命の真のそして仮想した敵を終息させた。

　明確にいえるのだが，ロシア人民に与えられた革命の恩恵は，きわめて小さかった。市民の大多数は，その生活水準の急カーブの低下に苦しんだ。社会的給付の配分基準が，きわめて選別的であることが証明された。消極的差別の野蛮な諸政策が，意見を異にする社会諸集団に適用された。かかる抵抗にとっての制度的基盤の一切，すなわち家族，コミューンおよび人種的または宗教的な諸集団は，必要に応じ，きびしく統制され，制裁され，修正された。不賛成者の大部分の少数派は一切，その市民的地位を喪失した。これらの伝統的な忠誠と責務の基盤に替えて，新しい制度的集団が創出されたが，それら諸集団は「共産党」，地方的な町内のコミューン，「党員裁判所」，青少年組織，集団農場およびその他に基礎を置いていた。

　一つの社会制度としての家族の法制的および文化的な基礎を変換しようとした革命初期の企画は，その後，1936年にソビエト政府によって放棄された。家族はブルジョア社会の遺物として嘲られることがなくなり，社会主義社会のニードと生活にとって中心的な意味を持つ一つの制度として回復された。しかしながら，それは「共産党」による緊密な監視と規制に対する従順な一つの制度として保有されるものとなった。青少年の生活は，官製青少年運動

第 8 章　ボルシェビキ革命以前のロシアにおける社会変動と社会政策

の諸活動のなかに統合化された。社会サービスの開発に対しては優先権が与えられたが，それは妊娠中や育児中の母親に対する介助や，彼女らが職場復帰した時の幼児に対する提供について配慮するものであった。離婚や堕胎は非常に困難となった[101]。しかしながら，これらの社会諸政策は，家族生活と産業生活との間の機能的関係の改善を設計した広大なプログラムの単に一部分であるにすぎないが，だがそれを新しい政治的諸価値の配達のためのより信頼すべき道具としたのである。

　一国社会主義建設，敏速な工業化および軍事力の開発に対する全面的優先についての意思決定は，結果において，人口の少数派は別にしても，全人民の生活水準の改善を先延ばしにする意思決定をともなった。国民福祉の上位に国家保障の目的を置いたスターリンの意思決定は，社会的良心の痕跡のない原始重商主義に他ならない。ノーベ(Nove, A.)も観察しているように，「その新しい人たちは，大衆の福祉に対して驚くほど無関心であった」[102]。農民層は，「彼らを，……原始的資本蓄積の社会主義的立場の……主要基盤とするために」[103]，強制的に集合体のなかに押し込まれた。

　極度に特権化された市民の新しい少数派が創出され，しかもそのメンバー資格は政治的忠誠と，特別なケースでは経済的効用の基準によって決定された。その時点で体制は広範に拡大した民衆的支持を欠落していたので，ソビエト社会サービスはそれら民衆の忠誠心を勝ちとり，かつ保持するために利用され，さらにそれがまた人民大衆間での労働の陶冶のための積極および消極の道具としても利用された。リムリンガー（Rimlinger, G. V.）が結論としていうように，「このように見えすいたやり方でその社会的保護システムを食い物にした国は，これまで他にはなかった」[104]。産業の中枢部門の労働者たち，わけても希少技能の持主には，気前のよい経済的褒賞や福祉特権が与えられた。仮病をつかう者やその他の「敵対的」な市民たちには，最も基本的な生活必需品の取り消しという形で罰せられた。「党」がすべての２次的団体をそのコントロールの下に包括していたので，労働組合もこれらの制裁の運営管理のために利用された。「党員裁判所」システムはコミュニティ参加の一つの不思議な形態であったが，そこで労働者たちは相互に訓練し，監視し

合うことを要求された[105]。

これらの政治的差別の過程が1930年代に強化されるにつれて，すでに戦争と行政管理上の混乱によって瓦解していた経済市場は，生活水準を維持すること，ましてそれを増進することなども不可能な状態にされていた。ゆるやかな社会的期待の解決にさえ失敗したことが，よりいっそうの強制措置を必至化し，利用されうる微小な福祉提供の配分にも，政治的基準がよりいっそう重視されるものとなった。コルホーズの農民たちが，1956年と1964年の間のクルシェフ（Kruschev, N.）の改革時期に至るまで，ソビエト社会保障システムの給付から大幅に締め出されていたことは意味深長である[106]。

ソビエト・ロシアがつねに単一政党国家であった事実は，政府がどの範囲にまで社会統制の手段として公共的価値を変形し，またコミュニティ参加の多様な形態を利用しうるものであるかを明瞭にすべきことを示す。過去10年の間，「寄生者，放浪者，食を乞う者」に対する活発なキャンペーンがなされてきたが，それらの人たちはあらゆる説明によってソビエト・ロシアにおいてなお重要問題を構成するものとされている。私たちはただ，これらの放浪者や食を乞う人々のある人たちは初期の政治的差別の犠牲者であったと総括しておくにとどめる。1960年の「寄生者法」は，町内委員会や住宅地町会のような地方連合に，こうした法にふれる人々の「特別」な公共審問制を設置する権限を与えた[107]。革命前期のミールから案出された自治共同体参加や統制の伝統が，ふたたび社会主義的文脈の内部での経済市場の最も厳重な基準を適用するために利用されていくように見えた。

後期スターリン主義時代では，大衆人口のなかでの，厳格な功利主義的労働倫理の有効な反復教習が，政治，経済および社会諸市場の各要求の間の，より均等な妥協に対して寄与してきた。ごく最近では社会福祉提供の水準上でも重要な改善がなされてきており，またこれらの福祉尺度が独自な政治的合意の基盤を大きく広げてきた事実を示唆する証明もある。19世紀の英国とアメリカ合衆国においては，「自由放任主義」の通俗的解釈を受け入れていた人たちや，その他のどんな人でも，自由経済市場内で失業状態を持続することはない，ということを確信をもって断言していた。救貧法担当官たちは，

第8章　ボルシェビキ革命以前のロシアにおける社会変動と社会政策

怠ける方法を教えるために雇用されていた。ソビエト・ロシアにおいては，それは同等の確信をもって，社会主義下の失業は存在しえないと断言し，またその信条は，現在，無精者にこの学課目を教え込む任務を委託されている地方コミュニティ諸連合体の間に，十分に普及されるようになってきている。

〔訳者注〕
　ソビエト連邦崩壊（1991年12月31日，ソ連は正式に消滅した）という歴史的事実を経験した今日，この章の記述には，適切な解説ないし改正を付加すべき箇所も多い。しかし，20年余り前に記された論考であるにもかかわらず，ボルシェビキ革命以前のロシアにおける危機状況のみならず可能性にまで目を向けさせるピンカー教授の歴史解明の筆力に直接接していただくために，あえて文章中の解題はさし控えた。
　1990年2月5日にソ連が一党独裁を放棄し，1991年12月独立国家共同体へと変転を遂げる。上記のソ連消滅までの経緯を思い起こす時，ピンカー教授による本章の歴史記述は，大きな意味と意義を我々に投げかけると思われるのである。それは，革命ではない現実的改良の諸方策の可能性を示唆しているとも思える。

第 9 章

第一次世界大戦前のアメリカにおけるコミュニティと社会福祉

　アメリカ合衆国〔以下，本章中はアメリカとする〕の拡大と定着は，社会変動と社会福祉発達との関係分析にとって，理想的な歴史的文脈を与えてくれる。中部と最西部における新しいコミュニティの形成は，州議会や中央政府による効力のある法規の創出に先行してなされていた。自助と相互扶助以外には，あるべき援助はほとんど存在していなかった。さらに，社会福祉関係事項に介入することへの中央政府の嫌悪は，いかなる不当な政府介入にも反対する新しい移住者側の一般的な敵対心に都合よく符合していた。アメリカの政界のなかには，中央政府の権力と機能の強化を切望していた数名の影響力に富む人物もいたけれども，ジェファーソン的民主主義の伝統と信念は，なお19世紀の大部分の時期を通して支配的な力を保有していた。

1　政治的および法律的諸制度

　善良なる政府（good government）についてのジェファーソン（Jefferson, T.）の見解は，彼の短評に集約されているが，それは「ごく少数の公務員によって遂行されるごく少ない明白な義務」から成り立つものであった。彼は，工業化の到来や，自由な人たちが，成長する大都市の公私の官僚制組織に従属するような時代の到来を恐れていた。ジェファーソンにとって，社会福祉の理想的状態は，独立した農民たちから成る一定の国民のなかに発見されるものであり，その農民たちの内部でアメリカ人の明白な運命が実現されていくべきであった[1]。

第9章　第一次世界大戦前のアメリカにおけるコミュニティと社会福祉

　福祉のこのような見解を体現したのが，「神の摂理」の導きの手の下における人間と自然との間の「誓約」の理念であり，その摂理が，西部の新しい大地において「完全で，かつ腐敗のない」民主的生活道が確立されるという希望を鼓吹したのである[2]。彼の母郷であるバージニア州での政治的経歴のまさにそのスタートから，ジェファーソンが一つの社会サービスとして教育を選び出していたことは有意議なことであったが，それは民主社会がその市民たちに自由に利用できるようにしていかねばならないものであった。だがかなりの影響力と威信にもかかわらず，ジェファーソンはこの野心的目的を実現することに失敗した。しかしながら，教育に寄せる信念への傾倒的態度が，アメリカにおけるジェファーソン的民主主義の伝統に異色な性格を保持させている。後の世紀において，ウィリアム・サムナー（Sumner, William）のような，ひどく非妥協的な，「自由放任主義」原則の支持者でさえも，慎重に，無料の普遍的な教育制度の必要性を認めていたのである。

　簡潔で明快な比較論集のなかで，リチャード・ローズ（Rose, Richard）は，アメリカ民主主義の特色ある形質のいくつかを指摘している。政府のシステムとして，それは「人民主権の原理」の上に基礎づけられているが，「〔それは〕究極の権威を支配される者の手中に置くものである」[3]。主要諸制度は，大統領府，上院と代表者の家としての下院からなる議会，および最高裁判所などである。成文憲法の箇条の内部で，広大な諸権利が個人としての市民に認められており，その権利が市民をして，──もし必要であれば，最高裁判所を通じ──「プライバシーへの個人的要求，個人の自由，または自己負罪からの自由」[4]を侵害する政府権力に対して，挑戦することをも可能にしたのである。これらの諸権利は，ファインも述べているように，ひんぱんに行使され，「自由放任主義の理念が，＜南北戦争＞後の35年目にその大勝利を獲得できたのも，また大学や一般の理論家たちや，実際的な実業家らの自由放任主義が，理論から実務へと移行されてきたのも，まさにこの「法廷」においてのことであった。弁護士や裁判官が合同で，自由放任主義を憲法的原理内の重大要素に仕立てあげ，また社会的経済的立法の一切の形態に対して，事実上，究極の検閲官としての法廷を確立するように仕向けたのである」[5]。

219

こうした介入により，連邦および各州の政府の権力が，集合的福祉目的のため，みだりに税金または借入を増額することを大幅に禁止したのである。

法廷は，単に防ぐだけでなく，国家も「強制的に侵入」できない私権の領域の拡大を成しとげ，「同時に……警察権力の行使を通じて一般福祉を増進する国家の承認された権利に対して，可能な最狭義の解釈を下したのである」[6]。ローズはまたアメリカ市民に授与されている広い範囲の票決権に対しても注意を向けている。連邦，州および地方の諸レベルにおける官吏の大多数——一定数の判事たちをも含めて——は選任された人たちである。特別税や借入の増額のごとき論点についての国民投票もまた，普通に行われていることである[7]。憲法はそれゆえ公衆の参加とコミュニティとの連動について範囲と程度を定めているが，これは歴史的に見て他に類例のないことである。ローズはつづけて，これらの複雑な仕組みが「民衆の主権を強化するのか，または弱めるのか」，それとも，どんな選挙に成功する集団でも，有意義な変革をもたらすのに十分な権力を掌握することを認めるのかどうかについて疑問を提示している[8]。

次に，連邦政府と諸州との間の権力のバランスが非常によく秩序づけられているので，地方諸省庁は，これまでの英国のケースがそうであったより以上に，彼らの支出に対する中央統制からはなれ，はるかに大きな自由が許されている。政府の諸権力が分権化されているので，単に地方の田舎だけでなくワシントンの内部でも権力が頭ごしに行使されるようなことはなく，したがって国家的な社会諸政策(ソーシャルポリシィズ)は定式化することが，また，一度定式化してもそれを実施することが，非常に困難である[9]。連邦政府は，たいていの場合統一的政策のために必要な一定程度の協同作業や，または地域的不平等の是正などが求められてきた時は，いつでも諸州に対して財政刺激を供与しなければならなかった。ローズも注釈しているように，労働に障害を有する者への手当または扶養児童手当のごとき連邦法の下で設定されている多数の福祉プログラムは，その給付が州政府によって取り決められるのを許していた[10]。そこで諸州の間に生じてくる当然の格差は，英国において黙認されているものよりも，はるかに大きいものである[11]。これらの諸格差は，アメリカにお

第9章　第一次世界大戦前のアメリカにおけるコミュニティと社会福祉

いて制度化されてきた諸権力の広範な分権化の一つの論理的帰結でもある。これらの差異の根底にあるものは，中央政府の役割に関しての若干の根本的に異なった信念である。ローズが結論づけているように，「英国においては，それは国民保健サービスまたは市街地や田園地帯の土地利用計画規制のような共通目的確保のために，政府の集合的諸制度を利用するための諸力を結集する自由である。アメリカ人の価値観は個人主義的であり，英国人の価値観は集合主義的である」[12]。アメリカの場合，相互扶助の主要な形態は，政府立法の進捗と効果的な政府介入の範囲をこえた地域との，双方において確立されたのである。

2　自由企業と福祉の追求

ロシアと対比すると，アメリカは開放的でかつ社会的にも移動社会であり，個人的な自由と向上への期待に引きつけられた移民によって創造された社会である。皇帝主義者のロシアの近代化推進者(ツアーリスト)は，古風な土地所有や個人的奴隷制のシステムを廃止するために苦闘していたけれども，アメリカでは人もまばらな広大な国土の土地所有権を自己のものとして要求していた。ロシアにおける農奴の解放も，アメリカにおける黒人奴隷の解放と同じ10年間に生起した。これら主要な転換のいずれもが，なお存続している不正義，不平等および怨恨の伝承物を残している。ロシアにおいては，民主的伝統の欠如と民主制開発の失敗が暴力革命への道を準備することになった。集合主義的原理はロシア文化において，いつも重要な要素を構成してきた。そして農民は福祉が損なわれる際の相互扶助と援助を，伝統的に村落ミールに依存してきた。そのミール制度の残存物が，19世紀の大半において，労働の自由な移動を大幅に禁止してきたのである。アメリカにおける，唯一の比較されうるシステム——奴隷制度は別にして——は，年季奉公労働条項であった。それに基づいて若干の移民が18世紀の間に東部海岸にやってきた。

アメリカにおいては民主化が，集合主義的社会サービスの発展を助成するよりもむしろ阻害したということには異論がある。伝統的な土地所有階級の

221

不在と自助を可とする明白に無制限な手つかずの土地とが，新旧移民の間で等しく経済市場という価値への愛着を育成するという傾向をうながした。19世紀の大部分の間，「アメリカの貧困者は，みずからを独立階級ではないとしても，なお，ただ単に無力にされているだけの事業主であると自認していた。支援ではなく機会が，彼らの目標であった」[13]。たとえば独立農場主よりもむしろ賃労働者となった定住者の大多数の方が，最終的には，社会主義者よりも潜在的な企業家の精神を持って彼らのユニオンを結成したのである[14]。そこに生きつづけた移民たちは，たいてい順調に自助と独立の資質を獲得した人たちであり，その資質が後続の諸世代における公的な社会サービスの成長を抑制することになった。

　19世紀の中頃，白人アメリカ人男性の大多数には，財産資格証明なしに選挙権が与えられた[15]。しかし「自由放任主義」原理または救貧法のいずれかに反対する民主的な反動もなければ，また家父長的な反動もなかったが，その救貧法はアメリカが植民地時代から継受してきたものであり[16]，したがって1834年の英国（イングリッシュ）の法律の模倣をしながらも，それよりも，もっと抑制的であった[17]。先住民に対する法令条項の主要形式は，英国立法から考案したものであった。植民地時代の期間「1601年の英国の＜エリザベス救貧法＞をモデルとした植民地法と州法」の下で，労役場が建設されていった。同様に，放浪する貧しい人々（the itinerant poor）は1662年の定住と排除の英国法に基づいた条項のもとで規制されていた[18]。1834年の「改正救貧法」の後，東部の沿海諸州は新しい抑制の哲学に対して，自らの救済システムを採用した。労役場と救貧院が以前よりも多数建造され，救済を利用する権利は一般的に縮小されていった。

　貧困者救済の地方システムになかったものは，――1834年法の下に確立された「救貧法委員会」のような――監督官職制をそなえた中央当局であった。委員会は，多数の議会人，監督官および貧困者の大多数の敵意にもかかわらず残存した。委員会はつづいて1848年には「救貧法局」に改組され，1871年には新しい「地方政府局」に包含されていった。アメリカの社会政策の歴史のなかで生じた中央当局の成長に匹敵するものは皆無である。新しい英国救

第9章　第一次世界大戦前のアメリカにおけるコミュニティと社会福祉

貧法の抑制哲学が採用されたけれど，しかしその運営管理形態は採用されなかった。アメリカの貧困者救済はきわめて地方化されたままであった。

　私たちがすでに提示してきたように，こうしたことから，1830年代以降非常に早いスピードで，——抑止と保護の両面で——救貧法制度を拡大していかねばならなかったのは，東部沿海の諸州や港湾都市であった。それは，第一線に立っている諸州と諸都市とが，性質のちがう外来貧困者の集積する群——それもとくに困窮せるアイルランド人の——を受け入れていたからである。マサチューセッツ州議会は，1848年に新法を通過させたが，それは約定規則を侵害しようとした船長に重い刑罰を課すものであった。1847年にニューヨーク州議会が一つの法令を通過させたが，それはそれぞれの船長に「彼が港に上陸させたあらゆる船客1人につき1ドルの診察料を支払うこと」を要求するものであった。ボルチモアにおいては，船長は上陸させたすべての病気の移民の治療代を負担しなければならなかったが，同様の方式がニューオーリンズでも採用されていた[19]。

　コールマン（Coleman, T.）は，マサチューセッツ当局によって1850年代になされた試みは，入所過剰となった労役場や救貧院にはより抑止的な制度を導入し，好ましくない移住者たちを国外追放にすることであった[20]，と記述している。増大する多数の移民に対する敵意が，多くの生粋の人々を尊重する傾向や反カトリック団体の発生や，「何も知らない党（KNP）」の台頭をうながした。KNPは1855年の頃にはニューイングランドの諸州を除いては全部の州で勢力を獲得していた[21]。その党の影響は国民レベルでは短命に終わったが，地方レベルでは好ましくない移民たちの流入を削減する多様な企画の支援などに影響力を持ちつづけた。

　1847年以降，ボストンとニューヨークの両市は，港に上陸したすべての移入民に人頭税をかけ始めた。病人または老齢の移民たちからも，このような税もしくは担保を徴収する権利が長く認められていた。しかしながら，1849年に最高裁判所の裁定が，こうした人頭税は不法であることを公示した。〔保証〕契約が「老齢者，貧困者および虚弱者」に課されるのは，彼らの旅が州外にまで続行されるために正当であり，またもし彼らが滞在するとすれば

〔保証〕契約は喪失すべきである。しかし大多数の者がトラブルを起こさずに通過するような時でも，すべての移民に同率で賦課されるのはまちがいである。人頭税は非憲法的なものとして規制されることになった。それ以後，コールマンが述べているように，ニューヨークやマサチューセッツは，「苦々しい言い逃れにつとめ，税金の支払いではなく，それはすべての船客に対し〔保証〕契約の履行を要求するものであり，しかも好意的にも〔保証〕契約金の総計は，仮に数百ドルとしても，入国時になされる1回限りの納入に，まとめて振り替えられるものである」[22]ともいわれた。

彼らの家族の経済的および社会的な福祉の改善願望が，アメリカへの移民の大多数にとって中心的な目的であった。新しい地域において，享受する政治的および宗教的な自由は，同時に福祉の一部であるが，しかし19世紀の移民で彼らの母国からの政治的または宗教的な亡命者は比較的わずかであり，その人たちにとって，未来は不運なものであった。

ハンセン (Hansen, M. L.) は，集団移住してきた人たちと，個人または家族で移住してきた人たちとの相対的な成功の度合いを比較している。宗教的に動機づけられた集団のごく一部分が，一定の移住地に居住しつづけている。政治的迫害の対象であった人たちの多数は，政府によって自由通行証を供与されたが，しかし彼らのほとんどは，むしろ母国での「獄舎や殉教を選んでいる」[23]ようである。ハンセンが記しているように，「すべてを総括して，アメリカに移住してきた政治的亡命者はわずか数千人を数えるにすぎず……そしてそれらの人たちにしても，彼らの思い出話以外は何ものをも提供してはくれないので，アメリカ人もやがてはうんざりしてしまった」[24]と。トーマスとズナニエッキーもまた，移住者たちの政治的に動機づけられた集団の急速な滅失と分解についての解説をしている。ハンセンは，移民の大多数は「仕事の場が乏しく，商売と農耕の未来が約束されていない」地区から来た者であり，「彼らを引きつけたのは，彼らの経済的状況を改善しようとする願望であった」[25]と結論づけている。政治的または宗教的に動機づけられた集団が失敗しているのは，主として，「彼らが，成功を招来する最重要要因——個人的事業——を抑制したからである。その教訓は明快であった，すな

第9章　第一次世界大戦前のアメリカにおけるコミュニティと社会福祉

わち単独の個人または家族は，独力でよりよくなりえたことだろう」[26]。

3　開拓地コミュニティにおける自助と相互扶助

　ターナー（Turner, F. J.）は彼の「辺境に関する命題」のなかで，西部移住は新しいアメリカ諸都市の緊張と欲求不満にとって一つの「安全弁」を提供し[27]，辺境の土地の獲得可能性が，集合主義と競争との両者に抗して，地方の民主的なコミュニティの残存を保証した，と論じている[28]。ターナーの命題と，道徳的救済を主眼として村落コミューンを求めた初期のロシア人社会政治理論家の命題との間には，一定の親近性がある。それは両者とも人民主義の伝統を持つということである。ターナーは家族中心的個人主義について注釈しているが，それが新しい移民の特徴でもあった。ある点で，彼はこの特質を「反社会的なもの」と解し，それがまた「統制に対する，とくにすべての直接統制に対する反感」を生み出したと見ている。母国における場合もしばしばそのように反抗的であったことを彼らは背後に置き忘れているけれども，新来の定住者たちは収税吏を「抑圧の代表者」[29]と見なしていた。しかし文明化された生活の快適さを享受するため——そしてまた，より多くの移民を引きつけるためにも——新しいコミュニティは何らかの初等学校や公的サービスを提供しなければならなかった。そこでは自由な土地利用が可能であったので，相当期間，用地課税の不当な請求に応ずることなく，これらのニードの解決が可能であった。ターナーが注目しているように，「承認されたタウンシップ〔町区制〕の内部で，公認の聖職者や，また学校を維持するため保有地を提供することは，17世紀に起源を発し，それが18世紀には開拓地の諸町区にとって公認の共通特質となっていた」。それ以後，この慣行は「連邦政府による普通学校や州立大学を維持するため」の基金財団の形をとるようになってきた[30]。

　これらの教育的および宗教的な諸制度が，新しい愛国的忠誠心や国民的自己同一意識を一般に普遍化していく広い目的に役立ってきたのである。ターナーによれば，新しい諸々のコミュニティに与えた開拓の効果は，民主主義

と自助の価値観の促進であった。しかしながら、ボートライト（Boatright, M. C.）は、「相互性の原則が辺境開拓生活のなかで表出される数多くの方法」に対しても注意を引いている。「共通の危険と共通の貧困」の経験が「強力な協同生活を提供したのである」。隣人たちは病気、死去その他の不幸の時には互いに助け合った。各移住者は「自分の家畜を用いて隣人を助けた。なぜなら彼もその隣人の助けを必要としたからである。彼は病気の隣人を看病した。なぜなら彼自身が看病されることが必要かもしれなかったからである。彼は直接、または特殊な現物での報酬を期待したわけではない。それは……この種の隣人的協力が社会的保障に対する辺境開拓地の解答でもあった……ということである」[31]。

移住者たちが要求し、また最終的に連邦政府から保証されたのは、関税の形をとる保護の方法であった。彼らはまた、中央政府の支持を得て、あるいはそれなしに、彼らの土地にいる先住民に対処する決定をした。何よりもまず、この過程は「アルコール、病患、文明の利器への依存」[32]の欺瞞にみちた効果によって始まった。1866年から1873年までの間のバッファローの持続的かつ組織的な乱獲は、先住民的生活法の経済的基礎を破壊することによって、この過程を完遂したのである。「ドーズ法（Dawes Act）」の結果として1887年以後散発的になされた同化主義的諸政策も、先住民に残っていた文化的自己同一性の保持をいっそう弱体化した。しかしそのころ、残されている開放地を占取しようとする最後の攻略が進行していた。そして1890年代の初期には、フロンティアの時代が過ぎ去ったのである。

ある点において、ターナー命題は、社会的発展と、社会福祉の通俗的概念の変動との間にある関係について、粗略ではあるが明快な分析と理解されうるであろう。しかしながら、ターナーが生存中に出版している多様な論文から、この命題に関する断片を継ぎ合わせてみる必要がある。移民の男性らは、おおむね、「この自由と平等の約束された土地が彼らの取得分になることを目前にした時、劣悪な賃金や永久に社会的隷属の地位にあまんじることを受け入れようとはしなかった」。彼らは、彼らの子どもたちが最終的には「教育、快適、社会福祉の遺産を受けつぐことができるようになる」ために、現

第9章　第一次世界大戦前のアメリカにおけるコミュニティと社会福祉

在の低い生活水準にも堪えていく心がまえをしていたのであり，また開拓者が「困苦に堪えていく」のも，まさにこの「理想のため」であった[33]。

　ある程度の相互扶助によって緩和される競争および民主主義と平等の理想への献身は，ターナーによれば，開拓地でのコミュニティ生活の特殊な特質と見られている。これらの諸特質も，すでに消滅し始めているか，または「自由な土地の時代の終わりによって」修正される主題となっていった[34]。ターナーはすでに「遙かなる西部の……乾燥した平原で……この圧力とエネルギーのすべてが揺れ動く海峡に変わりつつあり，その揺れ動く海峡が……それのために政府活動の拡大を要求している」[35]ということを認識していたようである。ターナーは先見的に人民主義原理の新形態の集合主義的影響が1890年代の中西部の農場主たちの上にもおよんでいたと見ている。一部には，彼はこれら諸原理の増大する影響の原因を「外来移住民」の増加数量に帰している。彼ら移住者は「生活水準を低下させて，その土地に人口増に起因する困難性を増大させていく」傾向があった[36]。

　だがこれら限界領域の乾燥しきった土地の耕作は，付随的なリスクに満ち，またそこでは資本家的農場主たちの新しい階級を創出しつつあったが，その人たちは逆説的ではあるが，政府の保護と支援を求めることにつとめていた。輸送の国有化の立法，特殊農業信用保証制度および政府主導の灌漑プログラムが，ますます「社会建設の道具」と見られるようになっていた[37]。

　私たちが英国社会運営論（ソーシャルアドミニストレーション）の研究において使用する分析諸モデルに都合よく適合するのは，アメリカ移住者たちの福祉の信念や慣行でもなければ，またその後続形態としての政府介入のそれでもない。移住者たちの信念は，何の規定もない漠然とした利己主義または利他主義という術語で理解されうるものではなかった。個人主義は文化の一つの重要な姿ではあったが，しかし，ターナーも主張するように，移住者たちは「ただの物質主義者ではなかった。……彼らはまったくの理想主義者であり，彼らの子どもたちの福祉のためには，目前の安らぎをも犠牲にし，またよりよい社会秩序とより自由な生活のための助け合いの可能性を確信していた人たちであった。彼らは社会的理想主義者であった」[38]。彼らは，何にもまして，事実上の家族内利他

主義者であった。

　ターナーは，つづけてアメリカとプロシアとの社会改善の経験を比較しているが，その最終的な解明においてはウェーバーとの親近性が見られる。中西部農場主たちによって要求された政府介入の形態は，家族生活と地方コミュニティ生活への，いかなる直接介入をもはるか手前ですべて停止させるものであった。根本的な「開拓地での経験の遺産」は，「民主主義が，個人に自由社会のなかで演じる役割を残し，また人を上からの命令で操作される機構のなかの歯車とはしない，という熱烈な信念」[39]である。

　ターナーは，民主主義がこれからも生き残っていくという信念を持ち，また彼は，民主主義が工業化と相容れないと信じてはいなかった。彼は，アメリカ人民主義運動は，それが民主的統制の新しい形態に対して開放的であるという意味でリベラルであるが，しかし同時に，できるだけ昔の古い形態を温存させていこうとする特質において保守的であると考えていた。彼は，アメリカ資本主義に対するフロンティア文化の最も有益な効果は，ヨーロッパ的経験の一部である無制限な競争の行きすぎや「制度的管理強化」を避けながら，資本主義が中道路線に沿って発展するのを助成するということにあると考えていた。中道の道徳的権威は，愛国主義と自然的利害関心へのアピールに基づいていた。なぜなら「連邦共和国の利益への献身から生じてくる特色は，経済的競争におけるただの成功よりもはるかに高貴な特色」であり[40]，この理想を追求しつつターナーは，中西部の新しい州立諸大学が主要な教育的役割を演じ，「暴徒の激情的衝動と，公的福祉を私的強欲に従属させようとする人たちの邪悪なやり方との両者に抗する防波堤」[41]となることを希望した。

　この希望の表出にもかかわらず，ターナーの命題のなかには地理的および経済的な決定論の諸要素があり，それが彼の条件的楽観主義とさえ相克し合っているのである。1890年代の初期の頃，自由な土地の時代は過ぎ去ったのである。土地への期待が，過去においては男性たちの利己性に対する必要な抑制となり，彼らの不安と空腹の自然な恐怖に対する解毒剤として全体的に役立った。大量の工業生産物の有益な効果がターナーによって探究される

第9章　第一次世界大戦前のアメリカにおけるコミュニティと社会福祉

ことはついになかった。この主題は後でチャールズ・ベアード（Beard, Charles）によって取り上げられ[42]，彼は，東部海岸の資本家的「金満家」は，最高裁判所や憲法を利用し，私的権力の行使や私的財産の処分についての州権を制限したと論じている。ベアードは1896年から1912年までの間をふりかえり，当時，セオドア・ルーズベルト（Roosevelt, Theodore）政権の間，行政諸権力を行使して「一般的生活水準，労働，教育」[43]を改善し，資本主義と社会主義の中道を見出す持続的な試みがあったとしている。ベアードは，1919年までには，無節制な資本主義的企業に起因する戦争と社会的被害の結果として幻滅が生じたと論じている。

　資本主義的企業は，そのスタートから定住のための中部と極西部を切り開いていく推進力であった。大銀行と工業諸企業は，ジェファーソンによって農村民主主義という彼の夢に対して根本的に非共感的とみなされてきたが，それらは，新しい移住者たちのためにサービスを供給しようとする小規模投資者集団の後にすみやかに追従するものであった。移住者と投資家とは同様に，自分たちの個人的向上を探索するなかで相当のリスクに直面した。たとえば，銀行業は貸借の双方を引き受ける危険な業務であった。ある銀行は免許状なしに営業をし，「金銭の所有者を保護するという株主の約束だけを記した」[44]証券を発行した。1850年代から1860年代にかけて，農場主もまた彼らの経済的利益を保護するためのクラブや協会を組織し始め，新しい園芸技術を奨励し，また地方的諸事業の組織化のために有利な条件で信用保証を提供した。貸借双方の利率は高めとなりがちであった。抵当権会社が繁盛し，またある地域では貧しい土地保有者たちの間で抵当流れが日常のこととともなった。

　バートレット（Bartlett, R. A.）は，西部の新しい都市センターの開発における私的投資や企業家精神の緊要な役割を強調しているが，——その条件はフロンティアのコミュニティが太平洋側に突出するにつれて，しだいにより西部風となってきた。シンシナティやシカゴのような将来の大都市圏は，何よりも「土地で大もうけをした」結果であった。しかしまたそこでは，強力な宣伝をしたり，早期に移住したにもかかわらず成功しきれなかった多数の

人々や，はじめの数年だけ成長が有望視された後は，完全に消え去ってしまった人々もいた。それ以後の鉄道や河川蒸気船の配備も緊要事であった。都市の成長と自治体改善の関係も，多くの場合，希薄であった。鉱山の町は，自治体のサービス向上を，いやいやながらもその地方税納入者たちにゆだねたけれども，――予期しない鉱物資源の枯渇の後は――公的負債の恐ろしいほどの重荷を負わされ，取り残されている自分たちを発見することになった。

開発業者は，地方新聞を利用して彼らの新しい町の魅力を広告宣伝し，またとくに熟練労働者，鍛冶工，ホテル業者，商店業者のような小実業家をひきつけようとした。このような広告は，幅広いゆとりのある並木道路や教会や波止場に沿って巧みに配置されている蒸気船係留場などの，まったく嘘のイラストを掲載しているものも多くあった。実際に行ってみると，わずかばかりのチップ板と芝土小屋があるだけのものであった。リーベンワースのような町は，まあまあの開発がなされ，それはいつわりのないものであった。それにしても移民は，多くの場合現地に到着してみてはじめて自分たちがなけなしの貯蓄と希望を投資してきた場所が，あまりにも原始的な環境であることに深刻な失望を感じた。時によっては，教会や学校には自治体から自由地所が付与されることもあった。1829年初期に，テネシー州は，3人またはそれ以上の子どもの父親ならばだれにでも，子ども1人当たり200エーカーの州地を付与する法律を通過させた[45]。同種の政策が1850年代にネブラスカやカンザスの一部でも実施されていった。時には成功もしたが，繁栄している町区（township）が，しばしば，ライバルの町区全体を買い占めたり，あるいは移住者たちをそこから引き抜くような企てもなされた[46]。

開拓拡大の歴史のなかには，相互扶助と保護を目的とした自発的な地方のコミュニティオーガニゼーションの多数の実例がある。安い土地が磁石となって，よりよい人生を求めて移住する人々をひきつけた。土地は，福祉と同義語であった。しかしながらこれらの土地の配分と販売を行ったのは，混乱とリスクを積載した企業であり，しゃにむにすすむ企業家的精神によって実施されていった。そして連邦政府による監督はわずかに部分的な効果をともなうものにすぎなかった。そこではしばしば土地境界についての苦情をめ

第9章　第一次世界大戦前のアメリカにおけるコミュニティと社会福祉

ぐる論議があったが，その当時はまだ測量技術があいまいであった。拡大するフロンティアに沿って，多数の法定外の諸組織が形成されたが，それは「移住者の土地の所有権を保護し，かつ論争の際には仲裁者として行為する」[47]ものであった。これらの「苦情クラブ」は通常，地方の大集会の産物であり，その目的は移住者たちが搾取されるのを防止することにあった。時には，彼らは詐欺をするつもりの一時滞在の投資家たちに裏をかかれることもあった。時には，保有地に関する論争が居住地のメンバーを二つのグループに分割することもあった。エバレット・ディック（Dick, Everett）の観察によると，「苦情クラブには多様な形態があった。一方の極では，自己利益がほとんどクラブの大半をしめており，これに対して他の極は，一般的利益と移住地の福祉を守ることが支配原則とされていた」[48]。新しいコミュニティの内部では，他の紛争の種が，ただ白人移住者たちと先住民との間にだけでなく，永続的な移住者，不在地主，および法的権利のない無断居住者との間にも生起していた。苦情クラブの目的の一つは，どこであろうと，できるだけ無断居住者たちを押し出してしまうことにあった[49]。アメリカと英国における公式の福祉政策の発展に対する私たちの比較研究に，さらに「英国友愛協会」やアメリカの新しい諸都市におけるそれに相当する「収集クラブ」と，これらのフロンティアの苦情クラブのボランタリー活動との比較研究を加えてみることは興味を引くことである。

　バートレットによると，「家族は，新しい地域では特別に重要なものである。なぜなら家族は安定性を提供する一つの社会構造であるからである。家族は，政府，法と秩序，学校と教会に先立ってその機能を発揮してきた。児童が，病気，事故または先住民の略奪によって，または遺棄によって孤児となった時，隣人の家族がその子どもを引きとり，自分たちの子どもとして養育していくことは，少しも非日常的なことではなかったのである」[50]。新しい州や地域のある場所では，男女の比率が婦人1人につき男子6人というように数値の開きがあった。いくつかの驚くべき啓発的な試みが，この地区により多くの結婚適齢期の女性を引きつけるためになされた。1850年代までには，大半の州は既婚婦人が自己名義の財産を保有する権利を認める立法を通過さ

せていた。ワイオミングでは1869年，ユタでは1870年に，婦人たちの，財産権の承認のみでなく，被選挙資格，陪審員としての奉仕，および同一労働同一賃金を享受する資格をも含めて完全参政権が承認された[51]。

19世紀半ばの開拓地の町々での社会生活のなかには，親切な優美さが一般的に欠けていた。ディック（Dick, Everett）は，「高貴な教養のある階級の妻たちや娘たちが街路を歩くことはほとんどまれで，仮に歩いていたとしても，ベールや日よけをつけて男たちから顔を隠していた」と報じている。1865年にアッチェソンで１夜を過ごしたある聖職者が，「ほらを吹きまくる話し声，苦痛のうめき，拳銃のひびきが夜通し聞こえてきたために」[52]休むことができなかったとこぼしている。街の発展の初期年代には，開拓地の生活が多くの場合荒々しく未発達であったことは疑いない。それでも，文明化された生活の快適さやスタイルは，多くの市民たちの望むところであり，また心をときめかすものであった。新しい町区は，ちゃんとした，信頼できる市民たちを勧誘することを望み，とくに大家族をかかえた人たちは特別に歓迎された。

新しいコミュニティのなかで，その後，多くの婦人たちが到来したことと，彼女らの影響が広がったことが，家族の外部での社会生活の質に重大な効果を与えた。図書館や文芸協会，水泳クラブ，公共的な読書会や演奏会，戸外討論会，組織された教会の祝日や祭礼が，新しい町区の恒例化された特質となった。同時に婦人たちは「禁酒協会」の組織化の運動主体となった。たとえば，すでに酒場の数が多いことで悪名の高かった町区で，最初に営業時間の許可制を強行したのは，ララミーの婦人陪審員であった。「禁酒」運動と連合して，賭博に対する多様な陳情やキャンペーンもなされた。このような地方的な諸関心が結集され，共通の主張が19世紀の終わりには「反酒場同盟」となって現れた。巡回説教者たちの大半は非国教派に属していたが，恒久的な教会が建設されるまでの間，開拓地生活をまじめに送るように感化をおよぼした。

開拓地での家庭生活は，とりわけ苦しく，とくに冬期にそうであった。木材や釘のような基礎品目が高価であり，また品不足でもあった。多くの小屋

第9章　第一次世界大戦前のアメリカにおけるコミュニティと社会福祉

にはドアや窓がなく，居住者たちは毛布やろう紙でそれをこしらえていた[53]。伝統的な芝土を積んで壁にした家が，草原のどろ煉瓦で作られるようになった。このような作り方は，非常に高価な木造家屋よりもたしかに便利なこともあった。なぜならその方法で作られた家は夏は涼しく，冬にはそれほど寒くはなかったからであるが，しかしその屋根や壁は腐りやすく，また小さな害虫〔ノミ・シラミ〕がむらがりやすかった。移住者の家族の最初の住居は，丘の側面にある穴倉より以上のものでなかったかもしれない。その後，住居形態がどのようになっていったかで進歩の度合いが測られたが，その段階は穴倉から始まって粗末な芝土の家となり，それに木製のドアや窓がつけられ，そして最後には完全な丸太小屋となる。成功の究極の指標は，木造の家屋である。移住者としての家族の最初の生活状態は，しばしば彼らのそれまでの暮らしよりも，はるかに原始的なものであった。ディックが述べているように，「芝土小屋の住人は，雨がふる時に生活の場を移動することを学ばねばならなかった。もしも雨が北からふってくれば，……何もかも南側に移動させる必要があり，もしも雨が南からふってくれば，ふたたびそれを元にもどさねばならなかった。屋根に雨がしみこんだ時は，雨がやみ空が晴れた後3日ぐらいは，しずくが落ちてきた」[54]と。彼はまた1人の婦人開拓者の回想を引用している。「病気の時には，だれかがベッドのそばで病人の上に傘をさしていなければならなかった。ある老人の移住者は，家庭礼拝の時に床に水がたまっているので，しばしばひざまずかずに，祈りをせねばならなかった」[55]と。

　1850年から1860年までの間に旧北西部にいた小規模農業者たちの特徴的な社会的および経済的な生活条件が，カーター（Carter, H. L.）の論文「転換しつつある田園インディアナ」[56]のなかで説明されている。その世紀の半ば頃までに，インディアナ州の大部分はすでに移住地化されていたが，州の北方の部分では，いまだ新しいコミュニティが入居者に対して開放されていた。人口のおよそ半分は，いまだ丸太小屋で生活しており，その他はたいてい煉瓦作り，または木造の組立家屋を持っていた。男性の2人に1人は農場主であり，自分の土地を所有していた。粗末ながらも鉄道のシステムと好況時に

適度な農業所得を取得できる農産物のための十分な市場があった。典型的な農場経営は65エーカー以上で構成され、それが雇われ労働者たちにいくらかの仕事を与えると同様に、農場主とその妻と4人の子どもの生活を支えた。最も特徴的なコミュニティの仕事は納屋のむね上げと豆の脱穀であった。開拓地の結婚式は主要な祝典行事であった。結婚式の夜に、「シャーリバーリ〔どんちゃん騒ぎ〕」が行われるが、それは地域の町民がその若いカップルの家の外に集まり、そのパーティーにまねかれるまで、牛の首につけるベルや、長い柄のついたシチューなべの蓋で、大騒ぎをするのであった。次の日に、親しい友人たちや親戚の者たちのために別のパーティーが開かれた[57]。

　カーターは、「実際に、個人が努力したすべては、それなりに成功の報酬として戻ってきた」けれども、「……物質的な福祉のことを考えてみるかぎりでは、現在の満足よりもむしろ将来への確信を持つことが基調であったといえよう」[58]と述べている。農場労働者たちは、1カ月あたり8ドルから20ドルの収入があったが、しかし食糧は安くて、たとえば卵は夏の間は1ダースで4セント、冬の間は10セントで買えたし、牛肉は100ポンド〔45.36キロ〕3ドルで売られていた[59]。1850年代を通じて、食糧の価格は——そして土地の価格も——しだいに上昇した。それでも、これらのコミュニティにおける「田舎の貧困者」の生活水準とその当時の南部イングランドの農業諸郡での生活水準を対照してみれば、その差は歴然としている[60]。

　新入者が直面する最大の挑戦は「家庭を持つこと」であり、そして「悪天候、穀物不作、病患」およびまちがった管理による諸リスクに耐えて、最初の数年間を生きのびることである。農業技術のレベルは一般に低かった。とうもろこしが播かれ、刈り取られ、貯蔵され、手で皮をむかれ、そしてくわで耕していた。しかしインディアナは進歩的な州であったので、1850年代に、新しい技術が採用された。土地の耕作面積当たりの小麦の生産および牛の頭数の増加の比率は確実に高まっていった。その州が北部のなかで農場主数の最高比率を有していた。生活のための農場から、利潤のための農場への転換は、1850年代の間中、マディソン、インディアナポリス、ニューオルバニーにおける州後援の農業展覧会によって示されるが、その展示と販売は、

第9章　第一次世界大戦前のアメリカにおけるコミュニティと社会福祉

単に農産物だけではなく，ますます増加する一連の近代農業の機械にまでおよんでいた。

　近代農業経済への転換が行われるに従い，人の雇用および季節労働への需要が増大した。コックスは，これらの問題傾向が1865年から1900年までの間に見られるという事実に従って，意味ある総括的見解を提示し[61]，それが「イングランドとアメリカの19世紀初期における雇用条件がそうであったと同じように，一つの社会問題」[62]となってきた状況に注意を促している。

　ルイジアナのような南部諸州においては，奴隷から自由民への転換も，多数の黒人民衆の地位を小作以上にするほどの進展はなかった。黒人農業労働者の少数派が居住者としてのステイタスを有し，それらの者はどこか他の場所で白人の被雇用者ないし臨時労働者が得ているよりも高い賃金で雇われたようであるが，しかし彼らのなかで土地所有者になれた者はきわめて少なかった。こうした労働者に対する需要は，果実や野菜の生産とその他の市場向け園芸形態の急速な伸びにともなって生じてきた。

　新しい移民たちは，きわめて重要な労働の源泉であった。コックスは，どのようにして彼らがしばしば到着とほとんど同時に労働者として補充されていったかを記述している。「アイルランド人，ドイツ人およびスウェーデン人の」継続的な流入の波が「農場に誘導され，それからイタリア人とポーランド人たちがやってきた。90年代の頃，フィラデルフィア在住のイタリア人家族を駆り集めて，ニュージャージーでの収穫作業に送りこむ許可が出された。この10年間が終わる前に，ポーランドの人々はマサチューセッツで外国生まれの農場労働の最重要集団としてのアイルランド人と置き換えられていった」[63]。多数の若い移民の少年たちは，タバコ農場の賃金労働に雇われた。コックスはまた，この期間に，いかにしてそれまでの「手伝い（help）」という用語が「労働（labour）」という用語によって置き換えられていったかを説明し，この名称の変化を，農場労働者の変わりゆく地位の表示として見ている。東部沿岸の諸州を通じて，労働関係が定式化されてきた。コックスは，『メイン州農業局報告』から，「多数の労働者の雇用において，またそれら多数の労働者の蓄積した利潤によって，彼〔経営者〕は彼の所得を築き上

げたのである。それはとくに農業経営において，そうであった」[64]という箇所を引用している。この利潤追求のなかでは，賃金の率はできるだけ低くおさえられがちであり，また「農場主は，労働者を自己の家計の一時的なメンバーとしてではなく，自己の事業企画の経費の内の——また結果的にはその利潤の内の——一つの重要な項目として，見るようになってきた」[65]のである。

　1870年代の頃，多数の農場主たちは，それまでヨーロッパ移民によって供給されてきた労働よりも，さらに安い労働の源泉を探し始めつつあった。あるマサチューセッツの農場主が述べているように，「農場利益を改善するのに必要なものは，さらに多くの，そしてより安い労働である。アジア人をつれてこよう。アイルランド人はほとんど使われており，しかも現在あまりにアメリカ化されてしまったため，あまり有効ではない。アイルランド人は自らのためによく働き，農場を買い，その他の者は彼らのできる範囲で容易に賃金を得ている」[66]状態であった。1877年の下院委員会に提出された多数の参考文書があるが，それは中国人よりもさらに安い賃金労働のような労働源泉に対するニードに関する証拠となるものであった。上院は1882年に中国移民に反対する立法を通過させたが，中国人はカリフォルニアのぶどう園や果樹園で多数の一時滞在労働者として仕立て上げられつづけていた。年月が経過するにつれて，これら移民は倹約により，幸運なものは小規模な企業主や店主になるのに十分な貯蓄をした。労働者としてそのままの状態にとどまった者にとっては，賃金の率も仕事の条件も改善されなかった。彼らは1日1ドル程度のわずかな賃金のために働き，そして仕事場や納屋で寝てすごした。これらの新しい田園プロレタリアートは，1890年代の不景気の間，次々に日本人労働者たちに取り替えられていったが，それら日本人は中国人よりもよく組織され，またより闘争的でもあるという両方の性向を示していた。

　雇用主と労働者との間に生じた紛争は，ただ単に賃金についてだけではなく，労働関係の質的変化の結果によるものであった。かなりロマンチックに表現されていたカウボーイの運命も，労働関係の変哲のない常軌化された方向へしだいに傾いていたことが，逆説的な例証となる。カウボーイは伝統的

第9章　第一次世界大戦前のアメリカにおけるコミュニティと社会福祉

に「あらゆる賃金所得者のなかの貴族」であるかのように考えられていたけれども，一般にはカウボーイは単純な賃金労働者であり，年間8カ月作業をし，1カ月の賃金は25ドルから30ドルであった。1883年のテキサスでの325名のカウボーイたちのストライキは，「明白に単に賃金意識によって動機づけられただけではなく，同時に非人格的な処遇に対する怨恨や，不在の共同所有の拡大にともない独立の牧場経営者となっていくための地位や機会の喪失に起因するものでもあった」[67]。1890年代には，雇われ牧羊労働者たちの間で，組合組織が同時に広がりつつあった。

　農場経営の着実な商業主義化は，ますます移民労働者の供給に依存するものとなったが，それら労働者は，季節ベースで，いつでも雇い入れ，また解雇することができたのである。「西部の大草原の小麦地帯の全体を特徴づけていた労働の定期的移動は，20世紀になってトラクターやコンバインが彼らに取って替わるまでは」[68]存続していた。エバレット・ディック（Dick, Everett）は，この移住パターンは1870年代の初期に確立されたものであることを示している。しかしながら，1890年代からは，これら労働者たちの多くが，彼らの低賃金と悲惨な生活条件に満足せず，よりよい将来展望を求めて新しい諸都市へ向けて移動していった。1866年と1899年の期間における実質賃金の諸指数は，非農場労働者のそれにくらべて，比率の上ではずっと落ちている。これらの相対的なマイナスに加えて，農場労働力は伝統的な農場主の家計に一時的に包摂されていた状態から除外されただけでなく，同時にまた初等学校教育のような当時しだいに開発されつつあったコミュニティ設立の諸サービスを利用することも拒否されていた。そのような学校教育は新しい町区の市民たちが，彼らの子どもたちに対して提供するために開始しつつあったものである。

　ターナーが示す命題の多数の批評のなかに，田舎の開拓地よりもむしろ諸都市の方が近年に至るまで大衆的な不満に対する「安全弁」を提供してきたということが提起されている[69]。しかしながら，資本家と労働者の間の同盟は，それが＜南北戦争＞における北部の勝利を可能にさせたのであるが，1862年の「ホームステッド法〔自作農場法〕」のなかにおいて，その最も劇的

な表出が見出されるであろう。自由な土地利用の可能性が，富者と貧者の両方に，企業主の価値と経済市場に対して共通に関与する態度を与えていくことに貢献しているのである[70]。「ホームステッド法」は，家族のどのような構成員も，21歳に達した者は公有地の160エーカーを取得することができ，「それを5年間開墾し，その期間が満了すれば，その土地に対する法的利用権が与えられる」[71]ということが条文化されていた。こうした譲渡は，わずか10ドル足らずの経費でなされた。土地を安く購入するためには，いくつか他の方法もあった——たとえば鉄道会社や，土地会社からの購入，または1841年の初期の先買権法の条項による購入があった。しかし，破滅のリスクが，ほとんど詐欺による危険と同じくらい大きかった。中西部の多くの地点で，開拓者はただ単に気候のきびしさ，日照りの危険や極端な孤独だけでなく，木材やその他の基本諸物資の急激な不足などと戦っていかねばならなかった。それでもなお，移民の群団はこれらの開かれた草原に入りこみ，しばしば敵意をいだかせるような環境に抗して彼らの機知とエネルギーを投入していった。使える範囲の証拠資料を根拠にして，ホッブスボーム（Hobsbawm, E. J.）は私たちに，「ホームステッド法」の下で——希望的加入者の数とは異なるものとして，実際の受益者の数を誇張することに警告を与えている。彼はその受益者の数を40万世帯よりは少ないと見積もっている[72]。しかしながら，メンチャー（Mencher, S.）が「ホームステッド法」について説明するかぎりでは，それは「救貧法についての英国人の配慮に対比するアメリカ人の対応部分」[73]とみなされる。

　英国と比較して，アメリカにおけるコミュニティの組織と合意の新しい形式の創造は，より民主的なコースに従ったものであり，家父長的関心または中央政府による介入によって影響されていないと解釈されうるであろう。住宅，学校，教会が建設されねばならなかったし，地方の防衛組織が作られ，法と秩序が敷かれた。これら基本的サービスの確立の過程と，利害の地方的衝突を解決することが，ばらまかれた自作農場のなかから組織立てられた諸コミュニティの創出や参加民主主義の伝統の確立を助けた[74]。州内部での移住も，何よりコミュニティの強力な地域的紐帯を危険に陥れはしたが，し

第 9 章　第一次世界大戦前のアメリカにおけるコミュニティと社会福祉

かし時間の経過とともに，それはまた国民的自己同一性の一つの新しい意識を創出した[75]。移民から生じてくる社会問題と挑戦は，しかしながら，フロンティア地域よりも，むしろ諸都市でより多くドラマティックに表出された。

4　一つの都市的文脈における自助と相互扶助

　トーマス（Thomas, W. L.）とズナニエッキー（Znaniecki, F.）が彼らの古典的研究『ヨーロッパとアメリカにおけるポーランド人農民』[76]を作成したのは，このような諸問題を研究するためであった。ほとんどのポーランド人移民は，もともと，家族と地方コミュニティの紐帯が「共通の責任と威信，互酬的対応，伝統の持続，職業の同似性等の——諸態度の複合した分割できないセット」[77]に基礎を置いている社会的関係のネットワークを支える場所としての村落に住んでいた。これらの地方諸コミュニティは，表面的には安定しているように見えたが，しかしながら彼らは一連の急進的な政治的および経済的な諸変動のもとに従属させられていた。ポーランドにおける農奴の解放は，1807年に行われた。自由になった農民たちは，いかなる土地の割り当ても受けなかったので，彼らの多数は地主の所有地で労働者となり，地主に対してかなり高い地代を払っていた。1861年のポーランド建国の後，1864年に皇帝的専制政府は一連の土地改革を制度化し，その下で所有地の少しばかりの割り当てが，貴族の所有地からこれらの労働者に対してなされた。この改革の主目的は，ポーランドの貴族社会から農民層を分離させることにあった。

　農民コミュニティから出て，社会組織の新しい形態の一つに受け入れられるまでの，地方出身移民の転移が，ハンドリンの研究『根絶者』[78]の中心的テーマとして用いられている。土地の囲い込み（land enclosures）以前の，19世紀ポーランド人コミュニティについての著作のなかで，ハンドリン（Handlin, O.）は，彼らの「性別，家族内地位，年齢に基づく労働の，単純ではあるがしかし根本的な分割」[79]に合わせて，「村落における家族と土地は，

239

……一つの堅く結ばれた縁で施錠されている。そしてその結合の中心は結婚システムである」[80]と解説をしている。しかしながら，その「結び目」にしても，経済的変動の不法侵入によって解体されるのである。より大きな地主によって漸次的に併合されてきた所有者が，ふたたび漸次的に農民層の二つの主要集団へと分離され，かつ転移されてきたが——これら集団のより小さな方は，土地の大部分を長期貸付して地代をとっていた独立農場主たちによって構成されていた。多数者からなる集団の方は，小所有地の短期小作に零落していった。これら小作からの所得は，日雇いまたは季節労働による収入によって補完されていかねばならなかった。土地所有の伝統的な基礎は，共有地の分有をも含めてしだいにより効果的な組織形態に道をゆずっていったが，それは，より多くの食糧を求める新しい町々の成長する需要に対応するためでもあった。

　その世紀の終わり頃までは，以前よりも裕福になった農民たちの間での土地小作の特徴的形態は家族所有であったが，それは12年貸付と1年貸付の保証がなされ，荘園傭人たちによって管理されていた。それは悲惨な欠乏に対抗する防衛の方法を供与する生活の一つの道であったが，しかし個人的向上に対する展望を少しも与えなかった。経済的不況の時期に，地方の領主によって援助が与えられることが慣例化されており，またこの種の援助は社会的身分の喪失をともなうことなしに受け入れられるものであった。このような場合，もしもその提供者が，「その提供者に個人的に依存している者や土地を所有していない者のケースは除いて，その個人または家族の生活に介入」[81]することを企てるのであれば，その援助はただ恥辱のスティグマを押すものとなった。解放が，独立の資質と個人的プライバシーに対する尊重を生み出すよう鼓舞してきたものと思われる。

　1914年以前のポーランドにおいては，賃金は一般にきわめて低いものであったが，産業が過剰農業労働者を吸収するのに十分な速さで発展していた事実を示唆するいくつかの証拠もある。待機していた移民希望者はしばしば官憲の敵意とその地方コミュニティの不承認に直面した。ある田舎の地区では，所有地の管理人たちは労働力の不足をこぼしていたが，それはアメリカ

第9章　第一次世界大戦前のアメリカにおけるコミュニティと社会福祉

への移住と同じように，農民たちがプロシャへの季節的な出稼移住をすることに起因したのかもしれない[82]。トーマスとズナニエッキーは，たいていのポーランド人移民が，貧しい賃金労働者や小農場主であったことを示している。彼らは「一般に……ポーランド社会の，より安定せずより組織されていない領域」[83]の出身者ではあったけれども，生活水準の維持または増進に関心を示していた。ドイツへの季節的移住は，多くの場合「海をこえての移住の目的のために，個人的，心理的および経済的な準備をするための第一歩」[84]となってきた。しかしながら，トーマスとズナニエッキーは，移住への期待だけが，一定の個人とその家族たちの気持ちのなかで長く彼らを満足させることを阻止してきた伝統的な生活法の打破を早めさせたという事実に，特別の強調点を置いている。

　移民として生き残り，かつ成功した人たちは，敏速に自助と独立の資質を獲得した人たちであったが——その資質こそが，それにつづく何十年間かの間，アメリカにおける公的社会サービスの成長を抑止するものとなったのである。最初に持続的かつ公的な憂慮を感じさせ始めた問題は，開拓地域よりもむしろ新しい諸都市においてであり，移民の成長よりもむしろ失敗に関してであった。彼らはアメリカのソーシャルワーカーの最初の時期の対象となったが，当時は公的な社会サービスはほとんど存在していなかった。移民のそれぞれの波のなかには，一つの生活法から他の生活法への困難な転換をなしえない人々があった。トーマスとズナニエッキーは，1918年と1920年の間に，「社会解体」の過程を検証する特殊な目的と，「合理的な社会政策(ソーシャルポリシィ)のための資料」[85]を把握するため，大がかりな社会調査を実施した。彼らは，移住の過程でパーソナリティと社会構造が変容されていくその仕方を説明する企画をした。彼らの理論的関心は，個人的および社会的な現象の相互作用と，個人の諸態度とが，社会的価値の客観的な文化的要素によって変容されるその過程に集約されていた。彼らはまた，これらの社会組織の客観的諸事実が逆に等しく諸個人によってどの範囲にまで影響され再規定されるのかという点にも関心を示していた。この社会構造とパーソナリティとの間の相互関係についての関心は，象徴的相互影響理論の発展に対する，たとえ消極的なも

のであれ，主要な寄与として依然として継続している研究に概念的枠組みを提供するのである。

著者たちはそのアプローチを総括して，「一つの社会的または個人的現象の原因は，決していま一つの他の社会的または個人的現象だけではなく，いつでも社会的および個人的現象の結合したものである」(86)と述べている。社会的変動の研究者は，個人の行為を分析するだけではなく，同時にその行為遂行の基礎となる潜在的な態度と同様に，個人の行為がなされる社会的文脈を分析しなければならない。このような仕方で，いかにして，また何ゆえに，新しい社会的態度が展開するのかを理解することが可能となり，——そしてアメリカへのポーランド人移住のケースにおいては，その社会の一つの新しい文化的要素がいかにして創出されたのかということが明らかとなる(87)。トーマスとズナニエッキーの研究は，このようにして社会学的および心理学的な両者の諸観点に注意を引き，行為の個人的および制度的レベルにおける変動の主要な過程の解明を求めるものである。彼らは，その多様な状況的文脈のなかでの変動を研究することの重要性を力説し，結果的に，彼らは社会福祉の公式的および非公式的な局面両者の研究に対しても応用されるような分析枠組みを提供しているが，その枠組みは制度的なレベルから個人的福祉実践の最も変わりやすく，また任意のものにまで，幅広くかかわっている。彼らの接近法は，ハーバート・ブルマー（Bulmer, Herbert）によって，社会的「価値」と個人的「態度」との間の区別があいまいであり，またそれを混同したものであって，それが彼らの理論の説明上の潜在力を弱めている，という理由で批判されてきた(88)。私の見解では，この批判は妥当なものではあるが，しかしそれは社会的および個人的な行動の原因と特徴の間の差異に関心を向けているいかなる社会理論にも適用されうるものであろう。きわめて類似の批判がごく最近「貧困の文化」という命題に向けられてきた。それらの批判は，あまりにも因果律にこだわりすぎて，個人的変数または社会的変数いずれをも重視しないということに対する有益な警告である。

ポーランド人農民たちは，歴史的にも文化的にも，ロシア人の比較対象部分とは異なっているけれども，ポーランドは1世紀にわたって（ナポレオン

第9章　第一次世界大戦前のアメリカにおけるコミュニティと社会福祉

侵攻の短い期間は除いて）ロシア帝国の一部分であった。ポーランド的な土地所有システムと生活条件とは，それゆえ直接的にも間接的にもロシア政府の諸政策に従属してきたのである。それにもまして，社会福祉の国民を横断的に見た研究において，私たちがトーマスとズナニエッキーの所見を利用することを正当化するのには十分な文化的類似性があるのである。

すべての新しいアメリカの諸都市のなかで，シカゴはポーランド人移民の最大の単一的集中地として注意を引くが，その数はこの研究の当時でおよそ36万人であった。おおよそ300万人のポーランド人が第一次世界大戦以前にアメリカへ移住してきたが，このうちの約30％が母国に帰ってしまったものと考えられている[89]。

これらのポーランド人移民は，敵対的環境のなかでの異邦人としてシカゴに到来したが，そこでは拡大家族と地方コミュニティに基礎を置く相互扶助の伝統的なポーランド的形態の一切を欠いていた。到来するポーランド人移民の相つぐ諸集団は，彼らよりも先に来た同胞のできるだけ近いところに定住し，そしてこれらの地域で移民の数が増加するにつれて，以前の居住民の人々はその地を去っていった。これら定住地の高度に地域的な特性は，ポーランド人の不動産会社，建築協会，ローン・クラブおよび銀行などの設置によって強化された。新しい教会や教区の学校の建設やポーランド人新聞の発行が，その過程を加速した。トーマスとズナニエッキーはそれを，これらのコロニーでそのメンバーシップ〔構成員資格〕が100人から300人の間に達した時には，ポーランド人移民たちは例外なく「協会」を設立したと述べている。これら「協会」の主要機能は，病気，死去，失業という不慮の出来事に対する相互扶助の提供にあった。移民が来住して相互扶助の伝統的形態が欠けていることを感じ取る時間的余裕もないほど敏速にそのような「協会」が設定された。しかしながら，その人々の連帯の新しい形態によると，救援を受ける資格認定は一つのコミュニティにおいて共通のメンバーであるという伝統的な理念を基礎にしたものではなかった。初期の時代には，特別な根拠に基づいて扶助を提供することを志向した「協会」もたくさんあったが，しかしそれらは，まもなく組織化された保険機構によって置換され，多くの場合，

その小規模のものだけが社会原則よりもむしろ経済原則によって運用されてきた。

ズナニエッキーが「移民保護協会」の理事長であった3年の間，ポーランド人移民コミュニティを悩ませていた社会問題とリスクの種類について，彼は膨大な資料を収集した。彼は，「窮民，性的不道徳，非行・犯罪の全体が，アメリカのポーランド人の間で，母国ポーランドの人口のなかで見られるより以上に，かなり大きな割合となっていること」を発見した[90]。精神障害に陥りやすい傾向もまたおどろくほど高かった。移民人口が，相対的に高率な「障害のある」人たちを包含していたこともある。その人たちは危険視されたが，ズナニエッキーは，「社会的不統合」の多くがその起源を社会的状況の「新奇性」や不安定性のなかに持つという「抵抗できない証拠に」気づいた。移民はしばしば「彼の人生コースのなかに押しよせてくる状況を把握」できないでいたし，またその結果生じる不安定性が，「彼がそのままにし，また彼を最後には精神的混乱に〔追いやった〕正常な習性の残余がどんなものであろうとも」[91]それを破壊したのである。これらの変動は婦人の道徳に特殊な損傷効果を与えてきた。ポーランドの村落コミュニティにおいて，婦人たちは多様な園芸の仕事から社会的な意義を引き出し，それが彼女らの伝統的な責任でもあった。彼女らは家畜類を守り，野菜園の世話をし，また家政経済に対して有意義な寄与をしていた。しかしながら，シカゴの貸し家のなかで孤立して，これら婦人たちの多数は孤独となりやすくなり，抑圧されまた怠惰や陰鬱にとりつかれた。

最もよく知られた変動が，病人や逸脱者の世話に関して生じてきた。ポーランドの村落では，身体的および精神的な障害者たちは，拡大家族の内部で世話されてきた。そして「仮に，個人が身体的に障害を持っていても……農民生活の家族経済のなかで，たとえ両親が不在の子どもたちの監督だけであったとしても，彼のためには何らかの場所があった。彼の地位は低かったかもしれないが，それはその仕事が彼の扶養の費用に等価ではないという単なる事実の結果から推しても，何ら異常なことではなかった」。まったくの無力の者でさえ，スティグマにさらされることなく，明確にそして少しもた

第9章　第一次世界大戦前のアメリカにおけるコミュニティと社会福祉

めらうことなく扶養を求めることができた。新しい都市生活の圧力の下では「経済的利益」が「他の利益から引きはなされ，そして個人主義化された」ので，単にコミュニティのメンバーであるというだけでは，もはや相互扶助を求めるに十分な理由とはなりえなかった。ズナニエッキーとトーマスは，経済的依存性と「経済的退廃」との明確な関係を前提にし，依存性から自己尊厳の喪失への転落をいつでも防止できる集合的企画の一つとして，相互扶助保険の発展の説明を試みている[92]。共済保険の対案は，貧民の救助と慈善である。しかしながら，これらの公共的な組織の諸原理や諸手続きは，ポーランド移民たちの伝統的な態度や信念と必ず矛盾する類(たぐい)のものであった。それらの効果は，退廃をくい止めることよりむしろ促進することだった。

　ポーランド人農民は非常に深い家族的な利他主義の概念をたずさえてきた。彼らは，慈善をしてくれる部外者の介入を恐れ，また憤慨した。集合的には，この憤慨は次のような見解のなかに表出されている。それは「アメリカ人の団体の援助を受けたすべてのポーランド人は……ただ単に貧困者としての不名誉だけではなく，ポーランド人居留地全体の不名誉と考えられる」[93]という内容であった。ポーランドにおいて公的救済を求めた者は，その恥辱のため個人的に苦悩したものである。だがシカゴにおいては，救済の申請者は同時にまた，彼の属する集団にも集合的恥辱をもたらすものであった。公立病院は無保険者や病気もしくは身体に障害のある人にとって，部外者の営む慈善という含みを持っていたが，それは救済民扱いされることと同様に公的な不名誉も意味していた。ズナニエッキーは，無保険で困窮し病気のポーランド人が郡役所からの保護を求めるよりも自殺を敢行していく諸事例を記述し，また彼は「病院を利用することや，郡または市が死者の埋葬を許可することに対しての，容赦のない反感」[94]の例を引照している。しかしながら，窮迫の危機の時に，移民のある者は不可避的に救助を受ける恥辱の激情に対してみずから打ち勝つように必然的に仕向けられたが，それから先この「第一歩をふみ出した後では」，彼らは彼らの将来の救済を要求するに際し，「きわめて大胆に，そして強要的に」なってきた。トーマスとズナニエッキーの立場から見て，そしてポーランド人移民コミュニティの立場から見て，この

公的救済を利用しようとする第二回目からの厚顔性は、はなはだしい退廃の証明であり、そしてこれらの申請者たちによって支払われた究極の代価は、「尊敬すべき」社会からの全面的な追放であった。

　この屈辱の過程には等級と段階がある。移民で単に物質的援助だけを受けた者は、個別調査と家族問題への助言を受けた者よりも、軽蔑されることが少なかった。ズナニエッキーとトーマスは、救済およびソーシャルワーク施設についてきわめて批判的であり、それらは「移民の特殊化された社会心理」を無視しているか、それともそれについて無知であり、そして彼らはもしもそれら諸施設が「真にニードとケースについて一定期間に一定量の救済を単に約束するだけで一切の積極的な干渉をひかえる」(95)ならば、風紀に与える損害はより少なかったであろうと論じている。移民コミュニティのなかでの道徳的崩壊を阻止しようとする点で、いくつかの社会施設はあまりにも、その過程を急ぎすぎたことが明らかである。彼らは、「失敗した」ポーランド人移民たちを、ただ最も低い市民的地位と自己評価のレベルで、広大なアメリカ社会に組み入れていこうとしたのである。

　保険の経済原則による社会市場的価値に基づく相互扶助の伝統的形態の交替は、移民コミュニティのなかで、いっそうの社会的区分を創出することになった。保険機構は、社会的集団の共通メンバーシップに基づく扶助に対する要求と、賞罰指数としての自助と成功の実績を頼みとする発展しつつある傾向との最善の妥協である。伝統的な村落コミュニティにおいては、ただ矯正できない「反社会的なもの」だけが排除されてきたが、しかし新しい移民コミュニティは「能力がおとり、不適応な者」に対してはるかに寛容さを欠き、さらには彼らの自助の能力を条件として、新しいメンバーとなるものを審査する取り決めをした。トーマスとズナニエッキーは、「そのコミュニティが凝集しかつ自己意識的になればなるほど、そのコミュニティは不適応者や障害者について思い悩むことがより少なくなる傾向がある。これは集団の自己保存の単純な傾向の表示であり、その自己保存が弱いメンバーをコミュニティから排除しやすくするか、あるいはもっと正確にいえば、彼らをそのコミュニティ・システムのなかに包摂しないようにさせる」(96)ことを示唆

第9章　第一次世界大戦前のアメリカにおけるコミュニティと社会福祉

している。都市生活は，新来の移民たちに，その家族の福祉を増進する自由や，彼らの隣人に生じる「家族崩壊，少年少女非行，アルコール中毒，放浪，犯罪等の無数のケース」[97]に対する責任を拒絶する自由をも含めて，より大きな自由を付与している。

　地方レベルでの相互扶助の伝統的形態のこのような変動は，国民的意識の新しい形態の発生によって補完されている。地方的相互扶助「協会」は，その基礎にある価値と実践の点で特徴的にアメリカ的なものであるけれども，彼らのうちのほとんどは，何よりもまず，ポーランドと強力に感情的な結びつきを持つ大きな連合体に加入していた。二つの大きな団体は「ポーランド同胞連盟（Polish National Alliance）」と「〔ポーランド人〕ローマンカトリック同盟（〔Polish〕Roman Catholic Union）」であったが，両者とも1880年代に設置されている。両連合とも，その共済保険計画によって地方リーダーの育成事業をすすめているが，しかし「ポーランド同胞連盟」は同時に，国民解放運動のための資金の提供を通じて，母国と移民コミュニティとの間の連絡維持の事業をも含めて，より広い政治的諸目的に関与していた。このポーランドへの愛国主義的な愛着も，時間の経過にともない，より弱くなってきた。「ポーランド同胞連盟」は，政治的諸目的に対する関心はより小さくするものの，アメリカ内部での一つの特色ある民族的集団として，ポーランドとの連帯を維持することに専念してきている[98]。19世紀の終わり頃，「ポーランド同胞連盟」はまた「ポーランド系アメリカ人協会の威信，保障，連帯」[99]のための仕事に主たる関心をそそいでいた。移民がもはや「海外」からの影響を受けないことを宣言した時，「国民防衛のピルスズキー委員会のアメリカ支部」は支持を喪失して崩壊した。

　保険は，「ポーランド同胞連盟」の中心的活動となり，同連盟の相当の財政的強化の源泉となった。1918年の頃，その会員はまさに12万6000人をこえ，財政収入は700万ドルをこえるものとなった。保険機構は1700近くの地方グループのネットワークに基づき，26の単位を有する連合組織となっていた。会員の半分をこえる数がイリノイ，ペンシルバニア，ミシガンおよびウィスコンシンに集中していた。基金は7人の委員によって運営され，その各1人

が特殊支給の領域を担当していたが，なかでも疾病，死亡給付，学校建設が最も主要な種別領域であった。これら各委員の一つの任務は，「完全困窮の証明を交付された会員に，扶助を給付すること」[100]であった。これらの事業活動は，社会的結合を創出していこうとするよりも，「他の方法では単に不規則的かつ狭い限界のなかだけに表示されるにとどまる一つの社会的凝集性を安定化し，かつ拡張することにあった」。トーマスとズナニエッキーが指摘しているように，「共済保険は連合の基礎ではなく，組織の基礎であった」[101]。

「ポーランド人ローマンカトリック同盟」は，ポーランド人移民の連合体の第二番目に大きなものであった。それは主として民族的および文化的な一致の保持に関心をはらい，また「ポーランド同胞連盟」に対しては概して批判的であった。連盟の指導者たちは社会主義的およびフリーメーソン的傾向の両者に対して懐疑的であった。「〔ポーランド人〕ローマンカトリック同盟」は逆により小さなポーランド人の政治団体からしばしば攻撃のまとにされ，教区学校に支出するその資金をもっと少なくして，政治工作の方にもっと多く支出すべきであるというような論議をぶつけられた[102]。同盟の指導者たちは，以下のような指摘をしてそれに応えた。それは「私たちの個々の保険は文字通り一つの給付であり……同盟内で，考慮に入れられるのは保険の総額に比して非常に低い算定額である。私たちはここに粗野で，単純で，多くの場合きわめて物事に暗い人々を受け入れているが……あなたたちは，このように貧しい人々が高尚な理想と高い望みをもってここにパンを求めてきていることに気づかないのであろう」[103]ということであった。「〔ポーランド人〕ローマンカトリック同盟」は教区中心的連合として維持されつづけていくように見えたが，それは保険に対すると同じように慈善に対しても配慮するものであった。

「ポーランド同胞連盟」と「〔ポーランド人〕ローマンカトリック同盟」は，それらの会員のニードと渇望を評価する点で，どちらも本質的に正しいものであった。本来の政治的団体はきわめて少数の支持者たちを引きつけているにすぎなかった。「ポーランド社会主義者連盟」はわずか200人の会員を有するだけであったが，しかしそれが最大の政治的集団の一つであった。多数の

第9章　第一次世界大戦前のアメリカにおけるコミュニティと社会福祉

　移民家族が非常に困難な時期に苦悩したけれども，また彼らのなかの少数派はこれらの経験によって破滅したけれども，そうした不満が組織的な政治的抗議を引き起こすほどの広がりを見せることはなかった。増大する移民の数が繁栄を生み出し，財産への投資も始まり，彼らはより広大なアメリカ的生活法のみならず，新しく生じてきたポーランド的アメリカ文化のなかに，より密接に統合化されたが，他面では意見を異にする「国民主義者」や「社会主義者」の諸集団は，かつて彼らがおよぼしたような影響を次第に喪失してしまった。

　このような新しい諸コミュニティが進展していくにつれて，彼らは特色のある参加民主制と指導性を展開した。相互扶助の伝統的形態は共済保険の組織に道をゆずり，それはますます自助と独立の個人主義的価値に基礎を置くものとなった。古い文化の諸要素も保存されたが，しかし新しくやってきた移住者の福祉理想はより野心的であり，より排他的であるという両面を保持していた。これらの個人主義的な特質は社会市場の価値よりむしろ経済市場の支配的な価値に，自然な親近性と刺激を見出していった。福祉の理想とその表出の実践的あり方は，半世紀の間に劇的な転換をとげていった。

　大きな移民コミュニティにおけるこれらの変動過程は，逆に自由市場の長所に対する信念の大衆的基盤を助成するものとなったが，そうした信念のために，後日，アメリカにおける公費財源による社会サービスの発達を抑制することにもなった。どのような分析的枠組みであろうと，法令的介入や行政的過程の条件のもとで大いに社会福祉を定義づけることは，おそらく福祉実践と生活水準におけるこれらの根本的変動を，周辺的な意味しか持たない話題として大いに見すごしてしまうことになろう。同様な仕方で福祉史の学者は，1人の政治的知識人も1人の心やさしい公的行政管理者もそのいずれも主役を演じることがないような，この人類の努力と達成の時期を白紙のままに放置しておくように誘惑されている。

　これ以外の他の移民の文化においては，上述のような社会的変動のパターンが異なった形で現れ，しかもその福祉の理念もまた他の形態で表出されたといえるかもしれない。移住者で最も成功しやすい少数派は，たぶん，その

価値がどのようなものであったとしても、彼らの新しい国の支配的な価値をたやすく採用した人たちである。私たちは、いずれの理想の組み合わせのセットも、道徳的にみてどれが他のセットよりも優れているかを仮定してみる前に、福祉理念の形成と変容に際して、これらの文化的相互作用の複合パターンによって演じられる役割について、もっと十分に知っておく必要がある。この種の知識はまた、私たちが、公式的な福祉官僚体制と政府機関の目的と機能を、その全面的な社会組成的文脈の内部で研究することを助けてくれるであろう。それにしてもなお、私たちはまだ、公式政策や専門家の意見によって規制されていない社会生活の領域における普通の人々による福祉実践について、もっと学習する必要があるといえよう。私たちは、かかる公式的規制の範囲が今日なされているよりもはるかに制限されていたような時代に、より多く注意していくならば、私たちの現在の知識に新しい次元を加えていくことができるはずである。

　この章で私は社会福祉実践の一定のインフォーマルな局面に注目してきたが、それはアメリカにおけるフォーマルな社会政策(ソーシャルポリシィ)の発展——それは他のいずれの場所でも強力な研究の主題とされてきたが——にくらべて、これまでのところではむしろ軽視されてきたものである。コミュニティは定義するよりもむしろ手短に記述可能な術語である。コミュニティオーガニゼーションに基礎を置く相互扶助の諸形態は、異なった社会の間で、またいずれかの所与の社会のなかでいつでも劇的に変化する。ロシア人のミールとアメリカ人の開拓地におけるコミュニティの典型的な開発についての比較は、これらの差異がいかに著しいものであるかを例示する。とりわけ大いに興味ある差異は、多分皇帝主義者(ツアーリスト)のロシアからのポーランド人移民のそれのように、異邦文化が新しい社会的文脈のなかに移しかえられていく時、その変動の条件の下で発生しうるようなそうした差異である。こうした変動の研究においては、多大の警戒心をもって個人主義と集合主義という用語を使用することが必要となる。アメリカ人の経験は、集合主義は必ずしも政府による強大な干渉を意味する語ではない——または個人主義と相容れないものではないという事実を私たちに指摘する。トーマスとズナニエッキーの都市生活の研究に

第9章　第一次世界大戦前のアメリカにおけるコミュニティと社会福祉

おいて，私たちは社会市場よりも経済市場の倫理に基礎を置く集合的な企業や扶助の新形態の発生に向かう傾向を観察することができる。

　類似の傾向は，1870年代の人民党的な中西部諸州で生じた「農民共済組合員」「南部同盟」「全国農場主同盟」のような農場主たちの協同組合的運動のなかに観察される[104]。これらの運動は，資本資源の協同組合的共同出資制を奨励し，また鉄道国有化や通貨改革のような事柄を目的とするキャンペーンを始めた。ターナーは，この個人主義と集合主義の間の調和の二つの特徴を力説する――それは「デモクラシーの理想」を現実のものにしようとする願望と，「彼らの子どもたちの福祉のために，目前の安楽」[105]を犠牲にする開拓者の意欲である。しかし集合的干渉の形式は，英国において生じたものとは根本的に異なったものであり，その主要な差異は福祉提供が厳密な個別的配慮にとどまっているという事実にある。政府の役割は，個人事業家が競争的生存闘争のなかで，より公平な機会を持つことを保証することにある。

　これらの協同組合諸運動は，1880年代と1890年代の間の「進歩党」の改革プログラムに，その都市的対応物を思い出した。マディソン，シンシナティ，クリーブランドのような諸都市での社会保険や工場法の地方的方式の導入にもかかわらず，「進歩主義者」のアイディアは，ただセオドア・ルーズベルトの大統領在職期間中の短い間だけ，連邦政策に影響したにとどまる。ルーズベルトは1904年に帝国主義と社会改良の選挙プログラムをかかげて大統領戦で圧倒的な勝利を勝ち取っていた。これらの社会改良を実施するルーズベルトの無能性が，一つには，彼によりラディカルな立場を採用させる原因となり，1912年の進歩党大統領候補として落選することになった[106]。彼の後継者のウッドロウ・ウィルソン（Wilson, Woodrow）は，アメリカ的政治の進歩的伝統をより緩和した形態で実施した。その主要な受益者たちは，土地改良や道路建設に対する政府援助を保証された独立農場主たちと同じように，鉄道労働者たちや船員たちであり，その労働条件が改善された。経済市場は注意深く規制されたが，社会サービス提供による側面はきわめて不十分なままにとどまっていた。

　公的社会サービスの全面的といえる不十分さが，1930年代の不況時に暴露

された。それでもなお、失業のピーク年度においてさえ、「大衆が不満に思う一つの興味ある特徴は、扶助受給の強調とは対照的に、自助をしむける一つの傾向であった」[107]。「ボーナス軍」「タウンゼンディティ」および「老齢年金運動」のような抗議組織が、大きく自助の原則に立脚しながら、限られた目的についてのキャンペーンを行った。フランクリン・ルーズベルト（Roosevelt, Franklin）の「ニューディール」は資本主義を救済するプログラムであり、それを破壊するものではなかった。1935年の「社会保障法」は、経済市場と社会市場の諸要求を妥協させたものではあるが、それは「社会的」権利というよりも、むしろ「契約的」な内容を強調したものである[108]。

ピヴン（Piven, F. F.）とクロワード（Cloward, R. A.）は、アメリカの公的救済システムの第一義的機能は、紛争を緩和するか、または雇用が可能なら「いかなる条件でも」人々を強制就労させるという、いずれにせよ、経済市場の効率性と持続性を維持することにあり、またそのようでありつづけたと論じている[109]。その命題は一つの興味ある命題であるが、しかしそれはすべてのなかで最も興味あり、かつ明白な点を無視している。社会科学者たちが熱心にアメリカ社会の巨大な不正と不適切性を診断し、宣伝するにもかかわらず、その社会の新たな成員たろうとする多くの人々に抗して、徹底的にそれ自体を守り通さねばならなかったような国は、他にはなかったのである。

アメリカにおける人種的および民族的差別と残余的貧困の存続にもかかわらず、その国における集合的福祉提供の相対的欠如は、英国においては集合的福祉の利用可能性が拡大されてきたのであるが、それと同様に長く、〔国民に〕合意されつづけてきた。アメリカ高等裁判所は数十年にわたり社会改良に対して障害となっていたが[110]、しかしその主な妨害のもとはアメリカにおいて資本主義がほんとうに成功してきたことであった。この経済市場価値に対する一般的愛着に何か実質的な衝撃を加えたものは、社会主義でもなければまた社会的福音運動でもないのである[111]。アメリカと英国の両国において社会的剥奪を受けた者も、経済的進歩または社会改良を通じて、しだいに残余的少数派となってきた。社会学者はそのブルジョア化の過程に関する証拠は何かという疑問を持つであろう。事実は、もしも社会的剥奪を受けた者

第9章　第一次世界大戦前のアメリカにおけるコミュニティと社会福祉

や軽蔑された者が，ほとんどの西欧民主制のなかでいまだ一つの残余的少数派となっていないとすれば，社会科学者たちやその他の圧力集団にとって，それほど勢いよく彼らの主張を言い張ることは不必要である，ということである。アメリカにおいて，スペンサー（Spencer, H.）やサムナー（Sumner, W.）の社会理論は，シカゴ学派に起源するアメリカ社会学における改良主義的伝統あるいはごく最近のラディカルな表現のいずれとも同じように，少なくとも大衆的意見の反映であることが証明されてきたのである。

5　結　論

　キャリアー（Carrier, J.）とケンダール（Kendall, I.）は，社会諸政策(ソーシャルポリシィズ)の歴史的発展のなかの「危機的な」時期を把握しようとする努力に対して，私たちに警告を発している[112]。それにしてもなお，他の時期より重要であると思われるような一定の時期に注目することなく比較研究をすることは困難であり，またそこにはそれらのことを思弁的方法で述べてはならないという何らの理由もない。

　英国のケースでは，1870年代の「大不況」が個人主義から集合主義への退却を早めたと仮定できるが，しかしその退却はすでに社会市場の内部で進行中であった。英国はおくれて保護主義的経済政策を採用したが，しかしこれは，英国が常に自由貿易のユニークで強力な伝統を有していたからである。さらには，19世紀の大部分を通して，自由貿易は，それによって英国がいっそうの自由による経済的利益を獲得できた最善の政策でもあった。

　ロシアは20世紀になってから，18世紀的専制主義の政治的態度と行政的資源をもって，工業化への挑戦に直面しなければならなかった。その最良の閣僚たちも，本質的には重商主義的な諸政策を採用しようと試みたが，しかしそれは支配階級のはっきりした支持や，戦争を心から望むよりも，むしろそれを避けるような対外政策の採用なくしては成功しえないものであった。〔ロシア〕革命の後，工業化の目標は極端な残忍さを持って，しかも排他的な国家的利益の観点から追求された。諸事情が，ロシアに調整または適応の期間

を与えなかったのである。皇帝主義(ツァーリズム)の暴政の下では、福祉財貨とサービスの配分に際しての、経済的、社会的および政治的賞罰の諸基準の一切が、政権が最後には忠誠と支持の信頼できるすべての基盤を喪失するような、不条理かつ非効率な形で運用された。1917年の革命は、経済的および社会的な正義への広範な渇望と要求を表出するものであったが、しかし革命の目的も後には、政治的な忠誠や功績の基準に優位を認めることによって追求された。特権保持者を支持する人々は少数であった。というのも分配すべき財貨や福祉サービスがほとんどなく、また世論が全体主義的政治システムによって、効果的なおどしをかけられたからである。スターリンは国内および対外政策において、社会主義を創出する手段として重商主義原理の単純で過酷な解釈を採用し、——先のロシア帝国の最後の1キロメートルの終局的回復に向かって落ちていった。

　アメリカもまた1870年代の大きな景気後退で苦悩していたが、それは英国のそれと同程度のものではなかった。19世紀の末まで、アメリカは表面上は自由な土地という経済的有効資産を所有していた。個人主義と競争との諸原理についての大衆的人気が、機会と個人的向上を求める現実的な期待によって支えられていた。保護主義貿易政策が漸進的に採用されたが、しかしそれは国内において、集合主義社会政策の何らかの有意義な成長をともなうこともなければ、またそれに追随することもなかった。アメリカにおいて、規制されない自由市場への信頼を粉砕したのは、戦間期の「大恐慌」であった。無数の都市企業の破滅に加えて、農業コミュニティもまた非常に困窮していた。失業者は1929年には150万人をこえ、その後1933年までにはほとんど1300万人にまで達した。同じ期間、「8人の農場主のうちの1人の割合でその財産を投げ出してしまわざるをえない状況だった」[113]。

　「ニューディール」は、社会主義とは何ら関係のないものであったが、それは最高の集合主義的な社会福祉の周到な実験であった。にもかかわらずそれは、一つのはじまりを印象づけ、それからの後退が困難であることを示す先例をつくったのであった。集合主義者の無料保健サービスのような政策提案に対してその後になされた抵抗も、少しは支持されまた一時は成功もした。

第9章　第一次世界大戦前のアメリカにおけるコミュニティと社会福祉

　1946年から1952年までの間のトルーマン政権の下で，戦後の「フェアディール」プログラムは，低家賃住宅の提供や老齢者や遺族の保険に対する諸計画の改善について，いくらかの成功をおさめた。それらの諸発展は，ジョンソンの「偉大な社会」プログラムの期間と対貧困戦争とが，ベトナム介入とリンクされていたのと同様に，第二次世界大戦の余波と朝鮮戦争と関係を保持していた。社会福祉に政府を巻き込んだこれらの漸進的かつ大量拡大の全体的効率性は，激烈な論争の主題とされてきた。しかしながら一括してみると，それらの論争が集合主義的介入に付加した影響力によって，政府の政策には──そして多分また世論にも──一つの重要な変更が見られた。

　アメリカにおいて集合主義的諸政策がおくれて採用されたのは，人口の劇的な国内的移動と対応するものであった。おそらく2000万人をこえる黒人および白人のアメリカ人が，1940年と1970年の間に田園地区から都市地区へと移動したが，それが社会政策（ソーシャルポリシィ）に対して最も重要な意味を持つことになったのであろう。福祉個人主義の地方的基礎はすでに消失していた。諸都市のスラム地区の問題が，集合主義的福祉の優先順位の新しい焦点となってきた。しかしながら，それらはよりよい社会サービスと同様に経済的機会による解決が要求される諸問題である。これらの都市地区の住民は現在，トーマスとズナニエッキーによって研究されてきた時代に到着した白人移民よりもはるかに多くの貧しい黒人市民である。

　英国とアメリカの両者とも，その発展の異なった段階で，政府に統制されることなくその市民層に福祉を提供してきたそれぞれの経済力への信頼に対する危機を経験してきた。英国においては，1870年に始まった集合主義者の反動が第一次世界大戦の前年およびその期間中に勢いを増してきたが，第二次世界大戦の間およびその後に，その力が第二のピークに達した。アメリカでは危機が来るのがおくれて，両大戦間の不況時であったが，しかし集合主義的感情と諸政策の前進は，また二つの国際的紛争，すなわち第二次世界大戦とベトナム戦争とに符合していた。

　福祉哲学と福祉政策におけるこれらの諸変動に対するイデオロギー的抵抗も維持され，また強力となってきた。なぜならそのイデオロギーの支持者た

ちが，両国における富と福祉の創造者としての資本主義の劇的な成功をアピールすることができたからである。仮に英国において，過去の成功と未来への約束とが国際的自由貿易の諸理想の中に要約されるとすれば，アメリカにおいては，彼らは「神との契約」とフロンティア，それに企業家的機会の諸理想のなかに，その表出を独自に見出すのである。両者は諸理想のセットであり，それは自助の道徳を強調し，しかもこの道徳性をより広いコミュニティに対する帰属意識にリンクするのである。

　ロシアにおいては，相互扶助の集合主義的伝統は，自給自足の農業経済と中央集権化された専制主義の必要によって形作られてきたが，それは双方とも不十分であり，かつ腐敗していた。工業化がこの古い秩序を破壊し始め，戦争の敗北とそれにつづく革命がその破壊を完成した。ボルシェビズムの集合主義原理が，資本主義の価値および新しい企業家階級の利益と敵対しているのと同じように，ミールに基礎を持つ古い相互扶助システムとも敵対していた。信頼における危機があまりにも根源的であったので，一つの政治秩序が他のそれによって置き換えられたのである。それから後，政治的忠誠という新基準が福祉の配分において経済的および社会的考慮の双方にまさることになった。新しい革命主義者たちの対象は，単純に工業化していくことではなく，特定の方法で工業化し，かつ特殊な政治的終末を目指すことにあった。

第10章

定住，移住と福祉の探求

　経済市場の諸価値は，自分自身の福祉の極大化を求める個人の権利と義務を擁護する。社会市場の諸価値は，自分自身が選択したコミュニティのなかで，少なくとも保障された最低限の生存を享受する個人の権利を，より強調する。両者の極端な形態を見ると，一方の哲学は個人が仕事を見出せるところでは，どこでも働き口をさがすのが個人の責務であることを力説し，また他方の哲学は労働者に仕事をもたらすのが社会の援助責務であることを強調することになる。

　英国とアメリカ合衆国は，工業化された最初の偉大な国であった。政府の介入はそれがなされる時に，市場の力がより自由に作動することができるように企画された。両国の政府は，可動性を持つ工業労働力を創出するため，救貧法を強制する決意をした。本章は，労働と福祉に関する権利の条件がどのような過程によって修正され，また拡張されたかという，その過程を探求する。英国においては，17世紀と18世紀を通じて，経済市場の内部での労働移動は各種の重商主義的法律によって規制されていた。国内での転出と転入の両方に対しても制限がなされていた。貧困者救済をなそうとする社会市場も高度に地方に分散されており，「定住法」の下で，個人は特定の教区のなかで救済を受ける権利を与えられていた。

　19世紀には，労働の可動性に対するこれら重商主義的制限も，しだいに排除されてきた。工業化が一つの国民的労働市場を創出したが，しかし救済の運営と提供は地方の当局における管轄の下にあり，地方的な所管事項のままであった。移民を奨励することは，また英国的政策となったが，ただし移民

となる者は，窮民やその他国内で仕事を見出しえない人たちの方がよいとされた。歴代のアメリカ政府は，立場上外国からの移民を奨励したが，しかし最も経済的に生産的と見られる人たちに優先的な入国許可を与えた。(移民のフロー (flow) は英国資本の輸出に左右されたが，その資本なくしては，合衆国における経済拡大は維持されえなかった)[1]。今日では，地方での救済の提供は主として中央政府の責任となっている。受給に対する権利認定と援助責務についての境界の設定は，かつては諸国民の内部における地方コミュニティの間で線引きがなされていたが，現在では主として諸国間でそれがなされている。同時に，労働の国際的移動もきびしく制限されている。諸国は，その技能を短期供給する移民だけを許可している。しかもこれらの例外的に許可されたケースでも，社会市場における福祉権に対する権利認定はしばしば否認された。

「英国定住法(イングリッシュ)」は，自由放任主義が経済生活に対して支配的な影響を与えていた期間を通じ有効に作用しつづけていた。したがって「定住法」は，それによって労働の可動性の自由が漸新的に拡大されてきたその過程を照らし出す対位点を提供したのである。この自由とは，経済市場が個人の労働に置く価値に関係したものである。経済市場における個人的失敗の代価は，より広い意味での市民的自由を失うことであった。

財貨やサービスが諸国民の間で交換されてきた条件は，英国においては，重商主義的保護から自由貿易への転換によって根本的に修正された。労働が移動することを許可される条件もまた同時に変化したが，しかしそれは遙かに一貫せず，かつ複雑な態様のものとなった。売れない財貨はその所有者の損失となるが，しかし雇用されていない労働者の存在は，他のだれかが（保障）経費を負担するという含みを持ち，この責任は伝統的に地方納税者に課され，また救貧法によって責任を免除されていた。地方税納入者のどのグループに税をかけるかの意思決定は，「定住法」に準拠してなされた。

17世紀と18世紀を通じ，「英国定住法(イングリッシュ)」の一般的効力は，国内における労働の自由な移動を禁止することにあった。その主要な目的は「教区委員または監督官に訴えて，他の教区からのいかなる新入者たちをも，彼らが将来

第10章　定住，移住と福祉の探求

的に財政負担をもたらすおそれがあることを考え，たとえその人々が救済を申請しなくても，その新入者の排除を治安判事に課すことにあった」[2]。我々は，地方コミュニティ内の居住に根拠を持つ援助責務と権利認定の排他的で高度に条件的な定義の実例を見つける必要がある。これら諸法の抑圧的側面がいつも強調されてきたけれども，定住の概念はまた貧困者救済から給付を受ける個人の法的な権利を表明するものであり，それは所定の期間，所与の地域社会のなかで居住していたことを条件とした。しかしながら多数の極貧層の移住労働者たちにとっては，その救済の過程は，冷たい拒絶や仲間はずれの仕打ちから始まり，そして彼らがただ戸籍上そこのメンバーとされているだけで，実際はそこで歓迎されないであろう元のコミュニティに仕方なく帰参することによって終了することになる。

　アダム・スミスは，疑いもなく，富の創出についての「定住諸法」の有害な効果に関心を持った。彼は『諸国民の富』の第一巻で，「一つの職場から他の職場への労働の自由な循環を妨げるものが何であろうと，それは同様に在庫の循環をも妨げる」[3]と見ている。会社諸法は熟練労働者と企業家の流動化を阻止していたが，諸定住法は労働者に同様の効果をもたらした。しかしながら，これらの法律に対するスミスの批判は，より大きな経済的効率ということへの関心の範囲を飛びこえて行った。なぜなら，彼の見解では「人がその居住すべく選んだ教区から，悪い行いもしていないのに排除されることは，当然な自由と正義の明白な侵害であったからである。スミスの見解では，「イングランドにおいて年齢40歳の貧しい男の人で……彼の人生の何らかの部分で，このまちがって考案された定住の法律によって，みずからがひどく抑圧されてきたと感じていなかったような人は，ほとんど」[4]いなかったという。

　トーマス・ハーディ（Hardy, Thomas）は，ちょうどスミスが前述のことに言及している時期に，定住法が農場主たちによって彼ら自身の利益のために，たくみにあやつられていったその操作の仕方の興味ある実例を提示している。『狂気の群衆からはなれて』のなかの高齢の「もやしづくり」が，18世紀の変わり目のころ，どのように一度に1人の農場主のため11年間も働いた

かを描写している。その農場主が「私を11カ月続けて雇ってくれなかったら，私は労働不能者と認定され，教区に対して納税せずにすむようになったのだが」[5]と。

『1834年救貧法報告』の起草者たちは，「定住法」はしばしば腐敗した，不正な仕方で運用されていたと結論づけている。しかしながら変革のための提言は慎み深いものであり，「はなはだしい変則性は除去されるべきである」という勧告以外の何ものでもなかった。彼らは，「居住による定住」を勧告する準備をしていなかった。彼らは，このことが「最も自然でかつ最も明白な」解決であり，その採択は，「しばしば不都合なことを防止するであろう」という点では一致していた。「不都合なこととは，特定の教区にとって青年や壮年の時にその土地を棄てた者が，老年または病弱になってその土地に帰ってくるようなことであり，また窮民たち自身にとっては，彼らが馴染んできた友人から引き離され住居から追い出されて，よそ者にされるようなところに移されることであった」[6]。それにしてもこれらの諸利点は，いくつかの「強力な」反対によって重みのないものとされた。

報告書の起草者らは，「偽証や詐欺」を助長し，また雇用主がその労働者を選択することと，労働者が自分の労働を最も有利な形で売る権利に，恣意的な制限を課す定住獲得の在り方を非難した。居住することによって，単純に定住の権利が労働者に無条件に許可されることは，労働者が失った貧困から救われる権利を与えるものとなるが，それは，労働者が新しい，または，よりよい仕事を求めて次々に他の教区に移動して行くことにもなるであろう。起草者たちは非定住労働者を「教区のなかに居住し，そこに定住している人たちと比較し，彼らは現在……一般的に認められるところでは，道徳の点でも勤勉の点でも，ともにすぐれている」という。そして「その居住のための定住地を与えるようにせよ」といい，彼らはつづけて「そうすれば，彼らは一般的大衆に立ち返るであろう」[7]と論じている。

これらの諸見解は，1834年法の条項のなかに反映されている。その法令は新しい連合体の監督官に「救貧法委員会」の承認に従い連合体を定住の目的のためのいわば一つの教区と見なすことを認可することによって，居住の区

第10章　定住，移住と福祉の探求

域の拡大をはかる条項を規定した。この法令はまた，雇用により，兵役により，あるいは官公庁に勤務することにより，または海軍見習服務によって定住地を獲得する個人の権利を廃止した。この受権条項は，ただ出生，軍に服務中であること（海軍以外の），賃貸業，不動産所有者または地方税納入者の各該当者だけを残している。嫡出子は彼らの父親の定住地居住権を取得したが，しかし，もし父親に定住地がなかったならば，彼らは母親の定住地居住権を取得した。こうした細部にわたることが解決されるまでは，嫡出子も非嫡出子と同じく，彼らの出生地の居住権を取得した。一つの教区は，窮民が移動の有資格者である場合だけ，他の教区に委託しておくことができた。

　19世紀の半ばを通じて，移動禁止の諸条件がますますきびしいものとなった。1846年以後は，一つの教区に5年間居住しなければ，その教区から移転することができなかった。この条件は1861年には3年間，1862年には1年間に縮小された。「1861年法令」は，連合体の一つの教区ではなく，連合体そのものでの居住の条件を規定したが，監督官にはそのことについての権限を与えなかった。窮民が労役場，病院または刑務所のなかで過ごした時間は，規定された期間から控除された。

　「1834年改正救貧法」の第一義的な目的は，困窮者が自由経済市場のなかで自力救済の道を求めていくように強制することによって，貧困者救済のコストの低減をはかることにあった。新〔改正〕救貧法は自由放任主義が存分に機能するための道具であった。効率的な市場経済の最重要な先決要件の一つは，労働の自由な移動であった。逆説的にも，貧困者救済の実際の制度は，高度に地域化された教区連合体に基礎づけられていた。本来の貧困者救済の国民的制度以外は，本来的な全国的労働市場の創出に対して確かに妨げとなったのである。こうして，可動的な労働力を創出するために設計されてきたその制度の内部で，定住法に体現されているような古い重商主義的伝統が，おどろくほどの執拗さをもって，19世紀の自由放任主義の全盛期を通じて生き残ってきたことになる。

　定住諸法はそれでも，ゆっくりかつ断片的であったけれども変化した。1860年代には，救貧法の下での援助責務の範囲は，教区から連合体へ拡大さ

れていった。もしコミュニティケアの伝統の一つの起源が定住法にあったといえるとすれば，それは強固に残存し，いかにも範囲の狭いものであった。

しかし人は，貿易の自由化による経済政策における変化と，救貧法の改良による社会政策(ソーシャルポリシィ)における変化との合成効果が招来させた驚異的なパラドックスに注意しないわけにはいかない。労働者は雇用を確保し自己の自立を保持するために，市場が労働力を求めているならどこへでも移動していくように奨励されている。とはいえ，もしもそうした経済的自立性を喪失したとすると，彼が最初にいた教区連合体の貧困者の地位に強制的に戻される危険が存在しつづける。1834年報告の起草者たちが説明しているように，「その人自身が救済を申請することによって，治安判事に権利認定をゆだねるまでは，何びとも移動しえない」[8]のである。彼らは，強制移動が原因となって生じる不幸や苦痛は認識していたが，しかし彼らの場合は，「他者の勤勉または節約の産物によって養護を申請した者は，公共善が要求する条件に基づいて救済を受けなければならない」という根拠にしばられていた。きわめて少数ではあるが，その人の困窮が「自己の怠惰，または不用意，または過失」による原因でない場合は，その人たちは慈善施設に送られることなく救済された[9]。

これらの判断は，社会的援助責務のきわめて狭い見解を表すものであるが，しかしそれらが多数の監督官や地方税納入者たちの態度を反映しているものであることは疑いのないところである。しかし援助責務についてのこれらの定義にしても，それはいまだ旅行することが困難であり，かつ多くの地域社会が地理的に孤立化していた時期に見合う条理性をそなえていたにすぎない。オケハンプトンまたはコールドストリームの地方税納入者にとって，ロンドンやバーミンガムから移送されてきた貧困者は，今日の私たちの大都市の地方税納入者たちにとって，ウガンダまたはパキスタンから来た移住者と同じように，何か性質の相容れない外国人と思われていたにちがいない。

外国への移民については，もしも移住の旅費を調達できて条件があえば，貧困者に移動に対する選択権が供与された。移民主義者の諸政策は，貧困者のための税負担の高騰に対処するため，工業化されつつあった西ヨーロッパ

第10章　定住，移住と福祉の探求

の諸国においても，支持を得るものとなった。英国では，『1834年救貧法報告』の起草者たちは，「移民は，現行システムの諸悪に対する最上の無害な緩和剤の一つとして用いられてきたが，私たちがすでに提示してきた救済策の適用を促進する点で，有益に利用することができるものである，という意見」[10]を持っていた。起草者たちは，「多数の実例」に賛意をこめて言及することにつとめているが，その実例のなかには，地方の諸教区がすでに窮民の移民のスポンサーとなっている場合もあった。19世紀の中頃，ヨーロッパの諸国では，移住を奨励することによって，貧困者救済の高まる要求という問題を解決しようと企てつつあった国が多数存在した。

　大西洋横断をした人たちも，母国英国の人たちと同じ条件のもとで，繁栄または困窮を見出すことになった。東部沿岸の諸コミュニティによって設立されてきた労役場は，エリザベス救貧法から直接に導出された法律によって規制されていた。放浪貧困者の移動も，英国「定住法」をモデルに立法化された法の下で，同じように統制され，処罰が実施されていた。「新救貧法」の救済抑止的な哲学も，1834年以後，移民の潮流がその数を増してくるにつれ，東部沿岸諸州によってすみやかに採択されていった。労役場と救貧院が多数建設され，しかも救済への接近利用は一般的に削減された。

　コール（Coll, B. D.）は，1840年代と1850年代を通じ，東部海岸の各地の港に到着した移入民の増大を処理するために，これらの施設が演じた重要な役割について特筆している。この期間内に，300万人を優にこえる移民が上陸し，しかもその大多数は困窮救済担当の局による当面の救助を求めねばならない状態にあった[11]。この大西洋横断の苦難に関しては，大量の文献が存在するが，しかし，あまりにも多数の困窮移民を処理するために要した経費が，明らかにボストンやニューヨークのような諸都市において，多くの敵意や憤慨の声を呼び起こしていった。コールは，「中西部と西部の諸州における公的扶助の詳細にわたる研究がなされたことはなかった」と見ているが，しかし彼女はつづけて，「そこにおける救貧法は，東部の古い開拓地で使用された語法を直接まねたか，あるいはコピーしたものであった」[12]ということを提起している。

アメリカへの大西洋をこえての移住行為は，近代における最も劇的な福祉追求の現れであった。アメリカ合衆国は，1821年と1924年の間にその海岸にたどりついた3300万人の希望の上に建設されたものである[13]。加えてさらに2200万人の人々が南アメリカ，カナダ，南アフリカ，オーストラリアおよびニュージーランドへ向けて移住していった。これら移民の優に80％をこえる人々が，南北アメリカに定住したのである[14]。シポラ（Cipolla, C. M.）は，「ヨーロッパからの年平均渡航移民は，1846年から1900年までの期間に，各年当たり約37万7000人，1891年から1920年までには約91万1000人前後となり，1921年から1929年までの間には約36万6000人と計算される」[15]と見積もっている。

これらの移民は比較的に高い比率で，次々に，ふたたび母国に帰還しているようである。カル＝サウンダーズ（Carr-Saunders, A.）は，「数字で示すことはできないけれども……1821年と1924年の間にアメリカ合衆国に入国した者の30％，および1821年と1924年の間にアルゼンチンに入国した者の47％が，ふたたび母国に逆戻りしているものと思われる」[16]と見ている。彼らが，成功または失敗のいずれの理由で母国に帰還したものであるかは，確かめるすべがない。シャーロッテ・エリクソン（Erickson, Charlotte）は，ヨーロッパからの移民の，きわめて不的確な統計記録に目をとめている。役に立つ資料でも，1853年以前は，国籍のちがい，定住者と一時滞在者のちがいを区別していないし，1863年以前は，1，2等船客と3等船客の区別，また1895年以前は，滞留するものと帰国するものとの区別がなされていないのである[17]。

19世紀の間には，他にもヨーロッパ内部での重要な移民があった。モラー（Moller, H.）は，その移住者にランカシャーの綿工業技術者，コーンウォールの鉱山夫，ウェールズの鉄工職人，それにドイツ，イタリア，フランスの貿易業者のような熟練技術者たちが，かなり高い比率で含まれており，その人たちは最善の労働条件と賃金を求め，ヨーロッパ大陸をこえてロシアまでも彼らの技術を持ち運んだことを示唆している[18]。北アメリカの新しい開拓地の町に居を構えていた住民たちが，特別熱心に引きこもうとしたのはまさしくこの種の技術者たちであった。

第10章 定住, 移住と福祉の探求

　移民と人口および経済変動の各パターン間の関連性を説明するのは, きわめてむずかしい。ハバクク (Habakkuk, H. J.) は, 18世紀の間における人口増大についての一つの結果は, それが農業の刷新を刺激し食糧供給を増大したということにあるが, そのかわりに早婚と出産への伝統的な抑制を弱めていった[19], という見解に確信を持った。彼は,「18世紀の最後の20年ないし30年に, 死亡率の低下があった」[20]が, その原因は医学的知識や治療や, とりわけ顕著なのは, 天然痘に対する免疫治療の普及のような改善によるとする方が, 食糧供給の改善によるとするよりは正しいと考えている[21]。家族の規模の拡大傾向は結婚年齢の低下によって説明されるかもしれないが, とくに,「婦人たちの産業雇用における比率」の上昇した地域や[22], 自作農が借地農法や賃金労働に置き換わった地域においてそうであった。ハバククは,「結婚は住居に左右される。それまでの農場宿舎への収容に代わり, 労働者たちに独立の小屋を提供したことが, 結婚年齢の低下を導いたようである」と提起している。それまでは「住み込み」が結婚に対する積極的抑制となっていた。かつては土地相続の期待が抑制となっていたのだが。反対に, 農業労働の「プロレタリア化」が「向う見ずな早婚」[23]を奨励したのかもしれない。ハバククは, 結婚パターンの変化を説明する要因は数多くあったと結論づけている。「人々は, 早目に結婚するようになった……なぜなら条件が変わってしまい, その条件に従った考え方が早婚をうながしたからである。これら諸条件の解釈については, 19世紀初期のアメリカでは豊富な土地が早婚をうながしたように, 経済的発展が早婚への積極的機会を供与した」ということも可能である。これらの変化は「一部には, 社会的な組織解体によるものである。人々は早く結婚をしたが……なぜなら彼らは非常に抑圧されていたので, 結婚する以外に希望が持てなかったからである」[24]ということには議論の余地がある。

　『1834年救貧法報告』の起草者たちは, 人口の劇的な増大が, 工業地域諸郡におけると同様に農業地域諸郡においても,「おどろくほど急速に」すすんだ事実を強調している[25]。これらの諸条件の下で, 貧困者救済の寛大な提供が多産を奨励し, 新しい産業の創出のためにより多くが使われたにちがいない

265

財源を浪費した。その救貧法調査官が観察しているように,「怠惰な労働能力のある貧困者の生活を維持している所得がなければ,その所得は直接または間接に雇用に向けられえたであろう」[26]ということである。移民のパターンに与えた経済変動の効果に対して,ハンセンは,ヨーロッパと北アメリカの間の大西洋の交通量に関して,「大量輸送の期間は合衆国において最も活気ある産業活動の諸時代に対応している。しかしながら,完全な連動を示すほど規則性があるわけではないが,経済的不況の時期には,西向き運動(太平洋へ向けて)の方が最も強烈となった」[27]ということを提起している。トマスは,「英国においては,一方における国内投資および所得水準と,他方における移出民および資本輸出との間の逆比関係が,そして同様にアメリカ合衆国においては,移民,投資,および所得との間の正比関係が,そして同様に大西洋の東側と西側とにおける経済成長の比率の間の不調和が」[28]あったと結論づけている。

　1870年代に先だって,アメリカの実業活動の水準上昇が移民の増大をまねく傾向があったことについていくつかの証拠があるが,しかしそれはアメリカからの「吸引」要因よりも,むしろヨーロッパからの「押出」要因の方が多分により重要なものであったことを示唆している[29]。この説明は,ハバククの命題にいくらかの支持を与えているが,それは,労働供給の増大は一定の状況下では実業活動と経済刷新に対する刺激として作用する,ということである。

　19世紀の終わりにおける英国からの移民に関する記述において,エリクソンは,「アイルランド飢饉のケースを例外とすれば,海外移住は純粋なマルサス主義的な危機からの逃避というよりも,むしろ経済成長や構造変動に触発された地域における相対的な地方的貧困からの脱出の手段であった」[30]と提起している。エリクソンは,英国人(イングリッシュ)移民は,「完全に個人主義的な移動であり,それは海外での諸機会が約束されていると思われたまさにその時に,あらゆる職業と地域から諸個人を引き出したものである」[31],という点を力説している。彼女はつづけて,移住パターンの変動と,建設・鉱山業に基づく経済的機会の変動との間の連鎖を例示している。彼女の1880年代間の渡航者名簿

第10章　定住,移住と福祉の探求

の分析は,移民の18％が建設業労働者であり,8％が鉱山労働者であったことを示している。1880年代は,英国建設産業の景気後退の時期であり,合衆国の建設産業ではそれが大好況の時期であった。それにつづく10年間のアメリカ建設産業における不況は,オーストラリアと南アメリカにおけるそのブームとも一致していたが,それらの地では,新鉱脈発見が利潤をもたらしていた。イングランドとスコットランドの建設労働者たちや鉱山労働者たちの移住パターンは密接にこれらの傾向に追従したものである[32]。

　入手可能な資料に基づいて,ハンセンは移民の大多数は,「個人的改善への熱望をもとに流れ集まってきた……農夫や職人」[33]から構成されていたと結論づける。「庶民のユートピア」としてのアメリカは,「破滅への宣告を受けている」[34]ヨーロッパと対照的であり,ヨーロッパにおいては「土地に飢えているドイツ人が,彼が現在毎年支払っている賃貸料の合計で,彼の現在の保有地の2倍の大きさの農場の完全な名義を購入できる社会を理解するのに困難を感じている」[35]状況にあった。新世界に移民を引きつけたのは,土地と財産の所有だけではなかった。アメリカは国土としての魅力を持っていたが,そこで労働者は自分自身の福祉のために働くことができ,税金や教区税徴収,徴兵官や警察官からも解放されていた。そこは政府機関といえども,市民の私的生活に正当な理由なく干渉することのない国土であった[36]。アメリカでは同時にまた早婚が可能であり,大家族は負債や社会的非難の理由となるよりは,むしろ資産であり,また祝福の理由ともなるものであった。ある開拓移民は,「マルサス (Malthus, T. R.) 氏はここでは理解されないだろう」[37]と母国の友人に書き送っている。

　移民率は,今日見るように,政府の諸政策によって非常に影響されてきたが,政府は個々の場合に応じ人口を獲得するか,または喪失するかの〔どちらかの〕立場に立っている。これらの諸政策は,逆に重商主義と自由放任主義の両者の諸原理によって影響されている。17世紀と18世紀を通じて,移民に支配的な影響を与えてきたのは,重商主義者の人口統制原理であって,19世紀の初頭に至るまで,たいていのヨーロッパの政府は移住民を抑制するか,または実際に禁止するようにつとめてきた。1840年代からあるヨーロッパ諸国

によって，貧困者たちが「ショベルで掻き出された」ことが「新世界」では広く知れわたり，そのことが恨まれるようになった。それ以後，アメリカの沿海諸タウンは，貧困移民にしだいにきびしい許可措置を適用し始めるようになったが，連邦政府がヨーロッパとアジアからの流入に組織的制限を課したのは1880年初期になってからのことであった。このころ，カナダやオーストラリアのような他の主要な受け入れ国もまた移入民に対してより厳格な統制を課し始めていた。英国では，古い「定住法」がまったくその権威を喪失し，それはただ諸教区の境界から国民国家の辺境まで広がっていく条件的利他主義の概念を示すだけのものとして，国際化されたものとなっていた。

アメリカ合衆国において，自由放任主義に対する強力な大衆的関与の態度が見られることは，無料の土地が存在することによって，少なくとも部分的には説明される。辺境開拓が完結し無料の土地の供給が枯渇したのは，19世紀の終わりに至ってのことであった。自由競争と永久開拓の神話は，ある意味では，実際よりも長く語りつたえられ，それが集合主義的社会改良に対抗する一つのイデオロギー的城壁としての役割をも果たしてきた。しかし別の意味では,そこには常に国民が保存する諸資源の有限な性質に関する予兆が示されていたのである。たとえば，初期の開拓移民たちは，200万人の先住民たちと分有し合うほど十分な土地があるとは決して考えていなかった。早くも1830年代には，沿海諸州はすでに移住者に統制を課し始めていたのである[38]。

19世紀を通じて，移民の流入をも制限しようという世論の圧力が増していった。議会はその最初の主要法令を1882年に通過させた。これらの制限のあるものは，個人的選別の原則に基づいたものであった。それら法令による規制は，一方で最も社会的に必要な人たちを選別し，他方で公的資金に負荷をかけやすい人たち——貧困者，精神病者，犯罪者，売春婦——を選別したのである[39]。同じ年の「中国人排斥法」は，人種的理由による差別の対象とされる最初の社会的集団を選別したものである。

この制限政策には数多の理由があった。諸労働組合は，安い労働力が賃金水準を引き下げることを恐れた。しかし地方当局や地方税納入者たちに警告

第10章　定住，移住と福祉の探求

を与えたのは，大量の困窮移入民の到着という事態であった。移民統制はこの世紀半ば以来，自国の貧困者「掻き出し」政策を採用していたヨーロッパの諸政府に対する一つの対応であった[40]。1850年代と1860年代の期間には，移民の一定の諸集団が，アメリカの先住民保護主義が地方の政治生活のなかで，より影響力の強い勢力となってくるにつれて，ますますアメリカ的生活様式に対する脅威として規定されるものとなってきた[41]。専門学界のなかでは，ジョン・フィスケ（Fiske, John）やハーバート・アダムス（Adams, Herbert）のような著作家たちが，彼ら自身が懸念を示し，またより明確に表現したこのような愛国的感情の成長が，ドイツや東ヨーロッパからの政治的破壊分子の移民に対する危惧の広がりを作り出すことを助長した[42]。20世紀になってから，さらにきびしい制限が課されたが，それには識字テストや割当移民制度が含まれていた。

　類似の制限をする傾向が，カナダ，オーストラリア，ニュージーランドおよび南アフリカにおいても生じてきた[43]。排除の基準は，ほとんど同一のものであった。その過程は，リッチモンド（Richmond, A.）が提示しているように，「自国の経済的および社会的な諸政策の上に自律性と何らかの統制を要求する国民国家の当然の論理的帰結であった」[44]。

　同様に，自由放任主義の理想もしだいに国境の内側に制限されてきた。19世紀に，貿易の条件がアメリカにとって好ましいものではなくなってくるにつれて，公衆の一部有力な集団は保護関税制へのキャンペーンを開始した。この期間を通じてのジレンマは，低関税の場合の農業主の利益と，「未成熟な工業」を保護する必要性との両者を調停することにあった[45]。

　「南北戦争」後のアメリカは，ますます保護貿易主義的になってきた。1890年の反トラストの「シャーマン法」は，同年の「マッキンレー〔関税〕法」によって補強されたが，それは高水準の関税を課すものであった。この法律の施行が，景気後退と苦い労働争議をまねいた。これらの社会問題に対する主導的な対応は，マッキンレー（Mckinley, William）によって始められ，またセオドア・ルーズベルト（Roosevelt, Theodore）によってその在職期間中に実施されていった旺盛な帝国主義的対外政策であった。

個人主義と自由企業という価値に対する公式の関与にもかかわらず，アメリカにおいては，集合主義的社会サービスの不均等ながらも漸進的な拡大があった。民族的な差別と不利益の持続は，社会的ニードと政治的正義の要求を侵害すると同様に，正義の経済的基準を侵害してきた。連邦制度の内部で地方政府や州政府が持つ持続する力が，また福祉政策とその提供において，尖鋭な不一致を作り出すことを助長してきたが，その不一致が普遍化を困難にし，かつ概して誤算のもとになったのである。
　私たちに確実な査定ができないのは，アメリカ国内の恵まれない層の間における経済市場の諸価値に対する民衆の関与の範囲と深さである。民衆的意見のコンセンサスが，経済市場のなかでの福祉の増進に賛成し，市民資格を経済的独立と等しいものとみなす社会では，社会福祉は本質的にその受益者に対して恥辱のスティグマを付すものとされるのである。だからこの種の社会にあっては，社会的コンセンサスを得るために最も助けとなるのは，社会市場における平等権の共有よりも，むしろ経済市場において競争する平等権の方がよりすぐれたものであるのかもしれない。
　移民のパターンは，皇帝主義者のロシアとソビエトロシアの双方における福祉選好の表出に対してはあまりよい手引きではない。伝統的な抑制が労働の移動性を妨害してきたが，しかし労働の海外流出または国内移動を完全に防止したわけではない。1873年から1902年までの間に，およそ100万人のロシア人がアメリカ合衆国へ向けて移住しているが，そのうちの大多数は1890年以後の移民である[46]。これらの移住者の大半はユダヤ人であった。土地改革の増進がなされるにつれて，シベリアへの人口移動が1900年以後その数を増してきた。1900年から1914年までの間に，およそ350万人のロシア人がウラルの東部に移住したが，——それは，前世紀間を通じて移住した数と，ほとんど同じくらいの数であった[47]。しかしながら，彼らは政治的，法律的，社会的な不利益に苦しんできたにもかかわらず，シベリアと中央アジアの先住民は，大量追放または皆殺しのような過酷な処遇を受けることはなかったのである。ロシア人はこれらの地域には定住したが，先住民たちに帰属している土地や生活手段の強奪を認めることはほとんどなかったのである[48]。

第10章　定住，移住と福祉の探求

　ボルシェビキ革命の直後，政治的移民のかなり大きな出国があった。1930年代の初期の頃，政権が移民に厳格かつ効果的な統制を課したことがあった。（すべての時代の，最も広範に公共化された福祉国家が，移民によって面倒な紛争にまきこまれたことはかつてなかった。）ロシア人の国内移動は，福祉を求める自発的選択によるよりも，むしろ政治的意思決定によってその大部分が決定されてきた。もし民主的な福祉諸国家の下での差別の究極的な表出がゲットー（ghetto）であるとすれば，全体主義のスターリン的形態の下では，それが労働キャンプとなって現れた。近年においては，労働の可動性を強制する手段としての強迫や暴行が，住宅の供給や選択性の社会保障給付のような，経済的誘因や付加的な福祉誘導によって大きく取って代わられた。消極的な制裁に関していえば，寄生者，放浪者，食を乞う者などに対する処罰が強制追放——最大5年までの期間で——という伝統的な形のものが残されたことは注目すべきである。しかも〔旧〕ソビエト政府は，移民に対する一般的統制のきびしさと，それも，とくに出国を期待するユダヤ人移民への差別的処遇によって世界を驚愕させつづけたのである。

　結論として，移民諸政策とその社会福祉に対する関係の研究に関する真正な比較研究が，私たちをこの研究領域において伝統的に提出されている典型的な疑問や解答のいくつかの再検討へ向かわせるのである。ますます過酷な移入民統制を課してきたことで西欧議会制民主主義の利己的性格と想定された事柄に対して相当の注意がそそがれてきたが，このような批判は多くの場合，混合資本主義経済またその社会主義諸社会へのラディカルな転換のための処方に対するより広範にわたる告発のほんの一部にすぎない。

　〔旧〕ソビエト連邦や他の〔旧〕東ヨーロッパの社会主義社会からの予期される移民に課せられていた非常にきびしい統制について——または，これらの諸社会主義社会のなかで，社会主義社会外への移住希望者の不満にみちた待機リストによって困らされたような社会がいまだ一つもないという事実については，社会政策分析者たちによる注意がほとんど払われていないのである。

　資本主義の回想される危機と矛盾，および社会主義の進歩的台頭から60年が経過した後〔1979年現在〕，なお状況は変化してはいないのである。労働の国

際的移動を法的に統制する最も野蛮なかつての重商主義タイプが，資本主義諸国のなかには見出されずに，むしろ共産主義諸国のなかで見られるのである。その最も劇的な実例は，「ベルリンの壁」の建造である。〔旧〕ドイツ民主共和国における社会サービスの大幅な拡大にもかかわらず，この「全体主義的な福祉国家」から脱出した難民の数は，壁が建造された1961年頃までに，225万人に達している。ドイツ語を慣用語とする人々にとって，全体主義原則の上に組織された福祉国家と，社会的および経済的基準間の妥協に基礎を置く福祉国家との間に選択権が存在するかぎり，一般の人々がおのれ自身の最善の利益をはっきりとさせ，移住の昔ながらの在り方に従い自己の選好を表出することは疑いのないことである。しかしもし共通の愛国的愛着という要因がなかったならば——より多くの必要な熟練労働者を獲得するという切実な関心という要因もまたなかったら——むしろ移民統制の昔ながらの手段を使うために壁を築いたのは，西ドイツ人の方であったのかもしれない。

　このような事情の一つの可能な解釈は——それは少なくともマルクス主義的準拠枠に適合するものであろうが——西側世界への予想される移出民は，集合的な虚偽意識によって流行ともいえる比率に達してきたということである。歴史を通じて，多数の移民たちは，喪失と失望に苦悩してきたが，それは今日でも依然として，資本主義下の福祉の新世界の探索は希望で開始し幻滅で終了するもの，というのが真実の姿であろう。しかしそれでもなお，資本主義下での福祉の新世界の探索は，幻滅をいだくことが社会的恥辱であり，異なった国における自分に合った生活のために計画を立てることが犯罪になるような社会における生活よりも，よりよい運命といえるかもしれない。

第11章

社会福祉の比較類型学

　この章では，一つの分類学的枠組みに向けての私の研究の主要テーマを記述しながら，将来私が探究するつもりの若干の論題を探究している。社会福祉の比較研究に関する問題の一つは，研究に利用される大量の資料からさまざまの福祉システムの主要な制度的および規範的な特質を識別していけるような類型学的枠組みが欠如していることにある。本章で概説する分類枠組みは，社会福祉システムの発展と，その各システムの明白な相似性や非相似性に対する理由づけに関する一組の作業仮説として取り扱われるべきものである。

　現に，「福祉国家」というタイトルで呼ばれる条件を備えたほとんどの社会は，高度に工業化された社会であるか，それともその途上の社会のいずれかである。異なった社会において社会政策（ソーシャルポリシィ）が発展していく道筋は，ただ単に工業化の過程によって根本的に影響されているだけではなく，その内部でこのような変化を引きおこしてきた政治類型にも影響を受けるのである。その一つの妥当な類別としては，工業化が政府の多面的な介入なしに行われてきた社会と，少数の支配的立場のエリートによって国民一般に対して介入がなされてきたような社会との間でなされる線引きがある。第二の類別は，その社会の内部で政府にとって社会的合意の最大限に可能な基礎を創出するために，漸進的な参政権の拡大を必要とした社会と，その内部では政府が力によって支配し，そのような事態の継続を可能にするために十分な公衆の忠誠心と支持を創出することだけを必要としてきた社会との間で，効果的になされるであろう。

この種の鮮明な類別は，仮にそうした類別がそれら個々の諸連続体の両端に位置する極端なタイプを示すものとして扱われるならば，分析的価値を持つものとなる。ほとんどの社会は，その連続体の中範囲の域内に位置しているが，その位置は時代の変動にともなって変化する。しかしこれら尺度の一つ上にある社会の位置が，他の尺度における社会の位置を必然的に決定するわけではない。民主的にその責務を遂行している政府も，時には民衆の意見をリードし，政府が長期的な国民的利益のために策定した内容を追求する途上で，大衆が表明する短期的な選好を取り消すこともあるだろう。それにしても，この場合でも——たとえ全体主義的社会においてであろうと——コンセンサスの尺度創出の公準となる社会正義や福祉優先に関する種々の信念について，常に，何らかの考慮はされるはずである。有効な分類学的枠組みは，福祉資源の配分に際し，政府によって採用される基準の相対的重要性の判定を，我々に可能にするものでなくてはならない。

　社会生活のなかで，有形の福祉財貨とサービスは，三つの主要基準に従って配分されると思われる。経済市場のなかではその基準は効用または価格であり，社会市場においてはその基準はニードによるものである。しかしながら，なおそこにはいま一つ第三の基準——すなわち政治的価値の基準——があり，この基準もまたすべての社会のなかで作動するものである[1]。経済市場の内部では，同様のニードのケースが価格という条件で区別される。同等の報酬を支払う能力のある者は，同等の提供を享受することができる。社会市場の内部では，福祉提供の配分はニードが同じ場合は同様に処理さるべきであるという原則によって支配される。政治的基準は，イデオロギー的，宗教的または人種的区別の形態をとるであろう。諸集団の内部でその成員たちが公的に認定された同じニード，たとえば住宅購入または保健診療に対するニードを共有しているなかで，若干の個人だけが，そのニードの類似性または彼らの支払能力などを問題とされずに，より多くの，またはより少ない提供を受けることがあるが——それは彼らが，政治的価値の基準の一つ，またはそれ以上を満たすことに成功したか，それとも失敗したかによるのである。

第11章　社会福祉の比較類型学

　異なった認定基準を持つこれらの交換システムの働きは社会政策研究のなかでは中枢的重要性を持つものである。それぞれの社会において，これらの基準相互間の対立はいろいろな仕方で提示され，かつ解決されるが，その仕方は，経済変動の過程に対する政府介入の範囲とタイプや支配する者とされる者との関係の質によって異なる。福祉に対する関心は政府の大権とはいえないため，世論やコミュニティ感情の持つ役割についても，同様に何らかの考慮がなされなくてはならない。

　社会政策の比較研究は，必然的にしばしばこのような抽象的レベルへと収斂されるので，それは日常生活のレベルにおける相互扶助や福祉感情の相互作用の増大を考慮に入れることができない。我々の比較分析においては，普通の人々の経験のなかにある何かを再発見するようにつとめなくてはならない。すなわちこの人々は，民主主義による相互扶助や地域参加形態の基礎を，普通の人々がそれによって自分たち自身の福祉を作り出してきた社会過程を考慮しながら，長期にわたって構築されてきたコミュニティや新しいコミュニティのなかに求めているのであるが，それは「福祉国家」という術語が発明される以前から，現在に至るまで変わることがないのである。

　同時に，地方コミュニティの諸価値は，それ自体の限界を福祉利他主義の範域に賦課するものであることが認識されなくてはならない。工業化は，地方的な忠誠心や親族関係の結束に根ざしてきた相互扶助の伝統的な形の道徳的枠組みを弱めてしまった。そうしたモラルが崩壊した後，それへの愛着にセンチメンタルになることもあるが，経済市場の新しい諸々の価値が冷静な功利主義の基礎の上に「与える者」と「受けとる者」とを区別しているのと同様に，地方的な共同体の古い価値がしばしば同じ程度の鋭さで共同体の成員と部外者とを差別していたことを忘れやすい[2]。

　社会開発や社会改良のどのようなプログラムにしても，それは言外に，一つの世代が，別の世代の代わりに犠牲になるという含みをともなっている。核家族と拡大家族の文脈においても，ある世代が次の世代のニードを尊重するという在り方に，利他主義は最も自然かつ全面的に表れるのを見出すのである。長期にわたって共有された経験と共通の努力は，小さな地方コミュニ

275

ティにおける構成員の間で、同様に、しかし条件付きで利他主義の鼓吹を可能にする。国民的レベルにあっては、これらの利他主義的形質は人間的意識の一つの真正な部分を成している。しかしこのレベルにおける福祉の理念は、常に、家族、地域社会、階級への所属を包括する多数のセクト的な諸利害のさまざまな程度の妥協の産物である。これらの妥協の性向は、福祉の優先度を順位づけ、またこの順位づけに用いられる基準の性質のなかに表出される。そうしてこのような事態のなかでのコンセンサスとは、いつでも、暫定的な合意にすぎない。

　私たちはまた、工業化が大衆の賛意よりもむしろ本質的には強制力をもって支配する政府によって押しつけられ、そこでは政府が工業化それ自体を目的とはせずに、しばしば、新しい政治的秩序を生み出し強化するための一つの手段とみなしてきた社会についても考慮をしなくてはならない。どの範囲まで競争的な市場経済の活動を許すかは、イデオロギー的判断にかかっている。民主的な政治制度が欠落しているところでは、政府介入の範囲は広範となり、かつ介入性向も一般的に強いものとなる。実際に、この種の強制的な工業化の期間を経験したすべての主要な社会は、高率関税による助成や、移民と国内労働の移動を規制するように計画された諸政策を実施したのである。このことは、ドイツ、ロシア、日本の工業発展のさまざまな段階において適合する。

　工業化の達成が課題とされ、かつ高度に集権化された経済計画が成されているような社会では、一つの集団の忠誠心を確実に強化する手段として、他の集団を犠牲に供するという政策がしばしば用いられてきた。そこで特権を与えられた少数派は、政権の存続とその多様な政治目的の効果的な実施を確保するに足る妥当な大きさになっていく。

　福祉財貨とサービスを供与するか与えないでおくかは、労働力育成の効果的な手段となる。したがって集合主義的社会政策は、強制的工業化過程のきわめて初期の段階では、経済生活の構成にかかわる特質となる。工業化の過程がより大きな富を生産することに成功するにつれて、社会サービスがより多くの市民の福祉増進のために利用されるようになり、このような仕方で、

第11章　社会福祉の比較類型学

　純粋なコンセンサスを持つ社会的基礎が，大きく拡張されることになる。このような過程を経て，効用という経済的基準が福祉財貨やサービスの配分において，ますます重要なものとなるであろう。にもかかわらず，政治的忠誠の基準はなお敵対的な集団や個人を排除するために操作されていくであろう。この点で，民主的社会と非民主的な社会を区別するためのカギとなるのは，民主制にあっては，病気または老齢のような偶発事故の場合，経済的および社会的理由あるいはそのどちらかの理由に基づき，福祉資源の配分が考慮され，この場合，政治的基準が，このようなニードの諸ケース間で差別をするために付加的に適用されるようなことはない，ということである。

　政治的変数はまた，国家的な福祉提供と国際的な福祉提供の関係を大きく左右する。諸政府はしばしば，一部住民の福祉利益を，他の一部の住民を犠牲にして，推進することもある。政府はまた，一定の状況の下では国民的利益，あるいは長期的な政治的または経済的な目的とされる事業遂行のため，その他一切の当面の個人的な福祉優先の順列の格下げを断行することもある。政府が実行を断行しないのは——その政治的タイプにはかかわりなく——何らかの他の社会についての福祉を増進するために，すでにその社会で一般に国民的福祉利益とされていることを危うくするような場合である。国際的福祉の要請については，ほとんどの政府が，何らかの最低限の考慮をしているが，しかしこれらのケースにおいては，それが民意によってなされるというよりも，むしろ政府による譲歩がなされたといえるであろう。さらにまた，市民の多数派が，社会正義についての国内的論点をめぐる彼らの国民的不一致を解消し，必要ならば，他の諸国民の犠牲において，彼らの集合的福祉利益を防衛かつ増進すべく国家の主権者としての力を呼び起こすために連合しようとする程度について，考慮がなされなければならない。

　事実，今日の国際的な水準においては，福祉サービスの発達，特恵関税の改革，移住の規制における支配的な傾向は，現になお最貧困国民の犠牲において，より富裕な国民の利益となるように操作されていることを示唆する証拠がある[3]。ティトマスは，福祉社会がより明確に国際コミュニティの理想に関与するものであるかぎり，福祉社会の概念は福祉国家のそれより利他主

義的精神を表出するものである⁽⁴⁾，と示唆している。しかし福祉の条件として，私は，このようなコミュニティが，いまだその基礎となる構成員を有していないことを指摘しておきたい。

それゆえ，私たちは以下のような情況に直面していると思われる。すなわち最も進歩した諸工業社会では「福祉国家」であることを主張する何らかの資格があるとしても，国際的福祉の理想は，いまだにその実現からは程遠い，ということになる。だがこの自明の理は，組織的分析よりも，より多く道徳的憤りを鼓吹してきた。私はすでに，対内的な政治的コンセンサスの追求と福祉の増進との間には，緊密な連関があることをそれとなく示してきた。しかし，統治者と被統治者とが，彼ら自身の国家と外部の世界との間の福祉利益のバランスに影響する意思決定をする場に置かれた時には，決して緊密な同意は形成されないということが中心的かつ重要なポイントになる。

社会福祉の比較研究は，社会政策の包括的特色と同時に，排他的特色に対しても注意を向ける。社会サービスの受給資格の基準は，一方ではコミュニティの成員であるということ，また他方では，その人たちが対内的または対外的にも部外者または逸脱者であると規定され，したがって前述の成員としての権利を否定された人々であるという両者の性格を持つものとなる。比較研究の任務の一つは，対外的な差別の諸形態を記載しかつ分析することにより，諸国民の内部の差別についてすでに実施されてきた徹底的な研究を補充することにある。移民の諸パターンは，社会的利他主義の範囲と諸限界を測定するために，いくつかの可能な指標を提供する。

他の工業化社会と比較して，英国は，生活標準維持の手段としての移民に対する諸統制を加える点でおくれてきた。帝国主義的伝統と英連邦の統一の責務という悠長な意識が，この過程をおくらせることにつながった。それでも，1870年の初期に「亡命者送還法」が通過したが，それは政治的避難所を要請する亡命者たちの権利を定めたものである。1905年，1914年および1919年の「在留外人諸法」は，東ヨーロッパ難民の入国を規制した⁽⁵⁾。1953年に至るまで，それ以上に重要な統制上の拡張はなかったが，最近の相次ぐ波立つような立法は，積年の広範な危惧の多様さを反映したものであり——それ

第11章　社会福祉の比較類型学

は「低賃金労働者」への恐れ，福祉サービスの「濫用」および在留外人たちによる私たち英国的生活法の転覆——などについての危惧〔の現れ〕である。これら諸法令の施行も，実際には，国民経済のマンパワー・ニード，それもとくに私たちの社会サービスのニードに応ずるため，高度に選別的かつ慎重になされてきた。最近の数年間におけるこれら立法の傾向における最も重要な特質は，政府の移民諸政策が，広い範囲の公的支持を受けているという想定に基づいてなされてきたことである。二つの主要な政党のいずれか一つが，より自由主義的な政策の方へ逆転するリスクをおかすとか，あるいはいずれか他の政党がそれを実行する約束をすることによる選挙の勝利を達成するということは，すでに現在の世相のもとではありそうにない。

　近代英国の社会サービスの歴史は，帝国主義的膨張の期間に始まったものである。社会的に見て，工業化の不幸な結果は断片的方法によって緩和されたが，それは経済市場と社会市場の各要求間の妥当な大衆的バランスの達成を妨げなかった。第二次大戦後のしばらくの期間，英国人はその島国根性的態度から，福祉国家は英国的生活様式にユニークな現象であるというように考えていた。だが「大英帝国」の臨終の日々に，「連邦（Commonwealth）」のどのメンバーが，ユニークな英国人であったのかという疑問に注意を払った人はほとんどいなかった。近年になって国家の領土的縮小と帝国主義の消失という宿命についての意識の高まりが，それらの疑問を，福祉優先権や移民統制についての論争の中心に持ち込んできたのである。だが〔状況に〕適応していく過程において，またも私たちはより大きなコミュニティへの再編入についてのまちがった心理学的対応のなかに取り残されることになる。

　社会分析の将来の課題の一つは，時間の次元をこえていかなる世代にも現れ，また同時に社会組織の多様なレベル——家族的，地方的，国家的，国際的に——を通じて現れる利他主義の領域と諸限界を，より全面的に探究すべきであるということである。

　社　会　運　営　論(ソーシャルアドミニストレーション)の研究における顕著な仮定の一つは，人々がその自然の本性によって共同体を志向し，利他主義に動機づけられているということ，しかも民主化の過程がこれらの自然的かつ公共的な徳性を表面化させるという

279

ことであった。この仮定から，福祉国家とは，集合的事業の一つの形態から次のそれへ至る上昇経路に沿う段階的位置にあると論じることができる。この意味では，ラディカルなマルクス主義者たちが情熱をもって階級闘争の不可避性を信じているように，リベラルな改良主義者たちも，同様の情熱をもってコミュニティの不可欠性に絶対の期待をかけているのである。

　この章で，私は一つの対案的仮説を提示してきたが，それは国家的および国際的両レベルにおける社会政策の発展のこうした「楽観主義的」な集合主義的見解に対する疑問である。英国やアメリカ合衆国のような，民主的選択が存在しているところでは，社会的基準よりもむしろ経済的基準が，福祉と正義の大衆的諸概念に最も密接に調和してきた。集合主義的福祉諸政策は，英国においては，経済市場勢力の自由行使への自信が低下した時に，最後の頼みの綱として採用されたものであるが，個人主義と集合主義の間の最終的妥協は，アメリカにおいて生じたものよりもより安定したものであった。両ケースにおいて，バランスのとれた調整は紛争よりもむしろコンセンサスに寄与した。これらの妥協の性質は，福祉の増進は両方の政府にとって第一次的な関心事であったけれども，集合主義的諸社会政策はいずれの社会においても，補助装置的機能以上の役割を果たすことは決してなかったことを示す。英国においてさえ，その妥協としての社会的ニード充足の要求は経済市場のニードに従属するものとされていた。帝政ロシアにおいては，土地所有専制政治を創出する企てがあまりにおくれすぎたので，ボルシェビキたちも，革命主義的プログラムを民衆の投票にゆだねることはしなかった。利潤動機を拒否しているにもかかわらず，ソビエトにおける社会諸政策は，高度な功利主義的評価基準を提示しつづけてきた。

　ダイシーがいうように，もしも「集合主義者が，彼が保健についての確認がなされた法の強化を弁護した時以上に，より強い立場を保持することがなかった」[6]とすれば，個人主義者は，彼の役割として，彼が福祉の名において財産の私的領有権とその法的保護の拡大を弁護した時ほど，普遍的な人気を博したことは決してなかったといえよう。多分大衆が福祉と考えて選好するもののなかで最も軽視された指標は，生活の手段としてであれ，財産の所在

第11章　社会福祉の比較類型学

としてであれ，いずれにせよ，土地の私有であった。もしも親族関係が相変わらず利他主義の自然な中心であるとすれば，この家族的保障追求が最も共通する表出は土地の獲得であり，またそれの一つの世代から次の世代への移転である。それはただ，強制的な勢力によってのみ阻止され，または否定されうる事柄である。

そこにはまた私が福祉研究において，社会主義に対して払ってきたと同様に，多くの注意を愛国主義に対しても払う妥当な理由がある。諸々の福祉国家の成長と国際的福祉の諸理想を鼓舞するような価値や目標の間に，これまでのところ自然な親近性がまったくなかったということには異論があろう。しかし状況はどちらかというとその反対の見解を明示している。──すなわち人間的利他主義のこれら二つの表明は，多くの点で相互に非共感的で相容れないものであるということである。

現代的福祉国家の出現以前は，移民となることが，人々が自分自身の条件で自分自身の福祉を手にするために試みた伝統的な手段であった。移住はコミュニティと国民感情の創出における触媒作用としての役割を果たしたが，次にそれが社会的利他主義の限界を再規定したのである。これらの移住過程と新しいコミュニティの成長と愛国的感情とが相互作用をし，最優先の国家的関心事としての社会福祉を増進させたのである。

無数のヨーロッパ人に対して，アメリカは，18世紀と19世紀を通じて，それはまだ社会市場的条件による福祉国家ではなかったけれども，相対的な福祉，自由，正義への展望を提供してきた。多数の者が他の人たちの残酷な仕打ちや迫害によって自分たちの祖国から追放されてアメリカにやってきた。だがその移民にしても，ひとたび自分たちの新しい土地に定着した後は，土着のコミュニティに対し迫害行為を成し，移動させ，また破壊することをためらうことがなかった。アメリカ先住民や奴隷〔の立場にいた人々〕，アフリカのブッシュマン，ホッテントット人やバントゥス人，オーストラリアのアボリジニ族，タスマニア族やマオリ族の人々は，社会福祉の歴史に対して一つの対位点としての役を果たしている。革命後のロシアやナチス時代のドイツにおいても，同様な差別への人間的性向が，政治的，人種的，宗教的見地か

ら表出された。

　新しい諸国民が一つの国民的自己同一性の意識を発見し，ある程度の繁栄を達成するにつれて，彼らは移民規制と関税障壁によって自己保存の道を求めていった。彼らの選別基準は，貴重な経済的技能を身につけた者の移入を奨励し，大きな社会的ニードを持つ人々の入国を削減した。無料の土地の供給が減少するにつれて，統制はより厳重となった。主として移民の家系から造られた新しい諸国家は，より古い諸国からの「悪のリスク」や「失敗者」を受け入れることを早くから中止した。そして，古い諸国のなかで移民率が低下し，生活水準が改善されてくるにつれて，類似の諸政策が低開発諸国に関して採用されるようになった。

　もしも戦争が「他の諸手段」[7]によって実行される外交の自然な延長であれば，差別的移民と関税諸政策とは，それによって現代の福祉国家が，その国民の福利を増進するために継続する別の諸手段である。移民統制の傾向は，諸政府と大衆世論の両者が，福祉利他主義の適正な範囲と限界について，どの様に共通定義を共有しているのかの重要な指標である。関税保護はいつでも大変に面倒な論題であるが，しかし，保護貿易主義者も自由貿易主義者も，大衆的論争において，彼らの論議の基礎を，国際主義的というよりもむしろ国民主義的前提の上に置いてきたのである。新旧両諸国のなかで発展してきた現代の福祉提供システムは，その国の成員に対する安楽の一つの源泉であると同時に，財政的危惧の対象となり，分け与えるよりも，むしろ育むべき資源となった。比較論的観点から見ると，社会福祉の国際主義的理想はまさしく歴史の周辺部において落書きされたアンビバレントな修正に該当するように思われる。

第12章

社会福祉の三つのモデル

1 社会福祉における規範的選択

　ケインズとベヴァリッジは2人とも，資本主義の改良は福祉の増進に最善の展望を与え，しかも集合主義的社会政策(ソーシャルポリシィ)はその改良に対して，とくに主要な貢献をなしうると信じていた。当時，この命題に反対し，「現状維持」を主張した者もあった。そのほか，より適正で人道主義的な社会を創造する唯一の道として，社会主義によって資本主義を置き換えることを主張する者もいた。社会主義者の意見のなかにも，社会政策がこの転換を効果的にする一つの重要な道具として役立ちうると考えた人たちと，急進的な政治変革が社会政策的改良に先行すべきであると主張した人たちとの間に，分裂があった。

　1945年までには，三つの主要政党のすべてが，程度を異にしながらも，変革に対するケインズ主義的およびベヴァリッジ主義的な処方箋を盛りこんだ宣言に関与していたが，しかしその年の選挙が労働党を権力の座につけたので，それ以後，集合主義と社会主義は，一時的に同義語とされたこともあった。社会政策および社会運営論(ソーシャルポリシィ&アドミニストレーション)の学問分野の内部では，集合主義から社会主義を連想させるこの傾向がより強くなり，この傾向は今では，規範的な言い方をすれば，その主題に関する世間一般の通念を表している。英国の社会政策に関する多様かつ主要な著作家たちのなかで，ただマーシャル（Marshall, T. H.）だけが，また多分にドニソン（Donnison, D.）もそうであるが，多少の平静さをもって，混合資本主義経済の価値を受け入れているように見え

る。それは戦後を通じ，我々の社会のなかで，大きくそのままの形で生き残ってきた。

　この章の最後の部分で，私は社会政策の目的についてのこれら多様な解釈に内在する政治的選択と，そうした選択の歴史的先行物であるマルクス主義経済理論と古典派経済理論との伝統に加えて，それがケインズとベヴァリッジの集合主義に対して持つ関係を論じてみることにする。私の目的は，私たちがこのような選択をすることに慣れてしまった，その諸条件に疑問を投げかけてみることにある。

　ティトマスが私たちにしばしば指摘をしたことは，社会政策論争のあらゆるレベルにおいて，これらの選択をさせた必要性とその選択のジレンマが持つ含意についてである。しかしながら，私の見解によれば，ティトマスはそれをただ単に「二つ」の対案――すなわち経済市場価値と社会市場価値――の間だけの選択として処理することによって，普遍的な論点を過度に単純化したのである。彼はこのように，混合経済という中道を真剣な考慮の対象外にするか，それとも，それを経済市場的選択肢の文脈の内部に堅く閉じ込めておくかのいずれかの仕方で，問題を規定するのである。そうすることによって，彼はこの学問をその最も活力に富む規範的な根っこのところから手ぎわよく切断するのであるが，その根っこのところこそが，むしろ反対に一切の最も生産的な福祉の伝統によって培養されてきたものである。

　このように問題を規定することによって，ティトマスは，もしそこで二つのうちどれか一つを選択せねばならぬ格別の理由がないのであれば，資本主義にも，社会主義にも魅力を感じない人たちに，二つのうちで，彼らにとって災いの少ない方を選択するように勧めているのである。ティトマスは，社会市場の価値をもって社会主義と等しいものとみなし，しかも彼は自己の二分法的分類における社会主義の側にマルクス主義を含めてはいないのである。結局，資本主義のもとでの福祉システムの創出に非常な貢献をしてきた集合主義の伝統と，福祉資本主義についての最も強力で持続的な批判を提供してきたマルクス主義の伝統の両者は，可能な選択についての論争では事実上無視されたのである。ティトマスはマルクス主義を考慮に入れないのであ

第12章　社会福祉の三つのモデル

るが，その理由は，彼がそれを道徳的に気にくわない原理であると考えたことにある。気に入らないものであれ，あるいはその他の理由であれ，マルクス主義は今日の世界のなかで，一つの重要な政治的選択権を持つものとして存在している。

　社会政策のいかなる理論も，その時代の制度的現実と心理的現実とのなかで，堅実な基礎づけがなされなければならない。ただ単に利己主義と利他主義との間の極度に単純化された区別に基礎を置く分析的モデルでは，利害を認知する際のアンビバレンス〔相反する感情の同時存在〕や，家族，地域社会，国民または階級に基礎を置く多様な制度的忠誠心から派生してくる責務を感じとる際のアンビバレンスを，説明することができない。三つの主要な規範的前提が，社会秩序，社会変革，社会福祉の間の関係を説明および評価する道を求めている，多様な諸理論の基底に伏在しているといえるであろう。これらの前提はおおまかにいって，古典派経済学の理論，マルクス主義とその社会主義的派生理論，および重商主義的集合主義として記述されうるであろう。

　古典派経済学の理論は，自由社会を特徴づけている競合する諸利益と忠誠は，根本的に両立不可能ではないという前提の上に成り立っている。マルクス主義理論は，単に，これらの利益と忠誠は両立不可能であるだけでなく，まさにこうした対立の増大や，とりわけ階級闘争の激化を通じて変革が可能であり，真の自由の獲得が可能になると主張する。変革の究極の目的は，私有財産の諸形態および労働の分業の廃止にあるが，そうした財産や労働の形態から利害の不一致や不平等性が生じてくるとするのである。

　中国，ロシア，東ヨーロッパの各ブロックすべての国民および第三世界の多数の国民は，マルクスの教示に基礎を置く社会の最終的な創造に専念している。生産手段の社会化に加えて，彼らはすでに集合主義的社会サービスの複合システムを作り上げているのである。そこでは自由市場と私的企業の範囲を拡大しようと積極的に関与している他の社会のそれと比較できる集団を見出すことは容易でない。

　ウィレンスキー（Wilensky, H. L.）は，今日のすべてのより富裕な諸国民の

なかに，どのように集合主義的感情と経済的個人主義とが共存しているにせよ，それゆえに「福祉国家を指向する原理は，おそらく成功したイデオロギーと同じように，すでに一般的なものとなっている」[1]と記述している。フリードマン(Friedman, M.)は，アメリカ合衆国における政府総支出の拡大が，1929年以前は毎年の国民所得の10％程度であったものが40％にまで達している[2]，と苦々しげに嘆いている。英国においては，そのレベルはもう少し高くなっており，また政府の支出レベルの同様な傾向はその他の主要西側諸国においても観察される。この集合主義に向かう一般的傾向は，おおむね社会主義とはただ微細なつながりを持つにすぎず，ある場合にはまったく関連がないともいえる。マルクス主義者は，産業と福祉におけるこれら大量の集合主義的介入はただ資本主義を温存するために企てられたものにすぎないという主張をするが，多数の自由主義経済学者は，そうした介入こそが資本主義を破壊するものとして非難している。

　この規模の集合主義では，資本主義もしくは社会主義のいずれとも，調和することはない。しかしその影響力はすでに相当に浸透し，新しい社会システムを創出するまでに達しており，そうした新しい社会システムは，資本主義もしくは社会主義のいずれの原理にもかかわることなく次々に発展するといえる。ただ，この集合主義の新版に欠けているのは，首尾一貫した理論であり，一そろいの明白な規範的前提であり，明確にそれに傾倒した政治的運動である。それらの諸要因は絶えず私たちに集合主義に特有な属性を主張し，かつ想起させるものとなるのである。しかしながら，これらの諸属性は，資本主義と社会主義の両者よりも時代的に先行する歴史的由来を持ち，それらが古典派経済学の台頭によって挑戦を受け，多くの修正がなされてきた重商主義の一つの現代的再生であることを表現している。ただし重商主義原理の継続的かつ特有な影響の跡をたどることによって見られるのは，保護的社会政策よりむしろ保護主義的経済政策であろう。

　それが集合主義的であるかぎり，この再生された新重商主義者の伝統は，古典派政治経済学の個人主義的価値に対して，イデオロギー的に反対の立場に立つものである。またそれがマルクス主義理論でいう意味での社会主義で

第12章 社会福祉の三つのモデル

もなく，実際に，反社会主義である諸社会に現れるかぎり，それはまた同じようにマルクス主義的集合主義に対しても反対の立場に立つのである。これは「収斂命題」の別の解釈を提起するものではない。現在のいくつかの社会主義社会では，たとえ全部ではないとしても，マルクス主義理論に合致する共産主義の状態へ向けて移動する可能性もなお存在しているといえる。諸資本主義社会の歴史も，今の時点では自由市場の政府統制へ向けていく一般的傾向を示唆してはいるが，しかし，私たちはそうした傾向の逆転の可能性を除外できない。

　今日のマルクス主義者たちは，政府介入の範囲が資本主義のなかで拡大していったので，その社会は資本主義的でなくなった，という主張には反対する[3]。彼らは，生産手段がたとえ名目上でも私的所有の形で留保され，また生産力が経済市場価値を基礎に組織され，かつその報償を受けているかぎり，その社会は本質的に見て資本主義体制のままであると主張する。福祉資本主義社会は，いまだなお，その社会のなかで支配階級の構成員——生産手段の所有者——が，国家の代理機関を通じ，労働者の犠牲において彼ら自身の利益を追求する社会である。同時に私が記してきたように，今日の自由主義派の経済学者は，こうした資本主義社会の内部において彼らが目にする欠陥の大部分は，資本主義的徳性の漸次的な放棄に起因するとしている。かくして我々に二つの説明が与えられることになる。その一つは，資本主義社会のなかでいかに多くの政府介入が生じても，それはあらゆる重要な点でなお資本主義のままである，と主張する。他の説明は，完全自由競争の典型と混合経済との優劣を比較し，混合経済のあらゆる重要な点での本質的な欠陥を指摘する。

　私自身の立場は，古典派経済学の理論およびその資本主義の理想的状態と，マルクス主義および共産主義の理想的状態との両者は，人類福祉の極大化にとって魅力的な処方箋を供与はするが，しかし，仮にそれが実践に移されると，それはまたそれ自体が抑圧と福祉低下の道具になってしまう，という見解の上に立つものである。同様の批判が福祉の第三モデルの上にも浴びせられる。そのモデルとは，重商主義的集合主義の形態であり，この形態に

おいては，国家が多くの利害の提携に奉仕するものとなるので，理論上は別にして実際上は，国家がいかなる単一の支配階級の道具になり下がることもなくなるのである。とはいえ，私も国家がそのような道具となるような状況が起こりうることや，そうした成りゆきの性質について予言することは，過度に自由化された市場または社会主義的に統制された諸社会のケースについて予言するよりも，はるかに困難であるという事実を認めるものである。このように高度に不確実である理由は明白である。——それは混合経済が，自由と統制の間のバランスと，政治理論とその実践の左翼ないし右翼のいずれかの全体主義的スタイルの間の選択に関して，中道的な立場に位置するからといえよう。

　しかしながら，仮に私たちが，資本主義と共産主義という二つのパラダイムに準拠することによって，社会組織の対案的形態および可能な形態のすべてを判断するとすれば，私たちは一つの根本的な誤謬を犯すことになる。なぜなら，このことが，私たちを二つの歴史的思想様式への自発的囚人とするからである。その両者とも社会発展についての極度に決定論的な理論を体現している。資本主義は，仮に市場の力の自由な活動が修正されたとしても，必ずしも崩壊したり，あるいは回復不能な損傷をこうむるものではない。同じく資本主義は，時代と状況が成熟した時，不可避的に社会主義にその道をゆずるものでもない。資本主義は，私たちが予想もしくは予言しえないような道程を経て発展するであろうと論ずることが完全に合理的な見方であり，それは過去において，すでにそうした発展をとげてきたのである。

　のみならず，国民性や国民文化の要因は，社会変動の研究者たちによって，一様に低く評価されている。第三世界の新しい諸国民に対する西欧思想の衝撃の最終結果は軽率に予断できない。一国民の土着的な文化は一つの触媒であって，それは私たちが現在まったく理解していないような仕方で，資本主義や社会主義のような異国の諸哲学を変質させるものである。これらの諸社会は，私たちがそうした変質を類別するためにこのような術語〔資本主義や社会主義〕を用いなくてもよいようになるまでに，どれだけその変化を経験しなければならないのであろうか。もしも私たちが，第三世界の諸国の中に，文

第12章　社会福祉の三つのモデル

化的自律性と革新的反応のための高度な潜在的能力があることを認めるとすれば，なぜ私たちはその同じことを，西側の工業化された諸国においても見出すことができないだろうか。私たちは，かつて私たちがマルクス主義者より先に古典派政治経済学者やキリスト教会を設立した教父に認めてきたことを，マルクス主義者にも認めるような社会思想の段階に到達している。すなわち，そのマルクス主義者たちに，前もって論議の領域を明確にし，私たちが私たち自身の問題を問う前に回答することを要求されるまさしくその重要な問いを設定し，さらにすべての時代とすべての場所に対して，事実上，パラダイムとしてのそれより早い時代と場所についての知的分析なるものを主張することを許容する。そして，そのパラダイムと照合して過去，現在そして未来が，価値あるものであるか，あるいはそれが欠如したものであるか判断され，判定を下されなければならないとするのである。疑いもなく宗教改革の時代には，ローマ・カトリシズムの教会法に準拠して，大規模にプロテスタンティズムを裁くことは理にかなっており，産業革命の早い段階にあっては，非改革的で回顧的な重商主義に準拠して，新しい資本主義的企業様式の裁定をすることは理にかなっていた。しかしプロテスタンティズムや資本主義は，ただ単にその先行物に準拠して理解されるべきではなく，まぎれもないそれらの本質を表すことばによってそれら自身を理解すべき時代が到来している。同じように私たちは，社会がその歴史的発展のなかで，思想と組織についてのかなり古い時代の伝統を修正する可能性を締め出してしまうことはできない。たとえば，コミュニティの概念に関する最近のリバイバルにしても，社会組織体の思想の最も古い時代の伝統に負うところ大である。同様に，重商主義の訓戒にしても，ビクトリア朝イングランドの「自由放任主義」の全盛期のさなかにおいてさえ，おどろくほどの頑固さをもって生き残ってきたのである。

　したがって，この第三の接近法は，経済市場の力の自由な活動による福祉利害の自然的調和の可能性ということと，社会主義によって資本主義が取って換わられることによってもたらされるそれら諸利害の最終的和解を目指しての闘争の不可避性ということのいずれをも拒否するのである。この伝統に

基づく福祉の理想が最善の形で実現されうる社会は，どのように理想的な意味でも，それは資本主義社会でもなければ，また社会主義社会でもないといえる。

　社会運営論は，価値志向と資本主義批判の点では集合主義的といえる一組の中道的な概念と理論を展開してきた。しかしそれは，欠陥のある経済システムと思われるものをいかにして変革するのか，あるいは，どのような対案的社会秩序がそれに取ってかわるのか，というそのいずれをも自信をもって説明しうる明確な政治理論に欠けていた。この意味では，社会運営という主題はその社会の矛盾と相反する感情の交錯を映し出している。すなわち，その社会のなかで社会運営論は一つの学問分野として成熟をとげてきたのであり，またその社会のなかで，集合主義的社会政策は市場の力の自由な活動を常に修正してきたのである。そこで洞察力の鋭い研究者は，これら中道を根拠とした改良主義理論は，規範的不確実性すなわち政治的な手段と目的との間の論理的結合を作り出すことができないということから生じてくる分析上の弱点に悩まされていると結論づけるであろう。対照的ないい方をすれば，古典派政治経済学とマルクス主義の両者の理論は，逆にこれら手段と目的の結合が過剰に確実化されることにより生じる弱点のために問題を感じさせられるといえるかもしれない。

　社会政策および社会運営論（ソーシャルポリシィ＆アドミニストレーション）は，自由市場の価値と目標について一つの有意義な理論的および規範的な弁明を提供すると，明言できそうにない。そのように振る舞うことは，今や専門職的利他主義の一つの風変わりな印象深いデモンストレーションに等しい。それにしてもなお，社会福祉の研究において重要な個人主義的接近法が残存しているが，それはその学問自体の内部での規範的思想の主流からは大きく離れている。それはマルクスからそのひらめきのある理論を引き出してきた福祉国家に基づく社会学的批判と同様である。

　そこで，つづいて生じてくるのは，社会政策および社会運営論の分野における思考の潜在的かつ事実上の貢献を，私が関心を持つ最近の英国の歴史における集合主義ルネサンスおよび，義務，権利，交換の制度的枠組みとそれ

第12章　社会福祉の三つのモデル

の類縁性に明確に関連づけてみる企てである。この歴史的接近法において，私はこれまでの社会政策研究——自由貿易，保護，改良の間の関係についての——においては概して軽視されてきた主題に焦点をあててきた。救貧法が非常に広範囲にわたる注意を向けられてきたことがその理由の一部である。またその他の理由としては，その主題が私に，1870年代以降の集合主義的哲学の積極的主張のための根拠を準備してきた経済政策と思想の分野における一定の発展について，集中的な研究を許容したことがあげられる。

　個人主義的伝統のなかにある福祉理論は，スミスとリカードから，スペンサー，サムナー，ダイシーを経て，ハイエク，ポーウェル，フリードマンに至るまでの足跡をたどることができる。だが，仮に，社会政策に対して特別な注意を払ってきた者だけに限ってみても，何が西側におけるマルクス主義的伝統を構成しているかについて，一致点を見出すことはきわめて困難である。ジョージ（George, V.）とワイルディング（Wilding, P.）が，英国的文脈においてのその代表例として，ラスキ，ストレイチー，ミリバンドを選んでいることは，なお問題を残しているが，しかしよりよい対案を見出すことも困難である[4]。これらの古典派経済学的個人主義とマルクス主義的集合主義との両極の間に，ジョージとワイルディングは，またいま一つの集合主義者の伝統を認めている。しかし，この伝統についての彼らの解釈は，私のそれとは異なっている。

　彼らは，ケインズ，ベヴァリッジ，ガルブレイスに代表される「消極的集合主義者」と，トーニー，クロスランド，ティトマスによって代表される「フェビアン社会主義者」とを区別して，できるだけそれぞれの主要な要素を明らかにしようとしている。ジョージとワイルディングは，彼らの分類を説明しようとつとめるなかで，「公的所有の拡大をそれ自体，目的とは見ないが，諸社会主義の一般的達成にとっては，不可欠の必要物として見る」人たちと，「公的所有は，特殊な諸目的の達成のために，実用主義的かつ選別的に利用されるべき」[5]と信じる人たちとを区別するのである。「フェビアン社会主義」とマルクス的集合主義の諸伝統は，消極的集合主義の伝統とはさらに異なっている。すなわち消極的集合主義は，賞賛すべき人間的動機としての

獲得的個人主義に反対し、自由市場システムは不可避的に権力の非民主的分配、富の不正かつ不平等な分配および諸資源の非効率的な利用に導くという根拠により、資本主義に反対するのである。さらには、「自由市場システムは不平等はいうにおよばず貧困をなくすことはなかったし、これからもなくすことはないであろうし、不平等は存在する」[6]ともいうのである。

　私の見解では、ケインズとベヴァリッジの集合主義に対して、彼らが熱狂的な国営化主義者ではなかったという理由で、消極的という質的表現を付与したことは誤りである。ケインズとベヴァリッジは両者とも反社会主義者であったという理由から、社会政策に関して、熱心な集合主義者であった。同様に、ジョージとワイルディングらが、獲得的個人主義の定義を、ケインズとベヴァリッジの経済道徳観に当てはめたことも、公平さを欠く。ケインズとベヴァリッジは、利潤動機や競争的自己利益（self-interest）は、ほとんどの他の人間感情と同じように、それが度を越した時には、ただちに好ましくないものとなると信じていた。しかしながら、彼らは別途、自由社会のなかで、旺盛な企業家精神が認められなければ、貧困を排除するに十分な繁栄の全般的増大は決して生じてこない、とも信じていた。

　ジョージとワイルディングとが、具体例としてラスキ、ストレイチー、ミリバンドを選んだことは、同時にマルクス主義的伝統の内部における極めて重大な、より詳細な区別を探究する彼らの研究の範囲を限定することにもなる。彼らは、ラスキ、ストレイチー、ミリバンドが「その目的を達成するための暴力の使用」[7]に反対し、社会主義への平和的移行の可能性を信じていたとみなしている。これらの確信が、とくにマルクス、エンゲルス、レーニンの著作において例証されているマルクス主義思想の中心的伝統から、彼らを引きはなしたのであるが、マルクス、エンゲルス、レーニンは社会主義そして最終的には共産主義社会を達成する政治的目的のため、暴力は遺憾ではあるが、しかし必要な手段として認めたのである。歴史が示すかぎり、非暴力的な議会主義の手段によってこれらの目的を達成し、権力を掌握することに関与した団体の事例は皆無である。

　この手段の選択にかかわるマルクス主義者間の差異は、私にとって、目的

第12章　社会福祉の三つのモデル

の一致のいかなる宣言より重大な政治的重要事であると思われる。歴史的証明の重心は，革命的マルクス主義者たちが，たとえ彼らがただ一つの最後の頼みの綱として暴力を選んだとしても，彼らの手段の選択は確証性を持つということを示唆している。ジョージとワイルディングは，彼らの分析において，仮にウェッブ夫妻に中心的役割を見出して論じたならば，その根本的な差異をもっと明確にすることができたであろう。ウェッブ夫妻は，ラスキ，ストレイチーないしミリバンドより以上に，集合主義的思想の発展のなかではるかに大きな例証的意義を持っていた。なぜなら彼らは他の権威者よりもはるかに多く，漸進的集合主義的改良のフェビアン主義原理に対して，知的凝集力を与える助力者となったからである。それを成し終えて，ウェッブ夫妻はフェビアン主義を放棄し，晩年にはソビエト共産主義に改宗し，少なくとも自国以外の他の諸国における暴力の必要性を認めたのである。

　手段の選択が暴力と非暴力との間にあるとすれば，それは政治的行為の目的にとって意味深長な含みを持つが，それは私には，マルクス主義的集合主義の伝統の内部における，根本的に重要な考え方のちがいによる区別を示すものに思われる。議会制民主主義の条件のもとでの集合主義の進展は，多様なイデオロギー集団間の「利害の連立」に負うところが大である。しかし集合主義は，社会主義政治運動に対すると同様に，非社会主義政治運動ともイデオロギー的親近性を持つものである。集合主義は，福祉の維持と増進の上で，国家介入が限度をこえてなされることを容認しない。それはイデオロギー的には，「左翼」と「右翼」のいずれとも結びつきうるものである。集合主義をただ単に社会主義と同等とみなすことと，社会主義を除外した集合主義は常に国家介入に対して「消極的」関与を示すと想定する考え方のなかには，過誤が潜んでいるといえる。社会主義は，不可避的に集合主義的福祉政策に結びつくけれども，その逆は生じない。西方ヨーロッパ，北アメリカおよびその他の地域における工業化された諸国の歴史のなかで，私たちは多くの集合主義の見本を目にすることができるが，その集合主義は共産主義社会に始まり，多様な混合経済タイプや協同組合国家タイプを経て，徹底したファシズムにまでかかわりを持つものである。

ケインズとベヴァリッジは，知的および哲学的な枠組みを提供したが，その枠組み内で現行の戦後集合主義的社会政策が展開されたのである。彼らは英国が自由市場と統制経済の間の中道（middle way）を歩むために，理論的および規範的論拠を設定したのである。英国の経済政策と社会政策における戦後の発展の大部分は，つい最近まで，彼らの処方・指針に従ってきた。私は「社会政策と社会正義」のなかで，社会保障のベヴァリッジ以後の時代が終わりつつあるいくつかの理由を，ベヴァリッジによる「家庭生活についての根本的な非平等主義的見解」と市民資格（citizenship）と保険原則（insurance principle）との間の必然的連結についての彼の主張に特にかかわって論じておいた。同時に私は，「コミュニティ精神」の低下と国民レベルでの「共通の道徳的枠組み」の腐食を嘆いたが，そうした精神や枠組みは，英国社会の特徴をなすものであり，ベヴァリッジやケインズによっても高く評価されていたものである[8]。

　しかしながら，私の論考の中心は，これらの特質によって代表される集合主義者の伝統が，社会政策および社会運営論に関する学問分野の内部で，いまだに重要な役割を持ちつづけていることにある。私自身，社会福祉の増進，混合経済の諸価値および多元主義的社会秩序との間には，根本的な不一致はないと見る。仮にこの伝統が将来的に隆盛になることがないとすれば，事実上，政策諸科学に対するその潜在的貢献の実体性と豊富さは減少することだろう。

　現時点で，その伝統は，知的にはブレイブロック（Braybrooke, D.），リンドブローム（Lindblom, C.）およびダール（Dahl, R.）のような政治学者たちによって精緻化された多元主義理論と密接な関係を持っている。彼らの強調点は，社会改良の技術としての種々雑多な増進主義，社会における権力と影響力の複数の担い手のなかの一つとしての国家の役割，広く合意のある政治的枠組みの内部での，多様性，権威の委託，紛争の調停などの効力に置かれている。

　ドニソン（Donnison, D.）は，社会的優先権を序列化する際の利益集団の役割と，政治過程の実際に関する我々の認識への多元主義理論の貢献を認め

第12章　社会福祉の三つのモデル

ている。彼はその多元主義理論を，ユートピア主義的計画を放棄し漸進的改善を指向する部分的断片的な工学技術上の基礎の上に運営される特定の善き社会(グッド・ソサエティ)と同一視している。ドニソンは同時にまた，多元主義理論の分析には歴史的次元が欠落していること，またそれが社会生活のイデオロギー的側面について冷淡であることを批判している。この意味で，多元主義理論はケインズとベヴァリッジのそれのごとき福音書的なビジョンを欠いてはいるが，なお，混合経済のなかで最も生じてきそうな変動のタイプや意思決定の問題を解明する助けとなる。

　資本主義でも社会主義でもない混合経済の機能と特異な性質についての我々の理解は，多分に多元主義の諸理論に負うている。これらの諸理論が歴史的展望を欠き[9]，またハレブスキー（Halebsky, S.）が最近論証しているように，それは民主的過程のなかで，また集合的利益に対する民間産業セクターの抵抗のなかで，より権力の弱い利益集団が無視される範囲を低く評価しがちである[10]ことも事実である。ダールとリンドブロームは『政治，経済および福祉』の新版の長い序文のなかで，彼らの多元主義理論への接近に対するこの種の批判にこたえている。彼らは，アメリカ合衆国でも英国でも，貧困や人種不平等の諸問題の解決の主役の座を断片的な改良主義に際立ってゆずってはいないこと，しかも多元主義的社会においては，有力な少数派グループが共通の利益のためになる変革を長い期間引きのばすことが可能であることを認めている[11]。彼らはまた，所得の不平等が政治的不平等を支えているかぎり，集合主義的社会改良政策は成功の希望を少しも持ちえないことを認めている[12]。

　同時に，ダールとリンドブロームによれば，西側世界の社会科学者たちによるこのような妥当な批判にもかかわらず，社会的多元主義理論は東ヨーロッパの当局者や西ヨーロッパの共産党から，より多くの支持を獲得しつつある。もしも多元主義的社会が，高度に組織化された自治団体に対して寛容であるとすれば，社会主義社会は，他方においてその自治団体が皆無のために悩んでいることになる[13]。西側世界にとっての誘惑は，政治統制のより高度に中央集権化されたシステムを採用することにあるが，しかし，そのよう

な目標に向かう者は、同じように夢を破られたマルクス主義者たちが、それとは反対の方向に用心深い旅をしているのに出会うであろうということをも彼らは付加的に述べている。こうしてダールとリンドブロームは、漸進的変動と制限つき構造改革の立場に立っている[14]。彼らは、〔旧〕ソビエト連邦と中国においては、権力の国家集中が改革の主要な障害をなしているとみなしている。彼らはまた、アメリカ合衆国では、自由市場が社会的不平等の原因となっていることを認めるが、しかしそれがまた革新の主要源泉ともなっていると主張する。ダールとリンドブロームは、オリジナル多元主義理論の改訂の必要を認めながらも、自由市場のユートピア主義的パラダイムと、高度に中央集権化された国家の統制経済との間の中道についての再提案をしている。その分析において、彼らは重商主義的集合主義の立場にきわめて密接に接近しているが、それは社会闘争よりも社会統一を、また社会構造の転覆による変革よりも、むしろ既存の社会構造の内部における改革に、より大きな強調点を置く。

　私は社会運営論者に、社会政策と社会変革との関係、および社会政策と善き社会の諸概念との関係の解明をともなう理論的かつ哲学的な論題に対して、より多くの注意を払う必要を強調した。とはいえ、この学問分野の永続的な強みの一つは、特定のサービス分野における政策と行政と開発の特殊問題について、多数の臨床実務者たちを巻き込んできたことにある。くりかえしていえば、最近の社会政策分析における政治学的理論の重要性の増大について説明することが、ここでの関心事である。私はすでにハル、ランド、パーカーおよびウェッブ等の労作『社会政策における変動、選択、闘争』[15]に言及したが、それはこのような諸理論を強力に活用したものである。彼らの分析の基本的な枠組みはイーストンのシステム分析モデルから取られているが、しかし著者たちはその政治過程の分析において、階級理論と多元主義理論の利用を探求している。彼らは、これら二つの接近法を考慮に入れて彼らの仮説を定式化しており、それは「英国内の社会問題についての日々の政策の策定は、明白に多元主義的＜過程＞内でなされている。しかし政策策定の＜限界＞はエリートによって設けられるが、エリートは、多くの動機によっ

て動くため，ミリバンドが支配階級と呼んでいるものと区別しにくいものである」としている。この限界の強調は，著者たちのいう「＜境界を持つ多元主義理論＞としての政策過程」という性格づけに対応する。ただし彼らは，階級モデルは，かならずしも「過程がそのなかで進行する諸境界の性質」[16]を説明していないと付言している。

　私はふたたびこの研究を取り上げてみた。なぜならその著者たちが，同一の社会政策問題に対して，一つの理論的アプローチよりも，より多くのアプローチを適用することが有益である，ということを指し示しているからである。諸政策の変化と，それより広い社会的レベルでの変化との連鎖を探究するなかで，彼らは明確に，階級理論の方がシステム理論や多元主義理論よりも有益であることに気づいている。彼らはまた，規範的理論が公平に用いられうる範囲，それもとくに多数のこれら理論に依拠しうる学問分野の内部について例証している。さらには『変動・選択・闘争』におけるケース研究の多様性と限界性は次のようなことを私たちに気づかせてくれる。社会政策の仕事の大部分は，調査研究レベルで行われるので，そのレベルでは基本的な価値にかかわる確執が生じることはないが，けれどもコーガン（Kogan, M.）が示唆しているように，政策原則の論点と運営過程の論点とを区別するのは，かならずしも容易なことではない[17]。

　社会政策および社会運営論は，しばしば内容的に他の諸社会科学からの借用に頼るので，派生的なのもあまりにはなはだしいと批判されるけれども，私はそれがこれまでに折衷的ではなかったとされるに足るケースもあると考える。私が論じてきた多元主義の諸理論は，社会学よりも，むしろより政治学に負うところが大きいが，しかしその諸理論の社会政策研究に対する実質的かつ潜在的な貢献は，福祉社会学者たちによって低く評価されている傾向がある。同じことが歴史，哲学，経済学の貢献についてもいえるであろう。福祉社会学者たちは，しばしば，社会学が社会政策および社会運営論に対して特別な関係を持つのが当然であるかのように発言している。そしていくつかの結果がこの仮定から派生している。第一は，それが，社会学者にしばしば社会政策および社会運営論者の退屈で実用主義的な関係を理論的でないと

叱正する資格を公に与えているということがある。第二は，それが，社会学者たちに，社会学が，社会政策研究に関する諸理論を，ほとんど独占している，と思わせていることである。第三は，それが，社会学者たちに社会運営管理者(ソーシャルアドミニストレーター)の大多数は社会学者である——あるいはそうあるべきである，と信じることを奨励している。実際には，社会運営管理者の大多数は，専攻または選択のいずれの意味においても社会学者ではなく，しかも，その経歴において最初から社会運営管理者として出発し，社会学者としては出発していないしだいに増加しつつある少数派がいるのである。しかし，このことは，社会学が貢献するいくつかの学問分野のなかの一つとして，社会運営論に提供する何らかの価値を有することを否定するものではない。

　このような折衷主義は二つの根拠によって守られるであろう。第一に，折衷主義はその学問分野が何らかのイデオロギー的伝染病に取りつかれることから防護しており，こうした伝染病は関連する諸社会科学を悩ますであろう。社会学はこの点で非常にひどい病歴を持っている。第二に，折衷主義は，一つの主題としての社会政策および社会運営論に固有の諸理論や諸概念の発展のために，より包括的な基礎を提供しうる。だが仮に，社会政策および社会運営論の名称のもとですでに種々の学問的関心が共存しているとしても，それらのうちのどれか一つが，その主題の内部で円滑かつ満場一致で理解され適用されるような，劇的で理論的な貢献をするようなことは，好ましくもなければ望ましいことでもないであろう。社会運営管理者は，困難な学際的事業活動に合同で従事している。関連学問分野の範囲から学習することは，ゆっくりとした漸進的な過程である。それにもかかわらず，バランスのとれた論議の場が維持されているかぎり，そこでは主題についての土着的な理論の漸進的な発展がありうるし，それら理論のうちのあるものは，疑いもなくその起源を社会学のなかに持つものもあるだろう。我々はすでにそうした貢献をティトマス（Titmuss, R. M.），ドニソン（Donnison, D.），マーシャル（Marshall, T. H.）（社会学者であった）の著作のなかで看取しうるが，その貢献は社会政策および社会運営論において，一つの名付け親的意味を持つものである。

第12章　社会福祉の三つのモデル

　私は，他にも社会政策研究においていまだ開拓されていない社会学からの潜在的な貢献があると信じている。これらのなかで，私はエルトン・メイヨー（Mayo, Elton）の労作とその学派を取り上げてみるが，それはジョン・スミス（Smith, John）の最近の再評価と解説によって，我々の注意を引いた[18]。メイヨーが産業労働者の生活のなかで研究した問題は，いわば，勤労状況内における市民資格（citizenship）の技能と地位を発展させる必要から生じたのだが，それはマーシャルが社会政策と政治生活の文脈のなかで強調している内容と同じものである。同じく，ジョン・スミスの観察によると，意思決定における委任と分権化との現実的可能性についてのメイヨーの関心は，明らかに，社会運営論における同様の論点についての現代的な論争に相通ずるものである。

　同時に，そこには社会政策および社会運営論と法制研究との間における生産的な関係の発展が明確に見られるが，それは世論と法律との間の，また法律の変化と社会政策の変化の間の連鎖に関する我々の理解を深化するであろう。O. R. マックグレゴール（McGregor, O. R.）の離婚についての初期の研究から，「ファイナー委員会」に関する最近の労作のおかげで，私たちは，社会福祉の法制面の研究において，市民を，一方では諸家族の成員として，他方では勤労者として，分けて扱うことが一貫性を欠いているということについて明確に理解し，気づかされるのである。たとえば，マックグレゴールは，次のように見ている。「結婚と母であることと仕事を調和させようとつとめている女性の経験に関する，多数の最近の研究からまとめられた確実性のある結論によると，職業道徳に根深い二重基準が存在している。社会は，女性の平等性について口先ではいうのであるが，他面，差別を温存させているのである」[19]。同様に，キャサリーン・ベル（Bell, Kathleen）と同僚による国民保険判定当局に関する開拓的な労作は，いったん市民が福祉についての控訴人になると，比較的新しくはあるが，ますます重要な裁定の文脈のなかでの，私たち（研究者）による市民の扱い方が一貫性を欠き変則的になることを明らかにしている[20]。

　一つの学問分野が，一般的な理論的および規範的性質と，より直接的かつ

299

実際的な種類の両方の論題に適切な根拠を持ち，またそれを包含しておれば，それは，我々の社会的疾患に対する完璧で千年至福的な解決を処方するイデオロギーによって，過度の重圧を受けることもありえないであろう。そうした学問分野は，道徳感情の極端な行きすぎをも放棄し，それが宗教的なものであれ，または世俗的なものであれ，理想的な「聖者の王国」が，そのなかで生活するには不快な場所であることをわきまえているのである。一つの独特な人間的な学問として，社会政策および社会運営論は，福祉社会を作り上げてゆく努力をするが，その社会においては，交換の条件，および援助責務と権利認定の理解は，かなり暫定的なものであり，それは下品なまでに利己主義的でもなければ，実行不可能なまでに利他主義的でもありえないのである。

　私がこれまで引照してきたそれぞれの主要な思想の伝統は，ただその伝統のみが社会福祉の増進と，よりよい社会の創出のための最上の処方を提供することをはっきりと示している。私がここで試みてきたことは，社会運営論という専門分野内で，これらの伝統の一つを復活させることであった。なぜなら私は，それが，悪評にさらされることがなくても，軽視されてきていると考えるからであり，しかもこのような事態は主として論争の条件が次第にせばめられてきてから生じてきたのである。私の見解では，一つの専門分野における規範的選択の範囲は，できるだけ寛大にしておくべきである。自由に取捨できるさまざまな理論的資源により，この学問分野の実務者たちは，闘争と同様に，協同や妥協の余地も見出すべきである。

2　危険，節減，改良

　私は三つの主要な理論的伝統が，産業社会の福祉を増進する上での，社会政策(ソーシャルポリシィ)の役割を私たちが理解するのに寄与してきたことを論証しようとしてきた。古典派経済学の理論とマルクス主義理論は，産業革命と資本主義の興隆に知的起源を持つ。古典派経済学の理論は，これらの重要な出来事の知的証明である。資本主義に代わる方法の輪郭を描きながら，マルクスはその

第12章　社会福祉の三つのモデル

最も恐るべき，影響力のつよい批判者となった。また彼の社会理論は資本主義の変革のための革命的または改良的な社会主義的処方の方向を示唆してきた。重商主義原理の起源は，近代国民国家の台頭に符合しているが，それは，産業革命と他の二つの原理〔古典派経済学とマルクス主義〕の影響に対して，時期的に先立つものである。19世紀を通じて重商主義原理は，英国やアメリカ合衆国における場合より以上に，ヨーロッパ大陸における経済政策の進行上に大きな影響力を与えつづけてきた。最近では，すでに示唆してきたように，ケインズのそれをかなり修正した形態においてではあるが，重商主義経済理論の重要な諸要素を復活させてきている。この原理のあれこれの局面が，集合主義的社会政策の成長や，福祉国家の諸理論の発展に大きな役割を果たしてきたのである。この重商主義のリバイバルは，西側の先進的な資本主義社会の大半の構造や価値に重要な変革をもたらすには十分にラディカルであり，また強力なものでもあった。それは周知のように，現代の福祉国家の発生に，規範的および道具的な理論的根拠を提供してきたのである。

とはいえ，実際に成功してきたにもかかわらず，この第三の道——すなわち，混合経済への多元主義的関与——は，社会的保護やおだやかな改革を強調することもあって，社会運営管理者間では積極的な関与というよりも，せいぜい防衛的な申し訳程度のものを喚起したにすぎなかった。対照的に，福祉についての古典派経済学パラダイムとマルクス主義パラダイムのいずれにおいても，これまでその理想的形態が採用されたことはなく，また両者のうちのいずれかが，修正形態が特別に有効であることを立証したわけでもない。この状況は，仮に社会政策および社会運営論が応用社会科学的な形態という従属的な特性を示しているとみなされるかどうかを説明することを非常に困難にしている。そうした特性は重商主義的集合主義という混合経済によってとくに要求され，また育成されてきたものである。

この事態は，この学問が過去20年間にわたって発展してきたその在り方によって，部分的に説明されうるであろう。この期間に，支配的な規範についての合意がもたらされたが，その合意とは，競争的な経済市場の価値を敵意をもって見ることにあった。すなわち，そうした価値にまったく共感するよ

うな社会的合意または変革についての首尾一貫した理論は支持しえないとする立場である。社会福祉の増進に関するどのような理論も，合意と変革の論題に対して対応せねばならず，またその理論は，他に比し，より道徳的にましである一定の政策目的や，変革の結果を選び出すための基準となるという意味においても，規範的(ノーマティブ)でなければならないのである。

英国の社会政策および社会運営論における主要問題の一つは，そのあまりにも多くの実践者たちが，合意と変革，双方の手段としての社会サービスが，その社会の基本価値がその社会の社会政策と相容れないような社会で機能せねばならぬということを実感していることにある。この誤ったモデルが，経済市場と社会市場とを，あたかも分離された制度的実体であるかのように処理することにより残存させられてきたのである。結果的に見て，生産と分配の過程にある多様な機能的および機能不全的な関係を，何らかの首尾一貫した仕方で分析するのは不可能である。古典派経済学の理論とマルクス主義理論について，どのようなことがいわれようと，彼らはこの誤謬には落ちこんでおらず，両者は手段と目的との間の規範的な一貫性を明示しているが，それは人類福祉の増進のために彼らが処方したものであり，またこの首尾一貫した条理性が，彼らの理論の概念的統一性と弁明的訴えを説明するものとなっているのである。

社会政策および社会運営論の性格を議論するなかで，ティトマスは，それが単に「技術的な特定問題の乱雑な集合体(アドホック)」にすぎない〔といわれる〕ことを否定し，「その統一的関心の第一次的領域は，統合(インテグレーション)を育成し疎外(エイリエネイション)を阻止する諸社会制度のなかに集約されている」[21]と論じている。しかしながら，ティトマスの個人的な価値関与的な態度を示す術語の範囲内で，社会政策がどのようにして，それも混合経済のなかでも，これらの目的に応えることができるかを見きわめることは困難である。私たちの知っている経済市場の疎外的持質についてのティトマスの信念から見ると，この種の統合は社会主義社会の内部でのみ達成されうるものであり，その上，その社会では，市民の大多数が献身的な社会主義者でなければならないのである。このイデオロギー的変換がなされていないところでは，ティトマス主義に立つ社会運営管

理者は，混合経済の支配的な諸価値と，それらの諸価値によって規定されている社会サービスの目的——それらのサービスが，何らかの顕著に高度な規範的自律性をそなえているのでなければ——との衝突の狭間に置かれている自己自身を発見するのである。

この問題から抜け出す道は，あたかも社会市場の価値が経済市場の価値に対して一定の道徳的優越性を有しているかのように，社会市場の価値を高く取り扱うことにあった。「市場」「ニード」「正義」というような概念を論じるなかで，私たちは一つの地点に到達するが，その地点で私たちは，「ソーシャル〔社会〕」という術語をあたかも「セイクレッド〔神聖〕」と同義語でもあるかのごとく使用しているのである。互酬性の規範，それは富の創出にとって不可欠なものではあるが，それさえ福祉研究の道徳的ヒエラルキーの見地から見れば，一方向的な贈与という規範よりも下位に置かれるものである。

グールドナーは，「福祉社会学者たち」を批判して，彼らは福祉資本主義という混合経済，あるいは，彼がいうところの「福祉＝軍事」国家の保護を助長するために，何らかの組織的な仕方で「権力のあるもの」と結託したと告発している[22]。それは多分，より的確にいえば，資本主義を平和裏に社会主義へ転化させるための道具として社会政策を使用できるかのように見せかけるある種の「福祉社会学者たち」や，資本主義か社会主義かの，いずれか一つに対する明確な関与態度を欠いているその他の人たちを非難しようとしたものであろう。いずれの場合にも，その結果は同じことであった。経済市場の諸価値とその至上命令に，一人よがりの態度をもって臨むからには。

第二次世界大戦以後，英国の社会政策分析者たちは，産業界と産業的価値に対し，概して批判的な態度をとる傾向を示してきた。ティトマスは主要著作を通じ，経済力を概して搾取する力として説明しており，あるいは，社会が社会政策を通じてそれのために補償を供与せねばならぬ社会的費用の原因になるものとして説明している。彼のそうした態度は，彼の一般的に消極的な気質の兆候であるといえる。ベヴァリッジは，彼の「報告書」に，エドワード朝的遺産として持ちこんでいる国家的効率の理念や，社会政策を愛国的感情に連結させるようなことは，すでに，社会政策研究の内部で支配的なテ

ーマではなくなっているのである。しかし，この伝統の内部において，社会政策および社会運営論は，目的達成のためのきわめて重要な知的かつ実践的役割を果たしてきたのである。

　だがこの伝統の崩壊にともない，私たちの手もとには，釣り合いの悪い福祉哲学の残骸(ざんがい)が残されているが，それが一時的また同時に，異邦人のための見せかけの国際的利他主義と，隣人のための地域社会的忠誠心の復活へと，人々の注意を向けるのである。福祉哲学のこのような道徳的至上命令は，その人たちの帝国を喪失させ，その発端から20年もたたぬ間に，失われた帝国の人民に基礎を置く新しい多人種社会という国民的領域を築き，まさしくそのなかで一つの経済的窮民として未来を模索している英国にとって，一時は何か筋ちがいの要請ででもあるかのように思われた。これらの移入民は短期労働者の必要に見合うべくこの国に移住させられたのであるが，しかし現在，彼らは，増大する経済的，社会的に恵まれない人々の一部分を構成している。もしも彼らの社会的，経済的境遇が改善されなければ，これら移入民は政治的安定にとって危険なものとなるであろう。しかし国内における私たちの社会的，経済的刷新政策は，財政的に窮乏の状態をつづけており，しかもその半面で，私たちは——後期帝国主義的陶酔の状態で——なお国際的援助のプログラムを続行しているのである。

　人が，人間的苦悩の直接的現実に対して心配し配慮することは，生得の，また賞賛に値する人間性の特質である。事実，社会運営論の最も称賛すべき特性の一つは，その専門的実践者が，たとえ少数派といえども，より輝かしい全体社会的な目標を実現するための手段としてその人々を扱うことに抵抗感を持つことである。その目標が完全競争主義または完全共産主義のいずれであれ。しかし社会運営管理者(ソーシャルアドミニストレーター)は，貧困に打ちひしがれた特定の少数派集団のニードよりも，社会福祉の内部で，より広範な配慮をしていかねばならない。なぜなら，そのような少数派のニードは，相対的に特権を持つ者が彼らのためにすすんで何らかの犠牲を払う時にのみ満たされうるものであるからである。特権所有者が貧者よりもより利他主義的であるわけではないから，特権所有者たちが無条件かつ継続的に犠牲を払うことに満足するであろうと

第12章　社会福祉の三つのモデル

想定する理由は存在しない。特権所有者たちも，自己自身のニードについて，また，彼ら自身の正義に対する考えに配慮を要求するであろうが，しかしそうした要求の中身はおそらく社会市場の価値よりも，経済市場の価値と多くの一致点を持つ。

　これら競合する要求間の満足のゆく妥協は，集合的目的を多少なりとも優先させる意識や，その共同生産的努力に誇りを持っているような社会のなかで，最もたやすく達成されるといえよう。このような社会秩序の集合的目的は，社会市場と経済市場との各要請間の対立よりも，むしろ調和を求めるものであるが，しかし現状におけるその関係は，きわめて明確に対立という前提の上に基礎づけられているので，多数の社会運営管理者(ソーシャルアドミニストレーター)たちによって「福祉権(welfare right)」というまさにその観念が，社会市場の価値と実践に排他的に帰属されようとしている。それにしても，すべての「福祉権」なるものの実質は，自己以外の他者の生産的義務に対する一つの要求である。「福祉権」とはこのような意味を持つものであり，また社会政策やソーシャルワークの学生たちのために，それに関する専門コースの数が増加していることも，これら福祉権という主題が経済的現実や正義の大衆的観念からの危険な孤立を示しているといってよい。福祉権というこの一方的な理念は，社会サービスの本性を，本質的に略奪的な経済システムに対抗する防衛として概念化する一つの学問分野に自然に適合するものとなる。経済的生存〔生き残り〕闘争のために戦っているある社会のなかで，極端に走って度をすごすことは，逆に社会サービスは経済システムに対する略奪者になり，肝心の福祉の哲学を終息させ，それによって私たちの社会的生存のチャンスまでも侵害するものとなるのである。

　最近に至るまで，わが国の収奪された少数派の大半は貧困者であった。その理由は彼らが失業状態に置かれたり，また，わずかな法的対応により雇用されてきたにすぎないからである。これら少数派には，老人，身体的精神的に病を持つ者または障害者や要介護の児童たちが含められる。この人たちは，社会サービスの中心的かつ固有の配慮の対象とされつづけていくであろう。今日，私たちは労働能力保持者の失業という事態や，「有色市民(カラードシティズン)」とい

う小さからぬ少数派集団の劇的な増大の形で現れた新しい挑戦に直面している。有色市民は教育や雇用の機会の乏しさを含む多様な不利益をこうむっているのである。

これらの比較的新しい挑戦に対応するため，多数の社会政策分析者は，うたがいもなく，経済市場と社会市場および生産過程と分配過程のそれぞれの関係について，より包括的な見解を採用しようとしている。この種のどのような再検討も，専門分野内部でのイデオロギー的差異の深刻化を生じがちである。現在の経済危機を，福祉資本主義の切迫した腐敗の証拠として解釈し社会主義をその救済策として処方することもあろう。また他の者は，より競争的な自由市場の方向に回帰することを勧めてもいる。

思想上の第三の道の人々は，福祉資本主義における混合経済は，過去において類似の事態を無事切り抜けたように，現在の危機も同じように克服していくことが可能である，と主張するであろう。事実現在の事態は，多分に，1940年代の集合主義ルネサンスを引き起こした危機と同様のおもむきを呈している，と主張されるであろう。当時の危機は，生産効率上の重大な損失や大量失業を再発したものであった。しかしながら，当時のケインズやベヴァリッジは，いずれも福祉資本主義の混合経済を助成する価値があると確信していたが，今日の場合，そのケインズやベヴァリッジのような知的高邁さや影響力をそなえた集合主義者を欠如しているのである。

社会政策および社会運営論は，福祉資本主義の混合経済に対して，その道具的つながりを保持しているが，しかしケインズとベヴァリッジの貢献に体現されてきたこの種の社会に対する積極的な関与活動は，もはや主要な影響力を持つことはない。しかし，このような慎重かつ細心な改革の中道路線でさえも，もしもそれが成功を求めるとすれば，一定の関与的支援を必要とする。もちろん，全面的に新しいシステムにより既存のそれを置換する試みもあるが，それに比べると，機能不全の状態にある既存の社会システムを修復しようという試みにはユートピア的思弁を働かせる余地は少ない。この社会体制の規範に対する関与は，もしもその関与が福祉についての論争のなかで固有の位置を回復しようとするのであれば，明白に，反ユートピア主義的基

礎の上に立脚しなければならない。その立場は，まず人間の本性は不完全なものである，したがって一切の可能な人間社会も不完全なものであることを認識した上で，さらに，私たちの未来についても，それはただ極度に条件づけられた楽観主義以上のものを提供するものではないとする。その立場からすると，社会的および政治的なリスクを最小限にする必要に対して，どの程度経済的なリスクを引き受けるべきか，そのバランスをとっていかねばならないのである。

　古典派経済学とマルクス主義とは，私たちにドラマティックな福祉の可能性を供与する二つの原理ではあるが，しかし，それは大バクチを打たせる方向へ私たちを誘導するものであるから，それは同時に，私たちに最大のリスクの引き受けを要求するものでもある。さらにラディカルな変革に対する一切の処方は，私たちの生活の管理をする現代の政治的未開人の前にその身をさらしているのである。究極的には，福祉の理念は物質的要素と同様に非物質的要素を体現しなければならず，その要素のなかには自由の概念と自己決定という手段に対する権利の観念が含まれていなければならない。

　古典派経済学的およびマルクス主義的な福祉の各パラダイムが持つ持続的な影響力と大衆性は，それぞれの主唱者が，いまだかつて自説の有効性を証明する地位についたことがないと主張できる事実によって，部分的に説明されるであろう。いま一つの説明は，両方のパラダイムとも個人的な福祉利益と集合的な福祉利益の必然的な調和が存在する明白に理想的な未来の状態を前提としている，という事実に根拠を持つ。それにしても，二つの理論は，それぞれに異なった仕方で，私たちの自由を決定する条件を予知しており，一つのケースにおいて私たちは，ただ経済市場という至上命令の諸条件の範囲内でのみ自己充足をする自由を持ち，他のケースにおいては，ただ歴史の〔しだいに加速する〕機関車の上に乗せられていくことによってのみ自由となるのである。

　第三の可能性も，同様に条件的な自由観を供与するが，しかしそれは，どのようなタイプの社会においても，生活の条件を決定する多様な自由と多様な強制との間の最も公平な調和の道を求めていくものである。私たちはここ

でマーシャル (Marshall, T. H.) によって記述されている構造的問題に立ちかえっていく。マーシャルは、「純粋に構造的な解決は」ありえず、それはいわば、「市場における人間の価値（資本主義的価値），市民としての価値（民主主義的価値）および彼自身のための自己の価値（福祉的価値）」[23]を調和させる問題となる、という。事実, この問題に対する解決はなく，また第三の伝統もその解決策を与えようとはしない。しかしながら, それは代議制政体の手続と緩やかな社会改良の影響を通して，これらの道徳的至上命令のどれか一つが, 他の相対的権威をおびやかすに十分なほど優越し支配する危険に対して, 何らかの保護を与えるのである。

この分配的正義の問題へのアプローチは, 福祉の理念はいくつかの道徳的至上命令によって支持されるが, しかしこれらの命令のうちでどれか一つの比重が相対的に他のものに勝るようになると, 急速にその比重の逓減をもたらす, という仮定に基づいている。福祉哲学は, 「イデオロギーの終焉」を予告するというよりは, それらの存在を認め, しかもそれ自体が, しっかりと船を保守し, 増大する政治的海面の暴風の危険をさける敏感な手段として, 漸次かつ慎重な変革という諸政策を供与することを一つの任務とする。その航海の目的は新大陸の発見にあるのではなく, 船を浮かばせ, 海岸に沿いながら, いろいろな黄金郷からの誘惑を避けて航行させることにある。なぜならその黄金郷から, そこでの生活は船上での生活よりも, ずっと骨折らずに暮らせるといううわさが流れてくるから——だがそのうわさは, 異邦の海岸から, 不平をいいながら逃げ出してくる避難民たちの警告によって, ただちにいつわりであることが露見する。もちろん, 船員たちが自分たちの船を愛し, すてきな海上生活のよろこびを発見していきさえすれば, その航海は価値あるものとなるが, しかしそこで共通のきずながないとすると, 彼らは船底に穴をあけてしまい, 地獄におちていくことになるだろう。

社会政策および社会運営論は, 重商主義的集合主義の伝統に対して道具的な関係性を保有はしているが, しかしケインズやベヴァリッジによって鼓吹された国民的運命観や共通目的観は, すでに喪失しているのである。事実, 英国に対する私たちの愛は, 英国が, 過去や現在の本質からは根本的に異な

第12章 社会福祉の三つのモデル

った社会になりつつあるその状況しだいであるように思われる。それでも，仮に国民の経済的未来に対する大衆の信頼感の喪失が，通例，重商主義的感情への回帰または強化に時間的に先行して現れてくるものとすれば，現時点で，そのような変化のきざしを探し求めてみることも無駄ではないであろう。そのようなきざしは，疑いもなくそこにある。しかし，それはただがっかりさせるような形でのみ存在する。「極左」の側からは，私たちは社会主義的「籠城経済」の精神と実践のなかに引きこもっていくように熱心に説かれるが，それは高い輸入割当や「ヨーロッパ経済共同体（EEC）」から荒っぽく離別することによって防衛される経済である。「極右」の側からは，私たちは籠城経済の異説を与えられるが，それは単に外界の世界に対してだけでなく，私たち自身の内部の少数派市民に対しても，あからさまな外国人ぎらい（ゼノフォビック）や意地悪な差別を示すことにつながる。もしも愛国主義の感情が，まちがって2組の過激主義者の特権になるとすれば，それはまことに悲しむべきことであり，そのいずれもが，英国社会の基本的な文化や伝統を急激に変質させてしまうであろう。

　結局，私たちは，福祉についての競合する諸哲学の間で選択をしなくてはならない。本章において，私はこれら諸哲学のなかの一つを強調してきたが，それは一つには，その哲学は現在の否定されている状態から回復するに値するほど今日でもなお適切な意義を有しているという以上のものであると信じるからである。もう一つの理由は，選択の範囲ができるだけ広く，開放的であるべきだと信じるからである。この哲学の用心深く，分別のある様相は，現代の政治的，経済的不確実性と多くは共通しているが，しかしそれは世の理想主義者に対して，即席の見えすいたアピールをするものではない。その目的とするところは，その実現の見込みと同じように控え目である。

　それとは対照的に，古典派経済学の理論とマルクス主義理論とは，断定的で拡張論的な政治原理を鼓舞するものとみなすことができる。それらは，個人的福祉と集合的福祉との双方について，人類のためのよりよき未来に関する確信を断定的な形で表明する。彼らは，国際的なことに関してはそれぞれ拡張論者となる。マクロ理論としての古典派経済学の理論とマルクス主義理

309

論が完全に検証されうるのは，ただ国際的な文脈のなかにおいてだけである。この点で，二つの理論は知的帝国主義と楽観主義的期待を産み出し，また両者とも当然のことながら等しく人々を高度の経済的，政治的リスクの巻き添えにするのである。

　重商主義的集合主義の伝統は，政治的教義に対応可能なセットという表現で，最もよく説明されうるであろう。それは，古典派政治経済学またはマルクス主義のように，一定の理論的凝集体系を所有してもいなければ，また首尾一貫した条理をも有していない。集合主義の重商主義的形態が，いろいろな政治的最終目標を指向しているとしても，それを一つの単独の伝統として語ることは不可能である。そこで我々は，重商主義的集合主義の原理は，政治的確信が現在または将来の時点でぐらついた時に主導権を持つ傾向がある，という仮説を提出することができる。たしかにそれらは，諸事象に対処していく原理である。これとは対照的に，体系的な諸理論によってあらかじめ武装し，未来を予見しその形成を想定する原理がある。重商主義的集合主義の諸原理は，それが一つの国民から他の国民へと波及する政治的，経済的な不幸に対処するものであるかぎりにおいて大衆性を獲得する，という意味においてのみ拡張論的となるのである。だから対応原理としての重商主義的集合主義の形態は，突発的な惨事または漸次的な没落によって，自由市場または社会主義のいずれかに対する信頼を低下させてきたような諸国民によって，よく採用されるものである。それに対して，工業化の初期の段階にある国民は，前期的資本主義的重商主義の一つの形態から，他の形態へと単純に移動していくかもしれないが，その移動は，ホーエンツォレルン家時代のドイツで起こったような，産業労働者の生活の危急の場合によりうまく合う。

　重商主義的集合主義は，国際的原理よりもむしろ国民的原理の生起をうながす。この種の原理は，希望よりもむしろ不安の，未来に対する確信よりもむしろ現在の不確実の，そしてリスクを冒すよりむしろそれを回避し，避けられないリスクに対しては集合的責任を引き受けようとする気質の知的相続人なのである。

　社会運営論の文献は，この分別のある哲学の事例を豊富におさめている

第12章　社会福祉の三つのモデル

が，しかしそれは，ティトマスが，近代社会においては，「反福祉(ディスウェルフェア)」の「原因となる行為者または手先たちを見つけ出すことはますます困難となりつつある」という理由で，「経済システムの社会的費用または反福祉が死んで横たわることを認める主張」に反対する時，そこに最も要領よくかつ優雅な形で表現されている，といってよい。ティトマスはそこで「無差別的な普遍主義的サービスは，一部には，因果関係を見出しえない結果である」[24]と結論づけている。個人的責任と，リスクに対抗する集合的防衛に対する権利についての見解は，『悲しみの家(ハート・ブレイク・ハウス)』のなかに出てくるショットオーバー船長の見解に比較してみることができるだろうが，そこでショットオーバーは養子のヘクターに向かい注意深く説明し，「私は，死の恐怖に私の人生を支配させなかった。私が獲得した報酬は，私が人生を与えられたということである。おまえは，貧困の恐怖に人生を支配させようとしているのだ。おまえの報酬は，自分自身が食えるということにあるらしいが，しかしそれでは生きていることにはならない」[25]といっている。自由市場の哲学の，より権威のある公認された表明は，もちろん「主席監督官デイヴィ」によってなされたものであるが，彼らは1906年の「王立救貧法委員会」に対して助言し，「失業者は自分の災難に対して備えていなければならず」また「国家的全体の利益のために苦しむべきである」[26]といっている。

　より広い原則や長期的な目的のために，単独の個々人の福祉を犠牲にしていこうとする性向は，社会主義の建設の過程中に含まれている費用とリスクの問題についてのレーニンの見解のなかに，それと平行する同じ考え方を見ることができる。レーニンは，資本主義から共産主義への転換の期間に，「国家」による政治的圧制がなおも必要であろうと記述している。それだけでなく，なお彼はつづけて「＜昨日＞まで賃金奴隷であった多数派によるそれまでの搾取者の少数派に対する弾圧は，比較的にきわめて容易に，単純に，かつ自然になされていく仕事となるので，奴隷，農奴，賃金労働者たちの蜂起に対する弾圧の場合よりも，流血をより少なくしていけるであろうし，それはまたそれほど人類に費用負担をかけるものでもない」[27]といっている。

　たぶん私たちは，西側の混合経済を，それがすでに古典派政治経済学また

はマルクス主義の諸理論のなかに体現されている理想からは離れているという根拠に基づいて，単純に裁くことをやめるべきである。これら二つの思想体系はいずれも，一切のそれ以外の思想体系を異端者または逸脱者として決めつける権利を付与されているというような啓示を受けた真理の体現者ではないのである。西側のたいていの他の諸国における社会的および経済的な発展の歴史は，17世紀と18世紀の重商主義原理にその起源を持つ諸政策に追従するか，あるいは帰属する性質を持つものであった。社会政策が目下のところではその発展のなかで重要な役割を引き受けている。なぜなら，政府は今日，過去においては政府に開かれていなかった経済生活を規制する手段として富，意思，社会運営の専門家を有しているからである。そこで社会政策および社会運営論は古典派政治経済学とマルクス主義理論の両者の政治的および経済的な諸理想にとって，よくいっても筋ちがいのものであり，悪くいえば脅威をもたらすものとなる。社会政策および社会運営論の専門的実践者たちのある者は，少なくとも，この第三の伝統に対する自分たちの親近性の証言を告白すべきである。なぜならこの第三の伝統だけが，社会福祉と社会正義について発言するのに何か有効なものを彼らに与えるからである。

　西欧的な議会制民主主義の危機と矛盾がくりかえされる真只中で生きている私たちの仲間の実践者たちにとっては，混合経済という中道は，まさしくかの終わりなくつづく＜十字架への悲しみの道＞にも比すべきものと考えてみたくなる誘惑にかられることもある。けれどもいまだ，社会政策の比較史は，よりよき世界に到達するための巡礼者に骨の折れない歩み方をささげているようには思われない。それぞれの道が，それ自身の＜落胆の泥沼＞と＜猜疑の城と虚栄の市＞を持っており，さらに私たちは，そのいずれの旅路の終わりにおいて，なおも，天上の都を望み見なければならないのである。

初訳版「監修者解説」

　本書の初訳版は、故磯辺実教授の監修により世に送り出された。教授の卓越した学識と洞察力はR.ピンカー教授同様、時代を見通し、社会的混乱の残存する1980年代はじめに、これからの展望を持つべく本書を出版する意味を見出されたのである。それは、この「監修者解説」によく現れている。
　ここに一部を除きほぼ初訳時点のままの解説を掲載し、教授の偉業を偲ぶとともに、深甚よりご冥福をお祈り申し上げたいと思う。

　　　　　　　　　　　　　　　　　　　　　　星野政明・牛津信忠

　原書名 *The Idea of Welfare* は、日本流に「福祉の心」とでもすればよいかもしれぬが、ただ「こころ」では、ころころ転変するので、英語のアイディアは、やはり「理念」としなくてはなるまい。原著者ピンカー教授が、明確に「概念（concept）」としていないところに、学的に一種の控え目な用心深さがあるとも受けとれる。しかし、実際に今日の私たちにとって必要なのは、明確な「福祉の概念」であり、その定義である。古代ローマ法学の場合は、「あえて定義を作らず」というのが、賢明な処世の方針であったが、今日の福祉学の場合には、そんなこともいってはおれない状況にある。
　たとえカラスやスズメの鳴き声を聞かない日があっても、「フクシ」ということばを聞かない日、それを活字メディアで見ない日はないほど、フクシばやりの当今であり、社会福祉に包囲されて暮らしている昨今の状況ではあるが、さて「その概念は？」と聞かれると、正直なところ、私たち専門家でも返答に窮してしまう。だから、ピンカー教授が序文〔本書では「原著者序」として掲載〕冒頭で a difficult …… to write（執筆することが……むずかしい）というのも、おそらくはそのためであろう。私は、何よりもまず、そのピンカー教授の正直さに共感し（無論その理論的内容にも共感し）、その共感が好意に変わり、星野氏に翻訳をすすめて、でき上がったのがこの訳書である。
　ピンカーも福祉の中間的な「概念」（ノーション）についてはかなり言及しているが、そ

のピンカーの考え方も取り入れ，ともかく現在の時点で，あたうるかぎり福祉の定義にアプローチしてみるとすれば，それは以下のようになるのではないか，と想定される。

それには，やはりエンゲルスがいうように，歴史の面と理論の面がある。しかしこの両者を史的唯物論のように要領よく（それはあくまで要領がよいだけで，科学的に正しいというわけのものではないが）まとめてみることは困難である。

ただおおまかに見れば，《福祉》の想念も，マルクス風にいえば《ノアの洪水時代以前》から人類社会のなかに定在してきた一つの合目的な範疇概念であったといってよい。そこで原始共同体社会において最初に現れた福祉の形態は，やはり相互扶助としての〈互助〉であったろう。無論，これにも種々の成長と発展のステージがあったと思われる。

その次のステージに現れてきたのは，今日のアメリカ憲法前文のなかに取り込まれている《一般福祉》の理念によって示されるものである。その起源は，ギリシャ古典哲学にまでさかのぼり，由来およそ二千有余年，幾多の曲折はあるが，西欧社会における市民生活の中核理念（共通善）をなしてきたともいわれている。私は，これが〈自助〉の形態を取るものと考える。一般福祉とは，自助的福祉である。

これに対して問題となるのが，今日の《社会福祉》の本態である。ただし，この用語が一般化されたのは，1940年代以降の比較的に最近の出来事である。今日の社会福祉の主要性格は，前二者に対して〈他助〉という用語を配当してよいかと考える。

そこで，これら互助・自助・他助の三者の論理的関連性をモデル的に図形化してみれば，次の図〔次頁〕のごときものとなる。自助の円と他助の円が重合する部分が互助となる。今日の現状のもとで，しいて説明してみれば，自助的福祉とは産業生活一般を指してよい。産業生活は「経済」の分野のことで，直接に「福祉」にコミットしないといわれるかもしれない。しかし，その結果はすべて生活の福祉にかかわってくる。さらに産業福祉や労働福祉のごときは，それぞれ勝義に自助的なものといえよう。他助的福祉とは，わが国で

の社会福祉法によって明示される社会福祉事業をそれとみなしてよい。互助的福祉とは、今日では、制度的には主として社会保険スキムやその他の互助共済組織のごときを想定してみればよい。

次に、これをその意味の内包に即してみれば、《福祉》もまた広く《交換》の一つの形態と解すべきである。それはピンカー教授その他によって強調されているように、自助的な一般福祉行為が自由な《経済的交換市場》をそのプレイの場とし、《価格》メカニズム

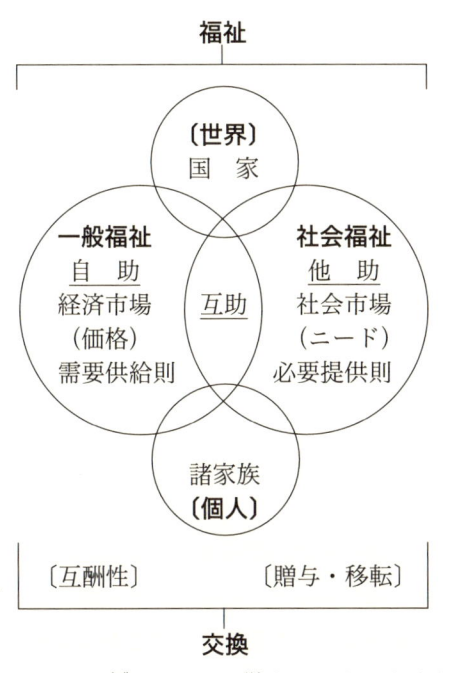

```
                    福祉
                     │
              ┌──────┴──────┐
              │   〔世界〕    │
              │    国 家     │
        一般福祉      社会福祉
         自 助   互助  他 助
        経済市場       社会市場
         (価格)       (ニード)
        需要供給則     必要提供則
              │   諸家族    │
              │  〔個人〕   │
              └──────┬──────┘
           〔互酬性〕  〔贈与・移転〕
                    交換
```

を中心に、《需要供給則（demand and supply）》によって営まれるものとすれば、他助的な社会福祉行為は、《社会的交換市場》のステージの上で、《ニード（必要）》の原則に即して、《必要提供則（need and provision）》によって遂行される社会的交換行為、いいかえれば、その交換による社会的な生命充足行為の一形態である。需要供給関係と必要提供関係の差異は、主として、貨幣によって表示される〈購買力〉の有無による。これをわかりやすく有料と無料とに区別すれば、経費の一部負担のごとき（たとえば保育料その他）、その中間的形態も存在する。

よって福祉の定義とは、暫定的に、「人間がその生命生活を自助的・互助的・他助的に好適充足せんとするラディカルにして合目的かつ組織的な交換行為一般を指していう」ともなる。もちろん、社会福祉の定義は、この前提命題から必然的に導来されてくるはずである。

なお別表モデル〔上図〕は、あくまで「自由社会」を前提に構案したものであるから、共産圏のごとき「命令社会」では、その図形はずっと違ったもの

となる。また図示したモデルは，一般福祉を社会のinstitutional（基本制度的）とし，社会福祉をそのresidual（補助装置的）とするごとき，アメリカ的な見方を表示したものではない。それは，あくまで人間生命存立の基底条件としての《交換》（代謝）の地平から，福祉の定礎ないし位置確認を遂行せんとしたものである。交換は，何も経済学の独占概念ではない。

福祉システムの体系性と体制性

　周知のように，システムの訳語には体系と体制の両義がある。私たちは，常にそのいずれにも関与している。すなわち，一面では現実の社会福祉の体系と，その認識体系としての社会福祉学にかかわると同時に，他面では，かつての政策論と技術論との論争の時代に見られたように，どうしても体制の問題に関与せざるをえない。もっとも，ごく最近では，とくにマルクス・レーニン主義の不適応現象の続出からして，この種の体制論もいくらか鳴りをひそめてはいるが，これもピンカー教授のいう「学問性の低下現象」の一こまといえようか。

　社会福祉学の体系論としては，まだまとまった労作はない。たとえば，カリフォルニアの若いギルバートとスペクトの両名が，その共著『社会福祉政策次元論（Dimensions of Social Welfare Policy）』（1974，星野政明訳）で，家族・経済・政治・宗教の「4機能」の視点から，その体系化を試みているが，いまだ幼弱の域を出ない。この点，私は単純素朴に，わが高校社会科の政・経・倫・社・地・歴の6教科を，社会構成の「6機能」に振り替えて，社会福祉学の原理論・政策論・運営論・方法論・対象論および歴史論（ただし，これはマルクスの下向法と上向法の主旨によったものであるが）のシステム展開のプランを提示してきた。おそらく，長い将来にわたっても，これ以上の体系性は，原理的に存在しえないと考えられる。

　ピンカーが，本原著において〈家族論〉から出発しているあたりは，十分にその体系的攻究への意図をあわせ示しているが，教授の場合は，むしろその体系成立の基底の〈体制〉の問題に，より深く執心したものといえる。社会福祉成立の体制とその基盤を，アメリカとロシアをモデルとし，それに英

初訳版「監修者解説」

国を媒介させながら，歴史的に追究した労作であると同時に，その体制論的限界の知的超克を意図したものといえよう。

ピンカー教授の福祉体制論

それにしても，あまりに突如として，《重商主義的集合主義》などという命題を大上段にふりかざしてこられるので，いささか意表をつかれ，しばしのとまどいを禁じえなかった次第である。しかし一読した後では，かのガルブレイス教授の《不確実性》概念（これなどもやはりピンカーのいう「学問性の低下現象」と見てよかろう）に対する知的不快感を味わった後だけに，目を醒まされる思いがした。

ピンカー教授の知的功績は，体制論を歴史的に深く検証しながら，しかも体制論を体制論にとどめず（仮に，そこで停止すれば，ガルブレイスのように不確実性でお茶をにごすことになる），その限界領域の突破を試みた点にある。それが<u>重商的集合主義</u>である。もちろん，その重商的集合主義の観点ないし立場が，いまだきわめて幼弱なものであること，若干の不確実な部分のあることは，ピンカー自身が是認するところである。

くりかえしになるが，体制論はたとえば東と西，右と左，自由と命令，個人と社会というごとき，いわゆる2項並列の循環論法＝無限軌道の空転に終わってしまう。もちろん，両者の中間に非同盟中立の第三者勢力がないわけではないが，思想的にも現実的にも，いまだ力を持たない。この資本主義と共産主義との2項並列的循環の限界を，いささかでも衝き破って見せてくれたのが，本原著であろう。そこにピンカーに独自な一つの《透視図》がある。それをわかりやすくいえば，資本主義といい，共産主義というも，それがしばしば危急の時に，最後に息をしているところは，重商主義にあるのではないかというのが，ピンカーの洞察である。

私たちは，資本主義の全般的危機のゆくえを，当面の多国籍企業の分析などを通じて占ってはいるが，しかし，いわれてみれば，わが日本などは，悪名高い《総合商社》によって象徴されるように，典型的な《重商主義国家》（この点，たとえば三井物産調査部編『世界経済の要点解説』1980年参照）以

外の何ものでもないのではなかろうか。短絡的にいえば，日本の社会福祉は，その重商主義(総合商社)によって成立しているともいえるのである。むろん，この社会福祉と総合商社(重商主義)との間には，無数のパラメーターやオペレーターを介在させて論じなくてはならないが，それにしても，これは一つの鋭い直観であり，透視である。科学は予言ではないが，予測はする。それは第三次世界大戦の破局となるか，それとも宇宙資源の重商主義的配分による社会福祉の拡充かという対案である。

社会科学——経済学の危機について

「危機」とは行き詰まりのことであり，そのものが「役に立たぬ」状態を指していう。この意味で最大の危機に見舞われているのが，周知のように経済諸学である。それについて，ここで改めて各経済学者たちの証言をいちいち引例する必要もない。これに対して，ここ久しく，このような経済学の窮状を打開しようとする動きが各方面で見られた。その一つが都留重人氏その他の「新しき政治経済学を求めて」の台頭や，「公共経済学」の派生のごときであった。わが福祉学界でも，それへの追従が見られた。なぜ，今ごろ近代経済諸学から古典的な政治経済学に逆還(先祖がえり)せねばならぬのか。私は，それには，それなりの意義があったと考える。だがそれはそれとして，ここでは，その政治経済学から，もう一つ先代の，古い昔の《重商主義経済学》のステージにまで逆還して見たところに，ピンカーの異例さがあり，それが私たちを驚かすのである。

```
重農主義 ──→ 重商主義 ──────→ 古典政治経済学 ┬─→ 近代経済諸学
              (17, 8世紀)                    └─→ マルクス経済学
```

私はマルクス経済学が破綻したとも考えないが，史的唯物論のイデオロギー的虚構性はかなり明白にされてきたと見る。なおこの点についてのピンカー教授の記述は，皮肉なことに，結果として，かなり日本人向きに書かれているので，読者の精読を期待しておく。むろん，教授が日本の一部知識人のそうした精神構造を意識して執筆したわけではない。

初訳版「監修者解説」

　なお，ピンカーは，ここで単純に17, 8世紀の重商主義への「先祖がえり」を主張するものでないことは，言をまたない。重商主義が，体制をこえてなお今日的な新しい問題でありつづけていることは，世界の動きを見ればわかるはずである（たとえば日本の自動車輸出）。同じく集合主義もまた，体制問題をこえていく足場となるのではなかろうか。むろん，ピンカー自身も認めているように，それらはいまだ強力な《社会的平行凝集体》を持つに至っていない弱点はあるが，将来的な可能性の原理的な展望として有意義である。これはまったく知的な営みである。

　ピンカーは，マルクス主義の存在と意義を否定はせず，承認しつつ，強力に批判的であり，本訳書〔初訳版〕中のマルクス『序説』部分の理解とコメントなども的確であり，信頼に値する分析である。論調も堅実，英国人的な粘着性を見せつつ，シャープな風刺にとむ。私たちはこれまで，ベヴァリッジやティトマスのごとき名前を聞くだけで，雲上にそびえる巨峰のごとき感じを受けぬでもなかったが，ピンカーの手にかかると，それが妙に浮き上がって見えてくるのが不思議でもあり，おかしくさえもある。英国での新進左派のジョージとウィルディングなども，同様である。学問の力の功徳ともいうべきであろうか。なお多元論に関しては，アメリカのリンドブロームとダールの共著が引照されている点なども，よく目が行きとどいている。この共著は，日本でも早く訳刊されているが，それほど話題にされていない。長洲一二氏の多元論などに合わせて，これらの思想が日本でも十分に消化されていくことが望ましい。いきなり地方分権主義をとなえてみても，情報効果は疑わしい。

　かれこれ前出のごとき諸点から，私はこの訳刊書〔初訳版〕を，とくに日本の福祉学界の原理論的研究分野の将来のために，世におくり出したいと思う。日本の福祉学界でも，早くこの水準程度の業績が出されるようになることを期待する。

おわりに

　ここで，とくに主要な訳語についてだけ私見を述べておく。social policy

and administration は，ことわるまでもなく「社会政策および社会運営論」^{ソーシャルポリシィ&アドミニストレーション}としている。アドミニストレーションとマネージメントの区別については，別に論じてあるので，ここで再説はしない（福岡県立社会保育短期大学研究紀要，第13号所収参照）。前者は行政サイドで，後者は企業サイドで主用されている傾向もある。英国の歴史社会的風土のなかでは，それは，パブリック・アドミニストレーション（Public Administration）に対してソーシャル・アドミニストレーション（社会福祉行政）でも通用するが，ただ戦後日本では「行政」の語がかなり特定な意味に使われているので，いちおう，その用語よりも少し広義の「社会運営論」とした。

Collectivismは，すでに「集産主義」としての公定訳語があり，それは多分「共産」に対して「集産」とされたものと思われるが，集産ではいまひとつ語義のイメージが鮮烈にならない部分もあるやに思えたので，あえて「集合主義」とした。数学でいう集合とは直接の関連はない。なお集合主義の意義については，本文中に相当くわしく解説がされているので，十分と思う。

翻訳は，新刊入手直後に計画し，本年4月から着手したが，実際の作業は6月にずれ込んだ。しかし，7月はじめから8月末頃までの約2カ月間，私が急に久留米大付属病院で入院手術を受けたので，監修作業は，ほとんど術前術後の病室でなされた。その間星野氏は，病院前の小さな旅館の1室に陣居し，看病をかねて朝夕往来してくださった。退院後は，ひきつづき田川のわが家のある丘の下の旅館に籠られて，9月はじめに完成した。この夏の思い出である。また，この夏は，ちょうど英国南部の気候にも似て，雨が多く，涼しく，しのぎやすかった。7階の病室の窓辺から筑後川の流れや緑の川原をながめた時，はるかな古都ケンブリッジや学都オックスフォードなどの情景がなつかしく思い出され，もう一度訪ねてみたいと心に思った。その時は，ピンカーとも逢えるであろう。

1980年9月1日

田川市天使丘の学房にて

磯辺　実

ロバート・ピンカーの社会福祉学

　ロバート・ピンカー教授の略歴は次の通りである。

　1931年北ロンドンのイズリントンで生まれる。兵役，実業界，臨時保護監察官，調査員などを経験しながら，ロンドン大学政治経済学院(London School of Economics and Political Science, LSE)で学位（社会学B.Sc., 経済学M.Sc.)を修得，1964年のロンドン北西ポリテクニクでの教職を皮切りに，ロンドン大学のゴールドスミス・カレッジ，チェルシー・カレッジの教授を経て，1978年にはLSEのソーシャルワーク研究教授職に任ぜられた。そして1996年に名誉教授になるまでに，LSEの副学長，ロンドン大学全体の社会科学・継続教育担当の副総長，ソーシャル・ポリシー学会の会長その他の要職も歴任した。名誉教授になってからも，LSEでの教育，「報道苦情処理委員会(Press Complaints Commission)」，海外からの招聘講演などで活躍をつづけている。日本にも1983年以来数回来訪されている。1994年，40年来のよき伴侶であり，有能な助手でもあり，2女の母であったジェニファ夫人をうしなった。

　主著としては

Social Theory and Social Policy（社会理論と社会政策), Heinemann Educational Books, 1971. (邦訳，岡田藤太郎・柏野健三訳『社会福祉学原論』黎明書房，1985年。)

The Idea of Welfare （福祉の理念), Heinemann Educational Books, 1979. (邦訳，初訳版は磯辺実監修，星野政明訳『社会福祉三つのモデル』黎明書房，1980年。改訳版が本書。)

Social Work in an Enterprise Society （営為社会におけるソーシャルワーク), Routledge, 1990.

などが挙げられる。論文も多数ある。

その他の詳しい経歴などは後述の拙著『社会福祉学一般理論の系譜－英国のモデルに学ぶ－』を御参照いただきたい。

The Idea of Welfare の翻訳である本書の成立の経緯については，初訳版での星野政明氏の「訳者後記」にも記されているように〔改訳版においては割愛〕，故磯辺実教授が本書の優れた内容を見抜き1980年に翻訳を早くも出版し，学殖深い視点からの行き届いた「解説」（本書にも所載）を付しておられるのは特筆すべきと思う。

本改訳版の成立については，本書の「訳者あとがき」に述べられている。

私事に亘るが，私（岡田）は1980～1981年に1年間LSEに客員研究員として留学時以来，社会福祉学の構築，T. H. マーシャルへの傾倒など共通の関心を通してピンカー教授の知遇を得，以来若い学者のLSEへの留学や，英国の社会福祉学のわが国への紹介などで多大なお世話になっている。

この訳書の原著*The Idea of Welfare* は1979年の著作であるが，私は1971年の出世作*Social Theory and Social Policy* を『社会福祉学原論』のタイトルで柏野健三氏と共訳して遅まきながら1985年に黎明書房から出した。

また私は『社会福祉学一般理論の系譜－英国のモデルに学ぶ－』（相川書房，1995）で，英国の社会福祉の特色ある代表的理論家として，ウイリアム・ベヴァリッジ，リチャード・ティトマス，T. H. マーシャル，ロバート・ピンカー，パウル・ハルモスの5人を取り上げ，それぞれの経歴，主著の内容，思想，理論モデルなどを紹介しているが，多少重複気味であるが，ロバート・ピンカー教授の思想と理論モデルの紹介の項をここで利用させていただきたい。

以下は同書からの引用である（同書pp. 262-266，一部に省略と追加）。

A　ロバート・ピンカーの思想

1　T. H. マーシャルへの傾倒

ロバート・ピンカーの社会福祉学

　ピンカー教授はソーシャル・ポリシーの研究においてまずなによりもT. H. マーシャルに傾倒し，年老いたマーシャルを助けて，マーシャルの第三の主著 *The Right to Welfare and Other Essays*（邦訳，岡田藤太郎訳『福祉国家・福祉社会の基礎理論－「福祉に対する権利」他論集－』相川書房，1989）をマーシャルの亡くなる年の1981年に編集出版した。そして同書の第一章では，ピンカー教授自らT. H. マーシャルの業績を全般的に解説しているが，それはすなわち，ロバート・ピンカーの思想をも表している。

　なお最近ヴィク・ジョージとロバート・ペイジ編 *Modern Thinkers on Welfare*（現代の福祉思想家たち），1994, にも "Reappraising of T. H. Marshall"（T. H. マーシャルの再評価）を寄稿している。

2　ピンカーの理論の特色

　私はピンカー教授の *Social Theory and Social Policy*（社会理論と社会政策），1971, を柏野健三氏と共訳したが（岡田藤太郎・柏野健三訳『社会福祉学原論』黎明書房，1985），同書の「解説」の中でロバート・ピンカーの社会福祉学の特色を次のように述べた。

1)　社会福祉学の学問としての基礎付け。

　本書で「社会福祉学」としたのは前述のごとく「social policy and administration」であるが，ピンカー教授にはこれをひとつの学問として，確立させようとする意欲がみえる。その際基礎学としては，社会学の重要性を認めるが基本的には学際的とする。単なる規範的学問でなく，証拠資料に基づいたものとして学問の世界における市民権の確立をめざしている。学問的（academic）という言葉を著者は特に大事にしているようである。

2)　英国の経験主義的社会科学の伝統に立っている。

　方法論的にはカール・ポッパーの影響が大きいようであり，したがって単なる経験主義ではない。また英国集合主義の伝統に立ち，英国福祉社会主義の正統を継いでいるベヴァリッジ，ティトマスの伝統を踏まえ，T. H. マーシャルの衣鉢を継いでいる。経験主義の帰結としてイデオロギー的には中道であり，葛藤は社会の常態であり，要はバランスと程度の問題であるという

T. H. マーシャルの命題に傾いている。
 3) 人間学的社会福祉学ともいうべき特色を持つ。

単なる規範的処方あるいはイデオロギーに立つのではなく，まったく利己的でもなくまったく利他的でもない普通の人間の集まりである社会における社会福祉を，ややペシミスティックな視点から眺めている。福祉文化の樹立に関しデュルケーム的な道徳教育にも関心があるようである。普通の人間の主観的現実を強調するが，必ずしも人民大衆主義（popurism）的ではない。「社会福祉の研究は一つの政治的文脈における人間性の研究である」という言葉もある。
 4) 国際比較ないし異文化間比較的視野を発展させている。

The Idea of Welfare（福祉の理念）では歴史的視野も加えそれをさらに展開した。社会福祉制度における文化という要素の重視も強調する。

以上ピンカー社会福祉学は，英国の理想主義と経験主義を基礎にした，バランスの取れた人間学的社会福祉理論であるが，他方マックレイ教授の序文にもあるように，独創的なするどい洞察に富んだ面を含んだ，一歩突っ込んだ社会福祉学理論という感がある。内外の社会福祉理論の方向も，もしそれが堅実であろうとするならば，これより大きく外れることはないであろうと思われる。

〔ここまでは，岡田・柏野訳『社会福祉学原論』の「解説」からの引用〕

B　ロバート・ピンカーの理論モデル

ここでロバート・ピンカーのソーシャル・ポリシー全体に寄与する理論モデルをまとめると次のようなものになろう。

1　社会福祉学の追求

ロバート・ピンカーはどちらかというとティトマスの道徳主義的傾向を批判し，T. H. マーシャルに傾倒し，ティトマスとはまた別の角度からソーシャ

ル・ポリシーとソーシャル・アドミニストレーションを学問としての市民権を認められるような客観的な社会福祉学の構築を目指している。福祉理論の性格と目的(Nature and Purpose of Welfare Theory)の研究を深めることを目標としている。

2 福祉境界理論(Theory of Welfare Boundary)

ピンカーは, *The Idea of Welfare* (福祉の理念), 1979, の中で, ティトマスのいうような無限定の利他主義というものは現実にはなく, あるものは限定された利他主義であるとする。すなわち,「権利付与(エンタイトルメント)」対「援助責務(オブリゲーション)」と,「利他主義」対「利己主義」の概念を組み合わせ, 家族・コミュニティ・国家などの制度的境界において,「利他主義」が境界によって限定されるという, 福祉境界の理論とも言うべきものを打ち出している。この理論は, 現在の福祉を不足と見るか, 過剰と見るかの立場の相違にもかかわらず, 現実を理解し現実的な政策を打ち出す上では有効である。経済市場は境界を越えて広がるが, 社会市場（福祉）は境界内にとどまる傾向がある。

3 イデオロギー的整理, 中道の擁護

ピンカーはまた「残余的」と「制度的」の対概念を用い, 社会福祉の三つのイデオロギー的類型を取り出し, 第三の中道の立場を弁護し(注参照),「重商主義的集合主義」を提唱している。重商主義といいナショナリズムといい一寸聞くと時代錯誤的にさえきこえる。しかし一つの人類社会がまだ遠い現状からして, 国単位で国際福祉社会を充実していくという発想は間違いではないと思う。社会福祉の原点が自立を契機とする互助・他助であることを考えても, 国際社会においても自立して他国に迷惑をかけないということは「福祉世界」の基本的モラルではないだろうか。

4 ユニークなソーシャルワーク理論

ティトマスもマーシャルもLSEにおいてソーシャルワーカーの教育訓練に係わりがあったが, ピンカーは特にソーシャルワーク・スタディの教授職に

任ぜられた関係もあり，ソーシャルワークの理論には積極的に関わってきたが，『バークレー報告』の少数意見などにおけるように，アメリカ的なゼネリシズムに対して批判的で (無理解という人もいる)，スペシャリズム擁護の発言をして保守的と見られている。

[注]

最近も次々中道擁護の論文を書いている。次のようなものがある。

a "On Discovering the Middle Way in Social Welfare (社会福祉における中道の再発見)" Thomas and Dorothy Wilson (ed.), *The State and Social Welfare : The Objectives of Policy,* Longman, 1991.

b "Making Sense of Mixed Economy of Welfare (福祉の混合経済の意味付け)", *Social Policy & Administration* Vol.26, No.4, 1992.

c "Reappraising of T. H. Marshall (T. H. マーシャルの再評価)" Vic George and Robert Page (ed.), *Modern Thinkers on Welfare,* Harvester Wheatsheaf, 1994.

d "The Place of Freedom in the Concept of Welfare (福祉の概念における自由の位置)" Eileen Barker (ed.), *Freedom,* London School of Economics and Political Science, 1995.

e "Golden Ages and Welfare Alchemists (黄金時代と福祉錬金術師)", *Social Policy and Administration,* Vol.29, No.2, 1995.

〔以上拙著『社会福祉学一般理論の系譜－英国のモデルに学ぶ－』1995からの引用〕

C 結び 最近のピンカー理論の展開

最近の理論的発展については，本改訳版のためにピンカー教授がとくに寄せられた「日本語改訳版への序」を見ていただくとわかる。

ピンカー教授の論文は多数あるが，本年来日の際，最近のまとまったもの

を特に挙げていただいたところ次のものが示された。

"Golden Ages and Welfare Alchemists(黄金時代と福祉錬金術師たち)" 1995.（前掲）

"The Conservative Tradition of Social Welfare(社会福祉の保守的伝統)" 1998, P. Alcock, A. Erskine, M. May(eds.), *The Student Companion to Social Policy,* Blackwell / SPA, 1998.

"The New Liberalism and the Middle Way（新自由主義と中道）" Robert Page and Richard Silburn(eds.), *British Social Welfare in the Twentieth Century,* Macmillan Press, 1999.

"Citizenship, War and Welfare（市民資格，戦争そして福祉）" 2001．（イスラエル，ヘブル大学でのティトマス記念講演）

などである。

　これらを見るとグローバリゼーションなどの情勢に沿った展開はあるものの，中道路線には変更がなく，むしろ世界の趨勢は，英国のブレア「新労働党」の「第三の道」(The Third Way) やEUの産業先進諸国に見られるように，ますますその方向に向かっており，ピンカー理論の正しさを示すものではないかと思われる。

　前掲諸論文の中の "The New Liberalism and the Middle Way（新自由主義と中道）" 1999, の結論部分には中道の本質を示す次のような言葉がある。

「福祉多元主義という中道方策は，代表制民主主義という寛容な諸制度によってのみ表現されるところの，我々人間性に固有な諸価値，利害，ニーズなどの豊富な多様性を包含している。それは＜新自由主義者＞とその知的継承者（だけではないにしても）によって一貫して唱えられてきた方策である。しかしそれはまた修正主義的な保守主義者や社会主義者，集合主義的自由主義者などを含む，多様な政治的探求者の足跡が記されている。中道という言葉はしばしば誇大な言葉と誤解されがちであるが，事実は大体は同じ方向の相交差する方向のモザイク（寄せ集め）を述べたものというのが当たっている。それはイデオロギーの歴史でジャガノート〔クリシュナ神像，時に犠牲を強いる〕に至る近道を与えるものではないが，旅行者にとって脱線の危険

なしに，時折賞賛できる有益な見解を少なからず提供するのである」。

　ピンカーの社会福祉学を評価するばかりで批判はないのかといわれれば私は次のように応えたい。
　私は社会福祉学研究の結論として「倫理的社会主義」の立場に立っている。デニスとホールジーは，*English Ethical Socialism*（英国の倫理的社会主義），Clarendon Press, 1988, でR. H. トーニーをその代表格に挙げているが，T. H. マーシャルもそのなかに含めている。英国福祉国家の根底にある思想の一つといってよく，現在のブレア首相もその立場といわれている。「倫理的社会主義」とは「一つのラディカルな伝統である。……それは人間性の理論——人間のパーソナリティに可能なこと——と，社会の理論——人間の社会構造において可能なこと——を前提とする」(同書p. 1)理想主義的なイデオロギーである。ピンカー教授の立場もそう遠くはないだろう。
　英国の社会福祉理論はベヴァリッジ，ケインズ以来，ピンカー教授も含め自国中心・愛国主義的な色彩が強いが，しかし本改訳版に寄せられた序文を見ても次第にグローバルな視野の展開が見られるのは当然でもあり私には歓迎できる。私は1995年に国際会議で発表した「＜福祉国家＞から＜福祉世界＞へ」という論文の英語を，ペシミスティックなピンカー教授にはやや楽観的と見られるだろうと思いながら直してもらったことがあるが，悲観的か楽観的かのちがいで基本的原理は共通しているという了解がある。

　　2002年6月29日

「福祉世界」研究所
岡田藤太郎

訳者あとがき

　ロバート・ピンカー教授は，現在London School of Economics and Political Science（LSE）の名誉教授として，現職は退いているものの，大学の研究室は今もなお維持され，そこを拠点に，欧米のみならずアジア諸国にも度々訪れ講演や諸国の大学における講義等に活躍をつづけている。

　本書は，*The Idea of Welfare,* Heinemann Educational Books, 1979の翻訳であるが，翻訳初版『社会福祉の三つのモデル』は磯辺実監修，星野政明訳により1981年に黎明書房より出版されている。当時としては，原著もさることながら，翻訳も時代の先取りという意味を持つゆえに，かなりのリスクを背負うことを覚悟せねばならなかった。このリスクや労苦を厭わず，翻訳を通じ，時代を導く理念を提示された監訳者磯辺教授は，2001年享年86歳でご逝去されたが，そのご偉業を偲び，ここに謹んで追悼の意を表したい。

　その後，日本における海外の社会福祉研究の進展にともない，原著に記載されている専門用語の訳語および概念把握などがしだいに一般化して確定されるようになり，社会的水準に合わせた全面改訂翻訳が急務となっていたが，本年になって漸く，星野政明・牛津信忠共訳により『社会福祉三つのモデル―福祉原理論の探究―』(黎明書房)としての改訳版出版が可能となった。

　当該書の論理的核心は現在においても基本的に変わることはない。しかし，内容の全体像について，時代の変遷を考慮した状況対応的な位置づけをなすことが必要になってきている。この認識は，翻訳改訂版に寄せられたピンカー教授自身による新たな長文の前書きに如実に表現されている。

　ところで，ピンカー教授の専門領域は，周知のように，Social Policy and Administration（社会政策および社会運営論）であるが，教授はこの分野を広義の社会福祉の政策領域と捉えている。したがって，その専門領域の正確な

記述をすると,「社会福祉政策と社会福祉運営論」と表現できるであろう。教授は，この社会福祉ということばを，従来からゼネラルな意味内容を含ませて把握しており，そのような本意に沿うならば，わが国の学界においていわれてきた最広義の社会福祉ないし「上位概念」としての社会福祉概念がそれにあたるといえよう。

　このような福祉観の全貌は，処女作 *Social Theory and Social Policy* および *The Idea of Welfare* によって知ることができる。この両著書は，教授の社会福祉理論の全貌を知ることができるピンカー社会福祉論の代表作といえる。

　ピンカー教授は，*Social Theory and Social Policy* において，社会福祉の政策論的側面を原理論的に見極めようとした。その延長線上に，*The Idea of Welfare* は置かれており，それは社会福祉類型の大枠のなかで教授の社会福祉理論の位置を明確化するとともに，経済的社会的現実を基礎にこれまでの論の再構築を図ろうとする社会福祉原理論（ないし体系論）としての意味を持つ。

　ところで，本書には，利他主義と利己主義に関する議論，多元主義に関する独自評価，援助責務と権利認定あるいは重商主義的集合主義の標榜，実に社会福祉を考えていくのに不可欠な概念が，目白押しに登場する。しかしどれも従来の型に嵌(はま)った理解ではなく，柔軟な理解を我々に迫るピンカー流の記述となっている。

　最後に付言しておくが，上記の基本用語によって押さえられている論考とともに,本書においてさらに評価されるべきは,現実の問題を真摯に捉え,それに対する現実的政策努力を惜しまない改良主義的かつ実践的視点である。

　それが如実に現れている顕著な箇所が，一例をあげると，本書の第5章ボルシェビキ革命以前のロシアにおける社会変動と社会政策に関する綿密な歴史記述と分析内容である。それは，革命ではない現実的改良の諸方策を我々に認識させようとしていると理解できる。何らかのイデオロギーによる一元的な方向付けではなく，現実の人の息づきを感じる施策の展開を現実そのものの中に探るという在り方の積み重ねを，ピンカー教授は，こうした歴史分析を通じて強く推奨していると思えるのである。それは現実に対する真摯な態度の中から生まれてくる。しかしそれはあくまで，理想を捨て去るもので

訳者あとがき

も，諦めるものでもない。現実主義的理想主義とでもいえるピンカー流の学問理念が著作の随所からにじみ出ている。

そこでは，徹底した現実究明をともないつつ「福祉」が求められつづける。しかしその道を歩む個や集団を縛り付ける固着化したイデオロギーは否定されている。

こうした現著者の思想に細やかに接していただくため，訳書本文における記述は，誤解を招きかねない箇所を除き，社会状況・年号についても付記・解説を加えることなく，原著出版時点の表記のままにしている。1970年代という時代背景を念頭に置いて読み進めていただき，本書が現時点においても，なお意味を，増幅をともないつつ保持しつづけていることを確認していただければと思う。

末筆ながら，困難な出版事情のなかで，本書の専門性と現在における意義に賛意を示し，絶えざる励ましと助力につとめてくださった黎明書房武馬久仁裕社長，また繊細な文章感覚による助言をはじめ訳者・解説者間のコーディネーターの労をおとりいただいた編集部の吉川雅子氏に深甚よりの感謝を申し上げたい。

加えて岡田藤太郎教授には，解説執筆とともに，訳書全体について訳語確定や概念把握に関する多大なるご尽力を賜った。ピンカー教授とのご親交の深い教授のご助力がなければこの改訳版出版はなし難かったともいえる。

この改訳版が，現時点における福祉原理論の政策論的側面に光明を与えるのみならず，技術論の原理的基礎としての内容をも保持することに鑑みるとき，現実に柔軟に対応する政策論と技術論の融合の可能性をもたらしていくことを祈念している。

風雪に耐えた本書は十分にその可能性を持つものである。

この改訳版制作の最終段階において，これまで多大なるご尽力を賜った岡田藤太郎教授の急逝の報に接した。関係者一同，悲しみを禁じえない。マーシャル＝ピンカー流のシティズンシップの研究をグローバルシティズンシッ

プへと発展させ，福祉世界論の堅固化を図ろうとしておられた矢先であった。

　ご冥福をお祈りするとともに，教授の思想が一粒の麦として，今後多くの実を結ぶことを祈念して止まない。

　　　2003年3月1日

　　　　　　　　　　　　　　　　　　　　　訳者　星野政明・牛津信忠

引照文献

第1章

[1] Charles Dickens, *Bleak House*, Penguin, Harmondsworth, 1978, p. 82.
[2] ibid., p. 225.
[3] ibid., p. 386.
[4] ibid., p. 113.
[5] ibid., p. 696.
[6] Morris Ginsberg, *On the Diversity of Morals*, Mercury Books, Heinemann, London, 1962, p. xi.
[7] K. R. Popper, *The Open Society and Its Enemies*, Vol. I, Routledge & Kegan Paul, London, 1957, pp. 99 et seq.
[8] ibid., p. 101.
[9] Thomas Wilson, 'Sympathy and Self-Interest', unpublished paper, given at the Adam Smith Bicentenary Conference, April 1976.
[10] See L. Robbins (ed.), *The Common Sense of Political Economy*, George Routledge, London, 1933, p. 174.
[11] See P. Wicksteed, ibid., p. 179.
[12] Milton Friedman, 'The Line We Dare Not Cross', *Encounter*, November 1976, pp. 11-12.
[13] Emile Durkheim, *The Division of Labour in Society*, Free Press of Glencoe, Collier-Macmillan, London, 1964, p. 197. See also Gianfranco Poggi, *Images of Society*, Stanford University Press, Stanford, California, Oxford University Press, London, 1972, pp. 194 et seq.
[14] Durkheim, op. cit., p. 109.
[15] Peter Kropotkin, *Mutual Aid: A Factor of Evolution*, edited and with an introduction by Paul Avrich, Allen Lane, London, 1972; and T. H. Huxley, 'The Struggle for Existence: A Programme', *Nineteenth Century*, February 1888.
[16] John Rawls, *A Theory of Justice*, Oxford University Press, London, 1972, p. 488.
[17] Popper, op. cit., pp. 235 and 285.
[18] J. O. Urmson, 'Saints and Heroes', in Joel Feinberg (ed.), *Moral Concepts*, Oxford University Press, London, 1969, p. 68.
[19] Bernard Williams, *Morality*, Penguin, Harmondsworth, 1973, p. 85.

第2章

[1] Eugene Litwak, 'Extended Kin Relations in an Industrial Society', in Ethel Shanas and Gordon F. Streib, *Social Structure and the Family: Generational Relations*, Prentice-Hall, Englewood Cliffs, New Jersey, 1965.
[2] ibid., p. 299.
[3] ibid., p. 310.
[4] See for example C. R. Bell, *Middle Class Families: Social and Geographical Mobility*, Routledge & Kegan Paul, London, 1968; R. Firth (ed.), *Two Studies in Kinship in London*, Athlone Press, London, 1957; C. Rosser and J. Harris, *The Family and Social Change: A Study of Family and Kinship in a South Wales Town*, Routledge & Kegan Paul, London, 1966; P. Willmott, *The Evolution of a Community*, Routledge & Kegan Paul, London, 1963; M. Young and P. Willmott, *Family and Class in a London Suburb*, Routledge & Kegan Paul, London, 1960; M. Young and P. Willmott, *Family and Kinship in East London*, Routledge & Kegan Paul, London, 1957; J. Platt, *Social Research in Bethnal Green: An Evaluation of the Work of the Institute of Community Studies*, Macmillan, London, 1971; and P. Townsend, *The Family Life of Old People*, Routledge & Kegan Paul, London, 1957.
[5] See for example P. Marris, *Widows and their Families*, Routledge & Kegan Paul, London, 1958; E. Mills, *Living with Mental Illness*, Routledge & Kegan Paul, London, 1962, J. Eekelar, *Family Security and Family Breakdown*, Penguin, Harmondsworth, 1971; O. R. McGregor, L. Blom-Cooper and C. Gibson, *Separated Spouses*, Duckworth, London, 1971; P. Morris, *Prisoners and their Families*, Allen & Unwin, London, 1965; and *Report on the Committee on One-Parent Families* (Finer Report), Vol. I, Cmnd 5629; and Vol. II, Cmnd 5629-1, HMSO, London, 1974.
[6] Phoebe Hall, Hilary Land, Roy Parker and Adrian Webb, *Change, Choice and Conflict in Social Policy*, Heinemann Educational Books, London, 1975, p. 227.
[7] ibid., p. 228.
[8] Finer Report, Vol. II, para. 111, p. 148.
[9] ibid., p. 149 and fn.
[10] D. H. J. Morgan, *Social Theory and the Family*, Routledge & Kegan Paul, London, 1975, pp. 206-7.
[11] Michael Bayley, *Mental Handicap and Community Care*, Routledge & Kegan Paul, London, 1973.
[12] Margaret Stacey, *Tradition and Change: A Study of Banbury*, Oxford University Press, London, 1960.
[13] Eda Topliss, *Provision for the Disabled*, Basil Blackwell, Oxford, Martin Robertson, London, 1975.
[14] ibid., p. 135.
[15] Robert Nisbet, *The Sociological Tradition*, Heinemann Educational Books, London, 1971.
[16] Richard Hillery, 'Definitions of Community: Areas of Agreement', *Rural Sociology*, XX, 1955, quoted in Raymond Plant, *Community and Ideology: An Essay in Applied Social Philosophy*, Routledge & Kegan Paul,

London, 1974, pp. 37-8.
[17] Margaret Stacey, 'The Myth of Community Studies', *British Journal of Sociology*, XX, 2, 1969, p. 134.
[18] ibid., p. 140.
[19] ibid., p. 141.
[20] ibid., p. 142.
[21] ibid., p. 143.
[22] ibid., pp. 143-5.
[23] Central Council for Education and Training in Social Work, *Social Work Curriculum Study: The Teaching of Community Work*, CCETSW Paper 8, London, 1974.
[24] José Harris, *William Beveridge: A Portrait*, Clarendon Press, Oxford, 1977, p. 441.
[25] ibid., p. 458.
[26] William Beveridge, *Voluntary Action: A Report on Methods of Advance*, Allen & Unwin, London, 1948.
[27] *Social Insurance and Allied Services* (Beveridge Report), Cmd 6404, HMSO, London, 1942 (1958 edition), para. 117, p. 53, also quoted in Robert Pinker, 'Social Policy and Social Justice', *Journal of Social Policy*, 3, 1, 1974, p. 11.

第3章

[1] Beveridge Report, p. 170.
[2] ibid., p. 171.
[3] John Plamenatz, 'Two Types of Nationalism', in Eugene Kamenka, *Nationalism: The Nature and Evolution of an Idea*, Edward Arnold, London, 1976, pp. 23-4.
[4] See Ginsberg, op. cit., p. 244.
[5] T. S. Eliot, *Little Gidding*, Faber & Faber, MCMXLII, p. 12.
[6] Emile Durkheim, *Moral Education*, Free Press of Glencoe, 1961, p. 238.
[7] Ferdinand Tönnies, *Custom: An Essay on Social Codes*, Free Press of Glencoe, 1961, p. 137.
[8] ibid., p. 102.
[9] Robert A. Nisbet, *The Quest for Community*, Oxford University Press, 1970, p. 70.
[10] Ralf Dahrendorf, *Society and Democracy in Germany*, Weidenfeld & Nicolson, 1968, pp. 127-8.
[11] ibid., p. 131.
[12] Tönnies, op. cit., p. 27.
[13] ibid., pp. 141-2.
[14] Durkheim, *Moral Education*, p. 49.
[15] ibid., pp. 74-5.
[16] ibid., p. 81.
[17] ibid., p. 76.
[18] Ginsberg, op. cit., pp. 47-8.
[19] Durkheim, *Moral Education*, pp. 102-3.
[20] ibid., p. 83.
[21] Alexis de Tocqueville, *Democracy in America*, Harper & Row, New

York, 1966, p. 217.
²²ibid., p. 83.
²³Durkheim, *Moral Education*, p. 40.
²⁴George Lichtheim, *Imperialism*, Allen Lane, 1971, pp. 81-2.
²⁵Contribution to 'Going into Europe' Symposium (II), *Encounter*, January 1963, p. 64.
²⁶Contribution to 'Going into Europe' Symposium (IV), *Encounter*, March 1963, p. 77.
²⁷See R. A. Pinker, Preface to David Reisman, *Richard Titmuss: Welfare and Society*, Heinemann Educational Books, London, 1977, pp. vii-xvi.
²⁸Richard M. Titmuss, *The Gift Relationship: From Human Blood to Social Policy*, Allen & Unwin, London, 1970, p. 224.
²⁹ibid., pp. 225-6.
³⁰See 'Notes on Nationalism', in George Orwell, *Decline of the English Murder and Other Essays*, Penguin, 1975, pp. 173 and 156.
³¹George Eliot, *Felix Holt the Radical*, Panther Books, p. 50.

第4章

¹Peter Berger, *Pyramids of Sacrifice: Political Ethics and Social Change*, Basic Books, New York, 1974, p. 182.
²ibid., p. 167.
³Robert Pinker, *Social Theory and Social Policy*, Heinemann Educational Books, London, 1971, pp. 189-92.
⁴Kathleen Bell, *Disequilibrium in Welfare*, University of Newcastle upon Tyne, 1973, p. 19.
⁵ibid., p. 20.
⁶A. V. Dicey, *Law and Public Opinion in England During the Nineteenth Century*, Macmillan, London, 1962, p. lxxx.
⁷See Berger, op. cit., Ch. V, pp. 166-89.
⁸Jacques Monod, *Chance and Necessity*, Fontana Books, Glasgow, 1974, p. 155.
⁹ibid., p. 156.

第5章

¹Reference may be made in particular to George Dalton, 'Economic Theory and Primitive Society', in Edward E. LeClair Jr. and Harold K. Schneider, *Economic Anthropology: Readings in Theory and Analysis*, Holt, Rinehart & Winston, New York, 1968; Robert Pruger, 'Social Policy: Unilateral Transfer or Reciprocal Exchange', *Journal of Social Policy*, 2, 4, 1973, pp. 289-302; Alvin W. Gouldner, 'The Norm of Reciprocity', *American Sociological Review*, 25, 1960, p. 169; George C. Homans, *Social Behaviour: Its Elementary Forms*, Routledge & Kegan Paul, London, 1973; Peter M. Blau, *Exchange and Power in Social Life*, John Wiley & Sons, New York, 1964; P. Ekeh, *Social Exchange Theory*, Heinemann Educational Books, London, 1975; and A. Heath, *Rational Choice and Social Exchange*, Cambridge University Press, 1976. There is a useful summary

chapter on exchange and field theory in Calvin J. Larson, *Major Themes in Sociological Theory*, David McKay, New York, 1973, Ch. 6.
[2] Richard M. Titmuss, *Commitment to Welfare*, Allen & Unwin, London, 1968, p. 22.
[3] This chapter originally included a lengthy section on the relationship between Lévi-Strauss's theories of exchange and systems of mutual aid in advanced industrial societies which has been held over for future publication. The sources which I consulted include the following: Claude Lévi-Strauss, *The Elementary Structures of Kinship*, Eyre & Spottiswoode, 1969; *World on the Wane*, Hutchinson, 1961; *Race and History*, UNESCO, 1952; *The Savage Mind*, Weidenfeld & Nicolson, 1966; and *Structural Anthropology*, Allen Lane, Penguin Press, 1968; Edmund Leach, *Lévi-Strauss*, Fontana, London, 1970; Edmund Leach, 'Claude Lévi-Strauss — Anthropologist and Philosopher', *New Left Review*, 34, 1965; and Clifford Geertz, *The Interpretation of Cultures*, Basic Books, New York, 1973.
[4] Kurt H. Wolff, *The Sociology of Georg Simmel*, Free Press of Glencoe, Collier-Macmillan, London, 1964, pp. 58-9.
[5] George Dalton, 'Economic Theory and Primitive Society', p. 143.
[6] ibid., p. 145.
[7] George Dalton, *Economic Systems and Society*, Penguin, Harmondsworth, 1974, p. 57.
[8] George Dalton, 'Economic Theory and Primitive Society', pp. 146-7.
[9] ibid., pp. 157-9.
[10] Titmuss, *The Gift Relationship*, pp. 210-11.
[11] Pinker, *Social Theory and Social Policy*, Ch. 4.
[12] ibid., p. 156.
[13] ibid., pp. 138-41.
[14] ibid., pp. 141 and 144.
[15] ibid., p. 167.
[16] ibid., p. 170.
[17] ibid., p. 173.
[18] Peter Bauer, 'A Myth of Our Time', *Encounter*, March 1974, p. 25.
[19] ibid., p. 16.
[20] David Matza, 'The Disreputable Poor', in Reinhard Bendix and Seymour Martin Lipset (eds), *Class, Status and Power: Social Stratification in Comparative Perspective*, second edition, Routledge & Kegan Paul, 1967, p. 292.
[21] Pinker, *Social Theory and Social Policy*, p. 174.
[22] See Hugh Dalton, *High Tide and After: Memoirs 1945-1960*, Frederick Muller, London, 1962, pp. 68-9.
[23] ibid., pp. 71 and 73.
[24] ibid., pp. 74.
[25] W. N. Medlicott, *Contemporary England, 1914-1964*, Longmans, 1967, pp. 474-6.
[26] Hugh Dalton, op. cit., p. 81.
[27] Titmuss, *The Gift Relationship*, p. 225.
[28] Medlicott, op. cit., p. 481.
[29] Quoted ibid., p. 476.
[30] See Medlicott, op. cit.; and James Joll, *Europe Since 1870: An International History*, Penguin, Harmondsworth, 1976, p. 452.
[31] Medlicott, op. cit., p. 494.
[32] Hugh Dalton, op. cit., p. 73.

第6章

[1] Adam Smith, *The Wealth of Nations*, Vols I and II, Everyman Edition, Dent Dutton, 1937.
[2] Lichtheim, op. cit., p. 51.
[3] John Hicks, *A Theory of Economic History*, Clarendon Press, Oxford, 1969, pp. 161-2.
[4] Jacob Viner, 'Power versus Plenty as Objectives of Foreign Policy in the Seventeenth and Eighteenth Centuries', in D. C. Coleman (ed.), *Revisions in Mercantilism*, Methuen, 1969, p. 71.
[5] Joseph A. Schumpeter, *History of Economic Analysis*, Allen & Unwin, 1963, pp. 251-2.
[6] See M. R. James, *Social Problems and Policy during the Puritan Revolution, 1640-1660*, George Routledge & Sons, 1930, pp. 275 et seq.
[7] Charles Wilson, 'The Other Face of Mercantilism', in D. C. Coleman (ed.), op. cit., p. 125.
[8] ibid., p. 127. See also James, op. cit., p. 276.
[9] Charles Wilson, 'The Other Face of Mercantilism', p. 128.
[10] Schumpeter, *History of Economic Analysis*, p. 270.
[11] James, op. cit., p. 243.
[12] ibid., pp. 275-6.
[13] ibid., p. 276.
[14] ibid., p. 286.
[15] Charles Wilson, 'The Other Face of Mercantilism', p. 128.
[16] ibid., p. 132.
[17] ibid., p. 133.
[18] Hicks, op. cit., p. 162.
[19] Charles Wilson, *England's Apprenticeship, 1603-1763*, Longmans, 1965, pp. 60 et seq.
[20] loc. cit.
[21] Karl Polanyi, *The Great Transformation: The Political and Economic Origins of Our Time*, Beacon Press, Boston, 1968, p. 135.
[22] ibid., p. 134.
[23] David Ricardo, *The Principles of Political Economy*, Everyman Edition, Dent Dutton, 1929, pp. 54-5.
[24] A. W. Coats, 'The Classical Economists, Industrialisation and Poverty', in Institute of Economic Affairs, *The Long Debate on Poverty*, IEA Readings 9, London, 1972, pp. 146-7.
[25] C. A. Bodelsen, *Studies in Mid-Victorian Imperialism*, Glydendalske Boghandel-Nordisk Forlag — KJØ Benhaven, Kristiana, London and Berlin, MDCCCCXXIV, p. 35.
[26] Carl Johannes Fuchs, *The Trade Policy of Great Britain and Her Colonies Since 1860*, Macmillan, 1905, p. 178.
[27] ibid., p. 179.
[28] Eric Roll, *A History of Economic Thought*, Faber & Faber, 1973, p. 227.
[29] See Charles Wilson, *England's Apprenticeship*, pp. 337-57.
[30] Karl Marx, *Grundrisse*, Penguin Books in association with New Left Review, Harmondsworth, 1977, p. 156.

³¹See Polanyi, op. cit., pp. 139 et seq. and pp. 249 et seq.; Joseph Schumpeter, *Capitalism, Socialism and Democracy*, Allen & Unwin, London, 1961, pp. 77 et seq.; and Adam Smith, op. cit., Vol. I, p. 138, where Smith observes, 'To expect, indeed, that the freedom of trade should ever be entirely restored in Great Britain is as absurd as to expect that an Oceania or Utopia should ever be established in it. Not only the prejudices of the public, but what is much more unconquerable, the private interests of many individuals, irresistibly oppose it.'

³²A particularly clear and helpful account of the concept of praxis is to be found in Poggi's *Images of Society*, pp. 94 et seq., from which the reference to Simmel is also taken.

³³Karl Marx and Frederick Engels, *The German Ideology*, Part I, Lawrence & Wishart, London, 1970, p. 53. Marx and Engels go on to argue that 'Out of this very contradiction between the interest of the individual and that of the community the latter takes an independent form as the *State*, divorced from the real interests of individual and community' (ibid.). In *Capital* Marx explores at greater length the destructive impact of capitalism on the family, suggesting that the resultant breakdown of traditional role relationships 'is building the new economic foundation for a higher form of the family and of the relations between the sexes' (*Capital*, Vol. I, Dent, London, 1946, p. 529).

³⁴Marx, *Grundrisse*, pp. 87-8.
³⁵ibid., pp. 89-90.
³⁶ibid., pp. 99.
³⁷ibid., p. 96.
³⁸Adam Smith, op. cit., Vol. I, p. 10.
³⁹ibid., p. 11.
⁴⁰ibid., p. 12.
⁴¹ibid., p. 13.
⁴²ibid., p. 301.
⁴³Marx, *Grundrisse*, p. 87.
⁴⁴See Marx, *Capital*, Vol. II, Ch. 22, pp. 636 et seq. See also K. Marx and F. Engels, *Manifesto of the Communist Party*, Foreign Languages Publishing House, Moscow, 1959, 'The bourgeoisie, during its rule of scarce one hundred years, has created more massive and more colossal productive forces than have all preceding generations together.... What earlier century had even a presentiment that such productive forces slumbered in the lap of social labour?', pp. 51-2.

⁴⁵Bodelsen, op. cit., p. 37.
⁴⁶Quoted from D. K. Fieldhouse, *The Colonial Empires: A Comparative Study from the Nineteenth Century*, Weidenfeld & Nicolson, London, 1865, p. 257.
⁴⁷ibid., p. 262.
⁴⁸ibid., p. 263.
⁴⁹ibid., p. 258.
⁵⁰Dicey, op. cit.,
⁵¹J. W. Burrow, *Evolution and Society: A Study in Victorian Social Theory*, Cambridge University Press, 1970, pp. 72-3.
⁵²See Oliver MacDonagh, *A Pattern of Government Growth 1800-1860*, MacGibbon & Kee, London, 1961.
⁵³Bodelsen, op. cit., p. 21.

54 Fuchs, op. cit., p. 178.
55 ibid., p. 241.
56 Bodelsen, op. cit., p. 48.
57 David Thomson, 'The United Kingdom and Its World-Wide Interests', Ch. VIII in J. P. Bury (ed.), *The New Cambridge Modern History*, Vol. X, *The Zenith of European Power, 1830-1870*, Cambridge University Press, London, 1967, p. 355.
58 Fuchs, op. cit., pp. 272-3.
59 ibid., p. 227.
60 ibid., p. 18.
61 Quoted in Fuchs, op. cit., p. 12.
62 ibid., p. 10.
63 ibid., p. 12.
64 Polanyi, op. cit., p. 183.
65 Fuchs, op. cit., p. 172.
66 ibid., p. 196.
67 ibid., pp. 13-15.
68 ibid., pp. 202-3.
69 John Burnett, *A History of the Cost of Living*, Penguin, 1969, p. 192.
70 Pinker, *Social Theory and Social Policy*, pp. 60-1.
71 Fuchs, op. cit., p. 74.
72 F. H. Hinsley, Introduction to F. H. Hinsley (ed.), *The New Cambridge Modern History*, Vol. XI, *Material Progress and World-Wide Problems, 1870-1898*, Cambridge University Press, London, 1970, pp. 7-10.
73 Werner Coze, 'The German Empire', in Hinsley (ed.), *Material Progress and World-Wide Problems*, p. 264.
74 Joan Robinson, *Economic Philosophy*, Penguin, Harmondsworth, 1964, p. 63.
75 ibid., p. 64. The 'boring appendix' to which Robinson refers is in Alfred Marshall, *Principles of Economics*, Macmillan, London, 1907, pp. 767 et seq.
76 Hinsley, Introduction to *Material Progress and World-Wide Problems*, p. 8.
77 William Ashworth, *An Economic History of England 1870-1939*, Methuen, London, 1960, p. 244.
78 E. J. Hobsbawm, *Industry and Empire: An Economic History of Britain Since 1750*, Weidenfeld & Nicolson, London, 1968, pp. 103-4.
79 ibid., pp. 106-8.

第7章

1 See Robert Blake, *The Conservative Party from Peel to Churchill*, Eyre and Spottiswoode, 1970, pp. 130 and 270; and A. P. Thornton, *The Imperial Ideal and its Enemies*, Macmillan, London, 1963, p. 21.
2 Charles Wentworth Dilke, *Greater Britain: A Record of Travel in the English-Speaking Countries during 1866 and 1867*, Vols I and II, Macmillan, 1868, Vol. II, p. 156. See Vol. II, Ch. VI, for a summary of Dilke's views on protection and free trade.
3 A. M. McBriar, *Fabian Socialism and English Politics, 1884-1918*, Cambridge University Press, 1962, pp. 119-45; and B. Semmell, *Imperialism and Social Reform*, Allen & Unwin, London, 1960, p. 73.

⁴See Benjamin Kidd, *Social Evolution*, Macmillan, London 1894; and Karl Pearson, *National Life from the Standpoint of Science*, A. & C. Black, London, 1905.
⁵See D. Wiltshire, *The Social and Political Thought of Herbert Spencer*, Oxford University Press, Oxford, 1978, p221.
⁶Kidd, *Social Evolution*, p. 227.
⁷ibid., p. 233.
⁸Karl Pearson, *The Ethic of Free Thought*, T. Fisher Unwin, London, MDCCCLXXXVIII, p. 306.
⁹Benjamin Kidd, *The Science of Power*, Methuen, London, 1919, pp. 81-2.
¹⁰See General Friedrich von Bernhardi, *Germany and the Next War*, Edward Arnold, London, 1914.
¹¹Karl Pearson, *Socialism and Natural Science*, p. 111.
¹²Robert Blatchford, *My Eighty Years*, Cassell, London, 1931, p. 199.
¹³*The Clarion*, 28 October 1889, p. 37, quoted in Semmell, op. cit., p. 225.
¹⁴Quoted in Lawrence Thompson, *Robert Blatchford: Portrait of an Englishman*, Victor Gollancz, London, 1951, pp. 112-13.
¹⁵Robert Roberts, *The Classic Slum: Salford Life in the First Quarter of the Century*, Manchester University Press, 1971, p. 69.
¹⁶T. O. Lloyd, *Empire to Welfare State: English History 1906-1967*, Oxford University Press, London, 1970, pp. 5-6.
¹⁷ibid., p. 37.
¹⁸Sean Glynn and John Oxborrow, *Interwar Britain: A Social and Economic History*, Allen & Unwin, London, 1976, p. 136.
¹⁹Lloyd, op. cit., p. 131.
²⁰loc. cit.
²¹A. J. P. Taylor, *English History 1914-1945*, Penguin, Harmondsworth, 1975, p. 287.
²²loc. cit.
²³David Marquand, *Ramsay Macdonald*, Jonathan Cape, London, 1977, p. 556.
²⁴ibid., p. 555.
²⁵loc. cit.
²⁶loc. cit.
²⁷Lloyd, op. cit., pp. 177-8.
²⁸Colin Cross, *The Fall of the British Empire, 1918-1968*, Paladin, London, 1970, p. 194.
²⁹Taylor, op. cit., p. 412.
³⁰ibid., p. 411.
³¹ibid., p. 421.
³²Cross, op. cit., p. 367.
³³Semmell, op. cit., p. 86.
³⁴Hobsbawn, *Industry and Empire*, pp. 206-7.
³⁵See Glynn and Oxborrow, op. cit., pp. 33-51, for a review of general trends in economic growth and living standards; and Bentley B. Gilbert, *British Social Policy 1914-1939*, Batsford, London, 1970, for an analysis of social policies.
³⁶William Cunningham, article on free trade in *Encyclopaedia Britannica*, eleventh edition, 1910-11.

³⁷ J. Knapp, 'Economics or Political Economy', *Lloyds Bank Review*, 107, 1973, pp. 19-43.
³⁸ ibid., p. 19.
³⁹ ibid., pp. 36-7.
⁴⁰ ibid., p. 39.
⁴¹ Fuchs, op. cit.
⁴² Lichtheim, op. cit., pp. 49 et seq. and p. 62.
⁴³ Quoted in Hobsbawm, *Industry and Empire*, p. 123, and footnotes 37i-xxi.
⁴⁴ John Maynard Keynes, *The General Theory of Employment, Interest and Money*, Macmillan, London, 1960, p. 338.
⁴⁵ Dudley Dillard, *The Economics of John Maynard Keynes*, Crosby Lockwood & Son, London, 1963, p. 281.
⁴⁶ Keynes, *The General Theory of Employment, Interest and Money*, p. 339.
⁴⁷ Dillard, op. cit., p. 285.
⁴⁸ E. Heckscher, *Mercantilism*, Allen & Unwin, London, 1955.
⁴⁹ Keynes, *The General Theory of Employment, Interest and Money*, pp. 341-5.
⁵⁰ ibid., pp. 349-50.
⁵¹ ibid., p. 372.
⁵² ibid., p. 375.
⁵³ ibid., p. 378.
⁵⁴ Dillard, op. cit., p. 280.
⁵⁵ Alvin H. Hansen, *A Guide to Keynes*, McGraw-Hill, New York, 1953, pp. 226-7.
⁵⁶ Charles Wilson, *England's Apprenticeship*, p. 57.
⁵⁷ John Maynard Keynes, *Laissez-Faire and Communism*, New Republic, New York, 1926, pp. 47-8, and quoted in Dillard, op. cit., p. 322.
⁵⁸ Harris, op. cit., pp. 317 et seq.
⁵⁹ ibid., p. 331.
⁶⁰ Beveridge Report, p. 342.
⁶¹ Harris, op. cit., p. 429.
⁶² W. H. Beveridge, *Full Employment in a Free Society: A Report*, Allen & Unwin, London, 1944.
⁶³ Colin Clark, 'What's Wrong with Economics', *Encounter*, 55, 1958, p. 22.
⁶⁴ Hugh Dalton, op. cit., p. 108.

第8章

¹ Richard Pipes, *Russia Under the Old Regime*, Weidenfeld & Nicolson, London, 1974, p. 13.
² ibid., pp. 21-3.
³ ibid., p. 228.
⁴ ibid., p. 307.
⁵ Robert F. Byrnes, *Pobedonostev, His Life and Thought*, Indiana University Press, Bloomington and London, 1969, p. 64.
⁶ Pipes, *Russia Under the Old Regime*, p. 144.
⁷ Warren Bartlett Walsh, *Russia and the Soviet Union*, University of Michigan Press, Ann Arbor, Mayflower, London, 1958, p. 227.

[8] Donald MacKenzie Wallace, *Russia*, Cassell, London, 1912 edition, p. 505.
[9] ibid., p. 139.
[10] ibid., p. 123.
[11] ibid., p. 126.
[12] ibid., p. 530.
[13] M. T. Florinsky, *The End of the Russian Empire*, Collier Books, New York, 1971, p. 179.
[14] See Pipes, *Russia Under the Old Regime*, pp. 162 et seq.; and Florinsky, op. cit., pp. 170 et seq.
[15] Quoted in Pipes, *Russia Under the Old Regime*, p. 156.
[16] ibid., p. 159.
[17] Wallace, op. cit., pp. 504-12.
[18] Isaiah Berlin, Preface to Franco Venturi, *Roots of Revolution*, Weidenfeld & Nicolson, London, 1964, pp. vii and ix; Graham Stephenson, *History of Russia 1812-1945*, Macmillan, London, 1969, p. 16; Carl Joubert, *Russia as It Really Is*, Eveleigh Nash, London, 1905; Henri Troyat, *Daily Life in Russia under the Last Tsar*, Allen & Unwin, London, 1961, pp. 102-3; and Wallace, op. cit., p. 120 et seq.
[19] Quoted in Stephenson, op. cit., p. 132.
[20] Berlin, op. cit., pp. viii and xxix; Venturi, op. cit., pp. 147, 150 and 160; and Wallace, op. cit., pp. 143, 411 and 497.
[21] Berlin, op. cit., p. viii.
[22] ibid., p. x.
[23] Venturi, op. cit., p. 150.
[24] Berlin, op. cit., p. xxix; and Venturi, op. cit., pp. 147 and 160.
[25] Venturi, op. cit., p. 151.
[26] Berlin, op. cit., p. viii.
[27] ibid., p. xiii.
[28] Schumpeter, *Capitalism, Socialism and Democracy*, Allen and Unwin, 1961, London, p. 326.
[29] Berlin, op. cit., p. xvi.
[30] Joseph Frank, 'The World of Raskolnikov', *Encounter*, June 1966, p. 32.
[31] ibid. It is interesting to note that Dostoyevsky and Pobedonostev, one of the most powerful and conservative of the Tsar's ministers, became close friends during the last years of the author's life. On his death, Pobedonostev arranged a state funeral for Dostoyevsky and secured a government pension for his wife — see Byrnes, op. cit., p. 96.
[32] Quoted in A. Nove, *An Economic History of the USSR*, Allen Lane, London, 1969, p. 19.
[33] Wallace, op. cit., pp. 530 et seq.
[34] ibid., pp. 149-50.
[35] Stephenson, op. cit., pp. 107-8; and Walsh, op. cit., pp. 155-6.
[36] Wallace, op. cit., p. 560.
[37] ibid., pp. 85-6.
[38] Bernard Pares, *Russia*, Penguin, Harmondsworth, 1941, pp. 76-7.
[39] Wallace, op. cit., p. 87.
[40] Pares, op. cit., p. 77.
[41] Stephenson, op. cit., p. 16.
[42] Troyat, op. cit., pp. 102-7.

[43] G. V. Rimlinger, *Welfare Policy and Industrialization in Europe, America and Russia*, John Wiley & Sons, New York, 1971, pp. 248-9. See also Bernice Madison, 'The Organization of Welfare Services', in Cyril E. Black (ed.), *The Transformation of Russian Society*, Harvard University Press and Cambridge University Press, 1960, p. 518.
[44] Wallace, op. cit., p. 570.
[45] ibid., pp. 536-8.
[46] ibid., pp. 548-9.
[47] Rimlinger, op. cit., p. 246.
[48] Florinsky, op. cit., p. 152.
[49] ibid., pp. 148-9.
[50] Walsh, op. cit., pp. 287-8; and H. Seton-Watson, *The Decline of Imperial Russia, 1855-1914*, Methuen, London, 1960, pp. 124-6.
[51] Tibor Szamuely, *The Russian Tradition*, Secker & Warburg, London, 1974, pp. 409-10.
[52] Rimlinger, op. cit., pp. 250-1.
[53] Sandra Milligan, 'The Petrograd Bolsheviks and Social Insurance, 1914-1917', *Soviet Studies*, XX, 3, 1969, p. 370.
[54] Seton-Watson, *The Decline of Imperial Russia*, pp. 109-10.
[55] Theofanis George Stavrou, *Russia Under the Last Tsar*, University of Minnesota Press, Minneapolis, 1969, pp. 127-35. See also Wallace, op. cit., pp. 660-2 and 670.
[56] Seton-Watson, *The Decline of Imperial Russia*, p. 287.
[57] Wallace, op. cit., p. 553.
[58] Seton-Watson, *The Decline of Imperial Russia*, p. 126.
[59] D. Treadgold, in Stavrou, op. cit., pp. 71-8. See also Solomon M. Schwarz, *The Russian Revolution of 1905*, Chicago University Press, Chicago and London, 1969, for an account of the involvement of both the Mensheviks and the Bolsheviks in workers' movements.
[60] R. Pipes, 'The Origins of Bolshevism', in R. Pipes (ed.), *Revolutionary Russia*, Harvard University Press and Oxford University Press, 1968, pp. 46-9.
[61] Milligan, op. cit., p. 371.
[62] Rimlinger, op. cit., p. 254.
[63] See Pares, op. cit., p. 81 and p. 22.
[64] Wallace, op. cit., pp. 725, 732-6 and 740-2; and Seton-Watson, *The Decline of Imperial Russia*, pp. 250-9.
[65] Alfred Levin, *The Second Duma: A Study of the Social-Democratic Party and the Russian Constitutional Experiment*, Archon Books, Hamden, Connecticut, 1966, p. 122.
[66] Seton-Watson, *The Decline of Imperial Russia*, p. 128. See also Schwarz, op. cit.
[67] Seton-Watson, *The Decline of Imperial Russia*, pp. 157 and 278-80.
[68] ibid., p. 279.
[69] E. H. Carr, *The Bolshevik Revolution 1917-23*, Vol. II, Macmillan, London, 1969, p. 19.
[70] Christopher Hill, *Lenin and the Russian Revolution*, Penguin, Harmondsworth, 1971, pp. 68 et seq.
[71] The expression used by Stolypin in explaining his policy objectives is given by Carr as 'The government has placed its wager, not on the needy and the drunken, but on the sturdy and the strong', Carr, op. cit., p. 22

(quoted from G. T. Robinson, *Rural Russia Under the Old Regime*, 1932, p. 194). There is an extensive literature of Stolypin's land reform policies. Carr provides an excellent summary of trends between 1906 and 1917 in Ch. XV.
[72] Stephenson, op. cit., p. 93.
[73] Seton-Watson, *The Decline of Imperial Russia*, p. 276.
[74] Stephenson, op. cit., p. 85.
[75] Nove, op. cit., p. 22.
[76] A. Carr-Saunders, *World Population, Past Growth and Present Trends*, Frank Cass, 1964, p. 56, and Stephenson, op. cit., pp. 84-6.
[77] Pares, op. cit., p. 111.
[78] Carr, op. cit., pp. 21 et seq; and Hill, op. cit., pp. 66 et seq.
[79] Berlin, op. cit., p. xxviii.
[80] Seton-Watson, *The Decline of Imperial Russia*, pp. 273 and 276.
[81] ibid., p. 289-90. See also M. Miller, *The Economic Development of Russia, 1905-14*, 1926, pp. 139-46 and 168-70.
[82] Seton-Watson, *The Decline of Imperial Russia*, p. 243.
[83] ibid., p. 304-5.
[84] Barrington Moore Jr., *Social Origins of Dictatorship and Democracy*, Peregrine, Penguin, Harmondsworth, 1967, pp. 481 and 498-9.
[85] Pipes (ed.), *Revolutionary Russia*. See articles by Marco Ferro; G. F. Kennan; R. Pipes; and H. Seton-Watson. See also Nove, op. cit., pp. 30-1.
[86] Thomas Hardy, *Far From the Madding Crowd*, Macmillan, London, 1974.
[87] James Bunyan and H. H. Fisher, *The Bolshevik Revolution, 1917-18: Documents and Materials*, Stanford University Press, Stanford, 1965, p. 79.
[88] V. I. Lenin, *The State and Revolution*, Foreign Languages Publishing House, Moscow, 1951, pp. 14 and 15.
[89] ibid., p. 31.
[90] ibid., pp. 43-4.
[91] ibid., p. 134.
[92] ibid., p. 141.
[93] ibid., pp. 149-50.
[94] ibid., p. 151.
[95] ibid., pp. 154-5.
[96] ibid., p. 161.
[97] ibid., p. 160.
[98] ibid., p. 158.
[99] See Seton-Watson, *The Decline of Imperial Russia*, pp. 158-64, 243-4 and 303-9; Joubert, op. cit., pp. 84-137; and Byrnes, op. cit., p. 207.
[100] Sidney and Beatrice Webb, *Soviet Communism: A New Civilization*, third edition, Longmans Press, London, 1944, p. 439.
[101] Ronald Fletcher, *The Family and Marriage*, Penguin, Harmondsworth, 1962, pp. 34 et seq.
[102] Nove, op. cit., p. 367.
[103] Moore, op. cit., pp. 481 and 498-9.
[104] Rimlinger, op. cit., p. 245.
[105] See Rimlinger, op. cit.; Madison, op. cit.; and Robert Conquest, *Agricultural Workers in the USSR*, Bodley Head, London, 1968.
[106] Rimlinger, op. cit., p. 292.
[107] R. Beerman, 'A Discussion on the Draft Law Against Parasites, Tramps and Beggars', *Soviet Studies*, IX, 2, 1958; 'Laws Against Para-

sites, Tramps and Beggars', *Soviet Studies*, IX, 4, 1958; and 'The Parasite Laws', *Soviet Studies*, XIII, 2, 1961.

第9章

[1] John C. Miller, *The Federalist Era, 1789-1801*, Harper Torchbooks, 1963, pp. 71-3; and R. Hofstadter, *The American Political Tradition*, New York, 1948, pp. 176-7.
[2] See also David W. Noble, *Historians Against History: The Frontier Thesis and the National Covenant in American History*, University of Minnesota Press, Minneapolis, 1965.
[3] Richard Rose, 'A Model Democracy?', in Richard Rose (ed.), *Lessons from America*, Macmillan, 1974, p. 133.
[4] Rose, op. cit., p. 135.
[5] Sidney Fine, *Laissez-Faire and the General Welfare State: A Study of Conflict in American Thought, 1865-1901*, University of Michigan Press, Ann Arbor, Geoffrey Cumberlege, Oxford University Press, London, 1956, p. 126.
[6] ibid., p. 140.
[7] Rose, op. cit., pp. 140-1.
[8] ibid., p. 140.
[9] ibid., p. 146.
[10] ibid., p. 148.
[11] loc. cit.
[12] ibid., p. 159.
[13] Samuel Mencher, *Poor Law to Poverty Program*, University of Pittsburgh Press, Pittsburgh, 1967, p. 237. See also Oscar Handlin, *The Uprooted*, Watts & Company, London, 1953, pp. 217-19.
[14] Frank Thistlethwaite, *The Great Experiment*, Cambridge University Press, London, 1955, pp. 156 et seq.
[15] Charles A. Beard and Mary R. Beard, *A Basic History of the United States*, New Home Library, Blakiston Company, Philadelphia, 1944, pp. 117 and 209-13; and Richard Hofstadter, William Miller and Daniel Aaron, *The American Republic, Vol. I, to 1865*, Prentice-Hall, New Jersey, 1959, pp. 390-3.
[16] Blanche D. Coll, 'Public Assistance in the United States: Colonial Times to 1860', in E. W. Martin (ed.), *Comparative Development in Social Welfare*, Allen & Unwin, London, 1972, p. 130.
[17] Mencher, op. cit., pp. 131 et seq. and 148-51.
[18] Coll, op. cit., p. 130.
[19] Marcus Lee Hansen, *The Atlantic Migration, 1607-1860*, Harper Torchbooks, New York, 1961, pp. 255-61.
[20] Terry Coleman, *Passage to America*, Hutchinson, London, 1972, pp. 224-7.
[21] ibid., p. 230.
[22] ibid., p. 233.
[23] Marcus Lee Hansen, op. cit., p. 273.
[24] ibid., pp. 273-4.
[25] ibid., p. 274.

[26] ibid., p. 165.
[27] F. J. Turner, *The Frontier in American History*, Holt, Rinehart & Winston, New York, 1962, p. 275.
[28] ibid., pp. 30-1.
[29] ibid., p. 30.
[30] ibid., pp. 60-1.
[31] Mody C. Boatright, 'The Myth of Frontier Individualism', in Richard Hofstadter and Seymour Martin Lipset (eds), *Turner and the Sociology of the Frontier*, Harper Torchbooks, New York, 1968, pp. 45-8.
[32] Richard A. Bartlett, *The New Country: A Social History of the American Frontier, 1776-1890*, Oxford University Press, New York, 1974, p. 32.
[33] Turner, op. cit., pp. 259 and 263.
[34] ibid., p. 202.
[35] ibid., pp. 219-20.
[36] ibid., p. 277.
[37] ibid., pp. 277 and 305.
[38] ibid., pp. 348-9.
[39] ibid., p. 358. See also 'Max Weber on Bureaucratization in 1909', in J. P. Mayer, *Max Weber and German Politics: A Study in Political Sociology*, Faber & Faber, 1954, 'it is still more horrible to think that the world could be filled one day with those little cogs, little men clinging to little jobs and striving towards bigger ones — a state of affairs which is to be seen once more . . . playing an ever-increasing part in the spirit of our present administrative system', p. 127.
[40] Noble, op. cit., p. 51; and Turner, op. cit., pp. 357-8.
[41] Turner, op. cit., p. 286.
[42] Charles and Mary Beard, *A Basic History of the United States*, p. 380; see also Noble, op. cit., p. 56.
[43] Noble, op. cit., p. 68.
[44] Everett Dick, *The Sod-House Frontier, 1854-1890*, Appleton-Century, New York and London, 1943, p. 89.
[45] Bartlett, op. cit., p. 361.
[46] Dick, op. cit., pp. 42-3.
[47] ibid., p. 21.
[48] ibid., p. 28.
[49] Bartlett, op. cit., p. 59.
[50] ibid., p. 363.
[51] ibid., pp. 357-8.
[52] Dick, op. cit., p. 68.
[53] ibid., p. 77.
[54] ibid., p. 114.
[55] ibid., pp. 115-16.
[56] Henry L. Carter, 'Rural Indiana in Transition, 1850-1860', *Agricultural History*, 20, 1946, pp. 107-21.
[57] Dick, op. cit., p. 73.
[58] Carter, op. cit., p. 108.
[59] ibid., p. 115.
[60] See John Burnett, *Plenty and Want: A Social History of Diet in England from 1815 to the Present Day*, Penguin, Harmondsworth, 1968; and G. E. Mingay, 'The Transformation of Agriculture', in Institute of Economic Affairs, *The Long Debate on Poverty*, p. 56.

[61] Lauranda F. Cox, 'The American Agricultural Wage Earner, 1865-1900', *Agricultural History*, 22, 1948, pp. 95-114.
[62] ibid., p. 95.
[63] ibid., p. 99.
[64] loc. cit.
[65] ibid., p. 100.
[66] loc. cit.
[67] Quoted ibid., p. 104.
[68] ibid., p. 106.
[69] See Hofstadter and Lipset (eds), op. cit.; and Noble, op. cit., especially in the former, Everett S. Lee, 'The Turner Thesis Re-examined', pp. 66-7; Fred A. Shannon, 'A Post-Mortem on the Labor-Safety-Valve Theory', pp. 172 et seq; and Hofstadter's Introduction, p. 7. Shannon suggests that the 'frontier thesis' may be most usefully treated as 'a special case of a more general theory of migration', p. 66.
[70] Charles and Mary Beard, *The Rise of American Civilization*, Vol. I, Jonathan Cape, London, 1927, pp. 648-9; and Moore, op. cit., p. 130.
[71] Bartlett, op. cit., p. 113.
[72] Eric Hobsbawm, *The Age of Capital 1848-1875*, Abacus, Sphere, London, 1977, p. 167.
[73] Mencher, op. cit., p. 238.
[74] S. Elkins and Eric McKitrick, 'A Meaning for Turner's Frontier: Democracy in the Old North West', in Hofstadter and Lipset (eds), op. cit., p. 127; and Boatright, op. cit., p. 48.
[75] Turner, op. cit., p. 30.
[76] W. I. Thomas and Florian Znaniecki, *The Polish Peasant in Europe and America*, Vol. I, Dover Publications, New York, 1958, p. 350.
[77] ibid., p. 1,688.
[78] Handlin, op. cit.
[79] ibid., p. 9.
[80] ibid., p. 12.
[81] Thomas and Znaniecki, op. cit., p. 1,698.
[82] ibid., p. 98.
[83] ibid., pp. 94 and 1,500.
[84] ibid., p. 98.
[85] ibid., p. 350.
[86] ibid., p. 44.
[87] ibid., p. 1,469.
[88] Herbert Blumer, *An Appraisal of Thomas and Znaniecki's The Polish Peasant in Europe and America*, Social Science Research Council, New York, 1939. See also Larson, op. cit., pp. 101-8, for a useful summary of this theoretical approach.
[89] Thomas and Znaniecki, op. cit., p. 1,511.
[90] ibid., p. 76.
[91] ibid., p. 1,690.
[92] ibid., p. 1,688.
[93] ibid., p. 19.
[94] ibid., p. 1,697.
[95] ibid., pp. 1,698-701.
[96] ibid., p. 34.
[97] ibid., p. 1,586.
[98] ibid., p. 84.

99 ibid., p. 1,602.
100 ibid., p. 1,634.
101 ibid., p. 1,577.
102 ibid., p. 1,602.
103 ibid., p. 1,640.
104 Frank Thistlethwaite, op. cit., pp. 259-62.
105 Turner, op. cit., pp. 348-9.
106 There are useful summaries of the rise and decline of the Progressive Party in Thistlethwaite, op. cit., pp. 268-72; and Fine, op. cit.
107 Rimlinger, op. cit., p. 201.
108 ibid., pp. 204-5 and 230.
109 Frances Fox Piven and Richard A. Cloward, *Regulating the Poor: The Functions of Public Welfare*, Tavistock Publications, London, 1972, pp. xiii and 33.
110 Fine, op. cit., pp. 126 et seq. and 140 et seq.
111 Charles Howard Hopkins, *The Rise of the Social Gospel in American Protestantism 1865-1915*, Yale University Press, New Haven, 1961.
112 John Carrier and Ian Kendall, 'Social Policy and Social Change: Explanations of the Development of Social Policy', *Journal of Social Policy*, 2, 3, 1973, pp. 209-24; and 'The Development of Welfare States: The Production of Plausible Accounts', *Journal of Social Policy*, 6, 3, 1977, pp. 271-90.
113 Donald R. McCoy, *Coming of Age: The United States During the 1920s and 1930s*, Penguin, Harmondsworth, 1973, p. 178.

第10章

1 See Leland Hamilton Jenks, *The Migration of British Capital to 1875*, Jonathan Cape, London, 1938; J. B. Brebner, *North Atlantic Triangle*, Yale University Press, New Haven, Ryerson Press, Toronto, Geoffrey Cumberlege, Oxford University Press, London, 1946, pp. 109-10 and 120; Brinley Thomas, *Migration and Economic Growth: A Study of Great Britain and the Atlantic Economy*, Cambridge University Press, Cambridge, 1954, pp. 30-4.
2 S. G. and E. O. A. Checkland, *The Poor Law Report of 1834*, Penguin, Harmondsworth, 1973, p. 243.
3 Adam Smith, op. cit., p. 123.
4 ibid., p. 128.
5 Hardy, op. cit., p. 99.
6 S. G. and E. O. A. Checkland, op. cit., p. 474.
7 ibid., p. 475.
8 ibid., p. 472.
9 ibid., p. 475.
10 ibid., p. 487.
11 Coll, op. cit., p. 135.
12 ibid., p. 140-1.
13 Herbert Moller, *Population Movements in Modern European History*, Macmillan Company, New York, Collier-Macmillan, London, 1964, pp. 73 et seq. See also Frank Thistlethwaite, *Migration from Europe Overseas in the Nineteenth and Twentieth Centuries*, reprinted from XIe Congrès

International des Sciences Historiques, Stockholm, 1960, Rapports, V, Historie Contemporaine, Almquist & Wiksell, Göteborg-Stockholm-Uppsala, 1960, pp. 32-60.
[14] Thistlethwaite, *Migration from Europe Overseas*, pp. 74-7; C. M. Cipolla, *Economic History of World Population*, Penguin, 1964, p. 102.
[15] Cipolla, op. cit., p. 102.
[16] Carr-Saunders, op. cit., p. 49.
[17] C. J. Erickson, 'Who were the English and Scots Emigrants to the United States in the Late Nineteenth Century?', in D. V. Glass and Roger Revelle (eds), *Population and Social Change*, Edward Arnold, London, 1972, p. 350.
[18] Moller, op. cit., p. 81.
[19] H. J. Habakkuk, *Population Growth and Economic Development Since 1750*, Leicester University Press, 1971, pp. 33 and 37.
[20] ibid., p. 29.
[21] ibid., pp. 34-5.
[22] ibid., p. 39.
[23] ibid., pp. 42-3.
[24] ibid., p. 45.
[25] S. G. and E. O. A. Checkland, op. cit., p. 484.
[26] ibid., p. 486.
[27] Marcus Lee Hansen, op. cit., p. 16.
[28] See Brinley Thomas, op. cit.
[29] See also Moller, op. cit., pp. 86-7.
[30] Erickson, op. cit., p. 347.
[31] ibid., p. 353.
[32] ibid., pp. 364-5.
[33] Marcus Lee Hansen, op. cit., p. 162.
[34] ibid., p. 164.
[35] ibid., p. 157.
[36] ibid., p. 159.
[37] ibid., p. 164.
[38] C. and M. Beard, *A Basic History of the United States*, p. 418; Terry Coleman, op. cit., p. 232; and Marcus Lee Hansen, op. cit., pp. 256-60.
[39] F. James-Davis, *Social Problems, Enduring Major Issues and Social Change*, Free Press, New York, 1970, pp. 296-8.
[40] As late as 1959 four-fifths of the states were found to impose residence qualifications for poor relief in the hope of discouraging domestic and foreign immigrants (Mencher, op. cit., p. 385).
[41] The intense xenophobia of the Know Nothing Party was one of its more dramatic if transient manifestations. A number of towns and states began to deport undesirable immigrants. See Terry Coleman, op. cit., Ch. 14.
[42] Marcus Lee Hansen, op. cit., p. 272; and Thistlethwaite, *The Great Experiment*, p. 210.
[43] See Carr-Saunders, op. cit., pp. 211-16.
[44] A. Richmond, 'Sociology of Migration in Industrial and Post-Industrial Societies', in J. A. Jackson (ed.), *Migration*, Cambridge University Press, London, 1969, p. 240.
[45] The 1850s were the hey-day of the Democrat free-traders, and although Lincoln won the presidency in 1860 on a protectionist programme he secured only a minority of the votes. The other two features of his electoral programme were free homesteads and opposition to slavery. This

programme represented two of the three main centres of capital growth in the republic — the industrial north-east and the free-farm areas of the west (Moore, op. cit., p. 115). The slave-based cotton industry of the south, representing the third area, was anti-protectionist but also opposed to the extension of independent farming into the west. Slavery was an obstacle not only to democracy but to the operation of a free economic market based on equal opportunity and competition (ibid., pp. 150-3).

[46] See also Jerome Davis, *The Russian Immigrant*, Macmillan, New York, 1922, p. 10.

[47] Carr-Saunders, op. cit., p. 56; and Stephenson, op. cit., pp. 94-6.

[48] Seton-Watson refers to protest movements and revolutionary activities amongst various national minority groups in Siberia during the years 1905-6, *The Decline of Imperial Russia*, pp. 241-2.

第11章

[1] T. H. Marshall uses very similar criteria in his essay, 'Value Problems of Welfare-Capitalism', *Journal of Social Policy*, 1, 1, 1972, pp. 15-32. I lay greater emphasis on the significance of political variables, including in this category a wider range of discriminatory criteria.

[2] See Pinker, *Social Theory and Social Policy*, pp. 165-75, for a more detailed analysis of this distinction.

[3] On general trends in trade policies and capital movements see Gunnar Myrdal, *The Challenge of World Poverty*, Penguin, Harmondsworth, 1971, pp. 280 et seq. See especially Titmuss, *Commitment to Welfare*, Ch. XI, for a general review; and Oscar Gish, *Doctor Migration and World Health*, G. Bell & Sons, London, 1971, for a more detailed study of trends in medical care services. There is a useful article by Tom Soper, 'Western Attitudes to Aid', in *Lloyds Bank Review*, 94, 1969. The case for a more generous provision of foreign aid is developed in the work of Myrdal and the work of Jack L. Roach and Janet K. Roach, who provide an introduction to the work of other authorities in *Poverty: Selected Readings*, Penguin, Harmondsworth, 1972. An alternative view is presented by P. G. Bauer in *Dissent on Development: Studies and Debates in Development Economics*, Weidenfeld & Nicolson, London, 1972, and summarized in 'The Case Against Foreign Aid', *The Listener*, 21 September, 1972.

[4] Titmuss, *Commitment to Welfare*, p. 127.

[5] See Cedric Thornberry, *The Stranger at the Gate: A Study of the Law on Aliens and Commonwealth Citizens*, Fabian Research Series 243, 1964; David Stephens, *Immigration and Race Relations*, Fabian Research Series 291, 1970; and John A. Garrard, *The English and Immigration: A Comparative Study of the Jewish Influx 1880-1910*, Institute of Race Relations, Oxford University Press, London, 1971.

[6] Dicey, op. cit., p. lxxiv.

[7] Carl von Clausewitz, *On War*, Vol. III, Kegan Paul, Trench, Trubner & Company, London, 1940, 'war is nothing but a continuation of political intercourse, with a mixture of other means', p. 121.

第12章

[1] Harold L. Wilensky, *The Welfare State and Equality: Structural and Ideological Roots of Public Expenditures*, University of California Press, Berkeley, 1975, p. 37.
[2] Friedman, op. cit., p. 10.
[3] See for example R. Miliband, *The State in Capitalist Society*, Weidenfeld & Nicolson, London, 1969, p. 49; and R. Blackburn (ed.), *Ideology in Social Science*, Fontana, London, 1972.
[4] Vic George and Paul Wilding, *Ideology and Social Welfare*, Routledge & Kegan Paul, London, 1976, p. 85 et seq.
[5] ibid., p. 70.
[6] ibid., pp. 70-1.
[7] ibid., p. 93.
[8] Pinker, 'Social Policy and Social Justice., *Journal of Social Policy*, 1974, pp. 14 and 18.
[9] A classic exposition of a pluralist approach to public policy is Robert Dahl's and Charles Lindblom's *Politics, Economics and Welfare*, University of Chicago Press, 1976. This edition includes a new preface by the authors.
[10] Sandor Halebsky, *Mass Society and Political Conflict*, Cambridge University Press, 1976, Ch. 6 et seq.
[11] Dahl and Lindblom, op. cit., pp. xxi and xxii.
[12] ibid., pp. xxxi-xxxii.
[13] ibid., pp. xxxiii and xxxiv.
[14] ibid., p. xlii.
[15] Hall *et al.*, op. cit.
[16] ibid., pp. 150-1.
[17] Maurice Kogan, 'Social Policy and Public Organizational Values', *Journal of Social Policy*, 3, 2, 1974, pp. 97-111.
[18] Elton Mayo, *The Social Problems of an Industrial Civilization*, with a new Foreword by J. H. Smith, Routledge & Kegan Paul, London, 1975.
[19] O. R. McGregor, 'Equality, Sexual Values and Permissive Legislation', *Journal of Social Policy*, 1, 1, 1972, p. 58. See also McGregor *et al.*, op. cit.; and Finer Report.
[20] See Kathleen Bell, Peter Collison, Stephen Turner and Susan Webber, 'National Insurance Local Tribunals: A Research Study', Parts I and II respectively in *Journal of Social Policy*, 3, 4, 1974, pp. 289-311, and 4, 1, 1975, pp. 1-24.
[21] Titmuss, *Commitment to Welfare*, p. 22.
[22] Alvin W. Gouldner, *The Coming Crisis of Western Sociology*, Heinemann Educational Books, London, 1971, pp. 342 et seq.
[23] T. H. Marshall, op. cit., p. 30.
[24] Titmuss, *Commitment to Welfare*, p. 133-4.
[25] *The Complete Plays of Bernard Shaw*, Odhams Press, London, *Heartbreak House*, p. 790.
[26] *Report of the Royal Commission on the Poor Law, 1905-9*, Vol. I, Cd 4625, para. 3,290 et seq.
[27] Lenin, op. cit., p. 144.

参考文献

Ashworth, William, *An Economic History of England 1870-1939*, London, 1960.
Bartlett, Richard A., *The New Country: A Social History of the American Frontier, 1776-1890*, New York, 1974.
Bauer, Peter, 'A Myth of Our Time', *Encounter*, 1974.
—— *Dissent on Development: Studies and Debates in Development Economics*, London, 1972.
—— 'The Case Against Foreign Aid', *The Listener*, 1972.
Bayley, Michael, *Mental Handicap and Community Care*, London, 1973.
Beard, Charles A. and Beard, Mary R., *A Basic History of the United States*, Philadelphia, 1944.
—— *The Rise of American Civilization*, Vol. 1, London, 1927.
Beerman, R., 'A Discussion on the Draft Law Against Parasites, Tramps and Beggars', *Soviet Studies*, 1958.
—— 'Laws Against Parasites, Tramps and Beggars', *Soviet Studies*, 1958.
—— 'The Parasite Laws', *Soviet Studies*, 1961.
Bell, C. R., *Middle Class Families: Social and Geographical Mobility*, London, 1968.
Bell, Kathleen, *Disequilibrium in Welfare*, U. of Newcastle upon Tyne, 1973.
Bell, Kathleen, Collison, Peter, Turner, Stephen and Webber, Susan, 'National Insurance Local Tribunals: A Research Study', Parts I & II, *Journal of Social Policy*, 1974-5.
Bendix, Reinhard and Lipset, Seymour Martin (eds), *Class, Status and Power: Social Stratification in Comparative Perspective*, 2nd ed., Routledge and Kegan Paul, 1967.
Berger, Peter, *Pyramids of Sacrifice: Political Ethics and Social Change*, New York, 1974.
Berlin, Isaiah, Preface to Venturi, Franco, *Roots of Revolution*, London, 1964.
Bernhardi, General Friedrich von, *Germany and the Next War*, Edward Arnold, 1914.
Beveridge, William, *Voluntary Action: A Report on Methods of Advance*, London, 1948.
—— *Full Employment in a Free Society: A Report*, London, 1944.
Beveridge Report: *Social Insurance and Allied Services*, Cmd 6404, H.M.S.O., 1942, 1958.
Black, Cyril E. (ed.), *The Transformation of Russian Society*, C.U.P. and Harvard U.P., 1960.
Blackburn R. (ed.), *Ideology in Social Science*, London, 1972.
Blake, Robert, *The Conservative Party from Peel to Churchill*, Eyre and Spottiswoode, 1970.

Blatchford, Robert, *My Eighty Years*, London, 1931.
Blau, Peter M., *Exchange and Power in Social Life*, New York, 1964.
Blumer, Herbert, *An Appraisal of Thomas and Znaniecki's The Polish Peasant in Europe and America*, New York, 1939.
Boatright, Mody C., 'The Myth of Frontier Individualism', in Hofstadter, Richard and Lipset, Seymour Martin (eds), *Turner and the Sociology of the Frontier*, Harper Torchbooks, 1968.
Bodelsen, C. A., *Studies in Mid-Victorian Imperialism*, London and Berlin, 1924.
Brebner, J. B., *North Atlantic Triangle*, Yale U.P. and O.U.P., 1946.
Bunyan, James and Fisher, H. H., *The Bolshevik Revolution, 1917-18: Documents and Materials*, Stanford U.P., 1965.
Burnett, John, *A History of the Cost of Living*, Penguin, 1969.
— *Plenty and Want: A Social History of Diet in England from 1815 to the Present Day*, Penguin, 1968.
Burrow, J. W., *Evolution and Society: A Study in Victory Social Theory*, C.U.P., 1970.
Bury, J. P. (ed.), *The New Cambridge Modern History*, Vol. X, *The Zenith of European Power, 1830-1870*, C.U.P., 1967.
Byrnes, Robert F., *Pobedonostev, His Life and Thought*, London, 1969.
Carr, E. H., *The Bolshevik Revolution 1917-23*, London, 1969.
Carrier, John and Kendall, Ian, 'Social Policy and Social Change: Explanations of the Development of Social Policy', *Journal of Social Policy*, 1973.
— 'The Development of Welfare States: The Production of Plausible Accounts', *Journal of Social Policy*, 1973.
Carr-Saunders, A., *World Population, Past Growth and Present Trends*, Frank Cass, 1964.
Carter, Henry L., 'Rural Indiana in Transition, 1850-1860', *Agricultural History*, 1946.
Central Council for Education and Training in Social Work, *Social Work Curriculum Study: The Teaching of Community Work*, London, 1974.
Checkland, S.G. and E.O.A., *The Poor Law Report of 1834*, Penguin, 1973.
Cipolla, C. M., *Economic History of World Population*, Penguin, 1964.
Clark, Colin, 'What's Wrong with Economics?', *Encounter*, 1958.
Clausewitz, Carl von, *On War*, Vol. III, London, 1940.
Coats, A. W., 'The Classical Economists, Industrialisation and Poverty', in Institute of Economic Affairs, *The Long Debate on Poverty*, London, 1972.
Coleman, D. C. (ed.), *Revisions in Mercantilism*, Methuen, 1969.
Coleman, Terry, *Passage to America*, London, 1972.
Coll, Blanche D., 'Public Assistance in the United States: Colonial Times to 1860', in Martin, E. W., (ed.), *Comparative Development in Social Welfare*, London, 1972.
Conquest, Robert, *Agricultural Workers in the USSR*, London, 1968.
Conze, Werner, 'The German Empire', in Hinsley, F. H. (ed.), *The New Cambridge Modern History*, Vol. XI, *Material Progress and World-Wide Problems, 1870-1898*, C.U.P., 1970.
Cox, Lauranda F., 'The American Agricultural Wage Earner 1865-1900', *Agricultural History*, 1948.
Cross, Colin, *The Fall of the British Empire, 1918-1968*, London, 1970.
Cunningham, William, article on Free Trade in *Encyclopaedia Britannica*, 11th ed., Cambridge, 1910-11.

参考文献

Dahl, Robert and Lindblom, Charles, *Politics, Economics and Welfare*, U. of Chicago Press, 1976.
Dahrendorf, Ralf, *Society and Democracy in Germany*, Weidenfeld and Nicolson, 1968.
Dalton, George, 'Economic Theory and Primitive Society', in LeClair, E. E. Jr., and Schneider, H. K., *Economic Anthropology: Readings in Theory and Analysis*, New York, 1968.
—— *Economic Systems and Society*, Penguin, 1974.
Dalton, Hugh, *High Tide and After: Memoirs 1945-1960*, London, 1962.
Davis, Jerome, *The Russian Immigrant*, New York, 1922.
Dicey, A. V., *Law and Public Opinion in England During the Nineteenth Century*, London, 1962.
Dick, Everett, *The Sod-House Frontier, 1854-1890*, New York and London, 1943.
Dickens, Charles, *Bleak House*, Penguin, 1978.
Dilke, Charles Wentworth, *Greater Britain: A Record of Travel in the English-Speaking Countries During 1866 and 1867*, Vols. I & II, Macmillan, 1868.
Dillard, Dudley, *The Economics of John Maynard Keynes*, London, 1963.
Durkheim, Emile, *The Division of Labour in Society*, London, 1964.
—— *Moral Education*, Free Press of Glencoe, 1961.
Eekelar, J., *Family Security and Family Breakdown*, Penguin, 1971.
Ekeh, P., *Social Exchange Theory*, London, 1975.
Eliot, George, *Felix Holt the Radical*, Panther.
Eliot, T. S., *Little Gidding*, Faber & Faber, 1942.
Elkins, S. and McKitrick, Eric, 'A Meaning for Turner's Frontier: Democracy in the Old North West', in Hofstadter and Lipset (eds), *Turner and the Sociology of the Frontier*, New York, 1968.
Encounter, 'Going into Europe', Symposia II and IV, in *Encounter*, 1963.
Erickson, C. J., 'Who Were the English and Scots Emigrants to the United States in the Late Nineteenth Century?', in Glass, D. V. and Revelle, Roger (eds), *Population and Social Change*, London, 1972.
Feinberg, Joel (ed.), *Moral Concepts*, London, 1969.
Ferro, Marco, article in Pipes, R. (ed.), *Revolutionary Russia*, Harvard U.P. and O.U.P., 1968.
Fieldhouse, D. K., *The Colonial Empires: A Comparative Study from the Nineteenth Century*, London, 1865.
Fine, Sidney, *Laissez-Faire and the General Welfare State: A Study of Conflict in American Thought, 1865-1901*, Ann Arbor and London, 1956.
Finer Report: *Report of the Committee on One-Parent Families*, Vols I, Cmnd 5629, and II, Cmnd 5629-1, H.M.S.O., 1974.
Firth, R. (ed.), *Two Studies in Kinship in London*, London, 1957.
Fletcher, Ronald, *The Family and Marriage*, Penguin, 1962.
Florinsky, M. T., *The End of the Russian Empire*, New York, 1971.
Frank, Joseph, 'The World of Raskolnikov', *Encounter*, 1966.
Friedman, Milton, 'The Line We Dare Not Cross', *Encounter*, 1976.
Fuchs, Carl Johannes, *The Trade Policy of Great Britain and Her Colonies Since 1860*, Macmillan, 1905.
Garrard, John A., *The English and Immigration: A Comparative Study of the Jewish Influx 1880-1910*, London, 1971.
Geertz, Clifford, *The Interpretation of Cultures*, New York, 1973.

George, Vic and Wilding, Paul, *Ideology and Social Welfare*, London, 1976.
Gilbert, Bentley B., *British Social Policy 1914-1939*, London, 1970.
Ginsberg, Morris, *On the Diversity of Morals*, London, 1962.
Gish, Oscar, *Doctor Migration and World Health*, London, 1971.
Glass, D. V. and Revelle, Roger (eds), *Population and Social Change*, London, 1972.
Glynn, Sean and Oxborrow, John, *Interwar Britain: A Social and Economic History*, London, 1976.
Gouldner, Alvin W., 'The Norm of Reciprocity', *American Sociological Review*, 1960.
— *The Coming Crisis of Western Sociology*, London, 1971.
Habakkuk, H. J., *Population Growth and Economic Development Since 1750*, Leicester U.P., 1971.
Halebsky, Sandor, *Mass Society and Political Conflict*, C.U.P., 1976.
Hall, Phoebe, Land, Hilary, Parker, Roy and Webb, Adrian, *Change, Choice and Conflict in Social Policy*, Heinemann Educational Books, 1975.
Handlin, Oscar, *The Uprooted*, London, 1953.
Hansen, Alvin H., *A Guide to Keynes*, New York, 1953.
Hansen, Marcus Lee, *The Atlantic Migration, 1607-1860*, New York, 1961.
Hardy, Thomas, *Far From the Madding Crowd*, London, 1974.
Harris, Jose, *William Beveridge: A Portrait*, Oxford, 1977.
Heath, A., *Rational Choice and Social Exchange*, C.U.P., 1976.
Heckscher, E., *Mercantilism*, London, 1955.
Hicks, John, *A Theory of Economic History*, Oxford, 1969.
Hill, Christopher, *Lenin and the Russian Revolution*, Penguin, 1971.
Hillery, Richard, 'Definitions of Community: Areas of Agreement', in *Rural Sociology*, 1955.
Hinsley, F. H., Introduction to Hinsley, F. H. (ed.), *The New Cambridge Modern History*, Vol. XI *Material Progress and World-Wide Problems 1870-1898*, C.U.P., 1970.
Hobsbawm, E. J., *Industry and Empire: An Economic History of Britain Since 1750*, London, 1968.
— *The Age of Capital 1848-1875*, London, 1977.
Hofstadter, R., *The American Political Tradition*, New York, 1948.
— Introduction to Hofstadter, R. and Lipset, S. M. (eds), *Turner and the Sociology of the Frontier*, New York, 1968.
Hofstadter, Richard and Lipset, Seymour Martin (eds), *Turner and the Sociology of the Frontier*, New York, 1968.
Hofstadter, Richard, Miller, William and Aaron, Daniel, *The American Republic*, Vol I, to 1865, Englewood Cliffs, N. J., 1959.
Homans, George C., *Social Behaviour: Its Elementary Forms*, London, 1973.
Hopkins, Charles Howard, *The Rise of the Social Gospel in American Protestantism 1865-1915*, New Haven, Conn., 1961.
Huxley, T. H., 'The Struggle for Existence: A Programme', *Nineteenth Century*, 1888.
Institute of Economic Affairs, *The Long Debate on Poverty*, London, 1972.
Jackson, J. A. (ed.), *Migration*, London, 1969.
James, M. R., *Social Problems and Policy During the Puritan Revolution 1640-1660*, George Routledge and Sons, 1930.
James-Davis, F., *Social Problems, Enduring Major Issues and Social Change*, New York, 1970.

Jenks, Leland Hamilton, *The Migration of British Capital to 1875*, London, 1938.
Joll, James, *Europe Since 1870: An International History*, Penguin, 1976.
Joubert, Carl, *Russia as It Really Is*, London, 1905.
Kamenka, Eugene, *Nationalism: The Nature and Evoiution of an Idea*, London, 1976.
Kennan, G. F., article in Pipes, R. (ed.), *Revolutionary Russia*, Harvard U.P., and O.U.P., 1968.
Keynes, John Maynard, *The General Theory of Employment, Interest and Money*, London, 1960.
—— *Laissez-Faire and Communism*, New York, 1926.
Kidd, Benjamin, *Social Evolution*, London, 1894.
—— *The Science of Power*, London, 1919.
Knapp, J., 'Economics or Political Economy', *Lloyds Bank Review*, 1973.
Kogan, Maurice, 'Social Policy and Public Organizational Values', *Journal of Social Policy*, 1974.
Kropotkin, Peter, *Mutual Aid: A Factor of Evolution*, ed. and with an Introduction by Avrich, Paul, London, 1972.
Larson, Calvin J., *Major Themes in Sociological Theory*, New York, 1973.
Leach, Edmund, *Levi-Strauss*, London, 1970.
—— 'Claude Lévi-Strauss — Anthropologist and Philosopher', *New Left Review*, 1965.
LeClair, Edward E., Jr., and Schneider, Harold K., *Economic Anthropology: Readings in Theory and Analysis*, New York, 1968.
Lee, Everett S., 'The Turner Thesis Re-examined', in Hofstadter and Lipset (eds), *Turner and the Sociology of the Frontier*, New York, 1968.
Lenin, V. I., *The State and Revolution*, Moscow, 1951.
Levin, Alfred, *The Second Duma: A Study of the Social-Democratic Party and the Russian Constitutional Experiment*, Hamden, Conn., 1966.
Lévi-Strauss, Claude, *The Elementary Structures of Kinship*, Eyre and Spottiswoode, 1969.
—— *World on the Wane*, London, 1961.
—— *Race and History*, UNESCO, 1952.
—— *The Savage Mind*, Weidenfeld and Nicolson, 1966.
—— *Structural Anthropology*, Allen Lane, 1968. (See also Leach, E., and Geertz, C.)
Lichtheim, George, *Imperialism*, Allen Lane, 1971.
Litwak, Eugene, 'Extended Kin Relations in an Industrial Society', in Shanas, Ethel and Streib, Gordon F., *Social Structure and the Family: Generational Relations*, Englewood Cliffs, N.J., 1965.
Lloyd, T. O., *Empire to Welfare State: English History 1906-1967*, O.U.P., 1970.
McBriar, A. M., *Fabian Socialism and English Politics, 1884-1918*, C.U.P., 1962.
McCoy, Donald R., *Coming of Age: The United States During the 1920s and 1930s*, Penguin, 1973.
MacDonagh, Oliver, *A Pattern of Government Growth 1800-1860*, London, 1961.
McGregor, O. R., 'Equality, Sexual Values and Permissive Legislation', *Journal of Social Policy*, 1972.
McGregor, O. R., Blom-Cooper, L., and Gibson, C., *Separated Spouses*, London, 1971.

Madison, Bernice, 'The Organization of Welfare Services', in Black, Cyril E. (ed.), *The Transformation of Russian Society*, Harvard U.P. and C.U.P., 1960.
Marquand, David, *Ramsay Macdonald*, London, 1977.
Marris, P., *Widows and their Families*, London, 1958.
Marshall, Alfred, *Principles of Economics*, London, 1907.
Marshall, T. H., 'Value Problems of Welfare Capitalism', *Journal of Social Policy*, 1972.
Martin, E. W. (ed.), *Comparative Development in Social Welfare*, London, 1972.
Marx, Karl, *Grundrisse*, Penguin, 1977.
—— *Capital*, Vols I & II, London, 1946.
Marx, Karl and Engels, Frederick, *The German Ideology*, Part I, London, 1970.
—— *Manifesto of the Communist Party*, Moscow, 1959.
Matza, David, 'The Disreputable Poor', in Bendix, Reinhard and Lipset, Seymour Martin (eds), *Class, Status and Power: Social Stratification in Comparative Perspective*, 2nd ed., London, 1967.
Mayer, J. P., *Max Weber and German Politics: A Study in Political Sociology*, Faber and Faber, 1954, containing article (no author given) 'Max Weber on Bureaucratization in 1909'.
Mayo, Elton, *The Social Problems of an Industrial Civilization*, London, 1975. With a new Foreword by J. H. Smith.
Medlicott, W. N., *Contemporary England, 1914-1964*, Longman, 1967.
Mencher, Samuel, *Poor Law to Poverty Program*, Pittsburgh, 1967.
Miliband, R., *The State in Capitalist Society*, London, 1969.
Miller, John C., *The Federalist Era, 1789-1801*, New York, 1963.
Miller, M., *The Economic Development of Russia, 1905-14*, 1926.
Milligan, Sandra, 'The Petrograd Bolsheviks and Social Insurance, 1914-1917', *Soviet Studies*, 1969.
Mills, E., *Living with Mental Illness*, London, 1962.
Mingay, G. E., 'The Transformation of Agriculture', in Institute of Economic Affairs, *The Long Debate on Poverty*, London, 1972.
Moller, Herbert, *Population Movements in Modern European History*, New York and London, 1964.
Monod, Jacques, *Chance and Necessity*, Glasgow, 1974.
Moore, Barrington, Jr., *Social Origins of Dictatorship and Democracy*, Penguin, 1967.
Morgan, D. H. J., *Social Theory and the Family*, London, 1975.
Morris, Pauline, *Prisoners and their Families*, London, 1965.
Myrdal, Gunnar, *The Challenge of World Poverty*, Penguin, 1971.
Nisbet, Robert A., *The Sociological Tradition*, Heinemann Educational Books, 1970.
—— *The Quest for Community*, O.U.P., 1970.
Noble, David W., *Historians Against History: The Frontier Thesis and the National Covenant in American History*, Minneapolis, 1965.
Nove, A., *An Economic History of the U.S.S.R.*, (quoting Gerschenkrov), Allen Lane, 1969.
Orwell, George, 'Notes on Nationalism', in *Decline of the English Murder and Other Essays*, Penguin, 1975.
Pares, Bernard, *Russia*, Penguin, 1975.
Pearson, Karl, *National Life from the Standpoint of Science*, London, 1905.

—— *The Ethic of Free Thought*, London, 1888.
—— *Socialism and Natural Science*.
Pinker, Robert, 'Social Policy and Social Justice', *Journal of Social Policy*, 1974.
—— *Social Theory and Social Policy*, Heinemann Educational Books, 1971.
—— Preface to Reisman, David, *Richard Titmuss: Welfare and Society*, Heinemann Educational Books, 1977.
Pipes, Richard, *Russia Under the Old Regime*, Weidenfeld and Nicolson, 1974.
—— 'The Origins of Bolshevism', in Pipes, R. (ed.), *Revolutionary Russia*, Harvard U.P. and O.U.P., 1968.
Piven, Frances Fox and Cloward, Richard A., *Regulating the Poor: The Functions of Public Welfare*, London, 1972.
Plamenatz, John, 'Two Types of Nationalism', in Eugene Kamenka, *Nationalism: The Nature and Evolution of an Idea*, London, 1976.
Plant, Raymond, *Community and Ideology: An Essay in Applied Social Philosophy*, London, 1974.
Platt, J., *Social Research in Bethnal Green: An Evaluation of the Work of the Institute of Community Studies*, London, 1971.
Poggi, Gianfranco, *Images of Society*, Stanford U.P., 1972.
Polanyi, Karl, *The Great Transformation: The Political and Economic Origins of Our Time*, Boston, 1968.
Poor Law Report: *Report of the Royal Commission on the Poor Law, 1905-9*, Vol. I, Cd 4625, H.M.S.O.
Popper, K. R., *The Open Society and its Enemies*, Vol. I, London, 1957.
Pruger, Robert, 'Social Policy: Unilateral Transfer or Reciprocal Exchange', *Journal of Social Policy*, 1973.
Rawls, J., *A Theory of Justice*, London, 1972.
Reisman, David, *Richard Titmuss: Welfare and Society*, Heinemann Educational Books, 1977.
Ricardo, David, *The Principles of Political Economy*, Everyman edition, Dent Dutton, 1929.
Richmond, A., 'Sociology of Migration in Industrial and Post-Industrial Societies', in Jackson, J. A. (ed.), *Migration*, London, 1969.
Rimlinger, G. V., *Welfare Policy and Industrialization in Europe, America and Russia*, New York, 1971.
Roach, Jack L. and Roach, Janet K., *Poverty: Selected Readings*, Penguin, 1972.
Robbins, L. (ed.), *The Common Sense of Political Economy*, London, 1933.
Roberts, Robert, *The Classic Slum: Salford Life in the First Quarter of the Century*, Manchester U.P., 1971.
Robinson, Joan, *Economic Philosophy*, Penguin, 1964.
Roll, Eric, *A History of Economic Thought*, Faber & Faber, 1973.
Rose, Richard, 'A Model Democracy?', in Rose, Richard (ed.), *Lessons from America*, Macmillan, 1974.
Rosser, C. and Harris, J., *The Family and Social Change: A Study of Family and Kinship in a South Wales Town*, London, 1966.
Schumpeter, Joseph A., *History of Economic Analysis*, London, 1963.
—— *Capitalism, Socialism and Democracy*, London, 1961.
Schwarz, Solomon M., *The Russian Revolution of 1905*, Chicago and London, 1969.
Semmell, B., *Imperialism and Social Reform*, London, 1960.
Seton-Watson, H., *The Decline of Imperial Russia, 1855-1914*, London, 1960.
—— article (untitled) in Pipes, R. (ed.), *Revolutionary Russia*, Harvard U.P.

and O.U.P., 1968.
Shanas, Ethel and Streib, Gordon F., *Social Structure and the Family: Generational Relations*, Englewood Cliffs, N.J., 1965.
Shannon, Fred A., 'A Post-Mortem on the Labor-Safety-Valve Theory', in Hofstadter and Lipset (eds), *Turner and the Sociology of the Frontier*, New York, 1968.
Shaw, Bernard, *Heartbreak House*, Penguin, 1970.
Smith, Adam, *The Wealth of Nations*, Vols. I and II, Dent Dutton, 1937.
Soper, Tom, 'Western Attitudes to Aid', *Lloyds Bank Review*, London, 1969.
Stacey, Margaret, *Tradition and Change: A Study of Banbury*, London, 1960.
—— 'The Myth of Community Studies', *British Journal of Sociology*, 1969.
Stavrou, Theofanis George, *Russia Under the Last Tsar*, Minneapolis, 1969.
Stephens, David, *Immigration and Race Relations*, London, 1970.
Stephenson, Graham, *History of Russia 1812-1945*, London, 1969.
Szamuely, Tibor, *The Russian Tradition*, London, 1974.
Taylor, A. J. P., *English History 1914-1945*, Penguin, 1975.
Thistlethwaite, Frank, *The Great Experiment*, London, 1955.
—— *Migration from Europe Overseas in the Nineteenth and Twentieth Centuries*, Göteborg — Stockholm — Uppsala, 1960.
Thomas, Brinley, *Migration and Economic Growth: A Study of Great Britain and the Atlantic Economy*, C.U.P., 1954.
Thomas, W. I. and Znaniecki, Florian, *The Polish Peasant in Europe and America*, Vol. I, New York, 1958.
Thompson, Lawrence, *Robert Blatchford: Portrait of an Englishman*, Gollancz, 1951.
Thomson, David, 'The United Kingdom and its World-Wide Interests', in Bury, J. P. (ed.), *The New Cambridge Modern History*, Vol. X, *The Zenith of European Power 1830-1870*, C.U.P., 1967.
Thornberry, Cedric, *The Stranger at the Gate: A Study of the Law on Aliens and Commonwealth Citizens*, London, 1964.
Thornton, A. P., *The Imperial Ideal and its Enemies*, London, 1963.
Titmuss, Richard M., *The Gift Relationship: From Human Blood to Social Policy*, Allen and Unwin, 1970.
—— *Commitment to Welfare*, Allen and Unwin, 1968.
Tocqueville, Alexis de, *Democracy in America*, New York, 1966.
Tönnies, Ferdinand, *Custom: An Essay on Social Codes*, Free Press of Glencoe, Ill., 1961.
Topliss, Eda, *Provision for the Disabled*, Blackwell and Martin Robertson, 1975.
Townsend, P., *The Family Life of Old People*, London, 1957.
Troyat, Henri, *Daily Life in Russia under the Last Tsar*, London, 1961.
Turner, F. J., *The Frontier in American History*, New York, 1962.
Urmson, J. O., 'Saints and Heroes', in Feinberg, Joel (ed.), *Moral Concepts*, London, 1969.
Venturi, Franco, *Roots of Revolution*, London, 1964.
Viner, Jacob, 'Power versus Plenty as Objectives of Foreign Policy in the Seventeenth and Eighteenth Centuries', in Coleman, D. C. (ed.), *Revisions in Mercantilism*, Methuen, 1969.
Wallace, Donald MacKenzie, *Russia*, London, 1912.

Walsh, Warren Bartlett, *Russia and the Soviet Union*, Ann Arbor and London, 1958.
Webb, Sidney and Beatrice, *Soviet Communism: A New Civilization*, 3rd ed., London, 1944.
Wicksteed, P., article in Robbins, L. (ed.), *The Common Sense of Political Economy*, London, 1933.
Wilensky, Harold L., *The Welfare State and Equality: Structural and Ideological Roots of Public Expenditures*, Berkeley, 1975.
Williams, Bernard, *Morality*, Penguin, 1973.
Willmott, P., *The Evolution of a Community*, London, 1963.
Wilson, Charles, 'The Other Face of Mercantilism', in Coleman, D. C. (ed.), *Revisions in Mercantilism*, Methuen, 1969.
—— *England's Apprenticeship 1603-1763*, Longman, 1965.
Wilson, Thomas, 'Sympathy and Self Interest', unpublished paper given at the Adam Smith Bicentenary Conference, 1976.
Wiltshire, D., *The Social and Political Thought of Herbert Spencer*, O.U.P., 1978.
Wolff, Kurt H., *The Sociology of Georg Simmel*, London, 1964.
Young, Michael and Willmott, Peter, *Family and Class in a London Suburb*, London, 1960.
—— *Family and Kinship in East London*, Routledge, 1957.

訳語対照表

altruism	利他主義
citizenship	市民資格：市民権とも訳すことができるが，ここでは市民としての権利および義務の自覚状況を示すために表記訳語を用いた。
collectivist welfare	集合主義的福祉
coloured citizen	有色市民：差別的意味を内在させた表現ではあるが，人種区分の現実を示すために用いられており，そのまま有色市民と訳している。
communism	コミュニズム：共産主義と訳さず，ソ連型の社会主義を示すためにあえてコミュニズムとカタカナ表記にした。
egoism	利己主義
entitlement	権利認定
globalization	グローバリゼーション
institutionalism	制度主義
laissez-faire	自由放任主義
mercantile-collectivism	重商主義的集合主義
mixed economies of welfare	混合経済型福祉
nationship	国民資格：市民資格にならいこの訳語を充当した。
neo-mercantilist	新重商主義者
obligation	援助責務（必要に応じ，一部「義務」ないし「責務」と訳した数箇所を例外とする。）
occupationally based provider	職業的提供者
pluralism	多元主義
private sector	私的セクター
reciprocity	互酬性
residualism	残余主義
selectivism	選別主義
self-interest	自己利益：自利性に基づく状況を内容としてこの訳語を充当した。
social administration	社会運営論：ピンカーのいう広義の社会福祉を念頭に置くと，社会福祉運営論とも訳すことができるが，ここではより一般的に社会運営論とした。
social administrator	社会運営管理者：管理をも含め広く社会運営（対人福祉サービス，保健医療，教育，住宅供給等々の社会サービスの運営）に従事する人という意味を込めてこの訳語を用いている。
social policy	社会政策：日本における労働力政策としての社会政策と混同されることなく英国の social policy であることを示すため，にソーシャルポリシィとルビを振っている。
social policy and administration	社会政策および社会運営論
statutory sector	公的セクター：法的位置を持つセクターを意味するが，かなり一般性を加味して用いられているため「公的セクター」とした。
stigma	スティグマ：汚辱を意味するが福祉サービスに関連して通常カタカナ表記で用いられることが多い。
unitarism	一元主義
universalism	普遍主義
voluntary sector	民間非営利セクター：ボランタリーセクターと表現することもできるが，英国においては民間非営利団体の領域を意味するので表記の訳とした。

事項索引

<あ行>

アーテル（協同組合） 167
愛国主義 46, 52, 53, 54, 55, 56, 63, 88, 136, 187, 228, 247
　——者 171
愛国心 48
アノミー 50
アメリカ
　——人民主義運動 228
　——先住民 281
　——民主主義 219
移住 257
　——者 226, 230, 233, 249
イデオロギー
　——集団 293
　——的差異 306
　——的抵抗 255
　——的伝染病 298
　——的判断 276
　——的変換 302
　——の終焉 308
移民 230, 241, 257
　——家族 249
　——コミュニティ 246, 247, 249
　——主義者 262
　——統制 272
　——保護協会 244
　——労働者 237
インパーソナル 84
　——・サービス 84
インフォーマル 45, 70, 71, 73, 75, 84
英国救貧法 58, 222
英国定住法 258
エリザベス救貧法 263

援助責務 22, 33, 34, 70, 73, 76, 79, 103, 104, 257, 258
王立救貧法委員会 311

<か行>

改革主義的諸運動 190
階級
　——闘争 33, 55, 63, 66, 171, 197
　——モデル 297
　——利益 33
　——理論 296
改正救貧法 134, 261
改正渡航者法 126
開拓地 228, 232
改良主義 187, 188
　——貴族 190
　——者 176, 184
　——的伝統 253
　——理論 290
核家族 275
拡大家族 244, 275
　——結合 41
革命 213, 253
　——運動 175
　——家 176
　——主義者 176, 211
　——主義的 190
　——的マルクス主義者 293
閣僚会議 165
家族
　——経済 244
　——資産調査 69
　——的責務 85
　——的保障追求 281
家族外

363

──形態　36
　　──社会制度　35
　　──利他主義　33
家族内
　　──形態　35，36
　　──社会制度　35
　　──扶助形態　35
　　──不調和　36
　　──利他主義　32，33，34，38
　　──利他主義者　227
『悲しみの家』　311
過分納税義務　200
関税
　　──改革　188
　　──改正　141，142
　　──改正同盟　139，140
　　──法　127
完全共産主義　304
完全競争主義　304
完全雇用　157
完全参政権　232
完全自由競争　287
監督官職制　222
官僚制　56，179
　　──組織　218
　　──力学　70
議会主義者　192
議会制
　　──社会主義　99
　　──民主主義　99，312
寄生者法　216
規範的性質　299
規範的選択　300
急進主義者　176，191
急進的過激派　190
救貧院　223，263
救貧法　37，58，109，216，257，291
　　──委員会　260
　　──原則　130
　　──制度　223
　　──調査官　266
教会法　289
共済保険　245，248
共産主義　287，288，311

　　──革命　198
　　──社会　209，210，292
　　──体制　59
共産党宣言　121
強制労働　59
競争的エートス　121
競争的個人主義　176
競争的自己利益　292
協同組合
　　──国家タイプ　293
　　──セツルメント　201
　　──的運動　251
共同市場　56
共同社会　51，66
共同生産的努力　305
共同体　279
　　──的福祉　169
近代経済市場　79
金本位制　143
クラーク　198，202
　　──階級　201
グラッドストン関税率　129
クリミヤ戦争　177
黒の百人結社　196
計画経済　29
経済
　　──改革　187
　　──的交換　75，76
　　──的効率　259
　　──的個人主義　286
　　──的生存〔生き残り〕闘争　305
　　──的退廃　245
　　──的不平等　33
　　──的有効資産　254
　　──変動　275
経済市場　81，86，88，121，147，252，274，
　　　　　301，302，303
　　──価値　85，284，287
　　──交換　80
　　──的選択肢　284
形式的平等　210
ケインズ主義　152，283
　　──経済学説　146
　　──経済思想　161

——経済理論　152
原始交換経済　80
原則根拠条項　191
権利認定　22, 33, 34, 70, 73, 76, 79, 103, 104, 258
権利の観念　307
交換　73, 78
　　——価値　114
　　——関係　75
　　——システム　81, 275
公共サービス投資　184
工業社会　79
公共審問制　216
公共的価値　216
公共投資計画　156
工場監督官制　186
講壇社会主義者　139
皇帝的専制政府　239
公的行政管理者　249
公的所有　291
合同家族　171
合同の実存　173
合法マルクス主義者　191
功利主義　32, 80
　　——者　125
　　——的評価基準　280
　　——的労働倫理　216
合理的愛国主義　53
『荒涼館』　22
『ゴータ綱領批判』　209
国営化主義者　292
国際コミュニティ　55, 277
国際主義　48, 56, 57, 60, 62, 73, 150
　　——的原理　149
　　——的理想　102
国際通貨基金　154
国際的援助　73
国際的自由貿易　61, 256
国際的福祉　48, 86, 277, 278
国際的利他主義　128, 304
国際復興開発銀行　154
黒人農業労働者　235
国土農民　167
『国富論』　108, 118

国民
　　——解放運動　247
　　——資格　83, 93
　　——的威厳　193
　　——的自己同一性　282
　　——党　144
　　——扶助局　38
　　——保健サービス　97, 221
国民主義
　　——意識　204
　　——運動　204
　　——的少数派　204
国民的福祉　48
　　——利益　277
穀物法　113, 122, 128, 130, 150
互酬性　26, 36, 76, 77, 78, 79, 84, 86, 103, 303
互酬的交換　76, 77
個人主義　27, 173, 270, 280
　　——者　280
　　——的価値　249
個人的選別の原則　268
個人的福祉実践　242
国家
　　——会議　195
　　——からの贈与　192
　　——警察　165
　　——統制　214
　　——保障　215
国会法　142
国家主義
　　——イデオロギー　49
　　——的偏見　203
『国家と革命』　208
古典派
　　——経済学　307
　　——経済学者　113
　　——経済学的個人主義　291
　　——経済学の理論　121, 285, 287, 302, 309
　　——経済学パラダイム　301
　　——経済理論　57, 61, 284
　　——政治経済学者　289
コミューン　169, 170, 173, 180, 200, 201,

365

　　　　　205, 214
——・システム　204, 205
コミュニティ　41, 42, 73, 103, 179, 204,
　　　　　206, 218, 220, 225, 232,
　　　　　233, 238, 243, 278, 280,
　　　　　289
——オーガニゼーション　230
——概念　44
——ケア　39, 70, 262
——ケア政策　39
——参加　216
——・システム　246
——精神　294
——ワーカー　45
——ワーク　44, 45
孤立的核家族　35
コルホーズ　216
コロンボ計画　89
混合経済　163, 287, 294, 295, 301, 306,
　　　　　311, 312
——タイプ　293
混合資本主義経済　283

〈さ行〉

財産権　232
差別的移民　282
差別的処遇　271
差別法　204
サムエル派　145
左翼集合主義者　55
産業革命　301
産業資本主義　151
産業復興基金　145
残余主義　28
——者　27
残余的少数派　252
残余的貧困　252
残余的モデル　26
シーボーム報告　39
ジェファーソン的民主主義　218, 219
シカゴ学派　253
自己同一性　49, 78
自己利益　31, 32, 34
自然

——的人間　155
——法　118
——法則　119
自治共同体参加　216
自治体監督制　197
失業保険計画　142
私的所有権　199
資本主義　55, 56, 58, 283, 286, 288, 295,
　　　　　303, 311
——社会　287, 290
——体制　58
——的価値　308
——的徳性　287
市民資格　26, 51, 83, 88, 91, 93, 294,
　　　　　299
市民的地位　214
シモン派　145
シャーマン法　269
社会
——階級　67
——革命党　191, 196, 197, 198
——サービス　71, 85, 180, 219, 276,
　　　　　302
——進化論者　137
——正義　312
——ダーウィン主義　136
——的経済的立法　219
——的交換　75, 76, 93
——的多元主義理論　295
——的不統合　244
——的保護主義　102
——的理想主義者　227
——的利他主義　281
——統制　216
——変革　285, 296
——変動　65, 70, 288
——保険委員会　191
——民主党　197
社会運営　290
——従事者　58
——論　34, 54, 59, 120, 279, 290, 298
社会改良　36, 58, 136, 140, 161, 184
——主義者　65
社会市場　81, 88, 120, 121, 147, 199, 252,

　　　　257, 258, 270, 274, 284, 302,
　　　　303
　　——価値　284
　社会主義　56, 60, 61, 81, 134, 137, 149,
　　　　174, 197, 198, 210, 283, 286,
　　　　288, 295, 303, 306, 311
　　——国家　210
　　——者　137, 174, 283
　　——社会　287, 290
　　——的革命家　172
　　——的派生理論　285
　『社会進化』　136
　社会政策　39, 40, 54, 55, 70, 71, 83, 109,
　　　　110, 121, 157, 161, 283, 284,
　　　　292
　　——および社会運営論　60, 290, 294,
　　　　　　　　　　　　297, 298
　　——論争　284
　「社会政策と社会正義」　294
　社会福祉
　　——国家　179
　　——のモデル　68
　社会保障　294
　　——法　252
　借地農法　265
　十月党　196
　自由企業　270
　宗教
　　——的差別　204
　　——的自由　204
　　——的道徳性　33
　自由経済市場　57, 62, 121
　私有権　200
　集合主義　27, 60, 62, 173, 221, 280, 283,
　　　　284, 286, 290
　　——原理　256
　　——者　32, 82, 93, 254, 280, 294, 306
　　——社会政策　254
　　——的介入　58
　　——的改良　72
　　——的価値観　45
　　——的感情　286
　　——的原理　221
　　——的思想　55, 293

　　——的社会改良　268
　　——的社会改良政策　295
　　——的社会サービス　221, 270, 285
　　——的社会政策　30, 36, 276, 283, 290
　　——的社会福祉　65
　　——的哲学　291
　　——的伝統　45, 256
　　——的福祉　255
　　——ルネサンス　290, 306
　集合的所有権　207
　集合的スティグマ　92
　集合的責任制　190
　集合的福祉　101, 115
　　——目的　220
　　——利益　277
　私有財産　197
　十字架への悲しみの道　312
　自由市場　58, 108, 151, 285, 294
　　——システム　292
　自由社会　285
　自由主義
　　——経済学者　286
　　——派　287
　重商主義　108, 109, 111, 115, 121, 212
　　——原理　57, 101, 254, 301, 312
　　——者　109, 111, 154, 267
　　——政策　111, 149, 150
　　——的感情　309
　　——的市場統制　80
　　——的資本主義　151
　　——的集合主義　285, 287, 296, 301,
　　　　　　　　　308, 310
　　——的保護　258
　修正拡大家族　35
　自由党　140, 143, 144, 145, 159
　自由派改良主義者　166
　自由貿易　57, 112, 128, 129, 140, 144,
　　　　145, 146, 148, 149, 150, 159,
　　　　253, 258
　　——主義　114, 139
　　——主義者　122, 128, 135, 282
　　——政策　143
　自由放任主義　57, 61, 62, 108, 111, 112,
　　　　113, 121, 125, 149, 157,

367

　　　　　　　　216, 219, 258, 267, 289
熟練労働者　259, 272
障害者　41
小規模協同組合　197
小規模農業者　233
消極的集合主義　291
　——者　291
条件的利他主義　67, 69, 368
小ブルジョア　197
植民地
　——改革運動　125
　——改良主義者　124, 125, 127
　——市場　114
　——法　222
女性権利拡張　39
庶民のユートピア　267
所有権剥奪　206
新救貧法　101, 115, 126
人口統制原理　267
新古典派理論　150
新重商主義
　——原理　152
　——者　286
人種的および民族的差別　252
人種不平等　295
人道主義　283
人頭税　223, 224
人民主義　45, 174, 176, 225
　——原理　174, 227
　——者　174, 185
人民主権の原理　219
人民党　196
　——員　199
　——的伝統　191
人類福祉　287
スターリング通貨　94, 95
スターリン主義時代　216
スティグマ　38, 83, 84, 86, 87, 91, 92
ストライキ　195, 237
ストルイピン改革　199, 202, 213
スペランスキー改革　165
スラブ主義　173
西欧思想　288
制憲代表者大会　207, 213

制限的社会改良　187
制裁的機能　85
政治
　——革命　213
　——経済学　80
　——警察　166
　——的移民　271
　——的コンセンサス　278
　——的正義　270
　——的選択権　285
　——的忠誠　277
　——的不平等　295
　——的変革　199
聖者の王国　300
『生存競争』　30
制度主義　28
制度的管理強化　228
制度的モデル　26
成文憲法　219
西洋経済学理論　79
生理的生存維持　206
世界主義　52
　——理論　114
赤軍　206
ゼムストボ（地方自治体）　180
　——運動　196
　——・システム　204
セレドニアク　198
選挙制度改正　139
全国農場主同盟　251
戦後集合主義的社会政策　294
先住民保護主義　269
漸進的集合主義的改良　293
専制政治　164
専制的支配者　213
全体主義的な福祉国家　272
選別主義　28, 61
専門職的利他主義　290
善良なる政府　218
荘園傭人　240
相互扶助　31, 35, 40, 74, 168, 227, 275
　——システム　183
　——保険　245
増進主義　294

相対的貧困　34
贈与関係　59, 81
贈与交換　59
ソーシャルワーカー　241
ソーシャルワーク　40
ソビエト社会サービス　215
ソビエト連邦　148, 296
村落コミューン　168
村落コミュニティ　182, 246
村落ミール　172

<た行>

対抗政策　69
第三世界　66, 87, 90, 92, 285, 288
第三の道　301, 306
対人社会サービス　40, 41, 84
大西洋憲章　48
対貧困戦争　255
タウンゼンディティ　252
多元主義　295, 297
　──的社会　295
　──的社会秩序　294
　──理論　294, 295, 296
単親家族　37, 38
地域社会の忠誠心　304
知的帝国主義　310
地方コミュニティ　46, 49, 73, 82, 239, 275
地方社会システム　42
地方政府局　222
中道　290, 294, 312
町区　230, 232, 237
朝鮮戦争　255
治療的機能　85
賃金学説　129
賃金労働　265
ツアー（皇帝）　165, 172, 187
ツアーリスト（皇帝主義者）　179, 194, 221, 250
　──体制　204
通貨改革　251
低開発諸国　56
帝国議会　165
帝国参議院　165

帝国自由貿易体制　147
帝国主義　55, 134, 251
　──者　135, 140
帝国内特恵関税　146
定住　257
　──地　261
　──の権利　260
　──法　170, 258, 260, 262
鉄道国有化　251
デュルケーム主義者　173
テロリズム　190
田園プロレタリアート　236
伝統的拡大家族　35
ドイツ民主共和国　272
党員裁判所　214, 215
等価交換　76
統制経済　294
道徳教育理論　53
道徳的権威　228
道徳的秩序　79
ドーズ法　226
トーリー党帝国主義者　146
独裁制　171
独立階級　222
独立農場主　222, 240, 251
都市プロレタリアート　202
土地
　──委員会　200
　──改革　177, 192, 213
　──組長　200
　──所有システム　243
　──政策　199
　──の囲い込み　239
　──利用計画規制　221
特恵関税
　──システム　139
　──の改革　277
トルーマン・ドクトリン　95, 96
奴隷　235

<な行>

ナショナリズム　48, 49, 55
南部同盟　251
ニヒリスト　175, 176

ニューディール 252, 254
人間的利他主義 281
熱狂的愛国主義 55
農業
　——改革 189
　——コミュニティ 254
　——保護政策 138
　——労働者 185
農場労働者 234
農奴 170
　——解放令 171, 177
　——制 179
農民
　——共済組合員 251
　——協同組合事業 201
　——銀行 190
　——コミューン 174
　——コミュニティ 239
　——世帯 185
　——層 171, 174
　——同盟 192
　——文化 205
　——兵士 205

　　　　＜は行＞

陪審員 232
博愛主義 199
博愛的コスモポリタニズム 128
白人アメリカ人男性 222
発展途上国 86, 90
反革命主義者 206
反社会主義者 292
反福祉 311
反暴動キャンペーン 193
反ユダヤ主義 203
ヒエラルキー 205, 210
非家族形態 35
非家族扶助形態 35
ビクトリア朝イングランド 289
被選挙資格 232
非定住労働者 260
非農場労働者 237
非平等主義的見解 294
平等 226, 227

——権 270
ピルスズキー委員会 247
貧困移民 268
貧困者救済 180, 259, 261
貧困の文化 242
ファシズム 293
フェアディール 255
フェビアン社会主義者 291
フェビアン主義 293
　——原理 293
　——者 136, 140, 174
フォーマル 70, 71, 75, 84
福音主義 82
福祉
　——感情 275
　——官僚体制 35, 71
　——権 258, 305
　——個人主義 255
　——国家 48, 70, 92, 152, 271, 272, 273, 278, 281, 282, 290
　——財貨とサービス 208, 254, 274, 276
　——社会 277
　——社会学者 303
　——集合主義 121
　——責務 72
　——提供システム 282
　——的価値 307
　——哲学 45, 255, 304, 308
　——の第三モデル 287
　——の理念 307, 308
　——プログラム 220
　——利他主義 68, 149, 275, 282
　——倫理学 61
「福祉＝軍事」国家 99, 303
福祉サービス 182
　——の発達 277
福祉資本主義 284, 306
　——社会 287
普通選挙権 196
不等価交換 77
普遍主義 28
普遍的利他主義 59
ブルジョア
　——国家 209

事項索引

　　——社会　214
　　——政権　197
　　——的権利　209, 210
ブレトン・ウッズ協定　94
プロテスタンティズム　289
プロレタリアート　176, 209
フロンティア文化　228
分配的正義　76, 308
分類学的枠組み　273
「ベヴァリッジ報告」　54, 98, 158
ベトナム介入　255
ベドニアク　198
ペトログラード・ソビエト　207
ベルリンの壁　272
ベンサム主義　80
崩壊的核家族　35
報復課税　127
亡命者送還法　278
暴力革命　221
ボーナス軍　252
ホームステッド法　237, 238
ポーランド
　　——貴族　204
　　——系アメリカ人協会　247
　　——社会主義者連盟　248
　　——人　245
　　——人移民　243
　　——的アメリカ文化　249
　　——同胞連盟　247, 248
保健および事故法　186
保険原則　294
保険原理　77
保護関税　108, 129
　　——制　269
保護主義　130, 141
　　——者　156
　　——的関税　214
　　——的経済政策　253, 286
　　——貿易政策　254
保護貿易　57, 112, 127, 140, 143, 146, 158
　　——主義　111, 121, 127, 128, 130, 131
　　——主義者　152, 282
　　——主義的　269

　　——論者　146
保守主義者　176
補足給付金委員会　38
ボランタリー活動　231
ボルシェビキ　208, 280
　　——革命　163, 187, 214, 271
　　——党　197, 198, 199, 206, 207, 208
　　——党員　191, 205
ボロスト　202
本能的愛国主義　53

<ま行>

マーシャル援助　89, 96
マーシャル・プラン　96
マクロ理論　309
マサチューセッツ州議会　223
マッケンナ関税　142
マルクス主義　121, 157, 285, 290, 307
　　——経済理論　284
　　——者　58, 136, 280, 286, 289
　　——社会理論　209
　　——的集合主義　287, 291, 293
　　——的伝統　291
　　——パラダイム　301
　　——理論　121, 286, 287, 300, 309, 312
マルクス的社会主義　157
マルサス主義　266
マンチェスター学派　150
マンパワー・ニード　279
ミール　168, 173, 177, 202
　　——制度　221
民間非営利セクター　86
民主主義　227, 228, 275
　　——的価値　308
民主的社会　277
民主的統制　228
民族主義　137
メンシェビキ党　197, 198
モスクワ大学　194

<や行>

有色市民　305
ユートピア
　　——主義的計画　295

371

——性　59
ユダヤ人
　　——移民　271
　　——虐殺　204
ユネスコ活動　89
ヨーマン農業者　200

<ら行>

利益社会　51
利己主義　22，27，28，29，30，31，32，
　　52，227，285，300
理想主義者　227
利他主義　22，26，27，28，30，31，33，
　　34，35，36，50，52，69，77，
　　79，82，114，172，206，227，
　　245，275，279，285，300
　　——者　32
　　——的価値観　85
　　——的精神　277
立憲主義者　192
立憲民主党　196
立法提案権　195
流血の日曜日　192
連合国家的コミュニティ　48
レンド・リース　88

連邦政府　220
労役場　222，223，263
労働
　　——階級住宅供給王立委員会　135
　　——組合活動　166
　　——者階級　45，210
　　——所有権　197
　　——能力保持者の失業　305
　　——法典　186
　　——連合会　167
労働党　144，145，161
　　——政府　93
老齢年金　139
　　——運動　252
ローマ・カトリシズム　289
ローン・クラブ　243
ロシア　102，163，164，167，187，188，190，
　　201，207，221，250，253，256
　　——革命　171，207
　　——社会政策　206
　　——人同盟　196
　　——帝国　254
　　——農民　202，205，213
　　——文化　168，221

人名索引

＜ア行＞

アシュレー, W.　138
アシュワース, W.　132
アスキス, L.　140, 142
アダムス, H.　269
アメリー, L.　146
アレクサンドル三世　183
アレクサンドル二世　183
ヴィシネグラドスキー　188
ウィックスティード, P.　29
ウィッテ, S.　184, 188, 189
ヴィナー, J.　108
ウィリアムズ, B.　33
ウィルソン, C.　109, 111, 156
ウィルソン, T.　28
ウィルソン, W.　251
ウィルモット, P.　36
ウィレンスキー, H. L.　285
ウェイクフィールド, G.　123, 125
ウェーバー, M.　64
ウェッブ夫妻　45, 213, 293
ウォーレス, D. M.　169, 180, 181, 183
ウルムソン, J. O.　33
エッジワース, F.　140
エリクソン, C.　264, 266
エルジン, L.　123
エンゲルス, F.　292
オーウェル, G.　63

＜カ行＞

ガーシェンクロフ, A.　177
カーター, H. L.　233, 234
カニンガム, W.　138, 149
カル＝サウンダーズ, A.　264

ガルブレイス, J. K.　60, 291
キッド, B.　136, 137
キャムベル＝バンナーマン, H.　140
キャリアー, J. とケンダール, I.　253
キレーフスキー, I.　173
ギンスバーグ, M.　26, 49, 52
グールドナー, A. W.　303
クラーク, C.　159
クラブチンスキー, S. M.　175
クルシェフ, N.　216
クロス, C.　147
クロスランド, A.　291
クロポトキン, P.　30, 31
ケインズ, J. M.　37, 94, 111, 145, 152,
　　　　　　　154, 156, 157, 158, 159,
　　　　　　　160, 162, 283, 291, 292,
　　　　　　　294, 301, 306
ケリー, J.　115
コーガン, M.　297
コーツ, A. W.　113
コーマヤコフ, A. S.　173
コール, B. D.　263
コール, G. D. H.　159
コールマン, T.　223, 224
コックス, L. F.　235
ゴッフェ, W.　109
コブデン, R.　113, 122, 128
コルチャーク, A. V.　201

＜サ行＞

ザスーリッチ, V.　175, 183
サマリン, I. F.　173
サムエル, H.　144
サムナー, W.　219, 253, 291
サン・シモン, C.　174

ジェームズ, M. R. 110
ジェファーソン, T. 218, 229
シュモーラー, G. von 138
シュンペーター, J. A. 109, 110, 116
ショウ, B. 136, 137
ジョージ, V.とワイルディング, P. 291
ジョンソン, L. B. 255
ジンメル, G. 76, 78
スターリン, I. V. 151, 214, 215, 254
ステイシー, M. 42, 43, 44
ステフェンズ, J. 127
ストルイピン, P. A. 184, 192, 193, 199, 200, 201, 202, 204, 213
ストレイチー, J. 291, 292, 293
ズナニエッキー, F. 244
スノーデン, P. 142
スペンサー, H. 30, 31, 253, 291
スマート 140
スミス, A. 28, 108, 117, 119, 259, 291
スミス, G. 122
スミス, J. 299

＜タ行＞

ターナー, F. J. 225, 227, 228, 237, 251
ダール, R. 294
ダール, R.とリンドブローム, C. 295, 296
ダーレンドルフ, R. 50, 51
ダイシー, A. V. 72, 125
タウンゼンド, P. 36
ダラム, L. 123
チェムバレン, J. 135, 138, 139, 140, 141, 146, 147
チェムバレン, P. 109
チェルニシェフスキー, N. 174
チャーチル, W. S. 94
ツアムエリー, T. 186
ディケンズ, C. 22
ディズレイリ, B. 134
ディック, E. 231, 232, 233, 237
ティトマス, R. M. 56, 59, 60, 77, 79, 80, 81, 97, 284, 291, 298, 302, 303
テイラー, A. J. P. 143, 147

ディラード, D. 156
ディルク, C. 134, 135
デフォー, D. 115
デュルケーム, E. 30, 31, 51, 53, 63, 64
テンニース, F. 50, 51
トーニー, R. H. 291
トーマス, W. L.とズナニエッキー, F. 224, 239, 241, 242, 243, 245, 246, 248, 250, 255
トックビル, A. 53, 64
トップリス, E. 41
ドニソン, D. 283, 294, 295, 298
ドルトン, E. H. 93, 94, 160
ドルトン, G. 79
トロヤット, H. 181

＜ナ行＞

ナチヤエフ, S. 183
ナップ, J. 149, 150, 151
ニスベット, R. 42, 50

＜ハ行＞

バーガー, P. 67
ハーディー, T. 259
ハートリブ, S. 109, 110
バートレット, R. A. 229
バーネット, J. 130
ハイエク, F. 291
バウアー, P. 90
ハックスレー, T. H. 30, 31
ハバクク, H. J. 265, 266
ハリス, J. 36
バルフォアー, A. 141
ハレブスキー, S. 295
バロー, J. W. 125
ハンウェイ, J. 115
ハンセン, M. L. 224, 266
ハンドリン, O. 239
ピアソン, K. 136, 137
ビーバーブルック, L. 146
ピヴン, F. F.とクロワード, R. A. 252
ヒックス, J. 108
ピペス, R. 164

人名索引

ファイナー 37
ファイン, S. 219
フィールドハウス, D. K. 123
フィスケ, J. 269
フックス, C. J. 126, 128, 129, 150
ブラー, C. 123
ブライト, J. 122
ブラッチフォード, R. 138
プラメナッツ, J. 49
プラント, R. 42
フリードマン, M. 29, 286, 291
ブルマー, H. 242
ブレイブロック, D. 294
フロリンスキー, M. T. 186
ブンゲ, N. K. 186, 188
ベアード, C. 229
ベイリー, M. 40
ベヴァリッジ, W. 45, 46, 48, 158, 159, 160, 283, 291, 294, 303, 306
ベーリン, I. 175
ヘックシアー, E. 154
ベリンスキー, V. G. 175
ベル, K. 70, 299
ヘルゼン, A. 175
ヘンダーソン, H. 145
ポーウェル, E. 291
ボールドウィン, S. 142
ボーレイ, A. 140
ポッパー, K. R. 28
ホブズボーム, E. J. 133, 148, 238
ボナー・ロー, A. 141, 142
ポベドノスツェフ, K. P. 166, 183, 190, 200
ポランニー, K. 79, 112

<マ行>

マークアンド, D. 145
マーシャル, A. 140
マーシャル, T. H. 283, 298, 299, 308
マクドナルド, R. 142, 144, 145
マッキンレー, W. 269
マックグレゴール, O. R. 37, 299
マツア, D. 91

マルクス, K. 116, 117, 118, 119, 209, 285, 292, 300
マルクスとエンゲルス 208
マルサス, T. R. 267
ミュルダール, G. 60
ミリバンド, R. 291, 292, 293
ミル, J. S. 117
ムーア, B. Jr. 205
ムン, T. 111
メイヨー, E. 299
メドリコット, W. N. 94
メリヴァル, H. 127
メンチャー, S. 238
モーガン, D. H. J. 40
モールズワース, W. 123
モノー, J. 73
モラー, H. 264

<ヤ行>

ヤング, M. 36

<ラ行>

ラスボーン, E. 37
リカード, D. 112, 118, 291
リスト, F. 115, 187
リッチモンド, A. 269
リトウァク, E. 35
リヒトハイム, G. 55, 108
リムリンガー, G. V. 182, 215
リンドブローム, C. 294
ルーズベルト, F. 252
ルーズベルト, T. 229, 251, 269
レヴィ=ストロース 59, 77
レーニン, V. I. 191, 197, 198, 199, 200, 205, 209, 213, 292
レックス, J. 63
ロイド・ジョージ, D. 144, 145, 146, 161
ローズベリー, L. 139
ロール, E. 115
ロールズ, J. 31
ロッサー, C. 36
ロバート, R. 138

375

訳者紹介

星野政明
1941年生まれ,三重県立看護大学大学院教授（社会福祉学特論），三重県立看護大学看護学部教授（社会福祉学）
〈主著〉新課程・国家資格シリーズ①『地域福祉論』，②『社会福祉原論』，③『障害者福祉論』（以上，共編著，黎明書房），『社会福祉学概論』（中央法規出版）他
〈論文〉"Social Support and Parent-Child Relationship", "Independence of the Elderly in East Baton Rouge"（以上，共同執筆）他
〈訳書〉『ケアリング・ワールド』（共監訳，黎明書房），『イギリス社会福祉発達史』（風媒社），『新しいアドミニストレーション』（共訳，日本YMCA同盟出版部）他

牛津信忠
1945年生まれ,聖学院大学人文学部教授（社会福祉学）
〈主著〉新課程・国家資格シリーズ①『地域福祉論』，②『社会福祉原論』（以上，共編著，黎明書房），『社会福祉の理論と実際』（共著，中央法規出版）他
〈論文〉"The Possibilities of Education as an Instrument for the Sustained Growth of Modernization", "Aid for Developing Countries" 他
〈訳書〉『ケアリング・ワールド』（共監訳，黎明書房）

社会福祉三つのモデル

2003年6月25日　初版発行	
訳　者	星野政明 牛津信忠
発行者	武馬久仁裕
印　刷	藤原印刷株式会社
製　本	協栄製本工業株式会社

発行所　株式会社　黎明書房

460-0002　名古屋市中区丸の内3-6-27　EBSビル　☎052-962-3045
振替・00880-1-59001　FAX 052-951-9065
101-0051　東京連絡所・千代田区神田神保町1-32-2　南部ビル302号
☎03-3268-3470

落丁本・乱丁本はお取替します。

ISBN4-654-07599-2
2003, Printed in Japan